非洲现代史

（第三版）

A History of Modern Africa

1800 to the Present

Third Edition

by Richard J. Reid

历史·文化经典译丛

A History of Modern Africa:
1800 to the Present

非洲现代史

（第三版）

Richard J. Reid

［英］理查德·雷德 著

王毅 译

上海人民出版社

仍献给安娜和梅，现在也献给西娅。

第三版致谢

事情发展本身，会让历史学家显得有先见之明或愚蠢。无论怎样，能够去做的最好之事，也就是本书想去做的，就是讲述发展至今的事情，并通过参照系的扩展，突出那些关键的学术趋势，至少是一些关键文献中的。再一次地，我要感谢那些同行者，他们响应威利—布莱克韦尔出版公司的请求，为本书之前的版本提供了匿名反馈；要感谢我的朋友和同事，包括他们所代表的自己的学生，提出了建设性的意见；还要感谢威利—布莱克韦尔出版公司的编辑团队，建议出这个新的版本，支持它的完成。我越来越强烈地意识到一部通史必然会有的弱点，但是，我也越来越相信，在一个持续变化的世界中，撰写一部通史大有必要。当然，书中留下的那些缺陷，都由我自己负责。

第二版致谢

较之以前任何时候，我现在都更为强烈地意识到，写作一部通史是多么难以做到完美，尤其是一部延伸至当下的通史。感谢威利—布莱克韦尔出版公司提供机会，使本书得以在一定程度上修改增补。我也感谢本书第一版的书评作者和非正式反馈的提供者，感谢他们的建议和评论。当然，本书所有缺陷都由我本人负责。

第一版致谢

本书的优点主要应感谢过去数年中以种种方式启悟和帮助作者的众多人士，人数太多，难以在这里全部列出，我只能列举其中若干位来表达谢意：牛津大学出版社的克利斯托夫·韦勒，他在布莱克韦尔出版公司工作时就建议我写作此书，我非常感谢他提供这次机会；有幸与布莱克韦尔出版公司的特萨·哈韦和吉利安·凯恩合作，我深感愉悦；理查德·沃勒和一位匿名评论者对本书初稿的评论；穆莱·拉斯特、罗宾·劳、约翰·麦克格莱肯和安德鲁·罗伯兹，他们对我的启发超过他们所能意识到的；厄立特里亚阿斯马拉大学、达翰姆大学的朋友和同事们，以及英国东方与非洲研究院，提供了激发灵感、有益于写作的环境；东非的朋友们既是我的激励，又是我的鞭策。本书中的任何不足，都由我本人负责。

目　　录

地 图 目 录

插 图 目 录

译 者 序

《非洲现代史》第二版中文译本出版之际，巧遇非洲大陆上震动世界的一件大事。2013 年 12 月 6 日，95 岁的纳尔逊·曼德拉逝世，91 个国家元首和组织代表出席了南非举国上下的这场“世纪葬礼”。在庆祝新南非成立时，曼德拉曾充满希望并富有诗意地期待这个非洲国家成为“彩虹之国”。事实上，整个非洲大陆又何尝不是一片多样性极为丰富的“彩虹大陆”？然而，它的历史基调和现实状况却多为沉重的黑色。不同色彩彩虹般的美妙协调，仍然是一个有待实现的梦想。言说 19 和 20 世纪非洲 200 年历史、并延至 21 世纪的这本史著，就展示着这种复杂性、冲突性、它们的深层原因以及人们仿佛在一种历史宿命中的努力跋涉。

如作者所言，非洲史作为一门学科是相对年轻的。一方面，迟至 20 世纪 60 年代早期，一位牛津学者还有无视这个大陆历史的名言，称之为“一些野蛮部族的循环，研究没有回报”。但另一方面，在有了关于非洲的历史叙述之后，它就一直被使用甚至是滥用——被殖民者、反抗者、政治领袖和各式各样的潜在国家创建者所用。

面对非洲这片辽阔区域内不计其数的民族和族群的这段历史旅程，作者在情感上诚恳表示“要公正地对待非洲和非洲人民”，在立场上坚决反对欧洲文明优越论，在视角上要摆脱非洲被外部世界“主观化”，警惕从外部世界来评判或测量非洲，于是，他就得以超越一般人谈到非洲时习惯性的非白即黑，突破了那种简单肤浅的剪裁式述史和论史。

从目录就可以看出作者撰写此书的逻辑起点及思维框架，感知其视野的开阔和思考的深入。全书六大部分，或是这片大陆因东西南北独特空间特征而展开的时间进程，或是它作为一个整体在贸易、宗教和殖民等不同层面上的内外碰撞：部落、种族、环境、生产与生活方式、暴力、战争、军事、政治、现代意义上的国家创建，尤其是经济，作者客观还原而又透彻阐释非洲大陆二百年走来的这些基本因素，写出了一部因深入了解而深刻思考又发人深省的史著。试举几例。

20 世纪后半叶之前，非洲大陆一直人口稀少，因此，许多国家和族群始终关注人口的增长，对人的控制比对土地的控制更为重要。无数地方族群、村庄的组合构成了被称作“卡夫”(kafu)的微型国家，“卡夫”系统体现着非洲政治的地方主义。一些较大帝国的建造者们既要围绕它们来建造自己的政体，又要通过军事力量和对财富的控制来支配它们。对于本土的统治者而言，一个重大挑战就是建构持久的统治体系，从而控制更多的人口。人口稀少区域会频繁地出现政体的不稳定，这些地区潜在的国家建造者难以让他们的控制超越人口和地理造成的自然界限。在人口稀少地区，不满的民众可能反抗现存秩序，组织起一种“武装边缘”，朝中心进发，或者是消灭它；不过，他们也很容易移居至现存秩序触及不到的地方，而这样做也常会导致现存秩序的衰败。暴力分裂和暴力融合的持续循环导致非洲的众多政治和社会变化。有着从目前族群范围进一步扩张之雄心的区域国家，必须解决一个问题，那就是怎样确保更大范围内的忠诚，怎样创造辽阔疆域内的认同。

这就是非洲内部一种基本的社会政治动力。基于这样一种寻找问题症结的思路，作者在本书中就格外关注时间过程中出现的地方认同、区域认同，甚至是大陆认同，以及与这些认同形成相关的动态情况。书中这方面的翔实梳理，材料很多。

谈到非洲，我们马上就会联想到殖民主义，人们对此极为强调而且似乎相当熟悉。然而，作者从非洲自身的内在状态和历史逻辑分析，指出其实这仅仅是时间中的“片刻”，对非洲大陆的影响是一种变量，更要注重的是非洲的“常态”。在作者看来，殖民统治只是从奴隶贸易到“合法贸易”的西方化贸易体系的最终显示，殖民统治的离开方式也对非洲产生了极大的影响，但从内部政治发展来看，它在许多方面都融入了持续的非洲变革进程。而且，殖民统治既是欧洲人的也是非洲人的，事实上并不能作为某种巨大的单边强迫接受来理解。在外国统治时期，非洲人塑造着自己的社会，这远比任何殖民地官员或欧洲政府所能做到的要有效得多，哪怕这是在面对以及在很大程度上回应一种侵略性榨取的外部经济体系。

所以，研究 19 世纪和 20 世纪的非洲，一个核心主题是这个大陆与世界其他部分的联系，尤其是与欧洲的联系。这包括与非洲发生的种种贸易，传入非洲的各种宗教,外来各种人种的定居。然而这些并非单边的强迫接受,相反,它们是一些复杂的、多面性的互动,涉及相互的借取和适应。作者提醒我们,如果过分强调"外部",就不仅有把历史性互动过程过分简单化的风险,也有忽略"内部动力"这个关键因素的危险。这些内部动力包括民众力量的强力、社会形成的进程、经济上的独创与革新、文化和政治上的创造性、革命的爆发。作者甚至还扼要论述了欧洲本身也因它与非洲的联系而在经济、文化,或许还包括政治方面有了根本性改变。这恐怕是许多思考非洲问题的人未必认真想过的。

一般认为,19 世纪前往非洲的传教士与探险家是欧洲殖民主义的代理者。作者认为有些人的确如此,但实质更在于这种背景中的欧洲人,尤其是传教士,大部分都涉及至少是间接地传播欧洲文明的本质优势。他们对于自己看到的非洲文化、宗教和社会的绝大部分都加以谴责,将之视为邪恶之事,至少是野蛮异教的产物,所以他们的到来就意味着向非洲人展示其本质上的劣等,这无疑是欧洲殖民统治的基石之一。不过,作者又从史实上说明,所有这些并不应导致夸大 19 世纪最后 20 年之前欧洲人在非洲的实际影响。在此之前传教只限于一些小小的孤立群体之中,非洲统治者容忍传教士是因为相信这会带来好处。探险家有时会遭遇敌意或几分轻蔑,无疑也会受到好奇的欢迎,很少被视为一种威胁,也被用来获取贸易或其他方面的好处。在大约 1880 年之前,非洲内陆的欧洲人是一些易受攻击的、不重要的个体,穿越非洲社会时发挥的影响极小。

随之而来就是欧洲国家对非洲的掠夺。作者认为这必须放在一些长期主题中来理解:对非洲大陆萌生的科学兴趣,反对奴隶贸易的斗争,随之而来的对非洲进行经济和政治"现代化"的谈论,因"基督教良心"而来的福音派传教和干预主张,以及对非洲政体、社会和文化之性质的越来越种族主义的解说。这比欧洲中心论的帝国主义的政治解说,甚至比从欧洲经济发展的背景来解说都更为透彻到位。比如人们习惯性强调的经济掠夺,作者认为,与 19 世纪最后三十年欧洲海外掠夺相关的出口贸易,非洲在其中只占了很小的比例。比如,英国生产者首先在欧洲内部,以及在"白人支配"的疆域如印度、美国和拉丁美洲寻求市场,这都优先于非洲。所以,我们不能高估这一点,这种观点没有把非洲放在与世界其他地方进行比较的背景中来看,而是只考虑了一些欧洲卷入非洲的特殊情况。

举一些人所共知的例子,用"贴标签"的方式来证明和解说殖民主义对非洲的侵略和掠夺，其实是浅薄而容易的；但作者是以非洲与欧洲关系的实际情况为立足点，透彻地说明真正的帝国主义是什么。实际上，所谓“爬行的帝国主义”，是逐渐的、常常很犹豫的政治卷入，以便建立军事安全和经济生存能力。19世纪70年代之前，针对非洲并没有系统的帝国主义，也没有从一届政府到下一届政府的策略连续性——英国、法国或葡萄牙都没有。但是，问题的关键在于：对于非洲在经济上和文化上是什么，需要变成什么，欧洲人有着一种相同的普遍感觉，对于怎样实现这种变化，有着一种含糊界定的“战略”。

作者引用了获1907年诺贝尔文学奖的英国作家吉卜林的一首诗《白人的重担》，这首诗讲的是美国对菲律宾人的征服，但也广泛地适用于欧洲的帝国使命。这位“帝国诗人”号召年轻人去打“为了和平的野蛮战争”，这个责任实在是“白人的重担”。“你们这些刚被捕获的阴沉民族/半是魔鬼半是孩童”，诗句体现出一种狂妄的种族和文化优越心态，实际利益需求又与这种优越感和“责任感”相伴，于是需要一种被强加的和平，一种用暴力带来的文明秩序，19世纪后期欧洲关于非洲的想法，其核心是这种观念。

翻译过程中，我常常感慨于作者这种求实、辩证而又深入的问题分析。疾病曾是（直到今天也仍然是）谈论非洲的一个关键词，而这也是作者高质量分析的一例。

在19世纪中期之前，非洲大片地区——至少是南北回归线之间，由于气候和疾病环境，欧洲人难以接近。比如，西非海岸很长时间来就被称作“白人坟墓”，因为疟疾，长期居住此地的欧洲人生存率一直极低。医药的进步显著改变了这种情况，尤其是奎宁预防药物的开发，大大降低了死亡率，大大延长了欧洲人在热带区域的居住时间和旅行距离，增加了他们能够从事的活动种类，而这就扩大和强化了他们对非洲的影响。到了殖民统治时期，药物甚至起到了更大的作用，非常典型地体现出帝国使命的多重意味。在20世纪50年代和60年代那些支持欧洲殖民主义的论证中，一些历史学家为帝国归纳正负两个方面的“资产负债表”，正面之一就是它为欧洲以外世界的大片地区带来了极大的健康改善，医疗保健成为殖民体系一个不掺假的“积极面”。依据这种解说，殖民主义根除了一些疾病，带来了较好的公共卫生与健康，尤其是在城镇，修建了诊所和医院，基本药物惠及全民。但是，作者指出，事情并非这种观点暗示的那样一目了然。殖民主义也带来了传染病、被改变的生态（在许多地方是破坏性的）、易感性和免疫性的模式被改变，还有人口被迫从健康的环境迁往不健康的环境，而最重要的是，在治疗疾病上，殖民当局对自己手上的医疗技术是有选择地使用。医药变成了欧洲支配和内在优越的一种有力显示，能够得到医药成为被奖励和被保护的体现。非洲民族可以用作医学试验和更广义科学研究的“受体”，这也就成为一种强加于非洲人的控制形式，而这在欧洲自身已经做不到了。

医药就是力量。医药的广泛效用使得殖民主义论证了它表面上的仁爱以及优越。传教士医生是殖民统治早期岁月最普遍的行医者，将治愈疾病作为获取灵魂的一种手段。欧洲人可以将他们的知识与本地医生的“魔法”进行对比，这样既强调了所说的西方文明的内在优越，又论证了欧洲的权威。本地医术逐渐被赶入地下，或者被边缘化。如同更广范围的经济体系一样，医学知识无疑也成了文化霸权和政治霸权的一种有力工具。这一点在为清除某种疾病而发起的大规模运动中显示得最为清楚，例如英国人在乌干达对“昏睡症”的清除。这些运动常常的确很成功，但与它们同来的还有严峻的立法，以及众多的政府干预和社会运作。医学意味着殖民政府对健康和它臣民的身体拥有了空前的权力。

早期的殖民地医疗主要关注殖民士兵和官员的健康，但逐渐也关注起非洲人的身体，尤其是那些与欧洲人接触的非洲人，或者是那些殖民政府依赖的人，如政府雇员、矿工、劳工、妓女等。与此同时，殖民政府也越来越关注公共卫生，这需要社会管理上的解决方案。疾病和非洲人中的高死亡率被归咎于不健康的生活与工作环境、过分拥挤、食物低劣，殖民政府采取了一些行动来“清洁”城镇这些方面的环境。“细菌理论”则导致在许多城市设立了白人与“土著人”的分别居住区，在那些有着强烈种族主义意识形态的地区，这样做更是顺理成章，比如种族隔离主义者和种族隔离的南非，或者是 20 世纪 30 年代意大利治下的厄立特里亚。

这是一个累积危机的过程，它展现了殖民统治的多重意味。殖民统治的蚕食和最终的全球资本主义，无疑恶化了环境风险和疾病的引入，尽管殖民政体后来靠着商品农业、开垦丛林、控制野兽、赶退舌蝇在某种程度上逆转了这个趋势。

再来看非洲的另一个关键词“饥荒”。作者分析，非洲饥荒的原因，基本面有三种大的解释。首先，气候显然很重要。干旱、洪灾或其他形式的反季节天气全都会影响到粮食的供应。第二个解释就关注人口过多。它在一些环境圈中仍有重要性。环境学家们认为，在一个给定的区域，如果人太多的话，就会导致土地生产力的下降，比如 20 世纪 70 年代和 80 年代萨赫勒地区的饥荒就是因为这里的人类社群超过了脆弱土地的承载能力。第三种解释更倾向于政治。它认为在粮食分配、价格和市场控制上的政治决策，是导致饥荒发生的因素，对饥荒的剧烈程度有重大影响。此外，在过去的 30 年中，地方或地区性的战争既是饥荒的原因也是它的结果。另外，缺乏足够的运输和通讯基础设施，只依赖经济作物以换取外汇，于是忽略了粮食作物，这二者至少可以部分作为殖民地的遗赠来理解。然而，在殖民地时代，饥荒会引起当局的关注，因为饥荒形成了社会动荡的威胁，饥荒还对殖民地政府的人道主义方面提出了道德拷问，饥荒也是要花钱的。所有这些都是要避免饥荒的很好理由，所以殖民地当局——在亚洲在非洲都是这样，要通过严格的中央计划和控制来管理经济，要管制粮食的流动，鼓励种植耐旱的“放心作物”。所有这些，再加上当局愿意也有能力在可能出现粮食短缺时进行干预以达到平衡，殖民地世界出现饥荒的概率就远低于它可能会有的。

另一方面，后殖民地时代非洲的饥荒也与其他因素有关。比如，在最近几十年中，人们的流动数量巨大。长期冲突导致人们被迫迁移，这极大地削弱了许多地方的农业基础，而迫害和暴力导致了苏丹、埃塞俄比亚、刚果和莫桑比克民众的大批流动。规模大得惊人的难民营散布在那些不平静地区，它们中有一些已经变成永久性的了，这又给这些地区的经济恢复留下了麻烦。由于同样的原因，出现了人们从遭受蹂躏的乡村地区逃往城镇中心的恶性循环，城镇因移民而肿胀，而这些人离开自己的家园又进一步加剧了乡村的衰退。

读到本书第十章的“长矛与神水：暴力抵抗”一节，看到著名的“马吉马吉”反抗(Maji Maji rebellion)，中国读者或许会自然地联想到 1900 年前后的“义和团”(Boxer Rebellion)。

坦噶尼喀的“马吉马吉”反抗于 1905 年 7 月爆发，此地民众因殖民地当局要种棉花以供出口而被激怒。农民们被迫放弃自己的耕种，并且常常是在农事的关键时期，而生产出来的棉花也看不到多少利润。反抗在广阔地区迅速蔓延，它并没有事先计划，纯然自发，也没有指挥中心，没有引导这场起义的指挥系统。然而，由这一区域神职人员所代表的宗教意识形态，提供了行动上的一致，促进了团结，鼓励人们相信有一种超自然的力量可以战胜欧洲人的武器。“马吉”一词意指一种神水，将它撒在身上就可以抵挡住德国人的子弹。对神灵世界的信奉带来了空前的团结，让起义者有成功的信心。然而,在开始阶段取得一些快速收获之后——德国人完全没有意料到这次起义,殖民地当局的军事优势就显示出来,人们对神水力量的信任快速瓦解。1906 年,内部分裂和德国人的焦土战术削弱了这次起义,它最终在第二年年初被镇压。无论多么短暂,这次起义显示出一个广阔地区内多种族反殖民抵抗的潜力,"马吉马吉"成了下一代坦噶尼喀民族主义者的一种激励。此后,德国人也谨慎地不去激发再一次起义,将较多的资源用于发展,尤其是建设传教士学校和诊所,起义地区的许多农民也开始自愿种植棉花。可见,暴力并非抗议棉花种植本身,而是抗议由它所显示的强迫。

作者感慨,写作一部通史,尤其是一部延伸至当下的通史,实在难做到完美,但他也越来越相信,在一个持续变化的世界中,撰写一部通史大有必要。从中文第二版面世至今,又是六年过去了。非洲的情况当然有新的变化。比如,"非洲崛起"(Africa Rising)的讲述替代了"非洲复兴"(African Renaissance),非洲一些地方前所未有的 GDP 增长率似乎在展示它,西方的发展议程也因此而变得复杂了。第三版在补充和分析这些新情况、新动态时,仍然强调不要因快速的经济增长倾向,而陷入在理解现代非洲上一种与历史无关的现代主义框架。

历史可以有不同的写法,呈现不同的特点和风格。理查德·雷德的这本《现代非洲史》,则展示着史家处理丰富而复杂的历史时那种最为需要的基本史实爬梳、重大问题理清和复杂原因说透。

王 毅

2020 年 9 月于南国

第一章 1

导言:对非洲历史概况的理解

仅用一卷史书不可能充分讲述整个大陆的故事。的确,历史学家的本职工作有何意义,更进一步地说,他们的目标是什么,这本身就是一个有争议的问题。不过,用本书这样的篇幅,其目标就是——也只能是——抓住一些关键观念,作开阔的展现,在把握主题一致时也同样认识到其中的分歧,在阐明整个过程时也充分注意那些构成人类历史巨流的个体和漩涡。一个悲哀却不可避免的事实就是:在写作各个民族的概览通史时,即使如同本书这样小心地设定了时间框架,但书中能够谈到的生活于其中的个体人物,与事实上生活过的千百万人相比,仍然是极少量。不过,无论如何,本书的目标是要客观公正地对待非洲和非洲人民。如果能够做到这点,即使作者还不满足的话,至少在某种程度上也得到了安慰。

本书主要关注过去的两个世纪,这个时间框架不单是为了组织上的便利;更重要的是表达这样一个中心观点:如果脱离了非洲的19世纪,就无法理解它的20世纪,这样一个政治、社会和经济的转变过程,在我们要考察的整个时期绵延不断,同时也是这个时期的显著特征。[1]我们在后面还要谈到这一点。更宏观地讲,有必要从一开始就阐明若干核心主题,这些核心主题或显或隐地贯穿于本书的叙述之中。

在20世纪后半叶之前,非洲大陆一直人口稀少,因此,许多国家和族群始终关注人口的繁衍。[2]于是,非洲的意识形态就常常集中于生殖仪式、在荒野的洞穴中刻画创造文明的神话,以及随之而来的对大自然的抵抗。人口的生殖和繁衍能力以一夫多妻来获得,对人的控制——例如通常以奴隶 2
制的方式——作为社会组织的一个特征,比对土地的控制更为重要。土地在这里是丰足的,尽管也有一些很重要的例外,我们在后面会谈到。因此,举例来说,西非历史的特征就是围绕女性展开的频繁暴力竞争,因为拥有女性强化着男性的地位,她们在土地上干活,生育孩子,而孩子又会重复这一切。在更广范围内，整个非洲大陆，在代际之间，男性争夺女性的冲突是常见的。婚姻更多的是公事而非私事，涉及族系之间的结盟，女性的分配代表着社会—政治上的安排。当然，非洲大陆上女性自身的地位也悬殊极大，从地位很低的被剥削者，到受尊重的、有影响的人物，以及经济上的独立者，都存在。③

对于非洲大陆上的统治精英而言，无论是 19 世纪还是最近这数十年，如何建构持久的统治体系从而控制更多的人口，一直是一项重大课题。人口稀少区域更频繁地出现政体的不稳定，那些潜在的国家建造者也更难于让他们的控制超越人口和地理造成的“自然”界限。在人口稀少地区，不满的民众可能反抗现存秩序，组织起一种“武装边缘”，挺进权力中心，或者削弱它；不过，他们也很容易移居至现存秩序触及不到的地方，而这样做也常会导致现存秩序的衰败。④暴力分裂和暴力融合的持续循环导致非洲的众多政治和社会变化，在 19 世纪，随着新的政治团体和社会体系的出现，出现了一个增长的暴力过程。有着从目前族群范围进一步扩张之雄心的区域国家，必须解决一个问题，那就是怎样确保更大范围内的忠诚，怎样创造辽阔疆域内的认同。西非大草原的局势就说明这个问题，这里的国家和帝国历史上一直面对着地方主义和分裂。西非大草原的特点就是有无数地方族群，村庄的组合构成了被称作“卡夫”(kafu)的微型国家，“卡夫”系统体现着非洲政治的地方主义，帝国的建造者们既要围绕它们来建造自己的政体，又要通过军事力量和对财富的控制来支配它们。⑤同样，如同 19 世纪，在殖民时期和后殖民时期也是如此。所以，在本书中，我们就要关注时间过程中出现的地方认同、区域认同，甚至是大陆认同，以及与这些认同形成相关的动态情况。

而且，理解这个大陆过去两个世纪的历史，既要重视那些戏剧性的变化，更要充分重视常态。从 18 世纪到 21 世纪，如同存在着剧变一样，这里也有着大量的持续性。殖民主义——这是最近几十年来大量谈论非洲的学术著述的主题⑥——的许多方面仅仅只是时间长河中的“片刻”，对非洲大陆的影响是一种变量。首先，非洲的 19 世纪是一个暴力变革的时期，出现了政治上的破坏和重建，这个漫长变革时期的深远影响直到 20 世纪及其以后仍然存在，尤其是在非殖民地化的觉醒时。第二，这些内部的变革过程，至少需要部分放在 19 世纪外部经济联系的背景上才能得到理解。简而言
3 之，就是非洲与北大西洋的经济联系。从许多方面看，殖民统治只是早已诞

生的西方化贸易体系的最终显示而已。以发展的现代观念来看，它在根本上对非洲生产者不利，尽管对统治生产者的上层精英未必不利。所以，殖民主义的重要性在于其本身，在接下来的故事中将会显示这一点。无疑，它的那种离开方式也对非洲产生了最大的影响，使得这个大陆的大部分地方完全没有准备好来应对独立的挑战。不过，殖民统治必须具体考察，从内部政治发展来看，它在许多方面都融入了持续的非洲变革进程，而从外部经济的角度来看，它只是代表着一个历时日久才最终完成的体系的最后阶段。在这个体系之后——也就是"后殖民地"和"新"的国际秩序时代——出现的东西，要联系此前的历史才能理解。有一点很清楚，那就是殖民统治是欧洲、非洲互动的产物，不能理解为单边强迫接受。在外国统治时期，非洲人塑造着自己的社会，这远比任何殖民地官员或欧洲政府所能做到的要有效得多，即使面对着以及在很大程度上回应一种侵略性榨取的外部经济体系，也是如此。

而且，如同其他人类社会一样，非洲社会、政治和经济的变化也体现于艺术和物质文化之中。不幸的是，本书无法在这方面给予很大篇幅，但也足以看到美学实践常常为非洲政治和文化生活提供了至关重要的线索。艺术是生者与死者之间的一种媒介，所以经常强化着政治力量，人们也试图用它来确保农业丰收。雕塑和故事传说一样，代表着社会和政治上的解说与批评。对超自然和冥界的信仰，塑造了埃及的艺术和建筑，尼罗河流域大抵如此，尤其是在努比亚地区。基督教把艺术成就带入了埃塞俄比亚高原，伊斯兰教则沿着东非海岸和穿过西非大草原这样做。[7]非洲手工匠人——制陶、金匠、铜匠、黄铜、青铜、木刻和石刻，讲述着王国形成、与自然斗争、寻求多产的故事，他们创造的物质文化既富有审美愉悦，又有着社会和政治上的效用，体现着群体凝聚或强化等级的观念。而且，各种艺术风格的传播，既是政治剧变的结果，比如奴隶贸易带来的人口迁移，或者是四处蔓延的冲突；又是商业互动的产物。商人们带来了商品也带来了文化，在殖民地时期之前，艺术交换的网络就已建起，如同贸易网络一样。非洲人相互之间借鉴艺术，使之适应自己的风格，外来的艺术也是如此，对各种当地艺术形式产生了重要的影响。同样，伊斯兰教的输入在斯瓦希里建筑上体现明显，[8]接下来引人注意的就是欧洲殖民主义在艺术形式上的影响，非洲一些地区的艺术表现吸纳了它。[9]

研究 19 世纪和 20 世纪的非洲，另外一个核心主题就是这个大陆与世

界其他部分的联系，尤其是与欧洲的联系。本书的读者需要从一开始就意
4 识到，非洲被从“外部世界”来评判或测量的程度有多大。过去如此，一直持续到今天在很大程度上仍然如此，无论这是潜意识的还是有意的。[10]显然，重要的外来影响被带入非洲的文化、经济和政治发展之中。在19世纪之前，这种外来影响中最重要的是伊斯兰教。它首先经由埃及和红海来到这个大陆，从那以后它的传播穿越马格里布地区，同时也沿尼罗河流域而上，进入北部和中部苏丹。它也在非洲之角，在索马里平原，在奥加登建立起来。从北非出发，它通过商道进入苏丹地带(Sudanic belt)并穿过西非，今天仍是此地的主要信仰。同样，在次撒哈拉东非，伊斯兰教成为斯瓦希里文明中的核心成分。总体而言，伊斯兰教塑造着非洲文化和社会，将这个大陆的古朴与一个动态和扩展的伊斯兰世界联系起来。伊斯兰教的到来也涉及一种遥远的奴隶贸易的出现，它穿越撒哈拉沙漠，将非洲大陆与中东、阿拉伯半岛和印度洋联系起来。[11]无疑，在19世纪之前，欧洲的影响远远比不上伊斯兰教，就直接的文化和政治改变而言，比如传教活动，是在15和16世纪由葡萄牙人开始的，它们收效有限；而白人定居点除了南开普(the southern Cape)的荷兰殖民地外，其他地方都微不足道。欧洲人的活动在很大程度上限定于贸易点和海岸要塞。不过，欧洲人的确从美洲向非洲引入了新的农作物，木薯、玉米、花生和烟草成为许多非洲农业经济的支柱。[12]在1800年之前，欧洲对这个大陆的最大影响是通过大西洋奴隶贸易，这是在16世纪早期开始的，于17世纪和18世纪达到高峰。开始时，奴隶贸易由葡萄牙人支配，但后来就有荷兰人、丹麦人、法国人和英国人加入其中，他们把数百万非洲人(准确数字存在争议)运到了美洲。

然而，这些并非单边的强迫接受，相反，它们是一些复杂的、多面性的互动，涉及相互的借取和适应。比如，古代(基督教出现之前)埃及(还包括上尼罗河流域)文化和文明对希腊世界的影响是不可否认的，尽管欧洲人在19世纪和20世纪的大部分时间里试图把埃及从非洲分出来。[13]后来，来到非洲的伊斯兰教被当地的需要和情况所吸纳，这种世界性信仰因它的非洲化得到了极大的丰富。在大西洋奴隶贸易时代，欧洲本身也因它与非洲的联系而在经济、文化，或许还包括政治方面有了根本性改变，导致这些改变的方式我们可能还没有充分认识到。而且，如果过分强调所谓的“外部”，我们就不仅有把历史性互动过程过分简单化的风险，而且也有忽略“内部动力”这个关键因素的危险。这些内部动力包括“民众力量”的强力、社会形成

的进程、经济上的独创与革新、文化和政治上的创造性、革命的爆发。的确,一个既定现状的建立和更为开阔的接受,就如同一枚硬币的正反面。国王们有时候是"坏的",内部结构有时候不起作用,有时候"外部"因素是"好的",得到了吸纳。历史就是如此,所有民族和所有文化的历史都是如此,当然,最重要的是变革在持续,在依据实际情况而发生。还有重要的一点要记住:当我们想要辨识非洲怎样被外部世界主观化时,历史本身就在主观化,研究历史的这门学科就是在进行主观化。当我们依赖那些自身就建立在"主观化"的欧洲来源——尤其是 19 世纪这一段——的历史研究时,我们需要牢记这一点。

最为重要的,是需要将 19 世纪和 20 世纪作为一个令人信服的时间框架进行仔细考察,这个时间框架包含着持续性和剧变的清晰线索。从许多方面看,19 世纪构成了非洲政治、经济和文化创造性的"黄金时代"的一些东西,然而它也是一个极端暴力的时代,各个"黄金时代"常常都是这样,暴力自身在当时通常被误解,在那之后也继续被误解。同样,尽管殖民主义的巨大影响只限于一些关键方面,但它以许多方式被吸纳入非洲的变革模式之中,而后殖民时代则目睹了一个未完成事业的苏醒,它的许多内容可以追溯到 20 世纪之前。所有这些,都必须放在一种全球经济的背景上来理解,这种全球经济用了几个世纪的时间来形成,它对于非洲自身的发展越来越不利。重视非洲"常态"的重要性,这是非常关键的;有时这个大陆历史上——不仅仅是最近这些年——的一些特殊时刻,被用一种猎奇的非历史的孤立眼光来看待,这不仅没有意义,而且很容易导致误解。

非洲研究简史

非洲史作为一门学科是相对年轻的。迟至 20 世纪 60 年代早期,一位牛津学者还有无视这个大陆历史的名言,称它是"一些野蛮部族的循环,研究没有回报"[14]。然而,即使他是这种态度,非洲历史研究的新路径也在开发之中。当然,我们这里所说的新路径是指一种知识分子对非洲的"现代"解读,无疑非洲人一直都在用自身的语汇理解着自己社会的历史。不过,从 20 世纪中期以来,无论是好是坏,处于希腊—罗马传统之中的欧洲历史方法论被用于建构非洲历史的尝试。在 20 世纪 50 年代和 60 年代,专业历史学家和一些其他领域的社会科学家——他们中许多人在非洲大学教书,如尼日利亚的伊巴丹大学、加纳大学、坦桑尼亚的达累斯萨拉姆大学,开始把非洲历史作为一个严肃研究的领域。这与非洲绝大部分地区正从欧洲殖民统治中争得独立同时，而并非巧合。[15]与重新发现的主权相伴，随之而来的是对非洲悠久历史的新的兴趣。的确，历史被视为国家创建过程中的一个基本部分。当然，历史长期以来就一直被使用，或者说更为普遍的是被滥用——被政治家、游击队员、政治领袖和各式各样的潜在国家创建者所滥用。在非洲，如同在其他地方一样，随着时间推移，这些人对待历史越来越没有热情，更多的是冷嘲热讽。但是，60年代的“民族主义者史学”则开发了一门精力旺盛的新学科，它一直在挑战种族主义者、以欧洲中心论看待历史者，一直在建构和解说那不计其数的民族和族群的历史旅程，这些民族和族群构成了我们今天称之为“非洲”的辽阔区域。

6 非洲历史学家们利用着各种材料来源。[16]对于殖民地之前的历史，那些可用材料的鉴定十分重要，因为只有少数族群留下了书写记录，但阿拉伯北部和埃塞俄比亚高原是例外。考古被用来查证漫长历史中的物质和文化变化，语言上的变化和传播也被用来辨识社会、经济和政治方面的变化。历史学家们还必须利用外国人写下的文字材料，最早是那些中世纪以来讲阿拉伯语的旅行家和商人的记述，16世纪以后则有欧洲传教士、商人和探险家们的记载，到了20世纪，对殖民地大量记录材料的广泛利用，支撑起历史研究的新途径。然而，学者们还可以利用记录下来的地方口头历史和种种传统——这些是所有族群的核心，[17]以及20世纪记录下来的那些证词。显然，各种材料在做出贡献的同时，也有着自身的局限。考古研究和语言研究一般只能让历史学家窥到近似的时间标尺，以及变化的大致轮廓。外国人的书写材料摆脱不了文化和社会方面的偏见，以及局外人避免不了的误解，还有一些更是问题多多或迟钝麻木。地方的口述历史本身会随时间推移而改变和扭曲，在反映所处政治环境的同时，也通常偏向作者自己那一族系。然而，谨慎地使用这些材料，还是被证明极有价值。20世纪50年代和60年代对这些材料的使用，体现了非洲历史的一个新维度——也是一个同情的维度。

在此之前为什么没有去系统建构非洲历史的尝试？对此的回答有可能在本书讲述的不同节点上找到。但这里已有足够的理由说，到了20世纪的开始——此时非洲大陆绝大部分都处于欧洲殖民统治之下，已经形成了一种坚固的信念：非洲没有历史。有一种“真相”几乎持续于殖民地时期的始终：非洲人被认为是“原始的”“野蛮的”，缺乏政治、文化和科技方面的成熟。这一时期的欧洲人根深蒂固地相信自己文明的优越性，欧洲以外的世界是一片荒野,包括非洲在内,都被视为在许多层面上是“劣等”的。“劣等”的概念是他们论证殖民统治本身合理的关键,所以非洲人被描述为缺乏历史,是一个既没有过去也没有未来的愚昧民族,要靠欧洲人把他们从生物学层面注定的悲惨命运中“援救”出来。另外,绝大多数非洲族群,除了伊斯兰教地区和埃塞俄比亚高原外,都是文盲社会,于是欧洲人就说一个没有书写、没有文档记录的民族不可能有历史。按照这种观点,非洲的“历史”只是在欧洲把读写能力引入非洲统治阶层后才开始的,绝大部分是在 19 世纪 80 年 7
代和 90 年代后开始的。就有读写能力的穆斯林和阿比西尼亚人(埃塞俄比亚人)而言,他们在文明的程度上要稍高一些,但高得并不多,他们的野蛮是与生俱来的,他们的书写语言仅仅是半文明的表达而已。[18]

这类观念不仅在殖民统治的叙述中发挥作用,而且也塑造着欧洲对非洲殖民地之前历史的理解。在那些确实存在“文明”证据的地方,比如林波波河(Limpopo)以北的大津巴布韦国,或者是非洲东部和东北部的那些王国,欧洲人或认为它们在根本上不是非洲人创建,或认为创建它们的人事实上并不是非洲人。一定是外部影响——通常是肤色浅的外来者,创建了这样的文化,所以大津巴布韦国的精彩石头建筑就是一支神秘的、已经消失的白人部族的手艺,而“埃塞俄比亚人”则拥有白种人祖先。[19]在南非,种族主义者的这种假定产生了深远的政治影响,20 世纪臭名昭著的种族隔离就部分地建立在一种确信之上:白人定居者在 17 世纪发现了这片“空白之地”,这片土地是上帝给予他们的,它上面居住着一些“黑人”,在造物主的序列中这些人并不比野兽高多少。[20]这类观念盛行于 20 世纪的绝大部分时间里,那时候人们在很大程度上是通过欧洲人的文化偏光镜来看待非洲的。非洲现代历史的研究者面临的关键挑战之一,就是要考虑这种偏见以何种方式——如果有的话——在我们自己的时代得到改变。

确切探查这类理解的根源何在,这并不容易,它们的根子深扎于欧洲自己的历史发展中,但有一点可以确定:大西洋奴隶贸易的增长与欧洲人对非洲的种族主义的兴起相伴随。从 15 世纪到 19 世纪,非洲人被视为“天然”的奴隶,是不发达社会和文化的产物,“黑色”在“西方”的头脑中变得与奴隶状态和野蛮状态相关联。[21]在本书前面的章节中,我们将较为详细地谈论这方面的一些主题,但此刻我们就要注意,18 世纪时欧洲出现了一场关于奴隶贸易的公开辩论,这场辩论对理解非洲产生了深远影响,它以某种方式一直回响到今天。一群人反对奴隶贸易,他们是废奴主义者;另一群人捍卫它,他们是辩护派;但对于非洲社会本身,两派的基本看法却是一致的。辩护派争辩说,由于非洲是一个野蛮和落后的地方,是一个“活地狱”,所以奴隶贸易就是一种赐福的解放形式。把黑人从他们的邪恶环境中带出来,让他们在美洲登陆,这是一个新的开始。而且,他们还论证说,由于地方战争,不管怎样,非洲都在产生奴隶,做不了任何事情来制止。[22]废奴主义者的立场是:由于非洲是野蛮和落后之地,所以就需要欧洲的干预,这种干预要带给非洲所谓的“三个C”——基督教(Christianity)、商业(Commerce)和文明(Civilization),[23]奴隶贸易导致了暴力和苦难,非洲人必须得到拯救,既脱离奴隶贸易商,也脱离他们自身。这两派都相信非洲的落后,他们的分歧只是解说上的不同。在具体结果和社会思潮两方面,最终都是废奴主义者的立场胜利了,奴隶贸易的确被“废除”了——丹麦人和英国人率先废除,废奴主义者对待非洲的观点在19
8 世纪占了上风。到19世纪结束时,一个观点已经稳固下来:只有通过欧洲人的统治,非洲才能在经济、政治和文化上发展。非洲人是孩童,他们必须得到欧洲父母的引导。[24]这至少会成为殖民统治合理性的一种公开论证。

如同我们所看到的,这种社会思潮只有到了20世纪中期才受到严肃挑战,其时正当殖民主义的黄昏和非洲独立的黎明。为了今天的斗争——获得国家的主权、稳定和繁荣,也变成了为了过去的斗争,非洲人和一代新的西方学者试图推翻那一堆文化上和历史上的扭曲。这场斗争持续着,尽管有着不可避免的困境和冷嘲热讽,有着时而出现的盲区。目前,当非洲看来在自己的后殖民道路上蹒跚于一个又一个的危机,而“发达”国家中的人们又用类似于他们18和19世纪前辈的那种方式来寻求“解决方案”时,这个大陆的悠久历史就尤其能够提供启示了。不幸的是,“现实主义”占了上风,尽管是出于一些毫无疑问的良好动机,但非洲还是太频繁地被决策者和人文学者非历史性地看待,对于非洲历史的强大力量,他们常常忽略,或者是没有兴趣。然而,在一个内部冲突、饥荒加旱灾、经济落后加管理不善、腐败加政治压迫的时代,对非洲前进之路的寻找,就必须从它的过去开始。

土地

非洲是世界上第二大的大陆,从地中海到好望角,它拥有地理上和气候上的丰富多样性。[25]显然,这种自然条件上的多样会与这个大陆上居民的历史密切相融。环境与人类历史永远交织在一起,这一点在非洲显示得尤其明显。在这里,疾病和贫穷、贫瘠的土地,阻塞了许多地方人类定居的发展。

非洲人的历史在很大程度上就是努力去适应艰苦的环境。比如,非洲历史上一种最重要的疾病是锥体虫病,或称"昏睡症",由舌蝇传播,流行于森林和林地区域。在那些主要依赖牲畜,比如苏丹地带使用马和牛的族群中,它的影响就非常明显。昏睡症常常在灌木或植被侵入原来的无植被地区后爆发,这就会袭击当地的族群;而森林地区舌蝇的猖獗,则会对国家形成产生重大影响,因为在这种环境中就无法使用马匹之类。[26]理解非洲的社会和经济变化,考虑这些疾病带来的效应是很重要的。

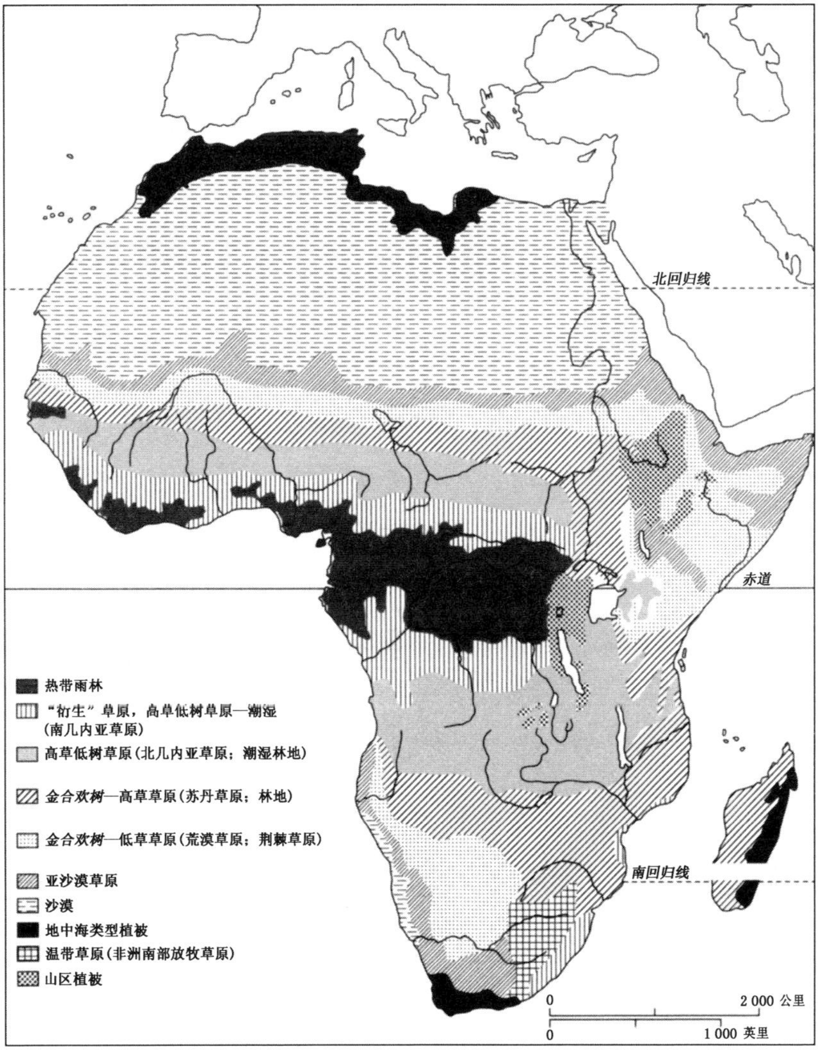

非洲的主要植被地带。引自 M.克罗德所编《剑桥非洲史》第 8 卷《约 1940—约 1975 年》(剑桥,1984)第 194 页,地图 5,1984 年版权属剑桥大学出版社,剑桥大学出版社许可复制。

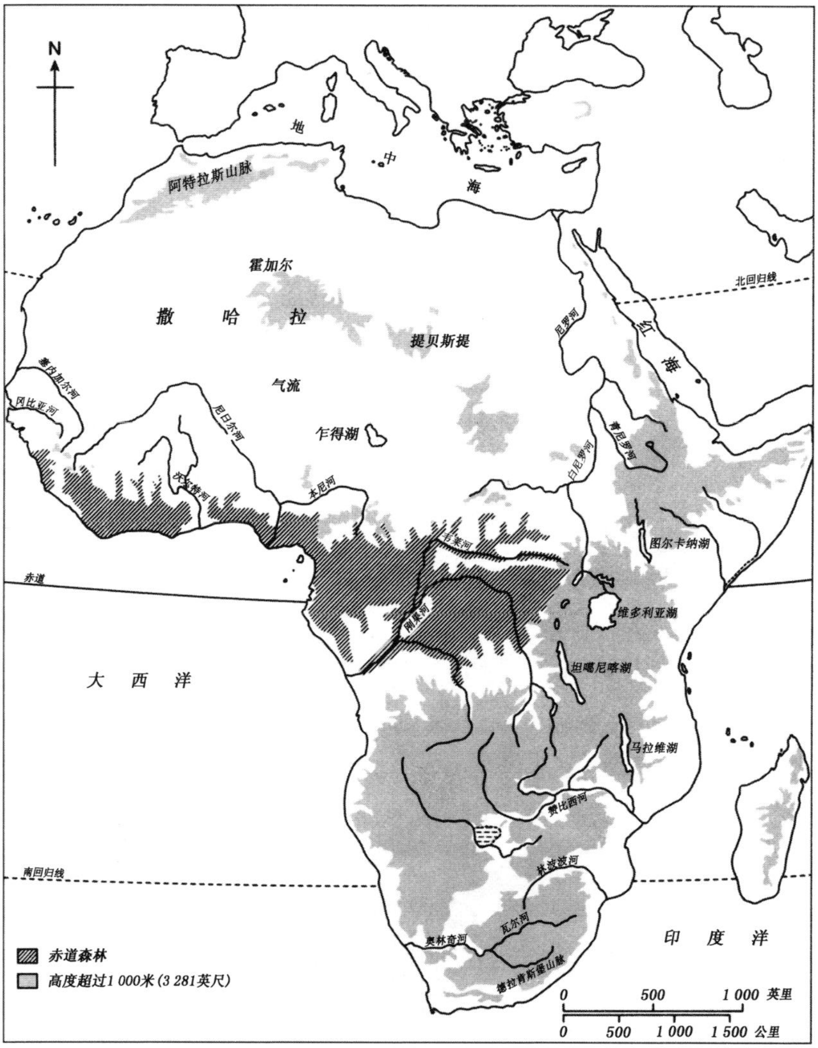

非洲地形。引自 J.伊利夫《非洲:一个大陆的历史》(剑桥,1995)第 2 页,地图 1,1995 年版权属剑桥大学出版社,剑桥大学出版社许可复制。

从地形上看,非洲有规则得令人吃惊的海岸线,类似于深海湾和半岛这样的自然港口相对较少。在其他地方的海岸延伸处,海洋活动则受制于沙洲。这就意味着除了地中海沿岸民族外,非洲人没有欧洲人或亚洲人那样的机会做海上旅行或探险。非洲人与其他大陆的频繁密切接触是相对晚近
9 的事情。同样,这并不意味非洲社会在外来影响出现时没有吸纳它们,但在
18 和 19 世纪之前,非洲的发展相对而言是自给自足的。险恶的地形与水平较低的运输技术,就意味着非洲文明在一些重要的方面本质上有着岛屿性的发展和态度。

我们可以把非洲大陆的地理地貌分为 8 个大致区域。首先是地中海的北部沿海岛屿,其气候类似于南欧,但通常更温暖和干燥一些。这一区 10
域为海岸带,各处宽度不同,包括了非洲大陆的西北部分——“马格里布”(Maghreb,此词为阿拉伯语中“西部”之意)地区,海岸带在此处最宽,覆盖了现在的摩洛哥、阿尔及利亚和突尼斯的北部。地中海和大西洋的风穿越了摩洛哥和阿尔及利亚境内的阿特拉斯山,带来了湿气,这一地区以土壤肥沃著称。

地中海海岸带以南就是世界上最大的沙漠撒哈拉,这就是第二个区域。 11
史前时期,这一地区看来有足够的降雨量,有可能支撑相当多的人口,但由于一些目前尚不完全清楚的原因——可能是由于地球轴线在 12 000 年前的倾斜,这一大片地区开始变干(这个过程被称作“干燥”),在许多世纪中,除了一些散布于其中的绿洲之外,无人居住于此。不过,并不要把这片大沙漠简单地看作障碍,切断了北部非洲与撒哈拉以南非洲之间的联系——人们常常这样假定。穿越撒哈拉沙漠的交通的确困难,但绿洲(还有骆驼)对形成长途沙漠旅行路线起到了关键作用。这些路径在古代就存在,使得马格里布地区的那些民族与撒哈拉以南西非的那些民族能够建立联系。这一区域也并非完全缺乏可耕种的土地,比如在阿特拉斯(Atlas)地区、霍加尔(Hoggar)和提贝斯提(Tibesti)山区,气流就为发展农业带来了足够的湿气。

第三个区域与撒哈拉沙漠相邻,即尼罗河流域。尼罗河是理解非洲东北部地理的关键。它由两条截然不同的河流形成,一条是起源于埃塞俄比亚高原的青尼罗河,一条是发源于东非维多利亚湖的白尼罗河。这两条河在现在的喀土穆交汇,从这里这条大河蜿蜒穿过沙漠流向地中海。每年埃塞俄比亚高原和多湖泊东非的降雨,导致尼罗河泛滥。当洪水退去之后,那些从高原斜坡冲下的肥沃淤泥就沉积下来。所以,在尼罗河一侧就形成了窄带,其中有着世界上最肥沃的可耕种土地,这耕地可以支撑密集的人口,产生了世界上一些最古老、最成熟的文明。此外,尼罗河还提供了撒哈拉北部与南部之间人们的联系。

接下来,撒哈拉南部的西边,沙漠逐渐让位于植被,这靠的是由大西洋刮来温暖的赤道风。所谓“苏丹地带”是草原,它横跨非洲大陆。北非的阿拉伯人用“苏丹”一词指称这一区域,基本意思是“黑人的土地”;他们还使用意思为“海岸”的“萨赫勒”(sahel)一词,来指称沙漠让位于草原的地带。换言之，沙漠如同海，而植被地区开始处就如同海岸。撒哈拉与茂盛的海岸森林之间渐趋丰满的植被地带，被一系列河流打断，这些河流对这一区域的人类历史有着重大影响。尼日尔河发源于上几内亚的富塔贾隆(Futa Jallon)山脉，然后朝北环行进入撒哈拉，再掉头朝南进入现在的尼日利亚，在这里与本尼(Benue)河——发源于喀麦隆山区的另一条大河——连接，穿过迷宫般的众多溪流和小河——尼日尔三角洲——流入大西洋。如同尼罗河三角洲的情况一样，富塔贾隆山区的降雨也导致尼日尔河北行时河水泛滥漫过河岸，所形成的肥沃土地意味着尼日尔河中部流域可以支撑较多的人口，出现了西非一些最古老、最强有力的王国。更朝西去，塞内加尔河也起着同样的作用。在东边，乍得湖靠着发源于喀麦隆的一些河流补水，也为农业提供了条件，并且调节撒哈拉以南的气候。第五个区域是中西部的雨林，它位于辽阔草原地区的南边，覆盖了西非海岸的绝大部分，只有“贝宁裂谷”(Benin gap)除外。它向内陆有着远近不一的延伸，最终与中非盆地的大森林连接起来，构成了世界上最大的热带森林之一。

12 埃塞俄比亚高原是我们的第六个区域。它的很多地方被火山物质覆盖，但也有一些地方露出了丰饶厚土，这是尼罗河北行带来的，它构成了埃及丰产的基础。雨量充沛加上高原凉爽，就形成了适宜的气候。这片肥沃的高原区域是文明的天然中心。在它与海之间是索马里平原，与吉布提和靠近海的厄立特里亚(Eritrea)相连，但这片地区干燥炎热，难以支撑大量的定居人口，因此主要成为游牧人的家园。

再朝南去就是第七个区域，也就是中东部非洲的辽阔高原。它的最高点位于鲁文佐里(Ruwenzori)山，构成了非洲大陆中央的一条“脊”。在这些山区的西边，是巨大的刚果河系和雨林，我们上面已经提到；但在南边则是草原和沙巴(Shaba)高原，赞比西(Zambezi)河发源于此。鲁文佐里山的东边是东非的大湖地区，主要的大湖有维多利亚湖、坦噶尼喀湖和马拉维湖，还有许多其他湖泊。中东非高原的大部分地区炎热干燥，生长着矮树灌木，难以耕种，不过也有一些重要的例外。凉爽而肥沃的肯尼亚高原就有着很好的耕作乡村，肯尼亚—坦桑尼亚边境处的乞力马扎罗坡地，如今的马拉维境内的夏尔(Shire)高原，也都有着同样的良好条件。维多利亚湖、吉奥格湖和基伍湖之间的区域，也就是今天的乌干达、卢旺达和布隆迪，都有充足的降雨量，由此而来的丰产促进了社会和政治上的发展。

最后，在南部非洲，辽阔高原延伸着，由一条海岸带将其与大洋隔开。

南部非洲也是干燥、敞开的草原乡村，地面覆盖着草、灌木和荆棘树丛，6 月到 8 月的冬季颇为寒冷。这个区域没有疟疾和舌蝇，这二者在更北边折磨着人们。这里是理想的牲畜放养之地，但一般不能支撑人口密集的农业社会。不过，东南部有一个部分是例外，这就是如今夸祖鲁纳塔尔（KwaZulu Natal）一带。

人民

环境的多样性推动了不同语言和文化的出现。相应地，各种独特环境使人们发展出不同的体质，这对人类社会的生存繁衍提出了不同的要求，体现出人类适应这些环境和气候、回应不同营养供给模式的过程。所以，就出现了诸如非洲南部的科伊桑（Khoisan）人，北部的非洲—地中海群体，还有跨越非洲西部、中部和东部森林的黑人民族。在 19 和 20 世纪，这些体质上的独特常常错误地用“种族”一词来表达，而且欧洲人（包括某些地方的非洲人自己）常常用体质类型来表示某个民族的“落后”程度，或者是它在经济、 13
政治或文化方面达到的“文明”程度。比如，欧洲人常常认为“肤色浅”的民族把较为成熟的技术和政治体系带到了某个地区。[27]事实上，体质上的不同——比如皮肤的色素积淀，与“种族”毫无关系。从生物学上讲，只有一个人类种族，有着不同基因库的不同群体应被称为“种群”。

与体质多样性相伴的是语言上的多样，这些年来在语言方面的研究已经揭示出大陆非洲可以分为 4 个不同的语系。一个语系指若干关系密切的语言，它们由一个被称作“母语”的共同祖先发展而来。[28]非洲最大的语系之一是亚非语系，它覆盖了非洲大陆北半部的大部和西亚。亚非语系包含了埃塞俄比亚、厄立特里亚和周边地区的许多语言，如北非的柏柏尔语、西部的豪萨语，它还把希伯来语和近几个世纪来与非洲关系更为密切的阿拉伯语包括在内。另外就是尼日尔—刚果语系，它的根源在西非，覆盖了非洲大陆南半部的大部，其中最重要的分支之一是班图语，现在各种班图语在热带非洲的很多地方被使用。[29]尼罗—撒哈拉语系分布于撒哈拉，尼日尔—刚果语系之外的其他黑人种族也使用这个语系中的语言，但主要集中于从乍得湖到尼罗河之间的地带。最后是科伊桑语系，它可能是这个大陆所有语言群中最古老的，非洲南部的牧人和流动的狩猎—采集部族使用它，尤其是在喀拉哈里（Kalahari）沙漠。在很广泛的意义上，亚非语系、尼日尔—刚果语系和尼罗—撒哈拉语系都与定居农业的传播相关联，尽管也常常与牲畜的放养联系在一起。这些语言的发展和逐渐占支配地位，经历了漫长的时间——在某些地方是数千年，这可能体现了获取食物方式的改善、相对的人口增长以及科伊桑语系使用者的边缘化。

过去两千年的非洲历史，基本上就是人口迁移、同化和细分的历史。比如，在北部非洲，阿拉伯移民——从阿拉伯半岛迁入埃及，随后几个世纪中又穿越马格里布地区进入尼罗河流域，都是在伊斯兰教于 7 世纪兴起后不久就开始的。在马格里布地区，这个“阿拉伯化”的过程与阿拉伯游牧部族贝都因人从 10 世纪到 13 世纪的迁移相关联。那些沿海岸移动者被称作“班努·希拉勒”(Banu Hilal)，而那些在内陆迁移者则称为“班努·苏莱姆”(Banu Sulaym)。他们的迁移伴随着已有农业社区某种程度的破坏和混乱，但也带去了阿拉伯语言和文化，还有伊斯兰教，他们逐渐吸收了柏柏尔人社会。这一时期见证了北非转变为阿拉伯世界的一部分。[30]阿拉伯人也缓慢地深入尼罗河流域，尤其是这一地区的伊斯兰化因 14 世纪阿拉伯游牧部族的南迁而推进。从那以后，阿拉伯人就进入非洲中央内陆，穿越达尔富尔，朝向乍得湖。然而，这个过程在把伊斯兰教带给这些地区的同
14 时，也受到了通婚和社会同化、文化同化的影响，原来移动的阿拉伯部族逐渐定居下来和“非洲化”。古老的社会就以这种方式变异，新的社会和文化形成了。[31]

在撒哈拉以南的非洲，也可以看到同样的过程，它尤其与讲班图语的部族从如今的尼日利亚—喀麦隆边界一带进入非洲东部、中部，最终逐渐向南部迁移的过程有关。在班图人扩展之前，那些地区主要由讲科伊桑语的部族或讲相近语言的部族居住，如同我们已经提到的，至今在非洲大陆的南端仍可见到这些部族。在一个漫长的时间过程中，苏丹地带东部(比如上尼罗河地区)的部族，离开这一地区朝西，采纳了那里的经济体系；当东苏丹的民族变成游牧民族或牧人时，西非的民族则变为以农业为主，发展出定居的生活方式。当然，也有例外情况，尤其是富拉尼(Fulani)人，他们许多人都保持着游牧方式，并与北非部族互动。农业性的西非人发展出更大也更密集的人口，超过了放牧或游牧区域。班图人的扩展一部分是与改进了的农业技术和铁作技术相联系的。这种扩展看来在公元前 3000 年左右或稍后开始，此时定居农业进入了班图家园，在接下来的三千年或更长时间内持续。一些被称作“北班图人”的部族开始沿着赤道大森林的边缘东进，从喀麦隆朝向大湖地区。在这些族群中发展出最早的东班图人和最早的西班图人。

西班图人朝南进入中部刚果盆地,时间是公元前1000年的中期,并进入安哥拉的林地;也有其他人朝东出发,朝向坦噶尼喀湖和赞比西河。东班图人在公元前800年左右抵达了湖区非洲,讲班图语的部族在公元头几个世纪进入了中南部非洲,也就是今天的马拉维、赞比亚和津巴布韦一带。现代观念认为这并不是“大”迁移,而是零碎的和地方性的,靠的是一段段的缓慢移动,持续了好多个世纪。[32]然而,它的最终结果就是讲班图语的部族移居撒哈拉以南的非洲一带,他们在许多方面都可以被视为这一广阔区域的真正拓荒者,把它带入了定居农业。一场波及整个大陆的人口移动涉及迁移民族和本地人口之间的复杂互动和交换,最重要的是,定居下来的人口和食物生产者群体,为独特的本地社会和文化奠定下基础,并反过来导致人口增长,刺激出更多的技术进步。作为大西洋奴隶贸易的一个结果,班图人还将他们的人口添加到中部和北部的非洲人口中,他们既是奴隶贸易的积极参与者,也是受害者。

根据一种标准的历史观点,复杂的物质文明在很大程度上依赖于城镇化、经济专业化和社会分层,所有这些都需要相对密集的人口。如同我们注意到的,这些在非洲大陆常常缺乏。不过,就政治结构和效用以及各种技术的使用而言,都有着相当的多样性。比如,非洲北部和撒哈拉南部之间就有着重要的农作技术差异。北非和埃塞俄比亚高原在诸如犁的使用这类技术 15
上相对先进,就增加可耕种的区域;然而撒哈拉以南则主要以锄来耕作,在任何时候这都只允许耕作相对较小的区域。[33]当然,锄能派上自己的用场,在撒哈拉以南的非洲的许多地方,贫瘠的土地不适宜犁耕,那会毁坏微薄的土壤,导致土壤侵蚀,所以锄对于使用它的这种生态体系是完全适宜的。再举一个例子。确实,锄不能推进产量——尽管犁在北方能够做到,可殖民地官员却经常不懂得使用锄的好处。次撒哈拉非洲的农人种植各种庄稼,既有自己食用的,也有经济作物。撒哈拉沙漠两边还有一个重要的区域差异,这就是运输。北非人使用轮车,而这在撒哈拉以南的非洲完全没有,很大程度上这是因为险恶的地形使得轮车无法使用,也是由于缺乏驮畜在舌蝇传播疾病的区域拉车运输。所以,与世界其他地方相比,这里的技术和商业发展采取了一种独特的形式,这些地方的机会被限于某些区域。骆驼和马匹在沙漠和草原可以使用,但在林地和森林地区,运输的重负就要用头来顶,这就意味着低价值的重物不值得运输携带,长途贸易的最重要物品是小而高价值的东西,比如黄金和象牙。当然,奴隶是可以自己行走的。

较低的生产力也与人口情况联系在一起。我们已经注意到，非洲的人口密度明显较低，它的大片地方无人居住。所以，不同于西欧或南亚，这里的稀缺资源不是土地而是劳动力。大而中心化的社会结构要发展，对人的控制远比对土地的控制更为关键，财富和权力都要靠控制人来获得。非洲的农业体系常常是一种自然轮作，农业是粗放而非精细的。当人口增长受到抑制时，文化和意识形态就会围绕人口生产的核心概念来发展，受这种意识形态支持的社会就围绕一夫多妻制和奴隶制来建构。一夫多妻制和奴隶制都涉及对生产和繁殖的控制。儿童意味着劳动力和这个族群的延续，血族关系的概念——无论是真实的还是想象出来的，都至关重要，如果没有它，就要靠强迫威压。比如，普遍而言，此时很少有“无地农民”被迫以很少的报酬为拥有大片土地的上层人物干活的情况，这种现象只在殖民地时代才出现，当时整个族群都被转移，为白人定居腾出地方。当然，放在这样一个背景之中，通过长途奴隶贸易的人口输出——无论是穿越大西洋、撒哈拉沙漠或红海和印度洋，都是格外有破坏性的。

最后，非洲人在这个大陆建起了其多样性和复杂性都令人吃惊的社会和政治结构。欧洲人倾向于把非洲的政治计量单位称作“部族”，这是一个很有问题的术语，我们将在后面的章节中讨论，但这里已可以说它只是在一些特殊背景中才正确或有效，而且它在很大程度上是一个20世纪构建的概念。真实地讲，非洲社会从游牧社会到中心社会和区域社会，从季节性迁移
16 的牧业到定居农业，这一切都有。许多非洲社会大致围绕着氏族观念组织起来，涉及血族关系和家系的概念；然而，有时这些却是想象出来的，并非实际情况。不过，一概而论是危险的，也有许多国家和社会围绕对一些杰出个人领袖或群体的忠诚而建立，服膺于他们特别的政治、技术或精神才华，与血族关系无关。还有许多是区域性的，其主权建立在空间界定上，这有时甚至是可移动的，尤其是在土地充足的地区。殖民统治的时代在某种程度上改变了非洲人因地制宜、灵活多变的能力，但改变在19世纪如同在20世纪一样，仍在持续，并且快速持续到21世纪。

注释：

① 在这个意义上，本书的分析要感谢近些年来在“现代”问题上的学术成果。比如C.A.贝利《现代世界的诞生：1780—1914》（马萨诸塞州莫尔登，2004）。

② 这方面有一个精彩的简述，见约翰·伊利夫《非洲：一个大陆的历史》第2版（剑桥，2007），第1—5页。

③ 艾里什·伯杰和E.弗朗西斯·怀特《撒哈拉沙漠以南非洲的女性：女性回归历史》（印第安纳州布卢明顿和印第安纳波利斯，1999）；凯思林·谢尔顿《非洲女性：早期历史至21世纪》（印第安纳州布卢明顿，2017）。

④ 伊戈尔·库比托夫所编《非洲边疆：传统非洲社会的复制》（印第安纳州布卢明顿和印第安纳波利斯，1987）。

⑤ 伊利夫《非洲：一个大陆的历史》，第71—72页。这个过程在这一地区的口传史诗中得到了强有力的表达，见班巴·苏索和班那·努特《桑介塔（Sunjata）：曼丁哥史诗的冈比亚版本》（伦敦：1974/1999）。

⑥ 理查德·J.雷德《过去与强调当下："殖民地时期之前"与非洲历史的投影收缩》，《非洲史学刊》52：2（2011）。

⑦ 维尔纳·吉伦《非洲艺术简史》（伦敦，1984）；汤姆·菲利普斯所编《非洲：一个大陆的艺术》（伦敦，1995）；萨姆·福格《埃塞俄比亚艺术》（伦敦，2001）。

⑧ 吉伦《非洲艺术简史》，第330—333页。

⑨ 西德尼·利特菲尔德·卡菲尔《非洲艺术与殖民遭遇》（印第安纳州布卢明顿，2007）。

⑩ 菲力普·D.科廷《非洲想象：英国的观念与行动，1780—1850》，2卷本（威斯康星州麦迪逊，1964）；T.C.麦克卡斯基《文化冲突：19世纪的英国与非洲》，收入安德鲁·波特所编《牛津英帝国史第3卷：19世纪》（牛津，1999）；理查德·J.雷德《惊骇、傲慢与仁慈：非洲的国际卷入，1914—2014》，《国际事务》90：1（2014）。

⑪ 尼希米·莱兹恩和兰德尔·L.保韦尔斯《非洲穆斯林中宗教体验伊斯兰化和变种的模式》，收入尼希米·莱兹恩和兰德尔·L.保韦尔斯所编《非洲伊斯兰教史》（俄亥俄州雅典，2000）。

⑫ 比如见詹姆斯·C.麦卡恩《玉米与优雅：非洲与新世界农作物相遇》（马萨诸塞州剑桥，2005）。

⑬ 这方面的经典研究是马丁·伯纳尔《黑色雅典娜：古典文明的亚非语系之根》第1卷《古希腊的建造，1787—1987》（新泽西州新布伦瑞克，1987）；《黑色雅典娜：古典文明的亚非语系之根》第2卷《考古和文献证据》（新泽西州新布伦瑞克，1990）。但也可参看玛丽·莱福克威兹《并非出自非洲：非洲中心论怎样变成了把神话当作历史讲授的借口》（纽约，1996）。

⑭ 转引自A.G.霍普金斯《西非经济史》（哈洛，1973），第32页。 17

⑮ 比如见托因·法罗拉《民族主义与非洲知识分子》（纽约州罗彻斯特，2001），尤其是第3部分。就当代的著名论述而言，见T.O.兰杰所编《非洲历史中浮现的主题》（内罗毕，1968）。

⑯ 见《非洲的历史：方法论之刊》，这份刊物出版于1974年；以及约翰·爱德华·菲利普斯所编《写下非洲历史》（纽约州罗彻斯特，2005）。

⑰ 贾恩·瓦思纳《作为历史的口头传统》（伦敦，1985）。

⑱ E.S.阿台尼奥—阿蒂安波《从非洲史料编纂学到非洲历史哲学》，收入托因·法罗拉和克里斯蒂安·詹宁斯所编《知识非洲化：遍布各学科的非洲研究》（新泽西州新布伦瑞克，2002），第15—17页；约瑟夫·米勒所编《非洲的过去在说话：口头传统和历史论文集》（康涅狄格州哈姆登，1980）。

⑲ 格雷厄姆·康纳《非洲文明：热带非洲殖民地时期之前的城市和国家，一个考古

学视角的考查》(剑桥,1987),第 183 页;约翰·索伦森《想象埃塞俄比亚:非洲之角的历史与身份之争》(新泽西州新布伦瑞克,1993),第 21—37 页。

⑳ 这个观念在里安·马伦《我的叛徒之心》(伦敦,1991)中有生动的表述。

㉑ 科廷《非洲想象:英国的观念与行动,1780—1850》;也见 V.Y.穆迪姆比的开创性著作《显然是发明出来的非洲:灵知、哲学和知识秩序》(伦敦,1988)和《非洲的观念》(伦敦,1994)。

㉒ 比如阿奇博尔德·代尔扎尔《达荷美历史:非洲的一个岛屿王国》(伦敦,1793)。

㉓ 米娅·卡特和芭芭拉·哈洛《使命:基督教,文明和商业》,收入芭芭拉·哈洛和米娅·卡特所编《帝国档案》第 2 卷《瓜分非洲》(达拉谟和伦敦,2003),第 243—245 页。

㉔ 这是弗雷德里克·卢吉那部著作《英国在热带非洲的双重使命》(爱丁堡和伦敦,1922)背后的基本观念。

㉕ 这方面最好的介绍之一,就是乔斯林·默里所编《非洲文化地图集》(纽约,1998)。

㉖ 经典研究是 J.福特《非洲生态中昏睡症的影响》(牛津,1971)。

㉗ 约翰·汉宁·斯皮克《尼罗河之源发现日记》(爱丁堡和伦敦,1863);C.G.塞利格曼《非洲的种族》(伦敦,1966)。

㉘ 约瑟夫·格林伯格《非洲的语言》(印第安纳州布卢明顿,1963),以及随后的修订版。

㉙ 德里克·纳斯和杰拉德·菲利普森所编《班图语言》(纽约,2003)。

㉚ 汉弗莱·费什《马格里布东部和苏丹中部》,收入罗兰·奥利弗所编《剑桥非洲史》第 3 卷《约 1050—约 1600 年》(剑桥,1977)。

㉛ P.M.霍尔特和 M.W.戴利《苏丹人的历史:从伊斯兰教到来至今》(伦敦,2000),第 1 章和第 2 章。

㉜ 比如见贾恩·瓦思纳《新的语言学证据和"班图扩张"》,《非洲史学刊》36:2(1995);克里斯托夫·俄瑞特《班图扩张:早期非洲史中的一个中心问题的再审视》,《非洲史研究国际学刊》34:1(2001)。

㉝ 杰克·古迪《非洲的技术、传统与国家》(伦敦,1971)。

第一部分

政体、社会和经济：
非洲 19 世纪的独特性与暴力

要理解非洲19世纪发展的诸多方面，一些大的主题至关重要，它们包括全球贸易的扩张、非洲政治结构快速改变的面貌、社会结构和社会关系的转化，以及将这些合在一起的战争模式的改变。在19世纪的非洲，战争既是破坏性的，又是建设性的，一场军事变革——它在非洲大陆有着不同的形式——既驱动着快速的政治、经济和社会变化，反过来也是被它们所驱动。要理解从18世纪90年代到19世纪90年代这一百年间的活力和创造，这样才能充分认识20世纪的独特模式。

长途和跨海的贸易改变了社会和政体的性质，为财富的积聚提供了机会，在本地生产和交换的相当简单的农业体系中，这种机会不一定存在。全球贸易带来了社会流动性，这既是向上的，也是向下的。这反过来又涉及政治权力平衡上的变化。与此同时，在19世纪，统治精英对“奢侈”或重要物品的分配也是确保政治支持的最重要手段之一。在达荷美(Dahomey)，精心安排的“年俗”就涉及把这类物品分配给国王的追随者；布干达(Buganda)王国的政治中心，也存在一种类似的恩赐和分配体系。当然，输入进来的物品也有着实际效用，靠近海岸的政治和贸易上层人物使用外国进口物品来交换北方的马匹，比如约鲁巴(Yoruba)的情况。换言之，贸易力量可以转变为军事或政治力量。那些能够以这种方式积聚财富的人，也就处在一个能够购买人的地位上，而非洲“权力”的大部分都与拥有或能够影响的人数直接相关。贸易权力带来了扩大自己追随者的权力，购买奴隶、
20 妻子或两者兼买的权力——在家庭延续和政权确立上，女性奴隶起着格外重要的作用。所以，由贸易而来的财富就能够直接转化为政治权力，这也在社会流动性方面带来了巨大的改变。

这些主题在整个非洲大陆都是共同的，不过，在其他方面，东非与西非的情况有着鲜明的对比。基本而言，东非的奴隶贸易在19世纪膨胀，在西非则是衰退下去。在西非，奴隶贸易促进了——的确也依赖于——分等级的政治—军事结构的兴起，这种结构由能够垄断进出口贸易的上层人物支配，他们通过自己对奴隶和奴隶贸易的控制做到了这一点。战争既是政治活动也

是经济活动，代表着国家在这方面的投资——当然这不是没有风险，它有可能被击败或造成严重伤亡，也可带来可观的回报，确保现存上层人物的统治。19 世纪见证了这种情况的变迁，绝大多数奴隶贸易的主要欧洲参与国在 19 世纪初到 30 年代废除了奴隶贸易，有一些国家继续“非法”进行奴隶贸易，直到 60 年代为止。那些从事奴隶贸易的上层人物的地位，因人口买卖的逐渐衰退（这在某些地区是非常缓慢的）和所谓的“合法”贸易（原材料和农产品贸易）的兴起遭到破坏，他们因失去对贸易和市场的控制而失去了重要的政治和经济特权。由于进入到农业生产领域中，一些较小的生产者现在也能够与“大人物”竞争了。然而，在某些地方，尽管统治阶层发现自己的地位被削弱，但仍然能够使用他们的政治力量来补偿经济基础上的弱化。比如，1862 年在旧卡拉巴，在尼日尔三角洲，小额棕榈油贸易就被首领禁止，这是为了至少维持一种寡头卖主垄断。19 世纪中期，在达荷美，也对出售棕榈油课以重税。

大西洋非洲国家和部族中越来越多地使用奴隶，这也带来了社会变化。使用奴隶是农业生产扩张的直接结果。普遍而言，19 世纪中奴隶的价格是下跌的，这使普通的生产者也可以买得起奴隶。奴隶被用于耕种、货物运输、军事作战，有时甚至作为低级贸易者来使用。有一些证据表明，随着“合法”贸易的兴起，奴隶的待遇恶化了，这是因为奴隶相对便宜了，他们的主人可以较以前更狠地让他们干活。然而，奴隶们也有了一些机会，有些以暴力来反抗虐待，而经济活动中奴隶的数量越大，他们也就拥有越大的集体力量。不过，更重要的或许是 19 世纪的贸易变化意味着奴隶自身也可能积累财富，买到自己的自由，建起自己的政治权力。

在非洲大陆的另一边，则是朝向军事统治的趋势，这是奴隶贸易和象牙贸易扩张的直接结果。战争是获取奴隶的主要来源，涉及武士首领的兴起，他们收集俘虏，组建高度私人化的军队，创建个人权力。东非的贸易扩展导致出现中央集权，它自身又常常植根于武器和一些重要物品的进口。越来越大的不安全感，暴力的加剧，再加上贸易和军事冒险带来的机会，就导致 21
社会结构古老形式的崩溃、政治形式的改变，以及某些地区中新的身份的出现——如坦桑尼亚中部和北部，或者是现存身份和政治结构的加强——如布干达和埃塞俄比亚高原。

在非洲大陆的两边，战争与新的贸易和政治模式都有着内在的关系。 22
非洲 19 世纪的许多暴力冲突都与争夺对贸易的控制有关，要获取贸易带来的利益，而利益之一就是武器。19 世纪见证了重商主义在许多非洲社会中

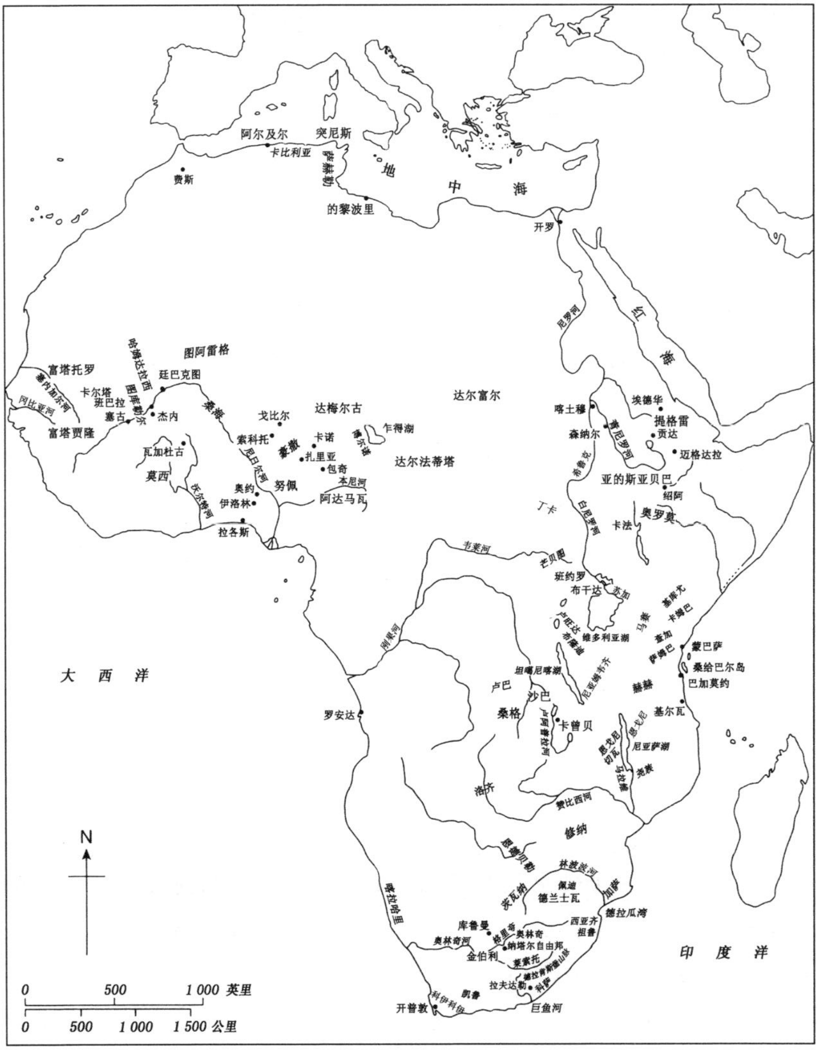

19 世纪的非洲：主要民族和地区。

的兴起，它是经济力量与政治力量的联结。重商主义最清晰的表现，就是使用战争作为政策的手段。暴力冲突无疑伴随着非洲大陆各处的许多变化，当奥约（Oyo）的约鲁巴帝国——它原是一个主要的奴隶出口国——于 19 世纪 20 年代和 30 年代崩溃时，就预报了约鲁巴人之间几十年冲突的开始。约鲁巴争夺对贸易的控制，同时也在更北边与穆斯林作战。暴力产生了相当数量用于"非法"出口的奴隶，这种现象最终促使英国在这一地区进行干预，其形式是对拉各斯潟湖城邦的合并。更朝西去，达荷美保持着强有力的军事力量，对于它来说，奴隶贸易仍然至关重要，这个国家的分层政治结构中,军国主义是一种核心成分。战争是力量使用中的关键活动,也产生了深远的文化影响。在东非,作为对贸易网络扩张的回应,精力充沛的扩张主义(如果说往往短命的话)兼重商主义和军国主义的国家接连出现,比如 19 世纪 70 年代,尼亚姆韦齐和金布分别由米拉姆伯(Mirambo)和尼亚古耶马维(Nyungu-ya-Mawe)统治。在北边,相对古老的布干达王国颇具进攻性地抓住了自己的贸易机会,在 19 世纪以使用武力为手段来获取贸易霸权。如同达荷美一样,布干达也把一种强力军国主义融入自己的政治结构和更广泛的文化构成中。埃塞俄比亚高原那些“哈贝沙”(habesha)政体也这样做,尤其是绍阿和提格雷,它们的位置很好,能够开发依靠红海和亚丁湾的贸易轴线。它们部分使用(尽管只是部分使用)战争作为确保贸易支配的手段。我们也不能只讨论那些中央集权国家的这种进程,在大裂谷地区中部,比如图尔卡纳和马赛,19 世纪也有一种趋势,发展出更专门化的军事领导阶层和人丁年龄管理的新形式,尽管在这些地方,主要争夺目标不是贸易权而是地方资源,尤其是牧场,冲突常常因气候变化而爆发。

在南部非洲,19 世纪的政治和经济变化也是暴力性的。祖鲁国在恩古尼人数十年的冲突中崛起,到 20 年代时,它已经成为这一地区最成功的军事帝国之一,放在次撒哈拉非洲这个整体中也是如此。它建立在一种冷酷而高效的人丁年龄管理体系之上,与东非大裂谷地区的情况并无二致。祖鲁所代表的军事变革的反响十分深远,逃离这些冲突的难民分散到北至维多利亚湖南岸的地方,他们为这里带来了新的政治和军事组织的样式。在南部非洲,长途贸易一直很重要,但这里的局面却因白人定居者越来越多而复杂化,他们既出现在开普殖民地,也出现在内陆的布尔“共和国”中,形成了人们所看到的政治和经济空间的三角争夺,也就是英国人、布尔人和非洲人自己。

当然,这些政体中的每一个对于冲突都有自己的处理方式,在军事组织 23
和领导上有不同的手段,使用战争作为政策的延伸有不同的目的。在祖鲁国,或者是大裂谷地区放牧部族的常备军,这种情况是相对稀少的;绝大多数国家和部族仍然依赖兼职的民兵,在需要时(或想要时)召集起来。布干达没有职业常备军,但它有一种深远的军事文化和社会风气。米拉姆伯的国家依赖“鲁加鲁加”(ruga ruga)这种力量——用枪、抱负和获利驱动武装起来的小伙子们,靠着吃本地的一种致幻药,拥有很高的士气。的确,许多这样的社会越来越依赖武器的进口,尽管枪炮在战争中的真正效果在非洲大陆各地并不相同。那些海岸边的西非国家积聚了大量的武器，东非内陆的国家也如此。在埃塞俄比亚，前后几任皇帝——特沃德罗斯、约翰尼斯和迈拿里克——也能够获取不少的现代或准现代武器。武器成为商业、社会和政治成功的象征，也推动着战争本身，但仍然有着地区的不同。在西非许多地方，随着时间推移和经验获得，人们已经能有效地采纳和使用枪炮，埃塞俄比亚的情况也是如此。然而，在布干达，枪炮在19世纪后半叶才被引入，它们实际上削弱了军队的表现，这是因为缺乏训练，而且错误地强调武器的象征作用，而不是武器的实际威力。在非洲大陆，枪炮常常是次等的、不可靠的，甚至是危险的，这就使得非洲社会在19世纪的最后岁月面对欧洲侵蚀时非常不利。

所以，非洲19世纪的政体、社会和经济历史，在相当程度上就与重塑政治与经济结构的斗争联系起来，战争作为政策工具经常起着主要的作用。扩张主义的中心与武装的边疆发生冲突，新的政治和军事文化产生，它们之中有一些得到了巩固，而大量的则落潮下去，这一切发生在欧洲瓜分非洲的前夜。这种变化中的许多都与海外贸易所带来的机会相关，尼日尔三角洲的贸易小国也是如此，因为它们属于干达人和祖鲁人那些中央集权的重商主义的王国。对于西部、南部和东部非洲来说，欧洲帝国主义本身最终是与这些区域的商业和政治发展联系在一起的。如同我们将要看到的，那种认为非洲社会天然不稳定的观点，就意味着贸易必须被保护，如果必要的话，用对混乱的武力压制和占领土地来保护。欧洲人把内部混乱、冲突和战争视为贸易的障碍，但奴隶贸易在19世纪很长时间中一直“非法”进行着，即使那些确实维持了秩序的非洲统治者，早晚也会被视为是危险的、不稳定的当权者，必须被除掉，以保证贸易的进行。在本书第三章，我们将继续讨论这些主题。

24

第二章 25

西部转变：大西洋非洲的奴隶贸易与“合法”商业

19世纪非洲历史的关键主题之一，涉及国际贸易模式的改变。[1]在一开始就必须注意到一点，那就是非洲大陆各处的贸易经验决不一致，从贸易相对发达、在全球贸易方面有很长历史的沿海西非地区，到非洲东部和中部的内陆地区——它们是19世纪时才刚刚体验到长途贸易和它的广泛意味，这里面有着相当大的地区多样性，这很重要。不过，将次撒哈拉非洲作为一个整体，就国际贸易怎样对非洲的政治、经济和社会发展产生深远影响而言——既影响到了政治结构，也影响到社会形成，倒是可能做出一些初步的论述。至少就非洲与欧洲的贸易关系而言，19世纪早期在许多方面都标志着非洲现代经济史的开始。这种关系的本质，以及贸易本身的模式，都最终导致欧洲在19世纪最后几十年中对这个大陆的瓜分。商业和其他经济利益是“抢夺”非洲的强大驱动力，我们在本书后面将会看到。

当然，在1800年之前，非洲成为全球经济的一部分就已有好几个世纪。穿越撒哈拉沙漠的贸易，通过北非将西非地带与地中海和欧洲连接起来，而北非自古以来就是地中海商业圈的一部分。[2]在非洲大陆的那一边，印度洋也成为商业互动的一个巨大舞台，它将东非斯瓦希里海岸地区与西亚和中亚连接起来。[3]当然，最引人注目的还是15世纪以来的奴隶贸易，尤其是从 26
16世纪中期开始的横跨大西洋的体系，这将西非和中非的沿海地区以及它们的腹地，与西欧和美洲联系起来，数百万非洲人被强迫运到那里。[4]而且，1800年时穿越非洲的贸易网络，又将森林与林地、草原和沙漠连接起来。所以，这个大陆的许多部分已经经历了几个世纪的与欧洲、亚洲和美洲的贸易联系。不过，19世纪则出现了这些联系的新发展，以及新的地区融入到这些贸易网络中。

此外，非洲与欧洲的现代联系的关键特征，有许多都在大西洋地带得到最有力的显示。这里所说的大西洋地带是指从塞内加尔到安哥拉这一片。在许多方面,大西洋非洲是一块测试之地,欧洲关于非洲文化、政体和可能是最引人注目的经济方面的观念,都在这里试验。这片地方在19世纪经历了巨大的变化,有些地方快些有些地方稍慢,但都是创伤性的和永久的。就我们的目的而言,最重要的“转变”——事实上19世纪发生了一系列“转变”——就是大西洋非洲从奴隶贸易到所谓的“合法贸易”的转变。[5]转变并不是单一的或突如其来的,尽管让欧洲人道主义者——当然也包括千百万非洲人——非常失望,但这种人的出口一直持续到19世纪60年代。奴隶贸易的这个尾期,与持续于15世纪到19世纪早期的那个阶段相比,其差别就在于它在欧洲很多地方被认为是“非法”的,对于经济“现代性”的发展有害。

最后,在这样一个巨大创造性的时代,非洲以无数方式作出既是外部又被迫是内部的改变来回应,尽管它经历了所谓的全球“好运逆转”,但其结果却是这个大陆在经济方面落后于欧洲。[6]19世纪目睹了非洲从迅速生长的全球经济中获得好处,去影响这个体系这种争夺的扩大,但一个事实是工业和金融控制的引擎已是落在这个大陆自身之外。在一个破坏和建设的时代,非洲试图去做什么,展示出来的这个过程常常被外部观察者所误解。

大西洋奴隶贸易中的国家与社会

奴隶贸易对大西洋非洲的许多部分都是毁灭性的,尤其是在经济发展方面。无疑,在某些地区这种贸易阻碍了经济增长和多样性,还有人口的增长——人口至多是维持原来的水平,如果不是下降的话,这是系统性人口出口的结果。然而,重要的是要注意到,奴隶贸易并非绝对的大灾难,非洲存活了下来。与此同时,还要提到一个令人不舒服的事实:许多非洲人都从奴
27 隶贸易中获利,绝大部分是上层人物,靠着奴隶制和奴隶出口,他们在次撒哈拉非洲建起了最成功和最有活力的国家体系。而且,奴隶制这种制度在非洲是相当古老的,在这个意义上,至少是在某些地区,把奴隶卖到部族之外,这并不是巨大的跳跃。

28 到18世纪结束时,在非洲国家和社会之中,大西洋和内部的长途贸易体系已经带来了重大的政治、社会和经济变化。当然,这些社会中的许多都涉及长途贸易,输出奴隶或者是其他商品,但一直是非国家性、非中央集权的性质。位于如今尼日利亚东南部的伊博(Igbo)就是这样一个例子。[7]不

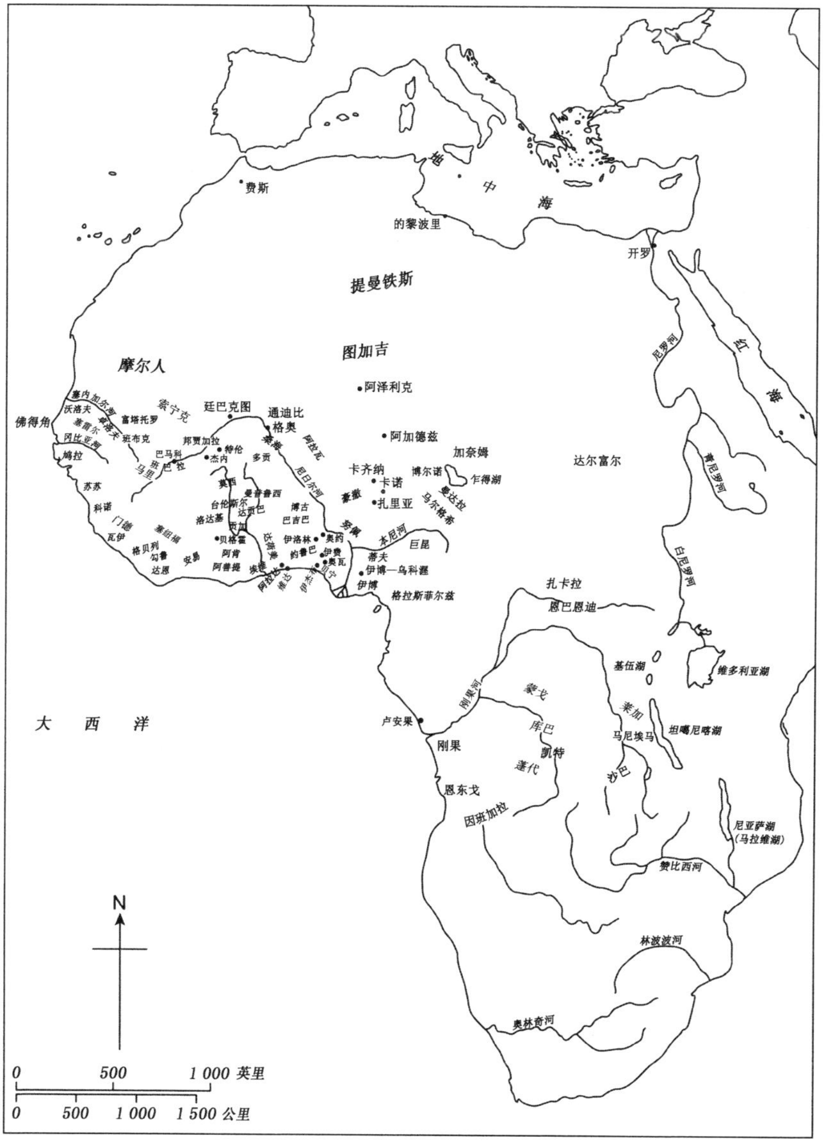

19 世纪的大西洋非洲。

过,普遍而言,这些卷入的主要政治结果就是中央集权的,尤其是重商主义的国家的创立,政治权力与经济权力融合在一起是其特征,另外就是对那些较小、较弱或非国家的族群的领土扩张。从 15 世纪到 18 世纪,在西非和中非,军事化的国家崛起,而进口的武器也常常推动一些人数较少但装备良好的少数民族去控制较大族群的人口。[⑧]广泛而言,奴隶贸易导致了暴力水准的升级,为了获取奴隶常常有意发动战争,这样的暴力是极端破坏性的,有时涉及一些弱小族群的系统性毁灭。比如，这在现在的安哥拉地区表现得很明显，这里的恩东戈（Ndongo）和隆达（Lunda）帝国深深卷入到中非地区的抢劫奴隶的暴力中，这种暴力持续至19世纪后很长时间。[9]安哥拉是少数几个欧洲贸易者直接参与奴隶劫掠的地方之一（在这里是葡萄牙人），于是白人永久定居在罗安达（Luanda）及其腹地。到18世纪中期，每年有一万奴隶经由罗安达的港口输出。[10]奴隶既经常是其他原因的战争的产物，也常常是国家形成和扩张的产物。比如，贝宁在15世纪的军事扩张时，就向葡萄牙人出售奴隶，一旦扩张过程不受阻碍，贝宁就不再出售奴隶；到了18世纪贝宁分裂时，奴隶贸易又恢复了。[11]同样，17和18世纪奥约、达荷美和阿善提这类扩张国家发动的战争，也向海岸地区提供了俘虏奴隶。[12]统治精英们在对自己有利的时机出售奴隶，在这个过程中常常变得富有，但就参与这种贸易的“逻辑”而言，出售奴隶很明显是非常讽刺的，因为非洲统治者关心的是尽量扩大人口增长。权势者出售奴隶以获得物资，有了物资就可以吸引更多的个人追随者，他们卖人是为了得到人，从这个角度看，个人利益与集体利益有着明显的分离。

有争议的一些关键领域中，有一个就是奴隶贸易对人口和内部经济增长的影响。前者可以视为极为重要，因为非洲大陆的核心主题之一就是要建立起自己的人口。奴隶贸易显然涉及非洲生产潜力的严重损失，劳动力
29 因其价值的一小部分被出口，奴隶们通常都年轻，是一个社会最多产的成
30 员。不过，事实上已不可能详细评估人口方面的影响了。奴隶贸易开始时大西洋非洲的人口不为人知，我们也同样无法知道人口以多快的速度增长（如果有的话），不知道如果奴隶贸易不发生的话，它可能会增长得多快。我们只能是以一般的印象来谈论。人们普遍认为，现在的安哥拉这一地区经历了人口减少，而其他被深深卷入奴隶贸易的地方——比如“奴隶海岸”及其腹地，至少是遭受了人口增长的延迟。[13]

总之，在奴隶贸易时代，大西洋非洲没有什么重要的经济“发展”，尽管也有一些地方经济从参与横跨大西洋的体系中获利的例子。伊博和阿善提的纺织业和编织业在18世纪得到了发展，而贝宁的铜手工业也因一些金属的进口而得益，约鲁巴布匹成功地出口到了巴西。[14]然而，进口物品对本地手工业、纺织业和金属业的破坏是怎样估计都不会过分的，至少在18世纪后期是如此。安哥拉海岸一带的布业无疑是被损害了，还有证据表明塞内加尔的本地冶铁业也因铁的进口而受损，[15]然而进口制造品在其他绝大多

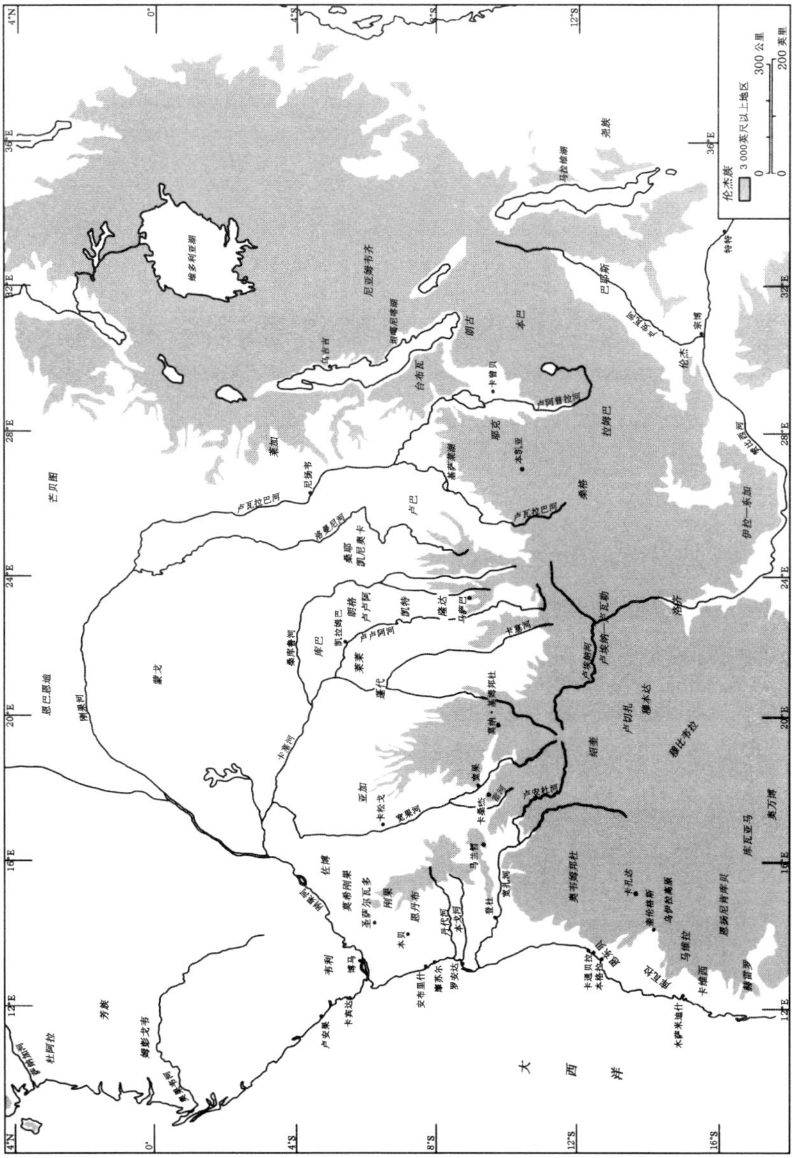

19 世纪的中部非洲。引自 J.E.弗林特所编《剑桥非洲史》第 5 卷《约 1790—约 1870 年》(剑桥，1976)，1976 年版权属剑桥大学出版社，剑桥大学出版社许可复制。

数地区的影响并不是破坏性的。不过，普遍而言，进口商品也没有刺激非洲经济体系的改变或创新，大西洋腹地的运输体系也没有因海外接触而发展。除了穿越大西洋时奴隶船上需要的食品外，非洲没有重要的农产品输出，非洲农产品出口到19世纪才发展起来。奴隶制的制度本身到18世纪结束时完全有各种可能来扩展，但具有讽刺意味的是，它之所以在19世纪一直持续，在很大程度上却恰恰是对它的废除所致。

"非法"运送：19世纪的奴隶贸易

18世纪后期，欧洲的各种力量正获得废除奴隶贸易的动力。人们有些争议的是，一些特殊因素的力量应该如何考虑。从18世纪70年代到19世纪初，一些著名人士站在人道主义立场上主张废除奴隶制度，他们与启蒙运动人道主义以及福音派的愤慨结成一种奇特的联盟，来暴露奴隶贸易本身让人无法接受的残忍。欧洲知识分子和教会团体以一种信仰团结起来，那就是所有人类都享有自由和平等的普遍权利。在这个意义上，这场"运动"是一场广泛的礼拜，它把"启蒙"人士、诚挚的反教权主义者、被基督教良心驱动的人、被福音派所激励的人，都团结起来了。就所涉及的基督教会自身而言，这是一场福音派新教会复兴的开始，它带来了非洲传教活动的快速发展，本书第八章将介绍这方面情况。人道主义者的论点得到革命时期法国雅克·皮埃尔·布里索的强有力阐述；[16]在英国，它的领袖人物包括格伦维尔·沙普和威廉·威尔伯福斯，后者在1787年至1788年领导了一场巨大
31 的公众运动；还有乔瑟厄·威奇伍德这样的工业慈善家，他生产了一种令人
32 难忘的徽章，描绘一个戴着铁镣的黑人，上面有这样的话："难道我不是一个人、一个兄弟？"[17]一些非洲人也参与到这场人道主义运动之中，比如欧罗达·艾奎亚诺的写作和公开演讲，在18世纪90年代就很有影响。这位前奴隶赎回了自己的自由，在英国受到教育，加入到废奴主义者行列之中，他自己也成了一位名人，尽管后来有人对他一些故事的真实性提出了疑问。然而，他的公开形象和他的自传《有意思的叙述》(*Interesting Narrative*)看来在当时是证实着一种伟大主张，这种主张因向文明的基督教著名人物暴露黑暗而获得价值。[18]

除了将奴隶贸易废除之外，关于奴隶贸易辩论的另一个长远结果就是对非洲的主观化，辩论者面前出现了一个想象的实体，除了爱克伊诺这样的人之外，他们对非洲本身都所知甚少。非洲成了一个"客体"，一个观点或一

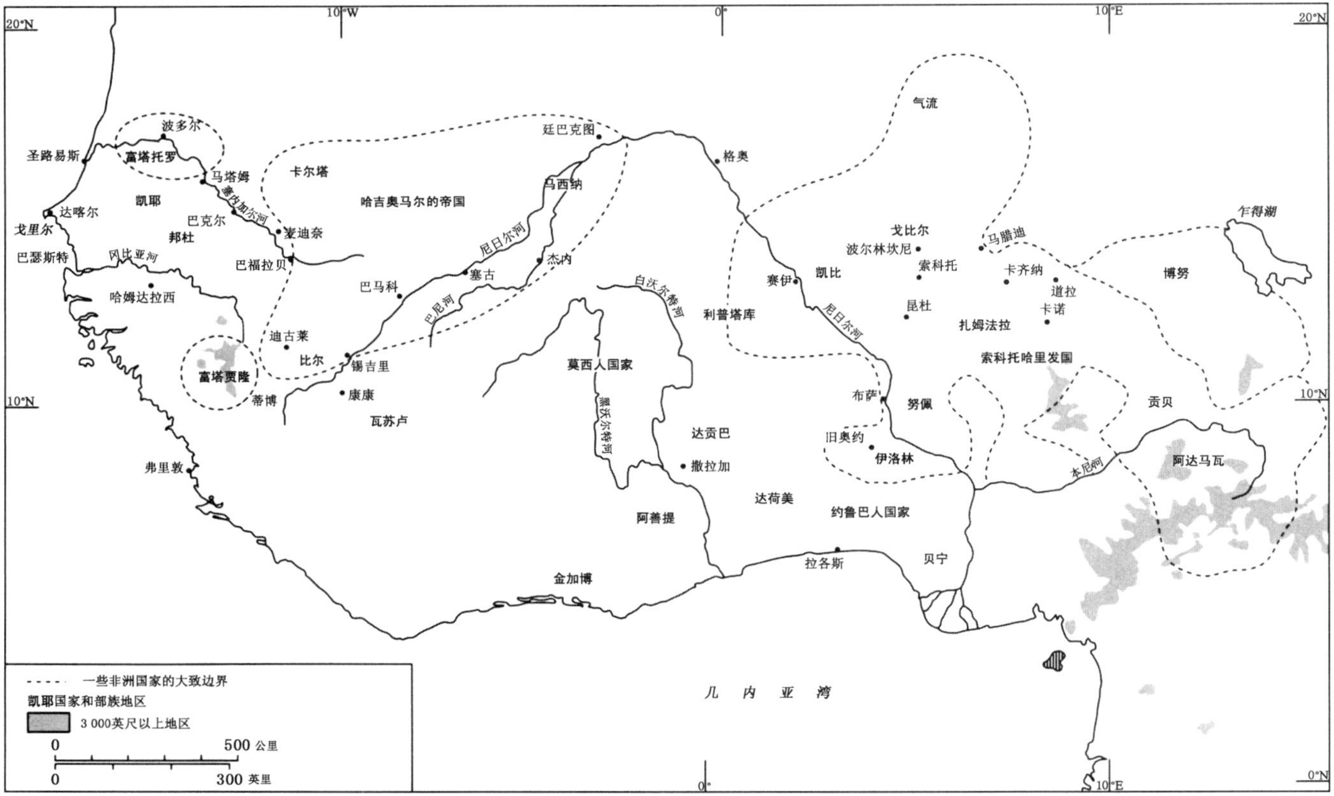

约 1865 年的西部非洲。引自 J.E.弗林特所编《剑桥非洲史》第 5 卷《约 1790—约 1870 年》(剑桥,1976),地图 7,1976 年版权属剑桥大学出版社,剑桥大学出版社许可复制。

个问题，以表达当时那些伟大的博爱人物和政治人物的看法。而且，在这里面我们看到了一个过程，在这个过程中“非洲”一直被外部世界的关切和议程所塑造，这个过程把19世纪乃至于20世纪的动能聚集到一起。如同我们在后面的章节中将看到的那样，非洲协会是在奴隶贸易的辩论引发公众激情的19世纪70年代于伦敦建立的，协会宣布的目标之一就是要把非洲大陆与奴隶贸易断开，建立起多样化的贸易和互利、进步、文明的关系，它将“改善”非洲，促进对非洲的了解，当然也给英国自身带来贸易收获。[19]

协会在主张改变欧洲与非洲经济联系的同时，寻求切实的收益。尽管普遍而言的“人道主义”观点令人感动、强大有力，但毫无疑问，经济思维的改变，以奴隶贸易为基础的经济所获利益的改变，也导致对这种贸易能否生存下去的更为冷静的重新考虑。当然，奴隶的抵抗长期以来一直使这种贸易的投资者不安，奴隶船上的反抗已是相当普遍，而最引人注目的奴隶起义于1791年发生于海地岛，由杜桑—卢维图尔领导。[20]另外，18世纪90年代早期至1815年，革命和拿破仑战争席卷欧洲，也使国际贸易受到抑制。全球海运航线被严重破坏，包括与非洲和美洲连接的航线，奴隶贸易就也没有完全恢复过来。而且，更普遍地看，奴隶劳动力不再被许多西欧经济学家视为有利可图，人们争辩说，未来经济增长靠的是使用自由的、有薪酬的劳动者的产业体系。比如，加勒比海地区以奴隶为基础的食糖生产，其利润在18世纪后半期已严重下降。欧洲的制造业投资一直在快速增长，尤其是在英国，而海外的种植园奴隶经济则在萎缩。[21]当然，这些并没有被普遍接受，至少是没有被立即接受。奴隶劳动在美国持续到19世纪60年代，巴西也是如此，它是19世纪最大的“非法”奴隶进口国。[22]19世纪30年代之前，奴隶制本身在大英帝国一直是合法的。[23]不过，人们说主要欧洲大国对奴隶贸
33 易的废除带来了一个经济和政治变革的新时代，这也就是为什么“1800年前后”可以是一个观念上的分水岭。关于非洲的经济思考有了重要的改变，非洲越来越被视为各种原材料的一个来源，也是工业制品的一个市场，而不再仅仅是奴隶劳动力的一个来源。北半球的工业化将因来自“热带”的植物油和橡胶得到进一步推动，欧洲的制造商们——这些公司中有许多是靠奴隶贸易发财的——在寻找海外市场，以出售它们廉价制造的商品。[24]

丹麦和英国这两个17和18世纪最大的奴隶运送国，属于第一批禁止本国公民参与奴隶贸易的国家，时间分别是1803年和1807年。接下来这样做的有美国(1808年)、荷兰(1814年)和法国(1817年)——尽管法国在

18 世纪 90 年代的革命时期就已多在谈论废除奴隶贸易的话题了。1815 年的维也纳会议上,绝大部分欧洲国家同意废除奴隶贸易,唯有葡萄牙主张只在赤道以北禁止奴隶贸易。到 19 世纪 30 年代中期,绝大部分欧洲国家已经宣布奴隶贸易为非法,执行却是极其困难。大西洋奴隶贸易的死亡很是艰难,进入 19 世纪以后很长时间还在持续,像达荷美这样一些西非海岸国家,拒绝放弃这种被视为是基本的经济而且也是政治的活动。约鲁巴四处蔓延的战争也在产生大量的奴隶以供出口,我们下面会讲述。中部非洲地区,尤其是现在的安哥拉这一区域,如同奴隶贸易早期一样,也仍在从事奴隶出口。19 世纪奴隶出口的主要目的地是拉丁美洲,也有少量奴隶更朝北去。不过,大西洋奴隶贸易在 19 世纪的确是逐渐衰退,到 19 世纪 70 年代和 80 年代大部分已经消失,这部分是因为英国反奴隶贸易舰队在美洲大西洋海岸线巡查的结果,不过这种巡查的真正效果不应被夸大。美洲对奴隶需求的缩小,尤其是 19 世纪中期以后,以及“合法”贸易的扩展,在本质上是更为重要的因素。[25]

欧洲政治家、人道主义者和慈善家们的一个基本误判,就是认为奴隶制与“合法”贸易会是相互排斥的,但事实上它们能够而且也真的共存。无论如何,非洲统治者认为奴隶贸易如此之深地嵌入他们国家的政治和社会结构之中,没有办法停止,至少是要有巨大的社会和政治剧变才能停止。达荷美的国王盖佐在 1848 年告诉一位英国官员,他无法放弃奴隶贸易,因为军队必须有事可做,如果国王自己试图改变“民众整体的情绪”,达荷美就会陷入政治混乱和革命,这“将把他自己推下王位”[26]。这类话其实是相当虚伪的。在达荷美,废除奴隶贸易不符合统治阶层的利益,它对奴隶贸易有完全的控制,它不愿失去与奴隶贸易相伴的特权,如果放弃奴隶贸易,代之以鼓励棕榈油生产,这就会使得有利可图的海外市场对那些普通的农户生产者 34
开放。[27]压制奴隶贸易、传播“合法”生产福音的活动在大西洋海岸一些地方展开,这显然导致了欧洲在这一区域对非洲政治越来越多的卷入。盖佐是那种不顺从的统治者的一个例子,他在 19 世纪 40 年代和 50 年代成为英国外交部非常关注的焦点,他拒绝(或者说不能)停止奴隶贸易,导致了英国外交使团的到来和强化的政治压力。[28]在其他地区,英国使用了军事力量,或者是威胁使用它,以强迫非洲统治者接受他们废奴主义者的要求。英国人发现战舰可以创造出有利的贸易条件,但这也意味着正式的政治控制在扩张时通常就不受欢迎。在拉多斯就是如此,这是一个位于约鲁巴海岸的很固执的奴隶出口城邦，于1851年被炮击，并最终于1861年被合并。[29]所以，欧洲经济利益在大西洋非洲的扩大，导致了它政治和军事干预程度的加深，这在开始时是有限的，但无疑奠定了后来彻底瓜分的基础。

矿产与农产品："合法"商业

众所周知，"合法"贸易逐步替代了奴隶的出口，它涉及欧洲对西非和中非的原材料、自然资源和农产品的需求。[30]然而，这远远超过了经济系统，也有着精神和政治上的含义，而且与后来涉及非洲"现代化"的争论大有关系。它是贸易——如同奴隶贸易本身一样，对处于工业化时期的欧洲有着相当的经济好处，而人道主义者希望它能够给非洲带来经济和社会进步。大西洋沿岸的许多非洲社会，包括程度低一些的非洲腹地，都参与到棕榈油、花生和橡胶这类商品的出口；然而，在这样一个转变时期，不少社会经历了所谓的"适应危机"。[31]那些社会经济和政治结构与捕捉和出口奴隶关系紧密的国家，或者是那些社会的军事风气导致不停歇的军事行动——这必然导致捕获战争俘虏——的国家，要转变为农业出口，这是颇为艰难的。奴隶贸易的时代产生了——至少是强化了统治的武士精英在中央集权的政治和经济体系的领导位置，这些精英现在面临着"合法"贸易时代的适应危机，这在很大程度上是由于他们不能够轻易控制这些贸易或垄断由此而来的利益。新的经济体系的性质倾向于破坏他们内在的权力基础。的确有许多国家和社会成功地实现了转变，武士精英们找到了控制和适应新的经济现实的途径，一直存活到殖民主义进攻时为止；其他的则发生了深刻的社会和政治改变甚至是崩溃，出现了新的集团参与到海外贸易之中，在有些地方，这些集团还挑战政治权力。各个地方都明显可见改革和创业，它们常常伴随着暴
35 力。最终，与这个大陆的其他部分相比，就农产品和其他原材料出口而言，大西洋非洲的一些地方在19世纪和殖民地时代这两者之间有更强的连续性。

对植物油尤其是棕榈油的需求在增长，这与工业化加快的步伐相一致。比如，英国对棕榈油的需求从18世纪70年代以后就在增加，而它的生产分布于从塞拉利昂至尼日尔三角洲的西非沿海森林大片地区。花生种植于棕榈油地区以北，塞内加尔—冈比亚地区的产量尤其可观。有些非洲社会试图种植和出口棉花，尤其是现在的尼日利亚南部、黄金海岸、塞内加尔，这些地方显然能够利用19世纪60年代美国内战造成的世界棉花供应中断的机

会。橡胶也越来越重要，对橡胶的需求开始只限于欧洲纺织业，但后来轮胎生产商也加入了。从 19 世纪中期开始，西非和中非一些地方就出口野生橡胶。有些非洲民族很理想地处于利用中非橡胶贸易的位置上，还有象牙的贸易，比如绍奎人(Chokwe)和奥韦姆邦杜人(Ovimbundu)，它们作为生产者和中间商都颇为成功，绍奎尤其以在这方面充分使用奴隶劳动力而出名。有些地方种植可可，开始时是在沿海岛屿上，到 19 世纪结束时进入大陆。在大西洋中部非洲，蜂蜡的出口也很重要。[32]

沿海地带尤其受益于合法贸易，而这本身又表示着重大的社会经济以及政治变化。把奴隶从内陆运输到海边相对便宜而且简单——奴隶当然是自行运输的，然而，价值较低的大宗商品如花生和棕榈油，由内陆腹地运来就比较贵了，所以它们的绝大部分生产都在海岸地区进行，最好的利润也是在这里获得的。这种经济——地理的不平衡，其长远结果就是人们从内地向沿海地区迁移。到了殖民地时期，西非内陆才有可能充分参与到国际经济之中，这主要靠的是铁路和随后的公路建造。

不过，基本而言，生产技术没有改变，合法贸易的扩展只是涉及较多土地的耕种和使用较多劳动力。事实上，西部非洲存在某种劳动力短缺，比如棕榈油在生产和运往市场地区时都需要大量劳动力。一种以欧洲人道主义观点来看颇具讽刺意味的结果，就是这整个地区越来越多地使用奴隶劳动力，尤其是女性奴隶的数量在大西洋非洲有相当的增长。需要奴隶来满足“合法”生产的需求，他们也被用于国内的食物生产。在刚果—安哥拉地区，几个世纪奴隶贸易积累后带来的大量年轻男人的流失，在许多族群中都造成了性别上的不平衡，当地的人口仅能维持现状。随着奴隶出口的衰退，人 36
口水平开始恢复，而这反过来又带来了对现有食物资源的压力。这就意味着要使用更多的本地奴隶来扩大食物生产。19 世纪的美国也发生过类似的事情：棉花需求的增长导致南部各州在使用奴隶劳动力上的急剧扩大。欧洲人道主义者很不舒服地意识到，“合法”贸易导致了整个大西洋非洲更多地使用奴隶，后来他们将此归咎于非洲社会自身的落后和野蛮性质，而不是用非洲与欧洲的经济关系来加以解释。

不过，对于那些拥有奴隶的人来说，出口贸易提供了超过以往的更多的参与机会。普遍而言，奴隶贸易是由大规模的运作者以垄断来组织的，奴隶出售者或“生产者”是这个上层营生中的一小部分。一般来说，在奴隶贸易中处于最有利位置的是政治和军事上层人物，尤其当奴隶本身通常要靠战争来获取时更是如此，此时行使政治权威的关键要素是拥有奴隶。所以，我们通常所称的“武士精英”就在大西洋非洲发展起来，强化着中央集权的政治领导。不过，对于合法贸易而言，就不一定非要这样了。合法贸易对于中央集权的政治或军事权威并无特别的好处或优势。不同于奴隶贸易主要在国家层面上进行，合法贸易的性质就意味着以较小的数量来进行贸易是相当容易的，简单而言就是任何拥有一小块土地和家庭劳动力的人——当然，他们也常常以家庭奴隶制来补充，尤其是女性奴隶，都能够参与到出口贸易中。与此同时，自由女性也能够加入到19世纪这个进程的小额贸易之中。总体而言，随着海外贸易的兴盛，无疑出现了社会流动性的很大增加。西非武士精英们有时发现自己的政治和经济垄断被削弱了，自己的收入下降了，随着出口贸易的扩大，发展出另外一些实力集团来从事出口贸易，他们曾经拥有的那些利益如武器和其他“奢侈”商品，都分配得更广泛了。社会政治断裂，甚至是崩溃，在19世纪出现在一些国家和社会之中。[33]

普遍而言，“合法”生产的贸易倾向于稳定增长，有些甚至是大幅度增长，这一倾向一直持续到19世纪中期，此时需求已经有了某种程度的平衡，但19世纪70年代到90年代期间的“大萧条”则出现了价格的崩溃。总体而言，从19世纪早期到70年代，非洲生产者们在贸易上得到了还算不错的条件，有了一定程度的经济力量，但随着19世纪70年代和80年代的价格崩溃，欧洲人与非洲人之间的关系就明显变得紧张，非洲人越来越感觉到受欧洲人支配，这些贸易方面的敌对将成为欧洲瓜分诸如西非这些地方的一个关键因素。最终，欧洲就要对抗那些在他们看来权力过大的非洲商人首
37 领，以保护自己的经济利益，在19世纪后面的岁月里，欧洲人与非洲人之间的关系越来越成问题，这就是“新”贸易带来的改变中的经济结构的一个直接结果。

尽管贸易条件倾向于对非洲生产者较以前有利，至少19世纪前半期是这样，但新的贸易体系事实上意味着，长远而言欧洲以损害非洲为代价获得了经济权力。与全球经济联结在一起，大西洋非洲现在必须服从于自己不能控制的周期性需求和价格变化。非洲生产者中的负债者增加了，许多沿海贸易商依赖欧洲商人预付的货款，暴力被频繁地用于讨债。而且，对于欧洲人来说，富有权势、野心勃勃的非洲中间商正在成为贸易流动和实现利润的障碍。在19世纪后半期，逐渐但越来越频繁地，欧洲商人们——有时有他们政府的官方支持——开始跨越沿海地区朝内陆渗透，以越过中间商来

向生产者直接购买。这样做最有效的途径常常就是通过河运,当时的尼日尔河在有些地方是可以通航的,所以它对英国商业利益来说就日趋重要。[34]与前面谈到的反奴隶贸易活动相伴,所有这些都表明欧洲在大西洋非洲的政治和经济中越来越强的干预,这个进程构成了 19 世纪 80 年代事实上瓜分这一地区的序幕。

基本而言,“合法”贸易对促进非洲经济成长没什么作用,19 世纪前半期出现的非—欧贸易中的许多模式,事实上持续至今。这就是非洲现代经济史——一个通常被界定为“不发达”时期——的开始。[35]合法贸易基本上就是原材料而非制成品的出口,这个大陆从来就不是全球贸易网络中一个平等的伙伴。可以得出三个主要的观察结论。首先,随着内部奴隶制的增加,个人自由的程度下降了,自由和不自由的劳动力都被束缚于出口贸易,而不是内部的发展和多样化。其次,从欧洲的进口——它们包括令人晕眩的众多物品,但最重要的是布匹、各种工业品、酒精和枪炮,对于本地经济的增强没有作用,长期而言在许多方面还形成了削弱作用。第三,一些非洲社会靠出口而成功,但它们的独立很快就被自己的欧洲贸易伙伴的干预所威胁,贸易最终导致了征服。

森林和草原地区的变化与持续

从一个贸易时期到下一个时期的逐渐转变,其变化有许多形式。像奥约和刚果这样的大帝国崩溃了——尽管必须说只是部分地,这是明显的贸易变化的结果;新的国家和社会在沿海森林和草原地区凸显出来。尼日尔
三角洲一些小的贸易国家中出现了富有权势的商人,他们是世袭的“王”;而 38
在刚果河的蒂欧(Tio)贸易者中,王权在很大程度上已是象征性的,因为真正的权力已经转到当地的商人—首领手中。[36]像达荷美和阿善提这样的中央集权国家,在 19 世纪中存活下来,甚至又持续了一段时间,不过,原来的民族身份、强力的军事文化和统治的国王体系,面对来自本地和外国的威胁,都要努力去适应。[37]

许多约鲁巴人集结在奥约帝国内进入了 19 世纪,但奥约却是一个处于崩溃边缘的国家。由于内部分裂和“阿拉芬”(alafin,王)之权威的削弱,它在政治上已经弱化,而在经济方面它也处于废除奴隶贸易后的不稳定之中。沿岸的欧洲买主已经枯竭,奥约贸易商们能够用来向北边商人换购马匹的物品也没有了。与此同时,1804 年在更北边的豪萨和富拉尼人中爆发的伊

斯兰“圣战”(jihad)——我们将在后面谈论它，也对这个帝国构成了重大威胁。无论奥约是否已近寿终正寝，“圣战”只是加快了这个过程；或者说如果没有这场穆斯林革命的话，这个帝国可能恢复，有一点是无可怀疑的：这场“圣战”是一个政体毁灭的重要因素，这个政体支配贝宁湾和南部草原部分地区已经有两个世纪了。1817 年，在伊洛林，在这个帝国的北部，爆发了一场地方反叛，它得到了一些富拉尼圣战者的协助，它不仅加速了奥约的崩溃，而且也使约鲁巴人在 19 世纪的大部分时间中卷入一系列战争。穆斯林力量持续朝南推进，深入奥约疆域。[38]

随着奥约中心地带与伊洛林之间冲突的加剧，战争一方面在奥乌(Owu)爆发，另一方面则在伊费(Ife)与伊杰布(Ijebu)之间爆发，主要目的是争夺对贸易的控制。这些战争合在一起，导致了大量难民，而这些人本身又变成了一个地区不稳定的因素，他们以抢劫为生，在广大地区造成破坏。奥约—伊洛林战争于 19 世纪 30 年代初达到高潮，奥约的旧都被占领，很大程度上被毁灭；这个帝国的可怜后继者“新奥约”，在南边的森林中建立基地，在约鲁巴政治中不再发挥积极作用了。这个帝国的死亡留下了一片真空，一系列约鲁巴城邦在其中相互暴力竞争，同时也试图抵挡来自北边的穆斯林蚕食，保住约鲁巴疆域。这样的城邦主要有四个：西边是常常与达荷美发生冲突的伊杰耶(Ijaye)，达荷美正侵入约鲁巴土地，试图利用前霸主奥约帝国崩溃的这个机会；在伊杰耶的南边是伊巴丹(Ibadan)，它是一个重要的军事力量，与富拉尼人发生冲突；首都阿贝奥库塔以及艾格巴(Egba)，也在与达荷美作战，并由于这个原因要打到海边去，以获取必要的武器；靠近拉各斯以北海岸的伊杰布，是运往北方的武器的经手人，这样一个被贸易支配的民族也严重地卷入了“非法”奴隶贸易，输出暴力冲突中的不幸牺牲品。正是由于这个，导致英国在 1861 年合并了拉各斯。

39 所以，约鲁巴人既相互之间打斗，也与外来侵入者作战，这种相互残杀的冲突可以大致分为两个阶段。从 19 世纪 30 年代末到 1878 年，伊巴丹作为一个最强大的约鲁巴城邦出现，它与艾格巴和伊杰耶进行了漫长的战争，后者于 19 世纪 60 年代早期大部分被摧毁。伊巴丹也因英国支持而获益，这是因为英国人认为它为政治和贸易稳定提供了最好的机会。到了第二个阶段，也就是 1878 年至 1893 年，几个约鲁巴城邦合并，为的是防止伊巴丹力量的进一步扩张。不过，在双方都没有明显优势时，谈判就开始了，时间是 1886 年，目的是建立一个持久的解决方案。外交与暴力冲突的爆发交织进行,只有到了1892—1893年,仍然以拉各斯为基地的英国对交战各方进行了调解,冲突才算结束。[39]

约鲁巴疆域内的暴力带来了急剧的变化,这些变化在某种程度上也可用来说明非洲大陆其他地区的战争影响。[40]首先是人口变化,当富拉尼人从伊洛林南进时,人口发生了巨大变化,人们从较为开阔的草原朝南进入森林地区。为了寻求保护和抵御骑马者,人们过去常常这样做,但现在出现的是一种永久性的迁移,导致了城镇的扩展。这既有现存城镇的发展,也有新城镇的建立,它们常常是要塞化的定居地。与此同时,在现在尼日利亚西南部海岸一带,奴隶贸易大幅增长,标志着这一地区奴隶出口旧有模式的重大改变。18世纪时,约鲁巴的奴隶一直有限,这在很大程度上是因为奥约从更远的北方获取它的绝大部分俘虏,奴隶出口来自与约鲁巴地区相邻的那些区域,尤其是东边的尼日尔三角洲和西边的达荷美与阿善提。然而,穆斯林“圣战”和由此而来的索科托哈里发国从北边切断了奴隶的供应,而奥约的崩溃则导致约鲁巴人自己更为系统的奴隶搜集,战争成为一种赚钱行当。不过,战争也有别的副作用。随着索科托扩张进入伊洛林,伊斯兰教传入这一地区。不断爆发的冲突造成了所谓军事变革,基于差不多的同样原因,这种军事变革在非洲大陆其他地方也明显可见:武器的使用变得普遍,职业军人出现了,有了更为系统的训练和复杂的战略战术的发展。随着19世纪临近结束,暴力尤其为英国的干预提供了理由,约鲁巴在某些方面也的确提供了一个极好的事例——一个处于混乱之中、被战争蹂躏的民族在呼喊拯救与保护,而这只有大不列颠能够提供。传教士们已经在沿海社会中引入了一定程度的英国文化,在那些不能保护自己的难民中有了信徒,他们帮助形成英国官方对待这一地区各个群体的态度,游说英国进行干预。[41]19世纪90年代初期,英国政府回应了他们的呼吁,那些当地竞争将结束于殖民实验的大背景之中。

传教士的宣传将达荷美作为靶子,认为它是这一地区众多邪恶的来 40
源。[42]在19世纪开始时,达荷美是一个充满活力的扩张国家,最终能够摆脱自己长期以来对奥约的从属——这种从属关系可以追溯到18世纪早期,能够如我们前面谈到的那样,发动对约鲁巴疆域的入侵。这些入侵在很大程度上是为了经济利益。至少是从17世纪结束时起,达荷美就是一个成功的奴隶拥有国和奴隶出口国,奴隶被广泛用于国内经济,剩下的奴隶则被出口,还有一些被用作贡奉国王及其祖先的仪式祭品。所以,奴隶制是达荷美经济、

一个处于转变中的王国的统治者：达荷美的盖佐国王和王子巴达昆，1856 年。来源：BLM 收藏/阿拉米图片社。

政治和社会体系的中心支柱，结果就产生了一种扎根很深的军事文化，体现在这样一个事实上：使用以奴隶出口所换得武器的军队，几乎总是处在行动之中。[43]这个王国的传统性袭击搜捕是在北边和西边进行，而奥约的崩溃使得它在东边也到约鲁巴境内去捕人。由于达荷美在北部和西部的人口减
41 少，这种战略对它来说就成为必要。在 19 世纪的大西洋非洲海岸，这个王国是最重要的奴隶"非法"出口国之一。从 19 世纪最初十年到 50 年代，在盖佐国王的统治之下，达荷美靠着它与沿岸奴隶买主——他们之中有巴西人——的交易在经济上支撑扩张战争，与英国要求它从事"合法"贸易的压力相对抗——合法贸易此时已在海岸其他地方兴旺起来了。盖佐还利用法国方面相对较弱的压力，法国那些拥有反奴隶贸易巡查船队的人士，他们的努力常常因为官方的摇摆态度，或因就出现在这片海岸的本国奴隶贩子而受损。不过，在 19 世纪 50 年代和 60 年代，奴隶贸易终于进入急剧衰退，达荷美发现自己必须考虑别的选择了，其结果就是棕榈油生产，但具有讽刺意

味的是，这需要使用奴隶劳动力，奴隶劳动力在19世纪后半期已是急剧增长。贸易竞争在这一地区导致了更多的冲突，各个国家争相获取海岸以得到枪炮和弹药，这对于政治和经济支配是至关重要的。达荷美与艾格巴之间的战争开始于19世纪40年代初，为争夺对关键贸易线路的控制而战，结果是达荷美军队在1851年和1864年都未能夺取艾格巴的都城阿贝奥库塔，而基地位于阿贝奥库塔的传教士们的确有效地游说到了英国对艾格巴的道义支持，也包括一些物质支持。不过，直到19世纪90年代中期法国人侵前夕，达荷美一直保持着它的强大与活跃。[44]

在另一个强大的领土国家阿善提，它的高度中央集权管理利用了18世纪的贸易机会。尽管它对奥约的扩张战争为它带来了可供出口的俘虏，但它从来没有那样依赖奴隶贸易，它的潜在财富靠农业和黄金生产。它的政治精英中有两个对立的团体，19世纪一直在竞争，一个是“帝国主义者”，要通过军事侵略来获取财富；一个是“和平”派，主张通过贸易来实现同样的目标。奴隶贸易在海岸一带的衰退——这到19世纪20年代时已很明显，使得“和平”派获得支配地位，到19世纪中期，从事“合法”贸易的富有商人，已经受到国家的礼遇和尊重。阿善提长期以来一直是一个成功的贸易国，它横跨一个将草原和北部沙漠与大西洋体系连接起来的贸易网络，如同达荷美一样，它也利用此便利获取武器。尽管奴隶贸易死亡了，但枪炮仍然用于领土扩张，用于镇压地方反叛——在一个到19世纪时仅能从中心进行松散统治的帝国中，这样的地方反叛已是到处流行。[45]在南边，沿着海岸，是那些芳蒂人(Fante)国家，它们是阿善提的一个麻烦来源，经常在帝国内部发起反叛，也常常封锁阿善提，使其不能接近“黄金海岸”一带的欧洲贸易站。芳蒂人也是英国的盟友，英国人自己对阿善提采取的态度就是其对达荷美采取的态度，认为阿善提是一个野蛮残暴的奴隶贸易帝国，芳蒂人反对阿善提，所以必须得到保护。在19世纪的大部分时间里，英国对获得沿岸殖民地并无兴趣，它之所以卷入地方政治，是为了保护自己的商业利益。[46]

所以，后来成为英国黄金海岸殖民地的这一地区，就提供了一个“爬行的帝国主义”的典型例子，这个术语被用来形容一种渐进性进入，欧洲政府有时发现自己无法不被卷入地方政治之中。英国在19世纪与阿善提进行 42
了一系列的战争，这些冲突通常因阿善提对海岸地区的入侵而引发。[47]不过，英国政府并不情愿承担海岸贸易站以外的责任，比如19世纪20年代，在进行了一段短暂的殖民地管理之后，它就撤走了，觉得这样的责任很麻烦，代价很高。在随后的岁月中，英国对阿善提采取越来越敌对的态度，

阿善提都城库马西一瞥，19 世纪 20 年代。私人收藏/布里奇曼艺术图书馆。来源：纽约公共图书馆，https://digitalcollections.nypl.org/items/510d47da-71ff-a3d9-e040-e00a18064a99/Public Domain。

1873—1874 年它成功侵入阿善提之后，[48]为了建立稳定的贸易，就正式合并了那些芳蒂人国家，从而建立了黄金海岸殖民地。不过，英国人从阿善提本土撤了出来，只是到了 19 世纪 90 年代他们才返回，这一次的占领就会更加长久。

达荷美和阿善提是典型例证，表明那种高度军事化和中央集权的领土国家，采取扩张主义的对外政策，在极大程度上被贸易利益驱动。不过，在尼日尔三角洲或所谓"老河"地区，有一些小得多的国家，它们比起西边那些大政体来可能更依赖海外贸易。博尼(Bonny)、凯拉巴(Calabar)和 19 世纪后期的奥波布(Opobo)，这类国家是一些族群的集合，分散在尼日尔三角洲的众多河口地区，它们围绕着贸易"屋"(house)来组织，贸易屋就是它们社会和商业组织的基本单位。每个贸易屋都有自己非正式的贸易和政治影响区域，这片区域的出产被用来与欧洲商人交易。19 世纪早期奴隶出口很重要，但不久棕榈油就取而代之，对于在这里做生意的欧洲(尤其是英国)的贸
43 易公司来说，这片三角洲变成了棕榈油的同义词。由贸易带来的社会流动性导致了相当程度的不稳定性，比如原先的奴隶可以努力进入到商人行列，并要求着与自己所获财富相称的社会政治地位。财富也在资助着反叛，从 19 世纪中期起这在尼日尔三角洲就很普遍，其中最剧烈的一次就是博尼的一部分人口迁出去，建立了奥波布这个新国家，时间是 1869 年。[49]尼日利亚

棕榈油润滑了欧洲的机械，促进了欧洲工业化。然而，当这些三角洲国家成功地从奴隶贸易转变为“合法”贸易后，面对自己无法控制的各种外部变化，它们越来越脆弱。从19世纪50年代起，防治疟疾的奎宁和蒸汽机驱动的炮艇推动欧洲人深入尼日尔河流域腹地，他们在行进时逐渐能够绕过三角洲那些贸易国，损害着它们的商业力量；而且，在60年代早期，棕榈油的国际价格开始逐渐下跌，19世纪最后三十年中，在其他地方找到了较便宜的棕榈油替代品。[50]

尼日尔三角洲国家的经历展示着大西洋非洲历史的一个关键主题，也是这个大陆其他地方的一个主题，这就是面对全球贸易的日趋无力。很明显，面对海外贸易提供的机会，非洲人动态地、创造性地，甚至常常是暴力性地做出了回应；同样，非洲的出口，无论是奴隶的出口还是后来的农产品和原材料出口，都对欧洲和美洲的经济增长，对那里文化的丰富，作出了难以表达的贡献。然而，面对19世纪他们越来越投入其中的那个体系，他们大陆之外的那种改变力量，以及由此而来的绝大部分真正利益，他们却是越来越不能控制。世界不同区域的这种联系，其特征就是既缺乏平衡也缺乏公平，而最重要的是它植根于北方与南方的失谐错配，这在19世纪后期变得更为明显。由经济不平衡导出了政治和文化误解，在许多方面，殖民入侵意味着所有这一切的具体化。殖民统治在某些方面可能代表着欧洲与非洲关系的一种急剧变化，然而事实上这种关系的核心成分已经在19世纪早期表现出来，并且深入到20世纪乃至其后。

注释：

① 拉尔夫·奥斯汀《非洲经济史》（伦敦，1987），第5章。

② 参看吉莱纳·莱顿和巴兹·雷高克在“非洲史学刊论坛：横跨撒哈拉沙漠的历史”中的论文，《非洲史学刊》56：1（2015）。

③ 麦洛·卡尼《世界史中的印度洋》（纽约，2004）；《非洲史学刊》55：2（2014）。

④ 当然，在这个问题上有大量而且越来越多的学术研究。很有用的一个概括是保罗·拉夫乔伊《大西洋奴隶贸易对非洲的影响：文献综述》，《非洲史学刊》30（1989）。约翰·桑顿《大西洋世界形成中的非洲和非洲人：1400—1800》（剑桥，1998）也是进入这个宽广论题的很好入门书。

⑤ R.R.C.劳所编《从奴隶贸易到“合法”商业：西非19世纪的商业转变》（剑桥，44
1995）。

⑥ 达龙·阿西莫格鲁、西蒙·约翰逊和詹姆斯·罗宾逊《财富的逆转：现代世界收入分配形成中的地理和体系》，《经济学季刊》118（2002）。

⑦ 戴维·诺思拉普《没有统治者的贸易：殖民地时期之前尼日利亚东南部的经济

发展》(牛津,1978)。

⑧ 贾科莫·马库拉《中非的枪:技术与政治史》(俄亥俄州雅典,2016)。

⑨ 戴维·伯明翰《安哥拉的贸易与冲突:葡萄牙影响之下的姆邦杜人及其邻居们:1483—1790》(牛津,1966);约翰·桑顿《大西洋非洲的战争,1500—1800》(伦敦,1999)。

⑩ 约瑟夫·C.米勒《死亡之路:商业资本主义和安哥拉奴隶贸易,1730—1830》(威斯康星州麦迪逊,1988)。

⑪ A.F.C.瑞得《贝宁与欧洲人:1485—1897》(哈洛,1969)。

⑫ 比如可参看罗宾·劳《1600年前后至1836年的奥约帝国:大西洋奴隶贸易时代的西非帝国主义》(牛津,1977)和《1550—1750年的西非奴隶海岸:大西洋奴隶贸易对一个非洲社会的影响》(牛津,1991)。

⑬ 比如参看帕特里克·曼宁的著作,包括《奴隶制与非洲生活:西方的、东方的和非洲的奴隶贸易》(剑桥,1990)和《1650—2000年的非洲人口:新估算的比较与启示》,收入伊曼纽尔·阿克姆邦等人所编《历史视野中的非洲发展》(剑桥,2014)。

⑭ 详细叙述可看霍普金斯《西非经济史》(哈洛,1973),尤其是第2章和第3章,以及沃尔特·罗德尼《几内亚海岸》,收入理查德·格雷所编《剑桥非洲史》第4卷《约1600—约1790年》(剑桥,1975)。

⑮ P.D.科廷《非洲殖民地时期之前的经济变化:奴隶贸易时代的塞内冈比亚》,2卷本(威斯康星州麦迪逊,1975);伊利夫《非洲:一个大陆的历史》,第150页。

⑯ V.奎尼《法国大革命早期就奴隶制、奴隶贸易和公民权利做出的决定》,《黑人史学刊》55:2(1970);也可参看《法国革命与废除奴隶制》12卷(巴黎,1968)中收集的文献。

⑰ "威廉·威尔伯福斯在下议院,描述奴隶贸易的种种惨状[1789年5月12日]",收入哈洛和卡特所编《帝国档案》,II,第93—100页;J.R.奥德菲尔德《公众政治与英国反奴隶制运动:动员民意反对奴隶贸易,1783—1807》(曼彻斯特,1995)。

⑱ 欧罗达·爱克伊诺《有意思的叙述和其他一些文字》(V.卡雷塔编辑)(伦敦,1995)。

⑲ 比如托马斯·弗威尔·鲍克斯顿《非洲奴隶制及其纠正》(伦敦,1840)。

⑳ 在关于这位著名人物的众多传记和解说中,可以参看C.L.R.詹姆斯《黑人雅各宾党人:杜桑—卢维图尔和圣多明戈革命》(纽约,1938);以及菲力普·R.吉拉德《杜桑—卢维图尔:革命的一生》(纽约,2016)。

㉑ J.R.沃德《废奴年代中的英属西印度群岛:1748—1815》,收入P.J.马歇尔所编《牛津大英帝国史》第2卷《18世纪》(牛津,1998),第425页。

㉒ 作为一个有用的简述,可参看鲍里斯·福斯托《巴西简明史》(剑桥,1999)。

45 ㉓ 安德鲁·波特《托管、反奴隶制和人道主义》,收入波特所编《牛津英帝国史第3卷:19世纪》。

㉔ 马丁·林恩《西非的商业和经济变化:19世纪的棕榈油贸易》(剑桥,1997)。

㉕ 赫伯特·S.克莱因《大西洋奴隶贸易》(剑桥,2010),第8章。

㉖ 转引自C.纽伯里《西奴隶海岸及其统治者》(牛津,1961),第51页。

㉗ 罗宾·劳《简介》,收入劳所编《从奴隶贸易到"合法"商业:西非19世纪的商业

转变》,第 5 页;但也可参看同一本书中埃利泽·索曼尼《达荷美奴隶和棕榈油贸易的兼容性:1818—1858》。

㉘ 布罗迪·克鲁克桑克《关于他对达荷美国王之使命的报告[1848 年]》,收入《对阿善提国王和达荷美国王之使命:来自黄金海岸副总督的派遣》,《国会文件:殖民地(非洲)》第 50 卷(爱尔兰大学出版社,1971)。

㉙ 克莉丝汀·曼《奴隶制与一个非洲城市的出生:拉各斯,1760—1900》(印第安纳州布卢明顿和印第安纳波利斯,2007),第 89 页以后。

㉚ 同样参看劳所编的论文集《从奴隶贸易到“合法”商业:西非 19 世纪的商业转变》,还有霍普金斯《西非经济史》,第 4 章,以及奥斯汀《非洲经济史》第 5 章。更为晚近的有罗宾·劳、苏珊娜·施瓦兹和西尔克·斯蒂克罗德所编《商品性农业、奴隶贸易和大西洋非洲的奴隶制》(纽约州罗彻斯特,2013),此书范围广泛,全面综合。

㉛ 保罗·拉夫乔伊和戴维·理查森《最早的“适应危机”:英国废奴对西非奴隶贸易的影响,1808—1820》,马丁·林恩《19 世纪的西非棕榈油贸易和“适应危机”》,收入劳所编《从奴隶贸易到“合法”商业:西非 19 世纪的商业转变》。

㉜ 比如参看霍普金斯《西非经济史》;诺思拉普《没有统治者的贸易:殖民地时期之前尼日利亚东南部的经济发展》;K.O.迪凯《尼日尔三角洲的贸易和政治,1830—1885》(伦敦,1956);P.马丁《卢安果海岸的对外贸易,1576—1870》(牛津,1972)。

㉝ 比如参看苏珊·马丁《19 世纪的奴隶、伊博女性和棕榈油》,收入劳所编《从奴隶贸易到“合法”商业:西非 19 世纪的商业转变》。范围更广的则见苏珊娜·迈尔斯和伊戈尔·克皮托夫所编《非洲的奴隶制:历史视角和人类学视角》(威斯康星州麦迪逊,1977),还有苏珊娜·迈尔斯和理查德·罗伯茨所编《非洲奴隶制的终结》(威斯康星州麦迪逊,1988),保罗·拉夫乔伊《奴隶制的转变:非洲奴隶制史》(剑桥,1983),尤其是第 8 章。

㉞ 一个有用的综述是 R.A.斯塔福德《科学探索与帝国》,收入波特所编《牛津英帝国史第 3 卷:19 世纪》。

㉟ 经典论述见沃尔特·罗德尼《欧洲怎样让非洲欠发达》(伦敦,1973)。

㊱ 贾恩·万思那《中刚果的蒂欧王国,1880—1892》(牛津,1973);A.J.H.莱瑟姆《古老卡拉巴,1600—1891:国际经济压在一个传统社会上的影响》(牛津,1973)。

㊲ 比如艾弗·威尔克斯《19 世纪的阿善提》(剑桥,1975)。

㊳ 见劳《1600 年前后至 1836 年的奥约帝国:大西洋奴隶贸易时代的西非帝国主义》,尤其是第 3 部分。

㊴ 一个仍然很有用的研究,是 J.F.阿德·阿贾伊和罗伯特·史密斯《19 世纪的约鲁巴战争》(伊巴丹和剑桥,1964),它里面也有 1861 年一位琼斯上尉有趣的原初讲述;还可参看 S.A.阿金托耶《约鲁巴疆域上的变革和强权政治,1840—1893》(伦敦,1971)。非洲历史书写早期经典文本中,有一本也叙述了这些事件:塞缪尔·约翰逊《约鲁巴历史,从最早时代到开始成为英国的保护国》(拉各斯,1921)。

㊵ 此段内容,除了看阿贾伊和史密斯《19 世纪的约鲁巴战争》外,还可参看罗伯特·史密斯《殖民地时期之前西非的战争与外交》(伦敦,1989)。 46

㊶ J.D.Y.皮尔《宗教碰撞与约鲁巴的制造》(布卢明顿和印第安纳波利斯,2000)对

此进行了探讨，见第 1 章和第 2 章。

㊷ 尤其是探险家兼贝宁湾英国领事理查德·F.伯顿的讲述，见《在西非漫游：从利物浦到费尔南多波》，2 卷本，（伦敦，1863）；以及《对达荷美国王盖莱勒（Gelele）的使命》，2 卷本（伦敦，1864）。

㊸ J.C.约德《蝇派与象派：达荷美的政治两极化，1840—1870》，《非洲史学刊》15：3（1974）。

㊹ I.阿金杰格宾《达荷美和它的邻居们，1708—1818》（剑桥，1967）；W.J.阿盖尔《达荷美的丰人（Fon）：一个古老王国的历史和人种学》（牛津，1966），尤其是第 3 章；史密斯《殖民地时期之前西非的战争与外交》，散见各处。就商业背景而言，参看罗宾·劳《维达：一个西非奴隶“港”的社会史，1727—1892》（俄亥俄州雅典，2004）。

㊺ 威尔克斯《19 世纪的阿善提》；T.C.麦克卡斯基《殖民地时期之前阿善提的国家与社会》（剑桥，1995）。

㊻ 也可参看 T.C.麦克卡斯基《文化冲突：19 世纪的英国与非洲》，收入波特所编《牛津英帝国国史第 3 卷：19 世纪》。

㊼ 这些冲突当然得到了威尔克斯和麦克卡斯基等人的探讨，但在写 19 世纪英国军事冒险的“大众”历史中也有出现（是简单化的基调），比如见拜伦·法韦尔《维多利亚女王的那些小战争》（伦敦，1973），伊恩·赫南《英国被遗忘的战争：19 世纪的那些殖民地战役》（斯特劳德，2003）。

㊽ H.M.斯坦利《库马西和迈格达拉：英国在非洲两场战役的故事》（纽约，1874）是有用的那个时代的讲述。

㊾ 莱瑟姆《古老卡拉巴，1600—1891：国际经济压在一个传统社会上的影响》；G.I.琼斯《老河一带的贸易国家：东尼日利亚政治发展研究》（牛津，1963）；迪凯《尼日尔三角洲的贸易和政治，1830—1885》。林恩《西非的商业和经济变化：19 世纪的棕榈油贸易》，从更为宽广的视角考查了这些发展。

㊿ 林恩《西非的商业和经济变化：19 世纪的棕榈油贸易》。

第三章 47

东部闯入:东非的奴隶与象牙

当大西洋非洲经历着我们前面描述的那些转变时,非洲大陆另一边的经历在一些方面是不同的。从 18 世纪后期以来,就出现了东部非洲内陆与印度洋、阿拉伯半岛和波斯湾国际贸易的联系,它通过海岸一带的斯瓦希里城邦建立起来。在这一时期,与大西洋奴隶贸易逐渐衰退同时,东非的奴隶和象牙贸易事实上在快速扩展。大致而言,这些贸易的扩大都与桑给巴尔苏丹控制的经济体系紧密相联,这个苏丹国是整个 19 世纪时肯尼亚和坦桑尼亚海岸一带的支配性商业力量。[1]作为象牙和奴隶出口的转运者,它同时也在自己的香料种植园中使用奴隶劳动力。桑给巴尔的影响主要沿海岸延伸,但从 19 世纪早期起,桑给巴尔的商队也开始朝内陆渗透,去寻找奴隶和象牙来源。到 19 世纪 40 年代,他们已经到达坦噶尼喀湖和维多利亚湖一带,有些甚至深入得更远,进入东刚果的森林地区,并在那里建立了一些松散的贸易兼抢掠的"帝国"。[2]一些非洲国家和社会很深地参与了这种快速贸易扩展,如果没有它们的话,这种贸易扩张说实话也很难发生。这些国家中包括维多利亚湖以北的布干达王国,它成为阿拉伯商人们的一个基地,也是奴隶和象牙的一个主要供应商;还有坦桑尼亚中东部的尼亚姆韦齐人,他们作为外来商队的运夫、向导和自身经商而名声远播;肯尼亚中南部的卡姆巴人,他们是一条重要性日趋增长的商道上的重要中间商;中东非贸易在 19 世纪的大部分时间里主要与印度洋和西亚及中亚相连,在 1869 年苏伊士运河开通以后也朝向了欧洲。

如同非洲西部和中部的情况一样,东非社会也受到贸易的深深影响。 48
当大西洋非洲的武士统治阶层渐渐败落时,东非则形成了这种阶层,出现军事国家和超凡统治者,他们要控制商道,从贸易中获利。这样做就要破坏已有的统治阶层和社会形式,与此同时,贸易本身的性质就意味着中东非内陆各地的暴力、不安全和动乱越来越多。[3]一些民族,尤其如坦桑尼亚南部、马拉维和莫桑比克的尧人(Yao),自己都成为声名狼藉的奴隶掠抢者。[4]不过,普遍而言,有一点要记住,那就是中东非内陆远不如西非那样贸易发达,尽管它在18世纪和19世纪中也出现了越来越复杂的地区性贸易网络。如同大西洋非洲,这里也是人口稀少抑制着发达的商业体系的生长,不过也有一些重要的例外,尤其是湖泊之间的地区。然而,就整个东非地区而言,它对长途贸易的回应是活跃参与其中,无论那些较为古老的国家或这个新时期涌现出来的国家,都是这样。同大西洋非洲的情况一样,这里也是一个暴力性的创造时代,出现了新的经济和政治形式,也出现了军事方面的变革。

贸易在更北边也很重要,19世纪时沿着红海的贸易在急剧扩展,将埃塞俄比亚地区更紧地与欧洲、阿拉伯和南亚联结起来。武器在军事力量的决定上越来越重要,它们有助于解释——至少是部分解释——为什么从18世纪后半期起埃塞俄比亚(旧称“阿比西尼亚”)中部和北部地区会日趋重要。[5]尤其是掌控经由马萨瓦的贸易所获得的好处,而泽拉(Zeila)也是埃塞俄比亚高原几个国家之间加深的暴力性竞争的一个因素。从18世纪70年代到19世纪50年代,一个统一的基督教高原帝国只是一个理想,随着这个中央国家的解体,几个政体就为控制土地、资源和贸易而冲撞不已。与此同时,还有来自南边的压力,奥罗莫人(Oromo)移居进入高原,成为一支必须认真对付的政治和军事力量,尽管他们中许多人被阿姆哈拉文化和社会所同化。只是到了19世纪50年代,主要是靠强力,特沃德罗斯形成了某种程度的统一。尽管他统治的绝大部分时间也是在打仗,但他奠定了一个较大也较稳定的帝国的基石,这个帝国在19世纪70年代到90年代之间继续发展,由他的两个直接继任者约翰尼斯和迈拿里克统治。[6]

商业视野:奴隶与象牙

东非的奴隶贸易持续了几个世纪,但它的大幅度扩展是18世纪80年代以后的事情,这有好几个原因:俄罗斯帝国的扩张开始切断那些地区对伊斯兰世界的奴隶供应,伊斯兰世界就把东非视为一个潜力未得到充分利用
49 的来源。印度洋上法属岛屿的蔗糖和咖啡种植园,对奴隶劳动力的需求也在增长,这些种植园从18世纪70年代开始扩张;19世纪早期,巴西因种植园的扩展对奴隶劳动力的需求也扩大了,而大西洋海岸一带的老来源已经
50 衰败,所以巴西的奴隶贩子就开始作更长途的买卖,由南大西洋深入到印度洋,从莫桑比克地区和赞比西河流域购买奴隶。更为重要的是,桑给巴尔自

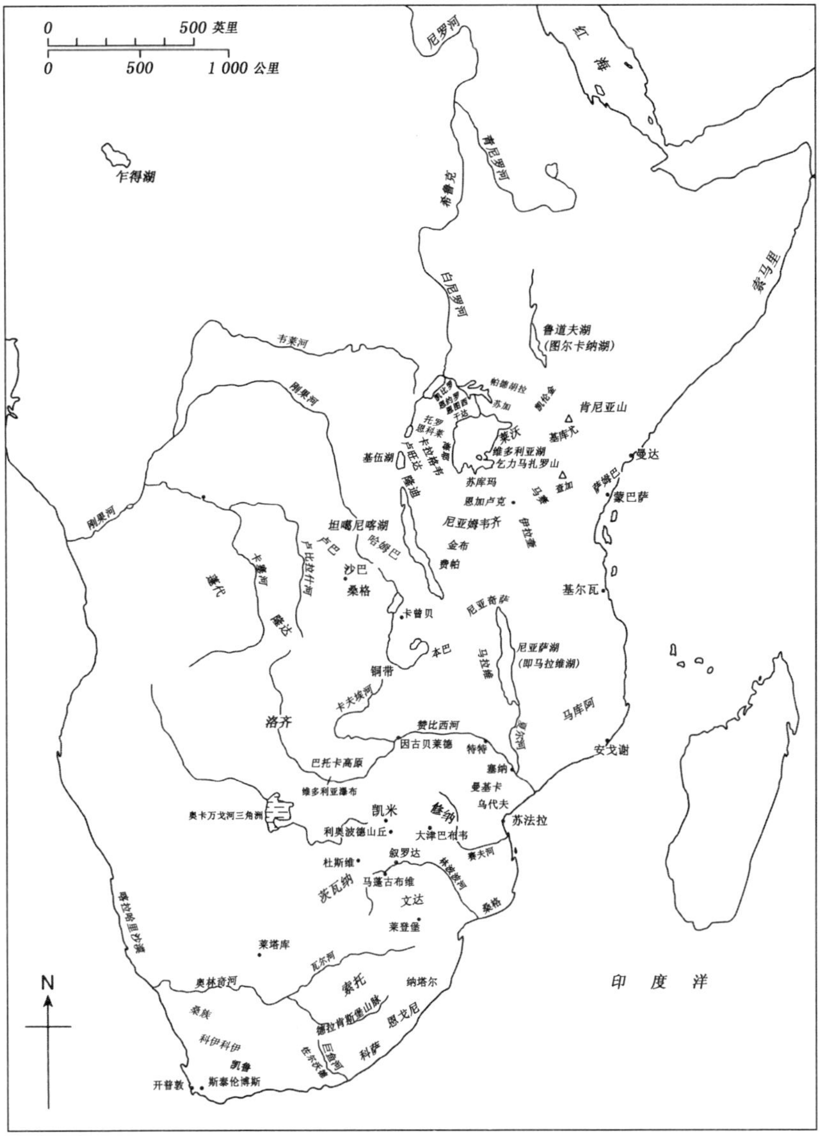

19 世纪的东部和南部非洲。

身开始种植新的作物,包括北边的奔巴(Pembar)岛。特别是丁香种植园,它们为岛上的阿拉伯统治者所有,并且通常有印度资本来支持,从非洲内陆吸纳奴隶。基于这些原因,东非的奴隶贸易进入到一个崭新的强化阶段,从 18 世纪 80 年代到 19 世纪 80 年代,持续了近一个世纪。东非的奴隶人数由于大量没有记录,以及这种贸易的“非法”性质,比起大西洋非洲更难以统计。1800 年时,奴隶出口可能已达到每年 6 000 人,而到了 19 世纪 20 年代,人数则达到每年两万到三万人。在 60 年代奴隶贸易的顶峰时期,大约每年有七万奴隶输出。这些奴隶均来自内陆，这是由于交易兼抢掠的前锋继续深入，延伸至大湖地区和东刚果一带。同样，值得记住的是，当大西洋非洲的奴隶贸易慢慢衰退时，东非的奴隶贸易却在持续增长。[7]

在东非，桑给巴尔苏丹国成为反奴隶贸易压力关注的焦点，这尤其来自英国。1822 年，莫尔兹比港条约签订，因此阿曼停止从东非获得奴隶，英国则行使权力，如同在大西洋所做的那样，开始派遣反奴隶贸易巡查舰队到印度洋巡逻。但在桑给巴尔和奔巴，奴隶出口仍是可以合法操作的，直到 1873 年，桑给巴尔当局才终于同意终止它。[8]奴隶贸易在其他地方仍然暗中进行直至 20 世纪初，但还是随着这一地区进入欧洲人的控制而最终地、明确地寿终正寝了。在 19 世纪 80 年代的布干达，穆特萨说的话与三十多年前达荷美国王盖佐所言惊人相似。大约 1881 年，据说他对一些传教士讲："如果英国女王能像当年帮助桑给巴尔的赛义德・巴加什那样帮助我，我当然会废除奴隶制。但我的首领和我的民族的力量都依靠这种贸易，我没有权力来阻碍它。"1883 年，他再次重申了这个观点："我能做什么呢？……那些可恨的奴隶贩子事实上统治着我的民族，对此我以前是鼓励的。它现在已经到了如此规模，我担心已经停不下来了。"[9]

奴隶贸易的快速增长对 19 世纪的整个东非有很深影响。总体来说，它意味着内部战争不断升级，并且奴隶暴力瓦解着众多社会。这种暴力由于武器的引入而继续恶化，海岸一带的商人通常用武器来购买奴隶，尽管也未必是百分之百如此。在白热化的战斗中，武器的使用常常既是为了伤害身体，也是为了造成心理震慑。[10]然而，广泛而言，武器的获取与使用加速了"传统"权威的崩塌，促进了新形式的军事领袖和政治统治的建立。而且，如同在大西洋一带，将潜在的劳动力输出，这对社会和经济都是严重损害。人们认为，非洲贸易者通过参与贩卖奴隶有明显的发财机会，无论是大规模的——例如尼亚姆韦齐首领米拉姆伯这类人，对此我们下文会加以考查，或者是小得多的规模——如通过绑架的方式。尼亚姆韦齐人、尧人和卡姆巴人热切地抓住了发财的机会，充当了奴隶贸易的贸易者、中间商或运输者。
51 一些最具戏剧性的社会政治变化在尼亚姆韦齐人中发生，他们经历了贫富差异的快速拉大，以及旧有政治结构的坍塌。原有生存系统的瓦解在许多地方也都发生了，野心勃勃的年轻男子忽略农耕，到生意或战争中讨生活，或者是两者兼做。[11]这是一个社会变迁的年代，向上和向下的社会流动性都大大增强，新的社会体系和新的政体在代际冲突中建立起来。

象牙的需求从18世纪后期也开始增长，印度仍是一个重要市场，但东非的象牙在欧洲和北非也受追捧，并且欧洲贸易在19世纪里变得越发重要，尤其是1869年苏伊士运河建成之后。不过，如同一位学者所言，这是一个“消耗过程”。由于随着19世纪的推移，象牙供应在萎缩，一年又一年，成千上万的大象被杀以满足需求，对象牙的搜寻越来越被推向中非内陆。[12]

尽管运进非洲各地的货物种类基本相同，但大西洋非洲与东非之间在经济发展上却颇为不同。在东非疆域，正如一位历史学家所言，奴隶和象牙出口代表的是“通向不可避免的死亡终点的过程”。[13]这些活动对这一区域的长期经济发展有害：象牙越来越稀缺，“大象边疆”越来越被推向内陆深处；奴隶作为出口商品也没有前途，因为这一区域越来越受欧洲影响。这就意味着随着19世纪的结束，中东部非洲与过去的经济大部分决裂了，奴隶和象牙被放弃，出口农业——代表着“合法”的贸易，它在非洲大陆的另一端早已实行——在新建立的殖民政体的支持下被陡然引入。尽管象牙仍可通过组织大型车队而相对容易地运出去，但只有修建铁路，东非内陆才能与全球经济相连——这种连接在海岸一带已经实施几个世纪了。

尽管17世纪和18世纪时，埃塞俄比亚地区的政权重心向北移动，但这一区域的奴隶贸易无疑没有那么广泛，没有那么具有毁灭性。阿姆哈拉人和提格雷人每年通过海岸边的马萨瓦出口高达一万的奴隶。高原人有时也把这种商品装进自己的车队里，但他们经常不愿意在炎热的海岸低地旅行，于是这项贸易越来越被纯粹的商人阶层掌握——通常是穆斯林。19世纪时，一些奴隶本身就来自高原，在阿拉伯半岛卖到了好价钱；但被俘获者却越来越多地来自埃塞俄比亚西部低地和苏丹东部，他们被蔑称为“山卡拉”(shankalla)。奴隶被出口到阿拉伯半岛和波斯湾地区，少数被运到广阔的中东。除了奴隶，黄金、象牙、毛皮和香料也从埃塞俄比亚地区出口，尤其是用来换取武器。不过，不同于中东非，武器通常使得原有的阿姆哈拉和提格雷政治上层增加力量，使得他们更有能力去维持贸易垄断，控制海岸和高原之间的商道。尽管如此，随着19世纪的推进，贸易规模扩展到一定程度，一些群体也比从前更有能力来挑战国家了。即使是特沃德罗斯以及后来的约翰尼斯统一了埃塞俄比亚国家，犯罪和反叛也依然猖獗。[14] 52

东非湖泊地区和埃塞俄比亚高原的那些国家和社会，都面对一个问题： 53
为了能够加入全球贸易，他们不得不与沿海族群进行贸易往来，而这些人常常是他们的敌人。19世纪的埃塞俄比亚国王们，依据对过去的一些想象，

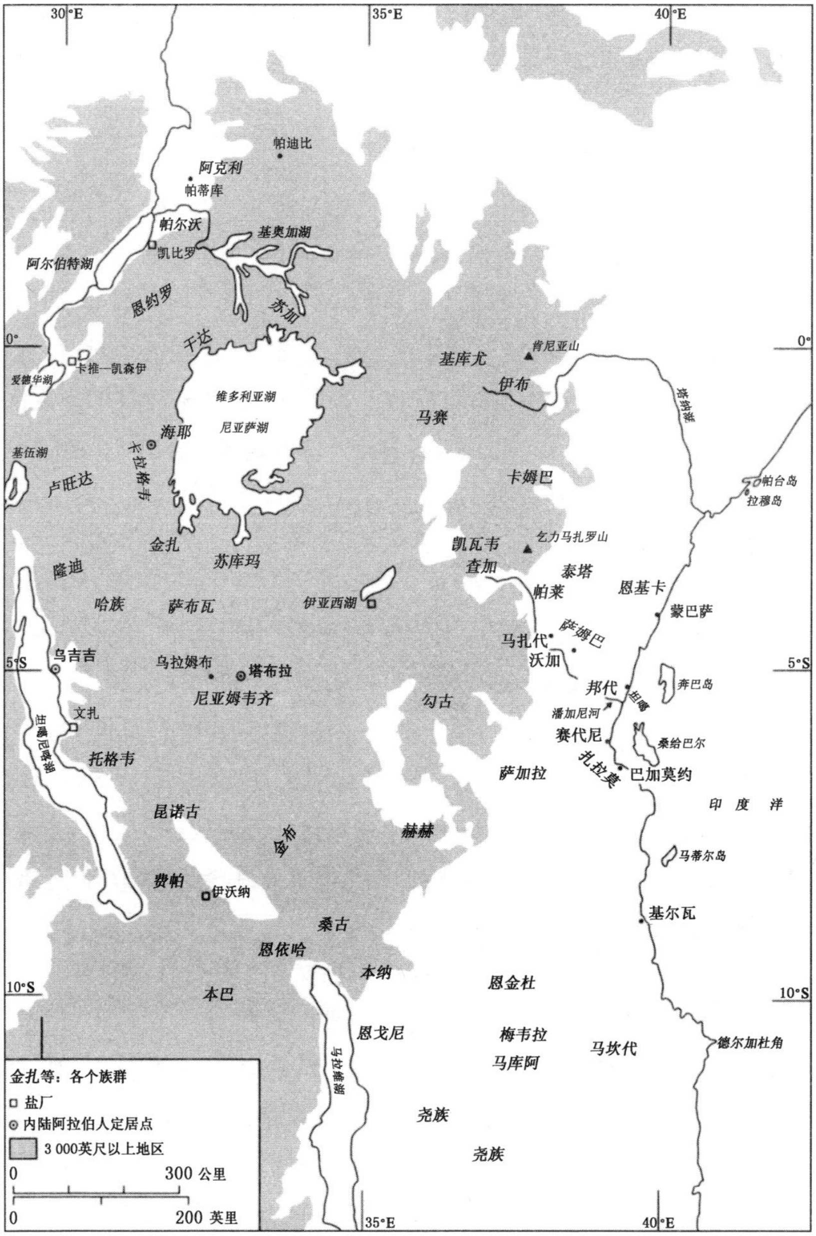

约 1870 年的东非。引自 E.弗林特所编《剑桥非洲史》第 5 卷《约 1790—约 1870 年》(剑桥，1976)，第 281 页，地图 10，1976 年版权属剑桥大学出版社，剑桥大学出版社许可复制。

或许还可以宣称对红海海岸拥有权利，但实际上马萨瓦是由奥斯曼人通过埃及人来掌管。奥斯曼人拥有终止贸易的力量，或者是控制它的力量。19世纪后期，那些越来越感觉到自己被隔绝的非洲统治阶层，要寻找其他途径来获取武器。例如绍阿国国王迈拿里克，他通过吉布提与欧洲人贸易。[15]身为埃塞俄比亚皇帝的约翰尼斯，被迫向那些在马萨瓦偶尔出现的宗教挑衅者妥协，正统基督教的供应商要与穆斯林买主打交道了。同样，穆特萨以及更为戏剧化的米拉姆伯都越来越认识到一个事实：他们已经成为桑给巴尔倾向态度的人质，因为他们依靠它来提供枪炮、弹药和布匹。米拉姆伯意识到参与全球贸易需要妥协和外交，正如需要武力和恐吓一样。比起他们的尼亚姆韦齐供应商来，桑给巴尔的商人在对峙中有着更多的选择。

海上帝国：桑给巴尔

如同大西洋沿海地区一样，东非海岸也有着悠久的全球贸易史。这一地区的海外接触可以追溯至几世纪或许是一千年前。印度洋流域的季风变化模式，促进了一个大致三角形区域内的季节性航行，将印度、阿拉伯和东非连接起来。位于中心的东非——这里指现代的肯尼亚、坦桑尼亚、莫桑比克以及赞比西河流域——输出象牙、黄金和奴隶，而奴隶贸易如同我们已经谈论过的那样，虽是相当古老，但在 18 世纪后期之前一直规模有限。这种古老的贸易使得斯瓦希里文化在这一沿海地区兴起，导致一些主要沿海城镇如摩加迪沙和蒙巴萨建立起来。它们作为最早和最重要的贸易定居地，将非洲、阿拉伯和伊斯兰文化融合起来，取得了高水准的建筑成就并拥有相当的财富。[16] 15 世纪末葡萄牙人的到来，为这个“黄金时代”画上了终止符号。葡萄牙人攻打并征服了斯瓦希里海岸大部分地区，并因此摧毁了作为其命脉的富饶贸易的大部分，尽管与印度和阿拉伯半岛的贸易以缩小的规模仍在进行着。

然而，葡萄牙人的胜利被证明只是暂时的。到了 17 世纪末，一支来自阿曼的舰队将葡萄牙人从这一带的绝大部分地区驱逐出去，只剩下了南部的莫桑比克沿海地区。从此，斯瓦希里海岸就处于阿曼苏丹宗主权的松散管理之下。然而，到了 18 世纪末，阿曼苏丹开始大力强调自己的权威，这是为了利用当时已经繁荣的印度洋贸易，同时阿曼扩张的基础就是桑给巴尔岛。这个进程尤其与赛义德·萨义德苏丹相关，这位干劲十足的统治者在 54
19 世纪 30 年代甚至把自己的都城永久地搬到了桑给巴尔。在他的统领之下，阿曼—桑给巴尔的影响范围大大扩展，开始渗透到海岸之外，进入内陆。为了对内陆的经济渗透和剥削，他将本地商人和新来到的商人移民组织起来，到 40 年代结束时，桑给巴尔的商队已经抵达维多利亚湖和坦噶尼喀湖一带。当赛义德于1856年去世时，他的疆域基本上分成了两部分，阿曼与桑给巴尔在所有的意图和目标上都各不相同。[17]桑给巴尔政府努力去控制现代肯尼亚和坦桑尼亚海岸的整个东非贸易网络，并且桑给巴尔本身成为东非贸易的支配力量，一直到19世纪80年代欧洲对非洲的瓜分摧毁了它的主权和它的存在理由为止。

在19世纪早期之前，桑给巴尔和阿曼商人一直依靠非洲中间商在海岸一带做生意，其中最成功者包括现代坦桑尼亚中西部的尼亚姆韦齐人。然而，喜爱冒险的海岸人自己沿商道进入内陆做生意，这只是一个时间问题。富有的海岸商人资助商队西行数百英里之远，这些商队通常由几百人组成，并雇佣非洲人做搬运夫和向导，他们的安全主要依赖阿拉伯人携带的武器。[18]从19世纪30年代到50年代，阿拉伯商人将永久性的贸易中心建立在恩扬耶姆比酋长国的塔勃拉、坦噶尼喀湖区的乌吉吉和布干达都城，它们都位于维多利亚湖北端。这些商人中最成功、最声名狼藉的就是一个被称作“噼啪噼啪”的人了，这显然是对他所使用武器的挖苦。从19世纪60年代开始，此人占据了现代坦桑尼亚和刚果的大片地区，掠抢兼贸易，建立起
55 虽然短暂但却巨大的势力。更广泛地讲，“噼啪噼啪”在政治上对多个社会施加压力方面做得尤其成功，尽管这种侵入本质上属于商业范畴，但阿拉伯商人却在19世纪后期尝试对非洲统治者们施加政治影响，以维护自己的商业利益。[19]他们在一些相对分散并群龙无首的社群中取得了一定成功，但

19世纪中期一位东非象牙搬运工。私人收藏/斯特普尔顿藏品/布里奇曼艺术图书馆。来源：纽约公共图书馆，https://digitalcollections.nypl.org/items/510d47da-71ff-a3d9-e040-e00a18064a99/Public Domain。

其他那些强有力的政体却仍将这些阿拉伯商人控制在自己的监管之内。尽管桑给巴尔本身对这些海岸商人只采取最松散的控制，但这些人中的大多数还是相当安分守己的，包括“噼啪噼啪”。他们作为整体，或多或少朝内陆传播了海岸文化和伊斯兰教，这里的服饰、建筑以及语言都受到了影响。作为异源的斯瓦希里文明的代表，它进入到一个广阔地带，这大致由马拉维湖、坦噶尼喀湖和维多利亚湖环绕。

商业先行者：桑给巴尔苏丹赛义德·巴加什(1870—1888年)与他的顾问在一起。来源：摄影由皮博迪埃塞克斯博物馆收藏，Neg 13462，许可使用。

56

东非的奴隶暴力：尼扬韦地区对曼耶玛妇女的屠杀，约为 1870 年。来源：大英图书馆委员会，大英图书馆，B224DSC。

政权、冲突与贸易(1):湖泊地区

57

非洲五大湖地区——特别是环绕坦噶尼喀湖、维多利亚湖、爱德华湖和阿尔伯特湖的北部湖泊地带——是撒哈拉以南非洲最成熟的文明发祥地。布干达、班约罗、托罗、安科拉、卢旺达以及布隆迪王国都在 19 世纪之前就有了文明发端,并且具有某些相似的基本特征。它们是充沛雨水和肥沃土壤的产物,促成了一种较为密集较为稳定的人口状态,超过了撒哈拉沙漠以南非洲的通常情况。它们在政治文化方面也很相似,包括都拥有强大且中央集权的王权,这也具有重要的象征性和仪式性。这一湖泊地区的国王们常常通过王权任命的地方首领来实施统治,但如同王室的谱系一样,首领的世系也开始出现。常常依据功绩来任命这些官员,忠诚无疑会得到回报。而且,王权的一个关键特征就是它通常缺少一个明确的继承人——王室的男性亲属常常会被监禁或被杀,这就意味着继任常常会演变成一场暴力事件。女性在东非一般比在南部或西部地区享有更高的经济和文化地位。这一地区的大多数王国,统治家族都声称自己是移民群体的后代,但准确性不尽相同。在 15 世纪到 17 世纪之间来到该地的尼罗河游牧者移民,的确繁衍了一些统治家族,或者是作出了贡献。也有一些则声称自己具有神的地位。围绕着这些特权地位发展出了复杂的上层口述传统,支撑着统治阶级和世系的分化脉络。特权本身以详尽的纳税体制和朝贡体系来维持。移居的游牧族群将这类体系带到了卢旺达和布隆迪,他们在那里被称为图西人,在安科拉则被称为喜马人(Hima)。在这些社会中,他们是农业生产者的雇主,农业生产者则是讲班图语的农民——卢旺达和布隆迪的胡图人,以及安科拉的伊鲁人。[20]事实上,这些群体之间已经有了许多农业和经济上的互动,但在很多方面,畜牧则被认为是统治上层的事情,与较高的地位联系在一起,游牧族群也就成为高级的社会阶层。只是到了 20 世纪早期,这类社会经济身份才固化为不同的“部族”。

北方湖泊区域的主要王国是布干达和班约罗,这两个国家长久以来密切联系,既有暴力冲突也有友好来往。班约罗由 15 世纪以来的基塔拉(Kitara)国发展而来,一直是该地区的主导力量,直到 17 世纪至 18 世纪,它的土地才渐渐被咄咄逼人的扩张中的布干达王国所掠夺。布干达有着湿润而肥沃的土地,因此拥有密集且相对较多的人口。这样一个成熟而具有竞争力的社会,它的最上层是一个基本上为世俗的国王,或称“卡巴卡”(Kabaka),他在这个国家里掌握任命主要首领的权力。布干达的主要特征

就是高度重商的对外政策,寻求控制本地区的经济资源,由一种先进的军事
58 文化来驱动。战争是获得商业、经济和领土支配权的政治手段。到19世纪开始时,布干达支配着维多利亚湖北部和西部地区,处于一种强有力的地位来应对这一时代的挑战,[21]我们下文将看到。班约罗被这一时期的内部政治动荡所削弱,在18世纪逐渐丧失疆域。不过,在19世纪60年代和70年代之后,它又有了一段复兴时期。[22]在南边,坦噶尼喀湖北部一片极度肥沃、水分充足的山丘上,有卢旺达和布隆迪王国,它们也同样高度军事化,但卢旺达更为成功一些,它在18世纪和19世纪中强力扩张。[23]当然,有着不同的政治体系:东部的中央集权军国主义的布干达,是一些小封邑组成的联盟,称为"索加"(Soga);同样,在布干达和班约罗以北,则是一些更小的、常常是"非国家"的社会,这里的民族生活于在某种程度上体现了扩张性的霸权政体之间的流动边界上。[24]

在19世纪,这些国家之间的来往是既有战争又有贸易。例如,布干达与邻国的关系就是实用主义的:有时用贸易和经济影响,有时则使用武力,因为它想建立一个既是疆域的,同时又是"非正式"的帝国。[25]尽管冲突时有发生,但布干达依赖着与班约罗、东边的索加、西边的畜牧国家,以及南边的一系列较小国家和社会的健康的经济关系。然而,这一地区国家之间的关系却变得更加不稳定,更加紧张,并随着朝向海岸的长途贸易的扩张而在整体上更加暴力——这个贸易网络由桑给巴尔引导。对贸易及其利润的控制,越来越支配着湖泊地区国家之间的关系,而贸易本身如同在大西洋非洲一样,从19世纪40年代之后就带来了重要的社会和政治效应。上面提到的国家,绝大多数都尽力参与到贸易中去,只有卢旺达和布隆迪在19世纪的大部分时间里抵挡住了这种诱惑,并由于这种自我孤立、敌视一切外来者而使自己在当时声誉很高。

如果湖泊地区一些最值得注意的发展涉及政治上的中央集权和领土国家的优势,那么,它们的反面也就出现在中东部非洲的其他地区。在现在的肯尼亚和坦桑尼亚一带,19世纪中期之前,很少有类似湖泊地区那种中央集权国家的出现,甚至种族身份都很脆弱,此时仍处在进化之中。这片广阔区域的大部分地区,土地贫瘠,雨水没有保证,因此农业生产十分困难和不稳定。在19世纪的最后几十年中,各个社群仍进行着对移居土地的争夺。与湖泊地区相比,这里的人口密度低,并且定居地趋向散落,不同于布干达和班约罗地区——在那里,城镇模式在1800年前很早就出现了,所以,这里

许多地方缺少成熟国家形成的条件。人们倾向于生活在小群体之中,当土地变得贫瘠或者是出现了政治冲突,他们就易于迁移。所以,18 世纪和 19 世纪的坦桑尼亚出现了一些小酋长,他们灵活善变,特点就是持续的变化。

尽管如此,19 世纪出现了新的压力,海岸贸易网络向内陆扩张,其结果 59
就是新形式的政治组织在许多社会中出现,以迎接新的挑战并从新机遇中获益。新的领导者也出现了,通常是军事领导者,拥有比以往领导者大得多的个人力量,他们既塑造同时又利用着新的结构。这在尼亚姆韦齐人和金布人中最为明显。类似的情况也发生在肯尼亚,这里同样在 19 世纪以前没有形成国家。在肯尼亚内陆(以及坦桑尼亚北部)的尼罗河游牧者中,包括马赛人,人丁年龄管理的组织比任何中央集权的政治控制或人格化的层级体系都要重要。与尼罗河游牧者共存的,还有一些较小的农业社群,尤其是卡姆巴人和基库尤人,他们和马赛人争夺土地和水源,但也同他们联姻、交易以及从文化上得到借鉴。[26]随着 19 世纪的推移,也有一些社会发生了坦桑尼亚出现的那些变化,新形式的社会和政治结构在更强大、更为中央集权的领导体系下出现。如尼亚姆韦齐人一样,卡姆巴人也变成了全球贸易中的积极参与者。

在尼亚姆韦齐人身上,本地创业和身份流动的主题都体现得十分明显。在贸易和政治活跃的 19 世纪中期以前,他们并不作为一个“民族”存在。就文化和语言而言,这些旱地的种粮农民是一个松散关联的群体,生活在西部和北部坦桑尼亚,后来开始向更远处的原野迁移,并从增长中的贸易机会里获益。对于海岸和海岸附近的人来说,他们来自西部,因此成为“新月民族”。[27]随着 19 世纪的来临,尼亚姆韦齐人已经开发出商道,将维多利亚湖北端的布干达、南边的卡丹加以及海岸的桑给巴尔联结起来。他们一直控制着这个贸易网络,直到 19 世纪中期。如同上文讲到过的,到 19 世纪中期时,海岸商人就开始带着自己的商队朝内陆渗透了。许多尼亚姆韦齐人成为富有的阿拉伯人和印度商人的运夫,但与这些新来者的冲突也在所难免,尤其当进入内陆的大批海岸商队使当地社群的粮食供应变得紧张时。到了 19 世纪 40 年代和 50 年代,地方首领要在那些商道穿越的疆域上征收关税,这也引发了对抗。

随着冲突的扩大,海岸商人就越来越寻求介入尼亚姆韦齐的政治。由于这些政体已是支离破碎,他们的介入颇为直接,支持一个部族去对抗另一个,或者利用那些在政治上不满的人,那些人太愿意接受这种武器相对先进的支持者了。靠着拥有武器和商业利益的诱惑,阿拉伯人介入首领间的纷争，开始在酋长国中行使相当大的权力。恩扬耶姆比的例子就显示了这个过程。它位于湖区与海岸之间的主要通道上，19 世纪 60 年代早期这里发生的内战，就出现了阿拉伯人的强硬干涉，这些商人兼探险家先是支持一方
60 首领，然后是另一方，以获取最好的贸易安排。这个阿拉伯社群能够确保对塔勃拉的控制，它开始越来越像一个军事要塞，尤其当贸易变化带来社会政治瓦解与重建，引发了地区战争时，这在 19 世纪 70 年代变得更为剧烈。[28]

与此同时，一个来自南方的暴力新因素开始进入这一地区，这指的是南部非洲的政治—军事事件所引发的深远影响，我们将在下一章介绍。到 19 世纪 50 年代，逃离南边祖鲁革命的恩戈尼人群体，渗透到现在的坦桑尼亚地区，带来了毁坏和战争以及国家模式上的转变。他们在大片地区进行袭击和掠夺，以抢劫为生，尽管几年之后也有些人定居稳定下来。比如，乌吉吉在 50 年代被袭击，而在 60 年代和 70 年代，恩戈尼人则从不同的方向穿越坦桑尼亚中部。有一点值得注意，尽管“恩戈尼”这一词通常被用来形容这些群体，但到了 50 年代和 60 年代，他们已经是各个被吸纳和被征服的民族的融合，具有恩戈尼的军事精神。有些族群在恩戈尼接近时逃散了，但其他的族群却被它吸纳，有些族群为了生存则复制了恩戈尼的模式，结果变得如同这些移民一样军事化。在这一地区，恩戈尼和它的效仿者引发了一场政治结构和军事化的革命，而此时贸易和社会变化的新力量也从海岸进入到这一地区，显示为暴力的改变力量。由此而来的那些改变，发生在 19 世纪 50 年代到 90 年代前后，常常伴随着暴力。

不断升级的暴力和四处蔓延的不安全感，导致了绝望、吸食大麻、高度武装的成群年轻人四处游荡，到处掠抢和冒险，这又使得暴力和不安全感进一步加剧。这大概就是 19 世纪后半期最重要的社会现象了。这些年轻人是社会、政治和经济变化的原因和结果，是旧有秩序垮塌和新秩序重建的征兆。这些人后来被普遍称作“鲁加鲁加”(ruga ruga)，但这是一个有问题的用语，因为它指年轻未婚且“职业”的士兵，所以使用此词就显得过分严厉了。“鲁加鲁加”可能是轻罪的罪犯，靠在丛林中抢掠为生，也可能作为雇佣兵依附于贸易车队或者是充当海岸商人的随从。重要的是，他们构成了新出现的军事国家的支柱，这些国家在 19 世纪 70 年代和 80 年代控制了内陆的一些地区。[29]

这些新国家中最为成功的一个，由尼亚姆韦齐首领米拉姆伯建立。生于 1840 年左右的米拉姆伯，青年时期做过前往海岸处的商队的运夫，后来继任了塔勃拉西北部的一个小首领。他将这个地方与另一个地方合并，在这个过

程中剥夺了其兄的权利要求，建起一支“鲁加鲁加”军队，用它来扩展自己的政治和军事基础。几乎可以肯定，这至少是部分受到了恩戈尼人的启发。从
60 年代末起，他用武力合并了周围的酋长国，建立起一个统一的国家，以城镇 61
和城镇周边的“乌拉姆勃”（Urambo）地区作为中心。他还控制了北部湖泊地区的商道，搜集作为贡品的象牙和牲畜，并利用自己日益增长的贸易力量来收集武器。米拉姆伯是个禀赋异常之人，自己创造了这个国家，它控制着恩扬耶姆比、乌吉吉和维多利亚湖之间的三角地带。他常常亲自带领自己的军队，其雄心似乎是要统一内陆。在这个意义上，尽管他的暴力对于外来者来说常常与那个时代普遍的无法无天相同，却是建设性和创造性的。他相信这几十个小酋长国要被几个强大有力的国家取代，他的国家就是其中一个，这在很大程度上是要对抗阿拉伯商人、桑给巴尔苏丹以及后来出现在海岸处的欧洲人，对抗这些逐渐增长的力量。为此，他寻求与这一地区其他主要角色的联盟，尤其是布干达的穆特萨，他本身的存在就是对恩扬耶姆比的阿拉伯人的一种威胁，在 70 年代的大多数时间和 80 年代早期都在与阿拉伯人作战。然而，米拉姆伯“帝国”的力量同时也是它最大的弱点，这就是它过分依赖米拉姆伯本人。当他于 1884 年末去世后，缺乏内部凝聚力的问题就让他的继任者姆帕杜沙罗无法处理。到 80 年代末，在德国人入侵前夕，这个国家已经基本瓦解，如同它迅速建立一样迅速地消失了。[30]

虽然米拉姆伯的事业很辉煌，但这并不是唯一的，即使他对东非政治前景的独特观念或许可以被认为是唯一的。尼亚姆韦齐的另一位领袖姆西里，于 19 世纪 60 年代和 70 年代，在坦噶尼喀湖西南建立了一个贸易和军事强国加朗岗扎（Garenganze），跨越了连接东非与中南部非洲的贸易网络。在米拉姆伯的东南边，金布人中的恩扬古耶马韦（Nyungu-ya-Mawe），以几乎相同的方式——名声更大的同时代人所用的那些方式，开创了一个松散的霸权国家。[31]这些国家都是创新的，富有活力，以暴力来捕捉这个时代的机遇。然而，如同依靠政治创造性一样，它们也依靠无法无天，这就导致了它们内在的不稳定。帮助这些国家建立的那些力量——特别是那些能够也愿意反对前代价值观念和行为模式的年轻一代，受一系列社会、政治和经济渴望驱使的年轻一代，也成为了使得这些新国家长远而言不能持续的力量。领袖个人可能在一段时间内得到巨大的忠诚，但要创造稳定的国家体系，使更广的族群尽心投入，这就问题多多了。尽管米拉姆伯试图使自己的战争载入史册，为乌拉姆勃赢得更深厚的政治遗产，[32]但最终还是未能做到比如沙卡为祖鲁所做到的

那样。无论如何,这些新国家的存在价值体现了贸易自由和军事冒险,尽管这两者没有一个能与欧洲霸权相抗衡。然而,非洲人参与到全球贸易和试图创建新的政治结构来引导这些力量的活力,预示了殖民统治下的事态发展。

62

国家创建者:尼亚姆韦齐的米拉姆伯,19 世纪 80 年代初期。
来源:根据伦敦传教协会/世界传道理事会文档复制。

当新的非洲国家出现时，海岸商人正渗透到坦噶尼喀湖以远，进入东刚果。在 19 世纪 60 年代和 70 年代，他们靠着在雨林大片地区的贸易和抢掠，创立起自己的势力范围。对象牙和奴隶的追逐，导致了广泛的破坏，而 63
阿拉伯人则对那些被扰乱的社群进行抢夺，并建立起由武装奴隶和随从组成的私人军队。在这个过程中，削弱了现有的政权资源。坦噶尼喀湖西部地区深深陷入暴力之中，尽管掠夺混战中的最强者也强行施加了某种程度的秩序。这就是艾哈迈德·本·穆罕默德，他被称作"噼啪噼啪"。"噼啪噼啪"是那个时代冷酷商队商人的典型代表。1830 年左右，他出生于桑给巴尔一个阿拉伯—非洲家庭，60 年代生活在塔勃拉，70 年代搬到刚果东部盛产象牙的特特拉（Tetela）地区。他创立了一个可观的势力范围，这靠的是暴力和运到东边的桑给巴尔的满载象牙的商队，后者要穿过与他通常关系良好的米拉姆伯的疆域。"噼啪噼啪"靠着贸易和武力变得富有，但在比利时瓜分刚果时被削弱，他从这里退回到了桑给巴尔。[33]

"噼啪噼啪"在那些缺乏中央集权大国的地区运作，所以就能够把自己强加于人，让那些社会屈从于他的意愿。不过，他对米拉姆伯的尊敬态度也表明了他与较强大的政体打交道时相当谨慎。在这一区域的其他地方，阿拉伯商人与那些在恩扬耶姆比或东部刚果的同行有着很不一样的经历。在 60 年代的肯尼亚内陆，马赛人、基库尤人和南迪人都成功地抵御了阿拉伯商队的渗透，当时阿拉伯商人试图绕过卡姆巴中间商。内陆可怕的马赛人的守旧已经到了很严重的程度，而那些想要挫败斯瓦希里竞争对手的非洲商人又对此进行固化。[34] 在维多利亚湖一带，阿拉伯商人在卡拉格韦（Karagwe）能够发挥一定的政治影响，但在湖的北端，他们面对的是布干达王国——他们在 1844 年首次抵达这个王国。在这里，他们的贸易做得很成功，但按照干达（Ganda）的通常规矩，他们被干达当局严密监控着，只能在王国都城活动，在这里他们有一个居住区。他们一般不被允许到布干达国内或国外去活动，如果被允许，也会有干达护卫陪同他们。布干达这一时代的两位国王苏纳（约 1830—1857）和穆特萨（1857—1884），都从事以奴隶和象牙来换取枪支、布料和其他商品的有利贸易，这在布干达那种竞争性的重商和军事化文化中被高度推崇。进口的棉布改变了上层阶级的时尚，同时也象征着改变之中的社会经济渴望。然而，枪支则很快在军事建设中发挥了作用，穆特萨尤其对武器的潜力乐观。在控制维多利亚湖地区贸易上的争夺，促使干达人使用军事手段来保护商业利益。对于军队本身而言，获取奴隶也成为越来越重要的行动。这就使得布干达王国与它的邻国如班约罗、布索加(Busoga)以及西边其他国家发生冲突。[35]

如同尼亚姆韦齐人，干达人在抓住贸易机遇上也是积极且富有侵略性的。不过，到 19 世纪 70 年代，这支军队在疆域上的过分野心使得它开始走过头了。干达人的尚武精神被王国中心的政治紧张所削弱，在那里代际冲突部分体现为对不同外来信仰的效忠之上。还有证据表明，越来越多缺乏
64 训练的士兵使用武器，正在削弱这个王国的军事能力。19 世纪 40 年代和 50 年代以后，干达人想通过建立一支可以从北到南横跨大湖的船队来支配湖区贸易。到 70 年代，布干达已经成为这一地区主要的奴隶出口者之一，而且它的“海军”是一种可观的创举。然而，这个王国并未如穆特萨显然希望的那样，使自己在对外政治和经济领域中变得强大。到了 80 年代末，穆特萨的王位已由姆万加继承，他是一个缺乏经验的年轻人，而且此时布干达与复苏的班约罗之间的冲突正在加剧，内部也有着宗教和政治冲突。[36]最终，干达人与英国人结为同盟，一起对周围地区进行殖民镇压，“乌干达”这个名称后被用于这片未来的殖民疆域。

布干达的国王穆特萨及其大臣，19 世纪 70 年代后期。
来源：世界史档案/UIG 取自格蒂图片。

政权、冲突与贸易(2)：东北非洲

在整个 17 世纪和 18 世纪，埃塞俄比亚这个基督教王国渐渐地将自己

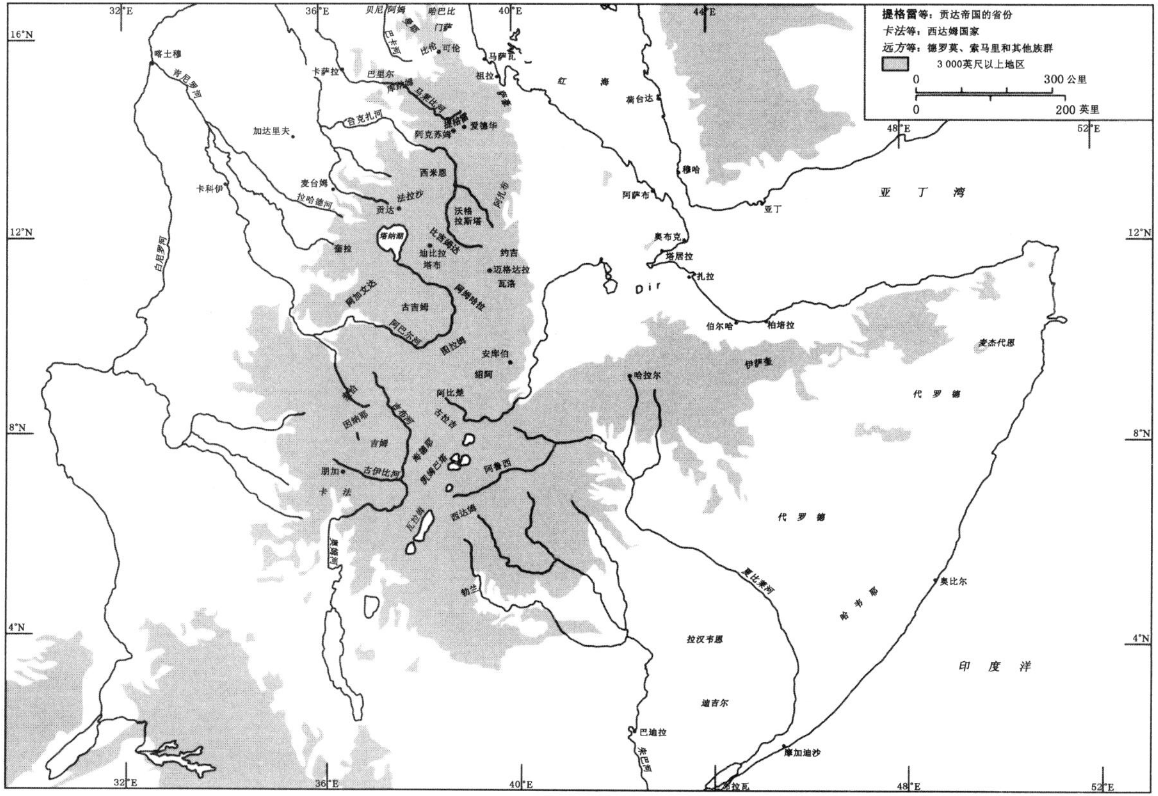

19 世纪的非洲之角。引自 E.弗林特所编《剑桥非洲史》第 5 卷《约 1790—约 1870 年》(剑桥,1976),1976 年版权属剑桥大学出版社,剑桥大学出版社许可复制。

的政治重心向北移动，一个永久都城在贡达建立起来，提格雷省也更完全地融入国中。[37]在很大程度上，是红海的贸易扩张使得现代埃塞俄比亚国的核心向北部移动，但奥罗莫人的迁移也造成了来自南边的不断增压。当奥罗莫人迁移到高原地区后，他们就成为一支需要认真对付的政治、经济和文化
66 力量，他们改变着埃塞俄比亚高原哈贝沙(habesha)社会的性质。他们中许多人是穆斯林，但也有许多人接受了正统基督教，这构成了阿姆哈拉和提格雷文明的基础，两种宗教都被吸收进阿姆哈拉文化，并且影响它。一些奥罗莫社群建立了自己的国家，与绍阿以及东边悬崖地区的哈贝沙政体发生摩擦；随着时间推移，也有一些奥罗莫人在阿姆哈拉人中占据了相当重要的政治和军事位置。[38]

18 世纪后半叶，这个脆弱帝国的中央政权坍塌了，所罗门统治者——这样叫是由于他们声称自己是所罗门王的后代，所罗门王是作为帝国意识形态核心的一个神话——被降低为傀儡。在某种程度上，18 世纪 60 年代和 70 年代的政治瓦解是此前几个世纪中一个过程的顶点。从古代阿克苏姆帝国的衰退开始——从 1 世纪到 8 世纪，它曾是现代埃塞俄比亚北部和厄立特里亚中部的贸易和军事大国，这一地区的中央政府就经历着扩张与收缩的交替时期，但政治和军事力量一直都存在于各省之中，并且还有自治地区、封邑和基本上独立的王国，它们定期进贡，既是向有形的中央政权进贡，也是向一种观念(所罗门王起源神话)进贡。18 世纪 70 年代到 19 世纪 50 年代期间——这一时期在阿姆哈拉语中被称作“巨头时代”，省级统治者完全独立于所罗门中央政权，而且相互之间不断冲突，为的是控制这一地区的贸易、资源和中央权力的标志和象征。就是在此时，处于利用新兴长途贸易有利位置的提格雷，成为埃塞俄比亚北部地区的主要力量，在 18 世纪后期控制了贡达，此时贡达的领导权是在“巨头”迈克尔手中，提格雷势力在 19 世纪早期以后又向北进入朝向海岸的厄立特里亚高原。当提格雷积累了巨量的武器时，南边的绍阿王国正与奥罗莫人的侵犯对抗，并在 19 世纪前半叶从后者手中夺回了土地。的确，在几十年的时间里，绍阿，尤其是在海尔·塞拉西统治时，将自身定位于利用这一地区的贸易，阿姆哈拉人为后来现代埃塞俄比亚帝国的形成奠定了基础。[39]

暴力的地方主义——尽管地方主义本身并非暴力，被一个年轻的地方背叛者，出身于较低贵族世系，来自阿姆哈拉偏远的奎拉地区的卡萨所终结。19 世纪 40 年代，卡萨作为一位鼓舞人心的领袖就声望很高，他的士兵

连队发展成为一支能够与这一地区统治阶层抗衡的军队。他声称(十分可疑地)自己是所罗门的继承人,并且更名为特沃德罗斯。经过50年代早期一系列的激烈战斗,他于1855年宣布自己为皇帝,这一年也被视为“巨头时代”的结束。特沃德罗斯在埃塞俄比亚中部和北部实现了更大程度的统一,超过了前一个世纪。尽管完全是通过暴力,在他统治时期的很多时间都放在了镇压暴乱上。在几年的时间里,特沃德罗斯想要规范土地权和税收,剪掉过于强大的正统教会的羽翼,让自己的军队更加职业化和有纪律。与北部非洲的一些同时代人不同,他设想将埃塞俄比亚转变成一个工业和贸易大国,他理解这显然就是使得欧洲“强大”的原因。为了这个目的,他欢迎欧 67
洲人的到来,想利用他们的专门技术使自己的军队“现代化”,这在很大程度上靠的是最终并不成功的引进武器。在对外政策上,他的视野也很开阔——尽管与他的国内志向相比有些不切实际,他寻求与那些和自己相当的欧洲国家在宗教、贸易和政治领域结盟。特沃德罗斯认为伊斯兰教——它体现于埃及人和奥斯曼帝国——是基督教埃塞俄比亚的古老敌人,在他的要求中包括把厄立特里亚海岸归还给埃塞俄比亚,并宣称对耶路撒冷拥有主权(凭借假想的所罗门血统),他苦涩地叹息耶路撒冷落入了他所诅咒的穆斯林手中。[40]

19世纪60年代早期,地区叛乱十分普遍,这常常有愤怒的神职人员在支持,尤其是在北部。在这里,特沃德罗斯失去了对提格雷和厄立特里亚高原大部分地区的控制。这形成了一个暴力的恶性循环。特沃德罗斯镇压暴乱越凶残,暴乱也就变得越顽强和广泛,尤其是在农民中间,他们对皇帝军队的抢掠越来越憎恨。在1866—1867年间,特沃德罗斯面临的局势越来越不稳定,还面临着一大批政治敌手,其中包括年轻的绍阿国王迈拿里克。他的领地收缩到了马格达拉“要塞”一带,这位于高原的东部边缘。然而,最终是外来干预而非内部反叛毁灭了他。60年代中期,由于认为维多利亚女王有过失——给他的回信没有到来,他感到恼怒,受到了羞辱,于是囚禁了一些欧洲人,包括若干英国人,并用链条捆绑他们以等到错误被修正。1867—1868年,英国政府派出了一支军队——以纳税人付出900万英镑左右为代价,这在当时是个巨大的数字,这支军队在厄立特里亚海岸的祖拉湾登陆,进入高原,打败了特沃德罗斯日益衰败的军队。这位皇帝宁可自杀也不愿意落入英国人之手。[41]在这场不寻常的远征中,英国人由于特沃德罗斯拥有众多敌人而得到极大帮助,在通过可能会敌对的提格雷疆域时,由于此地总督拉斯卡萨的协助——他此时正觊觎所罗门王位，行军也变得较为风平浪静。英军解救了欧洲人质并很快撤走，将特沃德罗斯的小儿子阿莱梅乌一起带走。阿莱梅乌在英国拉格比公学接受了一段并不愉快的教育后，于1879年神秘死去。

在一段短暂的空位期和一场地区势力较量后，提格雷的拉斯卡萨在1872年成为埃塞俄比亚皇帝约翰尼斯四世，延续由特沃德罗斯开始的建立一个统一和扩张主义国家的进程。然而与特沃德罗斯不同，约翰尼斯以外交补充军事力量，并运用古老的地区统治家族通婚的机制来实现政治稳定。他与迈拿里克建立了联姻，迈拿里克觊觎帝位但此时决定要等待时机。约翰尼斯的确带来了一定程度的内部稳定，但他的视野却被海岸边的埃及人遮挡。两者之间是一种不稳定却共生的关系，因约翰尼斯对现代厄立特里亚及沿海大片地区提出领土要求而紧张起来。埃及人在19世纪80年代中
68 期得到英国人的庇护得以撤离，结果却很快被意大利人取而代之，后者早已在海岸南边的阿萨布取得了立足点。约翰尼斯的北部前线由他信任的副手拉斯阿鲁拉把守，这是他所重点关注的；他的另一个重点关注则是西北边苏丹的马赫迪国家的崛起。的确，约翰尼斯就死于1889年与马赫迪派的战斗中。[42]

随着约翰尼斯的突然死亡，埃塞俄比亚帝国中的提格雷辉煌就此终结，提格雷人可能到下一个世纪都不会再次争夺埃塞俄比亚的领导权了，权力相对顺利地移至绍阿国王迈拿里克手中。从1889年到1906年，迈拿里克忍受着一场严重中风带来的痛苦(但他一直在位直至1913年死去)，创建了现代埃塞俄比亚。他迅速撤回了埃塞俄比亚对海岸的领土要求，并将厄立特里亚割让给意大利人，甚至在1896年的阿德瓦战役成功击退了计划不周的意大利人入侵之后——他是欧洲瓜分非洲时代中唯一一个永久性击败欧洲入侵军队的非洲领袖，他也不能或不愿意继续进军厄立特里亚，去实现前辈的雄心。不管怎样，阿德瓦战役使北部前线得以保留，并确保欧洲承认埃塞俄比亚的主权；迈拿里克不仅使自己的国家避免成为如同这一地区其他地方那样的殖民地，还积极参与到向南和向东开拓广阔疆土，在附近欧洲殖民地当局的同意下划分出自己的新王朝。阿姆哈拉霸权延伸到南边奥罗莫的肥沃疆土，进入了索马里人的奥加登。这个新帝国通过军队的战略性驻防来控制，以谨慎地分配各地总督来统治。如同之前的特沃德罗斯，只是更为成功，迈拿里克渴望一个“现代”埃塞俄比亚，监督建造了一条铁路，在亚

的斯亚贝巴建造了一个现代首都，还有银行体系和通讯基础设施。他聘请了欧洲顾问，送埃塞俄比亚人出国受训。[43]迈拿里克的新国家或许是一个城市而非农村的创造，但重要的是欧洲使馆快速出现在亚的斯亚贝巴，这标志着对一个非洲主权国家的承认。在一个外国霸权主义不断蔓延的时代，这是东非或东非之外的任何其他政体都未能做到的壮举。

注释：

① 阿卜杜勒·谢里夫《桑给巴尔的奴隶、香料和象牙》(伦敦，1987)。

② A.C.乌诺玛和 J.B.韦伯斯特《东非：商业的扩展》，收入约翰·E.弗林特所编《剑桥非洲史》第 5 卷《约 1790—约 1870 年》(剑桥，1976)。

③ 理查德·J.雷德《殖民地时期之前东非的战争：19 世纪国家层面冲突的模式与含义》(牛津，2007)。

④ E.A.阿尔帕斯《中东非的象牙与奴隶》(伦敦，1975)。

⑤ 理查德·科乐克《19 世纪埃塞俄比亚的火器与王子力量》，《非洲史学刊》13：4(1972)。

⑥ 这方面有一个稍稍过时、但仍然令人信服的叙述：莫迪凯·阿比尔《埃塞俄比亚的王子时代：伊斯兰教的挑战和基督教帝国的重新统一，1769—1855》(伦敦，1968)；也可以参看斯文·鲁本森《埃塞俄比亚独立的幸存》(伦敦，1976)，更为简明的综述可看巴赫鲁·扎韦德《埃塞俄比亚现代史：1855—1991》(牛津，2001)。

⑦ 一系列出色的研究见亨利·梅达尔和谢恩·道尔所编《东非大湖地区的奴隶 69
制》(牛津，2007)。

⑧ 简-格奥里格·多伊奇《德属东非没有废除奴隶制的释放奴隶：1884—1914 前后》(牛津，2006)，第 34—35 页。

⑨ 英国圣公会传教协会档案：G3 A6/01883/71，《奥弗莱厄蒂致威格拉姆的信》1883 年 2 月 28 日。

⑩ 雷德《殖民地时期之前东非的战争：19 世纪国家层面冲突的模式与含义》，第 46—52 页。

⑪ 安德鲁·罗伯茨《"尼亚姆韦齐人"》，收入安德鲁·罗伯茨所编《1900 年之前的坦桑尼亚》(内罗毕，1968)。那个时代的简述则见 V.L.卡梅伦《穿越非洲》，2 卷本(伦敦，1877)。

⑫ R.W.比彻《19 世纪东非的象牙贸易》，《非洲史学刊》8：2(1967)。

⑬ 安德鲁·罗伯茨《尼亚姆韦齐人贸易》，收入理查德·格雷和戴维·伯明翰所编《殖民地时期之前的非洲贸易：1900 年之前中东非贸易论文集》(伦敦，1970)，第 73 页。

⑭ M.阿比尔《南埃塞俄比亚》，收入格雷和伯明翰所编《殖民地时期之前的非洲贸易：1900 年之前中东非贸易论文集》；科乐克《19 世纪埃塞俄比亚的火器与王子力量》；艾利卡·摩尔-哈雷尔《19 世纪后半期埃塞俄比亚奴隶制与苏丹人的经济层面与政治层面考查》，《非洲史研究国际学刊》23：2/3(1999)。W.C.普洛登《在阿比西尼亚和盖拉国的旅行》(伦敦，1868)是一本那个时代的详尽记述。

⑮ 最好的记述仍然是哈罗德·G.马库斯《迈拿里克二世的时代与生活:1844—1913的埃塞俄比亚》(牛津,1975)。关于吉布提的联系,一本有趣的洞见之作是查尔斯·尼科尔《别人:非洲的亚瑟·兰波,1880—1891》(伦敦,1998)。

⑯ 德里克·纳斯和托马斯·斯皮尔《斯瓦希里人》(费城,1985)。

⑰ 诺曼·班尼特《桑给巴尔阿拉伯国的历史》(伦敦,1978);理查德·F.伯顿《桑给巴尔:城市、岛屿和海岸》,2卷本(伦敦,1872)。

⑱ 斯蒂芬·勒克尔《文化搬运者:19世纪东非的路上劳工》(新罕布什尔州朴次茅斯,2006)。

⑲ 诺曼·班尼特《阿拉伯对抗欧洲人:19世纪中东非的外交与战争》(纽约,1986)。

⑳ 这方面一个很好的介绍是J.-P.克雷蒂安《非洲的大湖:两千年的历史》(纽约,2003);也可参看戴维·斯恩伯鲁恩《绿色之地、美好之地:15世纪时大湖地区的土地变化、性别和社会身份》(新罕布什尔州朴次茅斯,1998)。一本稍早但仍然有用的著述是罗兰·奥利弗《内陆看得见的发展,1500—1840》,收入罗兰·奥利弗和杰维斯·马修所编《东非史》(牛津,1963)第1卷。

㉑ M.S.M.基瓦努卡《布干达的历史:从王国建立到1900》(伦敦,1971);理查德·J.雷德《殖民地时期之前布干达的政治力量》(牛津,2002);亨利·梅达尔《19世纪的布干达王国》(巴黎,2007)。

㉒ 谢恩·道尔《班约罗的危机与衰败:西乌干达的人口与环境,1860—1955》(牛津,2006)。

㉓ 比如参看简·瓦思纳《现代卢旺达的祖先:伊吉耶王国(Nyiginya Kingdom)》(威斯康星州麦迪逊,2004)。

㉔ 戴维·威廉·科恩《布苏加(Busoga)的历史传统:穆卡玛(Mukama)和肯图(Kintu)》(牛津,1972);罗纳德·R.阿特金森《种族之根:1800年前乌干达阿乔利人的起源》(费城,1994)。

㉕ 理查德·J.雷德《维多利亚湖上的干达人:一种19世纪东非的帝国主义》,《非洲史学刊》39:3(1998)。

70 ㉖ C.H.安布勒《帝国主义时代的肯尼亚族群》(康涅狄格州纽黑文,1988)。

㉗ 罗伯茨《"尼亚姆韦齐人"》;也可参看R.G.亚伯拉罕斯《坦桑尼亚大尼亚姆韦齐的民族》(伦敦,1967)。

㉘ 关于乌扬耶姆比的危机,令人信服的第一手著述是斯皮克《尼罗河之源发现日记》,第5章。

㉙ 以特定的视角,当时众多的欧洲来源描述了"鲁加鲁加"现象的出现,比如可以参看亨利·莫顿·斯坦利《穿越黑暗大陆》,2卷本(伦敦,1878, 1899);以及卡梅伦《穿越非洲》。

㉚ 解说米拉伯姆,最好的单一著作仍然是诺曼·R.班尼特《坦桑尼亚的米拉伯姆,1840—1884年时》(伦敦,1971);一本主要依据口头讲述而来的地方著述是J.B.卡比亚《国王米拉伯姆:坦桑尼亚的英雄之一》(内罗毕,1976)。

㉛ A.肖特《恩扬古耶马韦与"鲁加鲁加"帝国》,《非洲史学刊》9:2(1968)。

㉜ 这一点在一位传教士埃比尼泽·索森未发表的文章中得到了证实,见伦敦传教协会SOAS特别收藏"中非,收信,3号盒,1880年3月28日索森致汤姆森信的附件:《尼亚姆韦齐的历史、国家和民众》。"

㉝ 见他的自传(W.H.怀特利译为英文)(内罗毕,1966)。

㉞ 最为详尽的集体研究成果之一,是托马斯·斯皮尔和理查德·沃勒所编《作为马赛人:东非的种族与身份》(牛津,1993)。

㉟ 理查德·雷德《布干达的战利品俘虏:关于战争中抢夺人口的一些观察,1700—1890》,收入梅达尔和道尔所编《东非大湖地区的奴隶制》。

㊱ 当时有一份引人注目的记述:R.P.艾西《乌干达编年史》(伦敦,1894)。

㊲ 唐纳德·克拉米《埃塞俄比亚基督教王国的土地与社会:从13世纪到20世纪》(牛津,2000)。

㊳ 穆罕默德·哈桑《埃塞俄比亚的奥罗莫人:1570—1860年的历史》(剑桥,1990);P.T.W.巴克斯特、简·胡尔廷和亚历山德罗·特留尔齐所编《作为和成为奥罗莫人:历史的和人类学的探查》(乌普萨拉,1996)。

㊴ 阿比尔《埃塞俄比亚的王子时代:伊斯兰教的挑战和基督教帝国的重新统一,1769—1855》;马库斯《迈拿里克二世的时代与生活:1844—1913年的埃塞俄比亚》。

㊵ 关于特沃德罗斯的早期作为,见普洛登《在阿比西尼亚和盖拉国的旅行》;后来的分析著述包括H.斯特恩《在阿比西尼亚的法拉沙人中漫游》(伦敦,1862)和H.布兰克《阿比西尼亚被囚纪实》(伦敦,1868)。也可参看唐纳德·克拉米《特沃德罗斯的暴力》,收入B.A.奥高特所编《非洲的战争与社会》(伦敦,1972)。

㊶ 斯坦利《库马西与迈格达拉》;克莱门茨·马卡姆《阿比西尼亚探险史》(伦敦,1869)。也可参看达雷尔·贝茨《阿比西尼亚困境》(牛津,1979),以及晚近的菲利普·马斯登《赤脚皇帝:一部埃塞俄比亚悲剧》(伦敦,2007)。斯文·鲁本森等人翻译和编纂《阿克塔·埃修匹加二世:特沃德罗斯与他的同辈人,1855—1868》(亚的斯亚贝巴,1994),是埃塞俄比亚当时材料的精选汇集。

㊷ 扎韦德·加布雷-塞拉西《埃塞俄比亚的约翰尼斯四世》(牛津,1975)。

㊸ 马库斯《迈拿里克二世的时代与生活:1844—1913的埃塞俄比亚》,以及对那个时代最好的总结之一:巴赫鲁·扎韦德《埃塞俄比亚现代史:1855—1991》;A.B.怀尔德《现代阿比西尼亚》(伦敦,1901),是那个时代富有洞见的欧洲人著述。

71 第四章

南部边疆：南部非洲的殖民地与革命

19世纪的南部非洲在许多方面都与广义界定的同一时期的“大西洋”地带和“印度洋”地带相同，其中就包括贸易网络的扩张，将这一地区与一种全球经济联系起来，欧洲的影响日益增加。然而，就欧洲的出现方式而言，南部非洲的情况又颇为不同，这最终界定了这一地区的现代史，而不限于贸易史。白人是作为定居者来到好望角一带气候温和的开普海岸地区的，而不仅仅是贸易者，最终他们移动到内陆高原，这里有着极好的牧场且没有舌蝇，但他们在这里遭遇到了一些最具活力的扩张主义非洲政体，这些政体在19世纪的撒哈拉以南非洲是最强悍的。[1]这就导出了合作与冲突的并存，但随着时间推移，外国殖民地与本地的政治—军事变革相互作用，最终以冲突来界定白人与林波波河以南黑人之间的关系。

1800年前后的非洲国家与社会

19世纪之前，在赞比西河以南，家畜是国家成长、财富创造和社会阶层分化的核心因素。拥有家畜就意味着政治力量，提供了早期首领地位的物质基础，社会建立在一夫多妻制和广泛使用女性劳动力——尤其是在农业生产中——的经济体系之上。如今的博茨瓦纳一带干燥而开阔的草地上，出现了一些最早的酋长国，它们定居于小山顶上，经济基础是饲养家畜与耕
72 作的结合。大津巴布韦国的成长，靠的就是这样的社会经济体系，这个修纳(Shona)国以石头建筑著称(“津巴布韦”一词在修纳语中是“石头之地”的意思)，并于15世纪早期达到鼎盛。大津巴布韦国的繁荣也靠黄金开采，从10世纪到18世纪之间，这是此处高原上的主要劳作。大津巴布韦国最终被穆塔帕(Mutapa)所替代，它可能是由津巴布韦的移民创建的，而这个国家也利用着黄金开采和地区贸易网络，这个网络将中南非洲的国家和族群与印度洋联结起来。来自内陆高原的黄金滋养了更靠南边的斯瓦希里城

邦,引发了葡萄牙人的贪婪,他们在 16 世纪时试图从海岸方向占领赞比西河中部流域,但被穆塔帕人抵抗和疾病所击败。[2]

就非洲的国家和社会而言,19 世纪的大部分时间中,南端的低地(lowveld)成为这一地区的政治强国,在约 1700 年之前,讲恩戈尼语的部族——这是班图语系中的一支,想将自己组织为一些较小的酋长国。这种政体模式是因地形决定的,这一地区的众多小山被河谷隔开,高原上较大降雨量形成的河水由此流入印度洋。多种多样的放牧和农作资源出现在这一地区,使得较小的家庭单位也能够颇具独立性地生存。松散联系的各个家庭形成了这些酋长国。不过,也出现了一些变化,尤其是在恩戈尼北部,18 世纪中发生了一些重要的变化。[3]

在大约 1700 年之后,一些北部的恩戈尼酋长国开始扩张,吞并一些小国。这种扩张的原因在政治层面仍然是一种获利的投机性质,但这个过程却无疑与对短缺资源越来越激烈的争夺联系在一起。葡萄牙人在一个降雨量异常之高的时期将玉米引入这一地区,这可能导致了人口的上升,更大片的地方被纳入了农作区域;反过来,得到了改善的牧场又导致了家畜数量的增加;而贸易的扩展——与海岸地区的葡萄牙人贸易,如同东非的情况一样,也在起作用,它们都构成了国家形成的力量。那些更富有、更稳定、人口更多的酋长国越来越想去控制通往印度洋的有利可图的商道,尤其是对控制象牙出口的争夺,导致了对靠近海岸的富饶猎场的激烈竞争。[4]

随着 18 世纪的来临,更大的竞争和扩大了的政治规模导致这些扩张酋长国的军国主义的增长。人丁年龄管理(age-sets)长期以来就是恩戈尼部族的一个组成部分,现在变得越来越重要。这种制度将儿童、成年人(通常也就是武士年龄)和老年人区分开来,它事实上将社会严格组织起来,形成了常备军,侵略性地去追求扩张族群的目标。到 18 世纪后期,恩戈尼北部已经合并成三个支配性的,中央集权程度越来越高的酋长国,也就是由索布胡扎酋长率领的恩格瓦尼,由兹韦迪领导的恩德万德韦,以及丁格斯瓦约统治的马兹斯瓦。马兹斯瓦是一些较小族群的联盟,其中包括相对晦暗的祖鲁酋长国。不管这三个国家之间怎样达成了一种不稳定的力量平衡,但到 18 世纪临近结 73
束时,这已经被粉碎;一个漫长的强降雨时期也将结束,它看来要相当突然地被一个干旱和饥荒的年代所替代。对短缺资源——主要是有井水的牧场和优良耕地——的控制,现在成了生存的关键所在,19 世纪早期冲突就日趋尖锐地增加着。[5]在恩戈尼人之间发生的争斗导致了政治和军事变革的急剧新发展,这种政治和军事变革在南部非洲内陆以及其外，都产生了深远的影响。

战争、变革与祖鲁冲击

在现代文学中，在欧洲的大众想象中，在学术著作中，还有晚近的电视和电影，大量谈论祖鲁的兴起，尤其是他们最著名的领袖——某种意义上的创建之父——沙卡（Shaka）。[6]如同我们将要看到的那样，在19世纪的祖鲁历史中，有许多东西证明这种狂热的着迷，在沙卡的个人历史中也有许多东西支持关于他政治和军事天赋的种种说法；然而，记住恩戈尼于18世纪开始变革时所达到的程度是很重要的，当时祖鲁不过是一个广阔得多的政治变革进程中的小小部分（是这个进程相对不重要的部分）。沙卡以及在许多方面都由他个人创造的祖鲁国，采纳了在人丁年龄管理、战争形式、武器装备和政治层面上的那些变革，使用这些起到了极好的效果，但它们本质上并非祖鲁本身的创新。认识到另外一点也很重要：19世纪早期南部非洲内陆所发生的那些事情，一直在引发争议。比如，有人认为席卷内陆的一系列战争——它们被称作“姆费坎尼”（mfecane），这出自科萨语（Xhosa），意思是赤贫和饥饿；或索托语（Sotho）中称为“迪法盖”（difagane），意思是“摧毁”——及其后果都被欧洲人有意夸大了，为的是论证殖民主义的合理性，论证后来的种族隔离国家的合理性。[7]然而，历史学界的共识认为，最终导致祖鲁出现的“姆费坎尼”，是在南非南端低地的马兹斯瓦、恩德万德韦和恩格瓦尼这些恩戈尼国家中出现的，事实上形成了争夺有限资源的长期战争状态，对各地较小酋长国的吞并，以及中央集权和军事化程度越来越高的王权。[8]

大约是在1816年至1819年间，“姆费坎尼”达到高点，在这一时期，索布胡扎的恩格瓦尼被朝北驱逐，在接下来的恩德万德韦与马兹斯瓦的冲突中，当马兹斯瓦的领袖丁格斯瓦约死后，恩德万德韦看来占了上风。不过，丁格斯瓦约军队中的一位指挥官沙卡——他当时指挥小小的祖鲁酋长国，崛起并掌握了控制权，在一系列与恩德万德韦的遭遇战中击败了他们，几个其他的恩戈尼部族于是朝北逃出了这一地区。这些难民蹂躏了整个中南和东部非洲：恩德贝勒的领袖姆兹利卡兹越过林波波河，定居于现在的津巴布
74 韦一带；其他人则穿过赞比西河，进入现在的马拉维地区，在这里他们在文
75 化和军事组织上对切瓦族产生了重大影响。其他族群也是朝北流窜，于19世纪40年代和50年代进入坦桑尼亚，抵达坦噶尼喀湖和维多利亚湖边，一路上留下了相当的动荡和破坏。[9]不管走到哪里，这些群体都产生了深远影

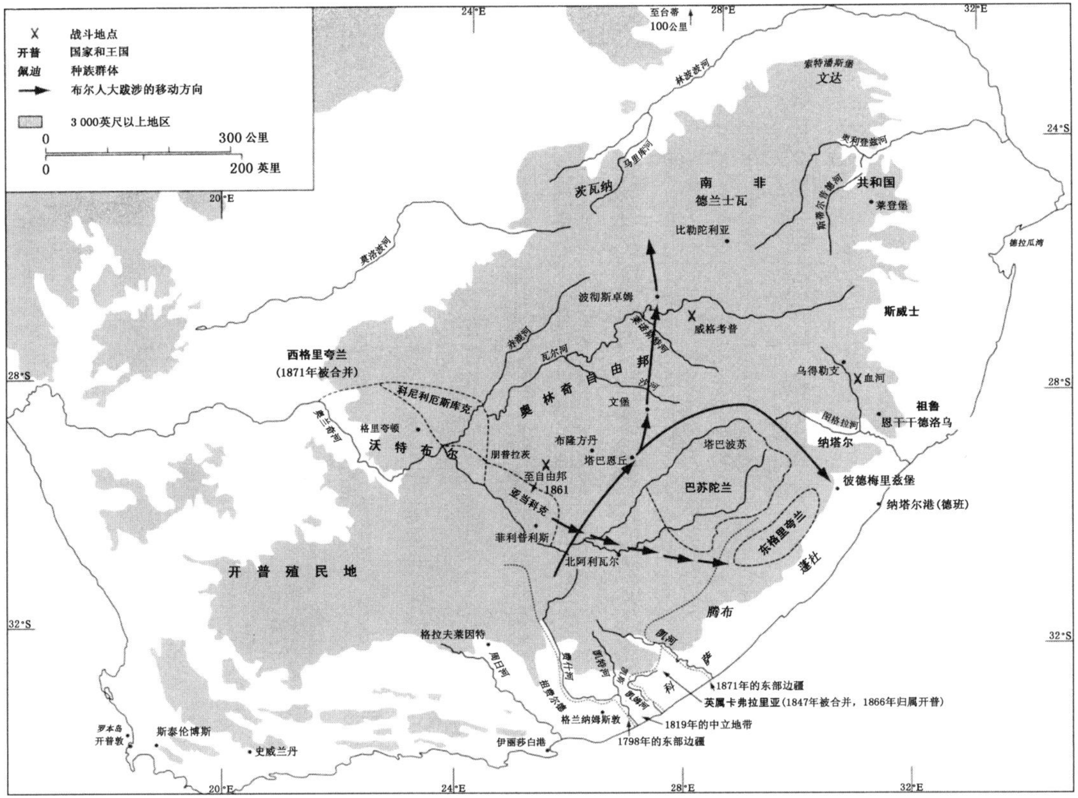

19 世纪的南部非洲。引自 E.弗林特所编《剑桥非洲史》第 5 卷《约 1790—约 1870 年》(剑桥,1976 年),第 354 页,1976 年版权属剑桥大学出版社,剑桥大学出版社许可复制。

响，它们经常成为一个地区活跃的奴隶掠抢者，与早已定居在林波波河与大湖地区之间的那些民族发生冲突。迁移的恩戈尼族群，为逃避祖鲁的胜利也朝更南边的地方去，在“姆费坎尼”之后的数十年中为这一地区带来了国家建构和战争进行的新模式。还有一些国家和族群为保护自己、抵挡祖鲁威胁的需要而兴起，尤其是穆苏苏领导的索托，他在现在的莱索托一带建立了一个山区要塞，吸引了一些难民群体。他的外交才能也广为人知，通过与邻近首领们的联姻，一直保持着自己国家的独立；他还善于在英国人与布尔人之间制造不和，这一点我们下面会看到。[10]

祖鲁的影响的确与他们的实际人数完全不相称，至少开始时是这样，事实上到 1819 年时，沙卡已经作为一个高度中央集权国家的统治者而确立起来，这个国家一直是这一地区的支配性力量，直到 1879 年被英国人击败并毁灭。然而，即使他们被英国人征服后，祖鲁仍然保持着一种强烈的“民族”身份意味，在殖民时代及其之后都是如此。祖鲁的崛起代表着一种政治和军事变革的持续以及强化，这场变革在几十年前就开始了，它涉及政治组织的一种新模式。祖鲁国比这一地区此前的任何国家都要大，它超越了血族关系，发展出一种建立在政治和军事力量之上的新的身份认同，以及疆域的统一。这是一个同时具有高度凝聚性和进犯扩张性的社会，沙卡常派出他的部队去掠夺周围的民族以获取贡品，或者是干脆把它们完全吞并入自己的王国。那些新近征服的地区被分配给沙卡直接任命的首领，符合条件的青年被征募；那些持续抵抗的族群或者是被消灭，或者是被迫迁到祖鲁军队势力范围以外。祖鲁人以恩德万德韦和马兹斯瓦军队业已建立的东西为基础，进行军事创新，其中包括常备军“阿玛布托”(amabutho)的建立，强调纪律和严厉训练，使用短矛刺杀——这比投掷长矛更有效果，在袭击时注重速度和突然性，以及“公牛之角”战术的发展——也就是从侧翼来包围和消灭敌人。这套系统是高度中央集权的，沙卡对作战部队行使直接控制。这些部队也有经济效用，其中的年轻人要放养畜群，猎象取牙，而女性则为国家种地。这种对国家服务的编制村庄，在祖鲁王国各地都建立起来，只有当某个年龄段的成员到了适婚年龄，这个编制村庄才会裁减，让原来的武士们到别处定居，去种自己的地。[11]总之，祖鲁这套编制系统起到了反复灌输一个更大“国家”的身份认同的作用，侵蚀着原来的地区和血亲忠诚，推进了一种显著的祖鲁意识，它的基础就是对一个以沙卡本人为中心的强大王权的崇拜，至少开始时是这样。沙卡显然是一位独裁统治者，他身上被添加了许多

残忍罪行,死后就如活着时一样。1828 年,由于他异母弟弟丁加恩的教 76
唆——或者是亲手所为,他被暗杀,丁加恩继位。通常的看法认为,沙卡在后期已变得极不稳定,所行使的统治特点就是周期性的大规模屠杀,权力都集中于他手中,只有靠暗杀才能使他让位。[12]

对于"姆费坎尼"和祖鲁国的崛起,一直有各种解说。为什么"姆费坎 77
尼"会在那时候发生,为什么它是那种形式,这些问题都争论不休;还有我们上面提到的那个问题——这个地区被暴力冲突吞没的说法在何种程度上只是种族主义者的一个虚构,以论证后来白人统治的合理性,也是看法不一。有些评论者认为,18 世纪后期和 19 世纪初期的战争模式,以及祖鲁国自身的崛起,都可以归因于欧洲的影响,非洲人是在模仿欧洲人的指挥模式和战斗模式。这种种族主义的假设显示了一种根本上的怀疑,认为非洲人自身做不到政治层面上的那种扩展,做不到军事组织上的那种变革,这是毫无事实根据的。显然没有事实说明像兹韦迪、丁格斯瓦约和沙卡这样的领袖只是受到了欧洲模式的影响和启发,哪怕海岸一带的葡萄牙人的确提供了这种模式。相反,更为严肃的解释旨在说明对土地和贸易的竞争才是战争升级的驱动力。人口增长和随之而来的土地短缺导致了对牧场和牲畜的竞争,这本身又因干旱气候而激化。与此同时,尽管贸易的作用不应被夸大——不同于尼亚姆韦齐人或约鲁巴人的情况,它作为一种动力在恩戈尼人中很可能没那么重要,但认识不到象牙和奴隶贸易所起的作用,就无法充分理解"姆费坎尼",这一点是不必怀疑的。越到 18 世纪后期,象牙和奴隶贸易的作用就越重要。非洲其他部分在 19 世纪显示出来的就是这样,哪里有全球贸易的增长,哪里就有垄断它的企图。最后,罕见天才人物的作用——最著名的就是沙卡本人——是必须被承认的,而且当代欧洲人显然想把很多东西都归于他本身;[13]然而,18 世纪后期和 19 世纪初期发生的事情,必须放在一个长期的社会经济进程中才能得到理解。沙卡的个人作用并非不重要,卓越、善于抓住机会,最终极不稳定,他抓住了人们的想象力,创建了一个国家和一种身份认同——在此之前它们不存在;然而,那些围绕他而衍生的故事——他如何害怕老迈、他对母亲的极端依恋、他的性取向(他从未结婚),都常常是相当不可靠的,是为了娱乐他死后几十年中那些围坐在露营篝火旁的欧洲人。[14]

与在他死后出现的那些问题对比来看,沙卡的成就更显得戏剧性,他的继任者丁加恩(1828—1840)和姆蓬迪(1840—1872)必须去与已经极大改变

非洲天才、祖鲁国王沙卡的画像,约 1816—1828 年。
大英图书馆/HIP/Topfoto。来源:大英博物馆许可复制。

了的政治环境斗争。丁加恩缺乏异母兄长的那种军事敏锐和领导天赋,但也必须考虑到白人定居地业已推进,到 30 年代结束时,它已是祖鲁面临的严峻挑战了。随着白人"移民先驱"从开普殖民地的方向推进至内陆高原,他们的力量和自信都在增加,冲突是不可避免的了。

78 **开普殖民政策:白人殖民地与"土著问题"**

南非的现代历史,其特点就是非洲人与欧洲人之间的冲突,后者的霸权在 20 世纪的许多年中都导致对这一地区的历史的曲解。南非历史的"白人"版本说那些讲班图语、刀耕火种的农人只是到 17 世纪才来到现在的南非这片地区，与第一批荷兰定居者抵达此处几乎是同时。所以，根据这种说法，欧洲人遇到的是一片"空白土地"，只有一些科伊桑人居住，他们被轻蔑地称为"丛林人"和"霍屯督人"(Hottetots)。[15] 这种"空白土地"的理论在历史上不正确，但在政治上却有利，后来就为人数少的白人提供了他们需要的理由，来宣布对这一大片区域的权利。事实上，如同我们已经看到的，当第一批欧洲定居者到来时，一系列的非洲国家和社会已经居住在这一区域，从纳米比亚的奥万博和赫雷罗以及居住在纳米比亚南部和开普西南部的科伊桑人，一直到中部高原的索托和茨瓦纳，乃至东南部的恩戈尼族。

白人在南部非洲定居的时间是 17 世纪中期，当时荷兰东印度公司在塔布尔湾(Table Bay)建立了一个小小的补给站。在随后的一个半世纪中，后来所称的"布尔人"(Boers，荷兰语中的"农夫")或"南非白人"(Afrikaners)发展出了一种独特的身份、语言和文化。边疆布尔人更是一些强硬、头脑独立的加尔文教徒，后来发展出一种尖锐的反英国倾向，他们开始把开普敦周围一带——也就是后来的开普殖民地视为属于他们的，这种宣称靠一种特别的人种和宗教意识形态来支持。他们起先与科伊桑人贸易，换取食物和淡水，但不久就与非洲人发生了冲突，主要是要控制放牧土地，布尔人要根据"征服权利"的原则来占有它。到 17 世纪后期和 18 世纪初期时，这样的冲突变得越来越普遍，而更多的布尔人"移民先驱"进入内陆去寻找优良牧场，尤其是到东边去寻找。科伊桑人面对布尔人的军事优势和带来的那些疾病(尤其是过路船只带来的天花)，或是变成了猎人兼抢掠者去袭击布尔人的农场，或是朝北撤退，逃离布尔人前进的线路，他们在北边重建了自己的社会，找回了一定程度的独立。这种政策尤其得到那些科伊桑人与欧洲人通婚后代的欢迎。当然，许多科伊桑人接受了欧洲族群中的奴隶地位，为布尔人当牧人、猎人和仆人，他们是殖民地社会中一个很大部分，但从来没有相应地得到过公民权利。[16]

尽管开始时荷兰开普殖民地的种族间关系较为灵活正常，但随着时间推移，种族态度就变得强硬了，尤其是到了 18 世纪。当时可能还没有一种僵硬的种族划分体系，但已经有了依据肤色而来的强烈的阶层感和相对的特权。大体而言，越来越苛刻的种族主义因欧洲人与非洲人在边疆扩张争夺资源上的冲突而导出，在殖民地内，人的地位也越来越与他的肤色和工作 79
相关。最赤裸裸的是，奴隶地位依人的肤色来区分：有着"混合"父母的奴隶通常是技术劳工，尤其可以做一些管理工作；而那些最差的、没有技术含量的工作就由非洲人或者是来自印尼的奴隶来做；体力活由最底层的奴隶来做，通常是非洲人，从18世纪后期以来就这样严格划分。奴隶制支撑着开普殖民地社会和经济，而奴隶本身也越来越以种族划分，这就是南非国家和社会未来形态的一种预示。[17]

开普殖民地在1795年之前由荷兰人控制，但在法国革命战争期间的这一年被英国夺取，1806年后一直由英国控制。19世纪20年代以后，荷兰血统的殖民者中出现了第一批英国移民，两个白人族群中的紧张关系很快激化，他们在文化价值观念、语言和殖民地未来的看法上都有明显的分歧。布尔人对殖民地中央权威的敌意一直在增大。1795年，在荷兰控制的最后几周内，就曾出现过一次短暂的荷兰人造反，后来在1799年又出现了一次，被英国人镇压下去。这两次造反的原因都是认为开普当局未能关注荷兰人对土地和安全的要求，他们有一种被出卖和被疏离的感觉，对于这一地区的未来而言这是一种预兆。显然，大体而言，两个白人族群之间紧张关系的激化是由英国行使了管理权而来，布尔人对此的怨恨为这大片地区带来了很严重的后果。与此同时，殖民地东部边疆的扩张和定居问题仍然没有解决，白人已经逐渐朝东推进，对科萨人形成了压迫。有着紧密社会结构和大片牧群的科萨人，尽管原来与白人有过经济合作与社会交往，现在变成了他们东进的一种障碍。从18世纪70年代开始，随着布尔人进入祖费尔德(Zuurveld)这片重要的科萨人牧场，冲突就变得尤其激烈了。不过，18世纪和19世纪早期这种零星的所谓“边疆战争”，并没有导致白人的长久定居。[18]

随着“姆费坎尼”在内陆腹地蔓延，布尔人定居者与新的英国管理之间的关系就发生了一些重要变化。政府官员中的布尔人被英国官员替换，英语进入教育和法律体系之中，在非洲人劳动力的问题上也出现了进一步的紧张。英国在这个问题上的政策相对宽松，非洲劳工有一定的基本权利，比如受法律合同约束的权利，当雇主违背合同时有权与他打官司，这让绝大多数布尔人惊骇。他们长期来视非洲人与畜力差不多，尤其是那些勉强能够生存的贫穷的布尔人社区，它们更需要这样使用非洲人。最坏时，非洲人被视为必须除掉的害虫，至少也要赶到看不见的地方去，许多科伊桑人就这样被对待。开普的英国人只是一些闯入者，一些“城里人”，他们对待“土人”的那种“教化”和“宽大”的做法，与边疆生活的真实情况完全扯不上。而且，英
80 国人引入了一种私人拥有土地的制度，替代了原来的租借农场制度，布尔人

原来是靠从政府贷款来占有土地，在新制度下买得起土地的人不多，这种新制度是那些麻木不仁的，讲英语的大都市管理者们制定出来的。

除了在官方层面对业已存在的做法进行干预之外，英国传教士也越来越把开普作为一个有着巨大潜力的地方。由于同情被压迫的科伊桑人，他们鼓励这些农人在传教士驻地一带种地，在法庭上帮他们打官司，英国传教士与布尔人社区就进一步疏远了。在推进自己的非洲使命时，传教士们还对政府施加着越来越大的影响，尤其是在劳动力问题上。对布尔人的感受和经济要求的最大打击，或许是 1834 年开普殖民地的英国管理当局废除奴隶制。对于那些在殖民地经济生存末端挣扎的贫穷白人农民来说，这更是灾难，他们拿不出有竞争力的工资来雇用自由劳动力。[19]“穷白人”这个问题在随后数十年中成为塑造南非社会的一个关键因素。

此时，许多布尔人开始考虑朝北移居逃到殖民地边疆以外的可能性，当时称为“进入非洲”，远离英国压迫。那些住在东开普的人一直在游说政府支持这样做，把科萨人从这一区域清除，为布尔人定居腾出地方。然而，尽管英国人表现得愿意在殖民地之内对布尔人的事情进行干预，但他们并不愿意帮助那些处在殖民地边缘，抱怨土地短缺，受到科萨人袭击的布尔人。政府拒绝卷入昂贵的战争，或者是支持同样麻烦的管理范围扩展——如果战争胜利的话，必然出现这种管理范围扩展。对土地的渴望，驱使布尔人考虑穿越边疆进入内陆，以寻找牧场和政治自由。

在 19 世纪 30 年代中期和后期，数千个布尔人家庭开始北上，这个过程后来被称作“大跋涉”。它成了神话传奇的材料，一个团结一致、富有凝聚力的迁移理想，一次“出埃及”，它成为后来出现的南非白人种族主义的一块基石，在歌中、诗中和传诵的英雄主义中被咏唱。[20]事实上，它只是一些小型的、并无联系的移动，数百个不相干的群体在行进方向上没有多大一致，将他们联结在一起的只是对英国人的憎恶和对土地的渴望。30 年代和 40 年代的白人移民先驱们，绝大部分来自东开普，他们的迁移导致了白人在南非内陆的永久定居。然而，这些“布尔共和国”的位置却由非洲人口在局部地区的分布情况而决定。比如，许多早期的布尔人定居点都选择了“姆费坎尼”的突变造成的暂时无人区。在其他地区，出现了布尔人与非洲人之间的合作，例如在瓦尔河中部地区，罗兰人就谨慎地欢迎布尔人，将他们视作武装精良的同盟来对抗恩德贝勒人。正是 1837 年一场布尔人与罗兰人对恩德贝勒的联合袭击，迫使恩德贝勒人撤出了林波波河北部。布尔人在瓦尔河中部一带定居下来，随着他们信心和力量的增长，他们就能够从罗兰人和茨瓦纳人那里榨取劳动力和贡品了。[21]

81 在北边和东边，一些小小的移民先驱群体紧张地生活在强大得多的非洲国家和社会之间，尤其是斯威士人，当然还有祖鲁人，他们的存在对于获得这一地区令人向往的牧场是一个障碍。布尔人与祖鲁人的关系从一开始就很紧张，尽管丁加恩开始时试图让白人新来者相信他们会达成妥协，和平相处。丁加恩是否真想这样做已经无从知晓了，但他1838年的做法却是相反，他对布尔人发动了一场袭击，大量布尔人被杀掉，但丁加恩也发现了——如同许多非洲统治者在他之后也会发现的那样——这些白人携带的新式武器的威力。白人重新集结，彻底击败了祖鲁人，这就是所谓的“血河之战”——血是非洲人的。[22]不过，有一点很重要，那就是不要过分估计处在祖鲁王国边缘的小小布尔人“共和国”的力量。布尔人表现出对祖鲁人不情愿的尊重以避免与祖鲁人发生不必要的冲突，他们朝南迁移了一些，建立了纳塔尔“共和国”。祖鲁人自己也因开始时与布尔人的冲突受到震荡，内部也发生了战乱，不幸的丁加恩死去，由姆蓬迪继任。然而，在姆蓬迪的统治下，祖鲁王国得到恢复，一直是白人想支配这一地区的一个重大障碍，直至19世纪后期。

1870年前后的力量平衡

迁出开普殖民地的布尔人移民给英国人造成了一个问题：对这些顽抗的布尔人是听之任之呢，还是想办法去控制他们，至少是看住他们？起先，英国人决定控制是必要的，于1843年合并了纳塔尔——这场行动使得一些布尔人进一步逃离这一地区，还在1848年短暂地控制过邻近的新命名的奥兰奇河地带。不过，这样做被认为代价过高，无论出于何种意图和目的，都不切实际。到50年代中期，英国承认了“德兰士瓦”的布尔人“共和国”和“奥兰奇自由邦”的政治独立。[23]随着布尔人继续朝高原牧场扩张，他们就得与索托王国交锋，索托人进行了抵抗，但不像祖鲁人那样顽强。在50年代和60年代的一系列冲突之后，索托王国的疆域面积大大缩小，于是请求英国保护，得到了英国同意，使得这个王国没有被完全消灭。[24]

在南边，英国人与科萨人的老冲突又重新开始了。到50年代时，殖民地的边界已经扩展，吞掉了科萨领土的相当一部分，科萨人被安置在保留地中，这种保留地后来成为白人统治南非的一个核心特征。大量科萨人发现自己被迫在开普殖民地各处的白人农场打工，纳塔尔的非洲人也是如此。非洲农民常常是白人农场的佃户，或者是付租金，或者是交出自己收成的一部分。在布尔人领地的高原上，非洲人可以耕种和饲养畜群，但他们得为白人地主提供无偿劳作。[25]

总体而言，到 60 年代，南非非洲人与欧洲人之间某种程度的政治和经 82
济平衡已经建立起来。白人定居地已明显推进，在许多地区是侵略性地推进，布尔人利用了因“姆费坎尼”而无人居住或被削弱的那些地方。不过，在其他地方，强大的非洲国家和社会成功地抵挡了欧洲人的闯入，而且经常威胁着那些脆弱的靠耕种和放牧勉强生存的白人边疆社区，以及与非洲人交易的白人商人。作为越来越赚钱的内陆贸易的一部分，非洲人也进口武器，出口的则是兽皮和象牙之类的物品，由此他们的力量大大增强。英国商人觉得自己既不需要也不想去干预非洲国家的内部事务，只要贸易能够继续畅通就行。而且，英国政府也奇怪地对扩展疆域不感兴趣——无论是入侵非洲人的领地还是对布尔人的——除非完全必要，但现在并不必要。所以，这就是奥兰奇河以北发现了钻石，德兰士瓦发现了黄金之前的局势——钻石的发现是在 70 年代开始时，黄金的发现是在 80 年代中期。这些发现极大地改变了力量的平衡，改写了南非历史，带来了真正的经济变革，它最终摧毁了非洲的自足，导出了 19 世纪结束时一种资本主义经济的建立。它也导致了非洲政治独立的毁灭，至少是一段时间内。

注释：

① 最近 20 年左右的时间里，南部非洲研究者的历史著述改变最多，但苏拉・马克斯和安东尼・阿特莫尔所编《南非工业化之前的经济与社会》（哈洛，1980），以及 T.R.H.达文波特《南非：一部现代史》（伦敦，1991），仍然很有用。晚近著述，可以参看卡洛琳・汉密尔顿、伯纳德・K.姆本加和罗伯特・罗斯所编《剑桥南非史》第 1 卷《从早期时代到 1885》（剑桥，2010）。

② 这方面有一本经受了时间考验的精彩综述：戴维・伯明翰和苏拉・马克斯《南部非洲》，收入 R.奥利弗所编《剑桥非洲史》第 3 卷《约 1050—约 1600 年》（剑桥，1977）。

③ 见 J.B.佩雷斯所编《沙卡之前和沙卡之后：恩戈尼历史论文集》（格雷厄姆斯敦，1983）。

④ 杰夫・盖伊《沙卡和祖鲁王国崛起的生态因素》，收入马克斯和阿特莫尔所编《南非工业化之前的经济与社会》。

⑤ 约翰・赖特《动荡时代：北部和东部的政治转变，18 世纪 60 年代—19 世纪 30 年代》，收入汉密尔顿、姆本加和罗斯所编《剑桥南非史》第 1 卷《从早期时代到 1885》。

⑥ 卡洛琳·汉密尔顿《可怕的威严:沙卡·祖鲁的力量与历史发明的局限》(开普敦,1998);D.怀利《铁的神话:历史上的沙卡》(斯科茨维尔,2006)。

⑦ 朱利安·库宾《姆费坎尼辩伪》,《非洲史学刊》29:3(1988)。

⑧ 参看赖特《动荡时代:北部和东部的政治转变,18世纪60年代—19世纪30年代》。

⑨ J.D.奥默-库珀《祖鲁后果:班图非洲一场19世纪变革》(伦敦,1966);卡洛琳·汉密尔顿所编《姆费坎尼后果:南部非洲历史中的重建性争鸣》(约翰内斯堡,1995)。

⑩ 伊丽莎白·埃尔德雷奇《一个南部非洲王国:19世纪莱索托对安全的追求》(剑桥,1993)。

83 ⑪ 关于祖鲁国有极多文献,样本包括一本详尽但较早的著述:唐纳德·R.莫里斯《洗亮长矛:祖鲁国的崛起与倒下》(伦敦,1965;第2版,1989);以及杰夫·居伊《祖鲁王国的摧毁:1879—1884祖鲁兰的内战》(伦敦,1979)。对于军事爱好者来说则有伊恩·奈特《祖鲁军队解析,从沙卡到塞奇瓦约,1818—1879》(伦敦,1999)。也可参看B.卡顿、J.拉班德和J.西索尔所编《祖鲁身份:作祖鲁人,历史与当下》(彼得马里茨堡,2008)。

⑫ E.A.里特《沙卡祖鲁:祖鲁帝国的兴起》(伦敦,1955),彼得·贝克尔《恐惧统治:祖鲁国王迪加恩的生平与时代》(伦敦,1964),都是"嗜血"类型的经典之作。

⑬ 比如纳撒尼尔·艾萨克斯《东非的旅行与冒险》,2卷本(伦敦,1836)。

⑭ 比如里特《沙卡祖鲁:祖鲁帝国的兴起》,第13—14页。

⑮ 扬·范·里贝克《扬·范·里贝克日记》,3卷本(H.B.托姆编辑)(开普敦,1952—1958)。

⑯ 罗伯特·罗斯《克瓦桑人与移民:1500—1800开普殖民社会的出现》,收入汉密尔顿、姆本加和罗斯所编《剑桥南非史》第1卷《从早期时代到1885》。

⑰ 马丁·莱加西克和罗伯特·罗斯《从奴隶经济到定居者资本主义:1800—1854开普殖民地及其延伸》,汉密尔顿、姆本加和罗斯所编《剑桥南非史》第1卷《从早期时代到1885》;收入A.杜·托伊特和H.吉莱奥米所编《南非白人政治思想:分析与文献》第1卷《1780—1850》(开普敦,1983)。

⑱ 诺埃尔·莫斯塔特《开拓者:南非创建的史诗与科萨人的悲剧》(伦敦,1992);C.C.克雷斯《殖民秩序的建立:1770—1865东开普的白人至上与黑人抵抗》(约翰内斯堡,1992);理查德·普赖斯《创建帝国:19世纪非洲的殖民遭遇与帝国统治的建立》(剑桥,2008)。

⑲ 莱加西克和罗斯《从奴隶经济到定居者资本主义:1800—1854开普殖民地及其延伸》,第285页之后。

⑳ 比如埃里克·沃克《大跋涉》(伦敦,1934)。

㉑ 约翰尼斯·梅因切斯《移民先驱:大跋涉的故事与南非的创建》(伦敦,1973)。

㉒ 见贝克尔《恐惧统治:祖鲁国王迪加恩的生平与时代》,尤其是第3部分。

㉓ 比如见C.W.德·基威特《英国殖民政策和南非共和国,1848—1872》(伦敦,1929)。

㉔ 彼得·桑德斯《索托人首领莫修修(Moshoeshoe)》(伦敦,1975)很好地讲述了这个故事。

㉕ 莱加西克和罗斯《从奴隶经济到定居者资本主义:1800—1854开普殖民地及其延伸》;科林·邦迪《南非农民阶层的兴起与衰落》(伦敦,1979)。

第二部分

非洲与伊斯兰教：19 世纪的复兴与变革

在非洲历史中，伊斯兰教极为重要，就塑造这个大陆历史的外部影响而言，伊斯兰教到目前为止是最主要的，至少在19世纪欧洲介入日益增加之前是如此。尽管非洲历史上一些最剧烈的变化发生在晚近时期，是因与基督教欧洲的交互作用而产生，并在殖民占领时期达到顶点，但伊斯兰教已经改变了非洲大片地区好几个世纪。的确，伊斯兰教适时地构成了非洲人抵抗欧洲扩张的一大部分基础。这里的关键点就是在北部非洲，在撒哈拉，在红海地区等大片地区，伊斯兰教长期以来提供着巨大社会政治变化和统一行动的一种框架。从18世纪后期以来看，这一点尤其清楚，这个时期目睹了伊斯兰教非洲大部地区改良传统的重新出现。

非洲的大片地区已经是穆斯林超过了基督徒。北非加入伊斯兰世界显然已有千年之久，这个渐进过程开始于7世纪和8世纪的阿拉伯占领，接着是一些关键群体皈依伊斯兰教，以及阿拉伯部族向马格里布地区的迁移。西非是穆斯林居支配地位，这个局面主要是穿越撒哈拉沙漠的兴旺的贸易网络将大沙漠南北联系起来的结果。这个网络在8世纪和9世纪之后急剧扩展，推动了伊斯兰教的逐渐渗透，它越过撒哈拉，进入草原地带，在这里主要被城镇上层所吸纳，至少开始时是这样。另一方面，东非和南非在今天是基督教占支配地位，尽管伊斯兰教对于东非一种独特的海岸文明的创建也起到了基础作用。这就是斯瓦希里，它将非洲、伊斯兰教和阿拉伯影响融合在一起。伊斯兰教在东北非也有巨大影响，索马里、埃塞俄比亚和厄立特里亚的穆斯林与北非和阿拉伯半岛都有紧密联系。所以，就塑造现代非洲自身文明的力量而言，伊斯兰文明如同基督教一样重要，有时甚至更重要。很重要的一点是，非洲穆斯林属于一种全球文明，它超越了非洲自身，把奥斯曼帝国、波斯和印度都包括进来，这各个部分都与非洲有着贸易和文化联系。非洲穆斯林是一个全球族群的一部分，这个族群中的信息交换——比如在麦加朝圣时，激发着政治意识。对于这个世界其他地方的发展，穆斯林常常信息灵通，19世纪后期对欧洲帝国主义的反应，其基础常常就是对欧洲人在其他地方行为的知晓，比如对印度穆斯林力量的征服。

概括而言，伊斯兰教和基督教的生长有一种历史平行，但各自的初期阶 86
段有着重要的不同，随着时间推移这种不同变得极为重要。在欧洲，从中世纪以后，基督教的政治重要性逐渐下降，世俗统治与宗教领导之间出现了鲜明的区分；然而，在伊斯兰教世界，信仰与国家是合而为一的，宗教事务与政治事务之间没有区分。而且，基督教是以“失败”而开始的，罗马对基督徒的系统迫害，意味着早期基督教会是一种地下的、被剥夺力量的运动，对政治和政府都不关心。但伊斯兰教从一开始就很成功，它夺取了政治力量，在数十年的时间里通过征服就铸就了一个帝国，穆斯林领袖们关注的核心就是政治权威怎样实施。于是，伊斯兰教的法律、政府和税收制度及财产制度都被视为与精神方面不可分割。在基督教中，这些事务绝大部分都是世俗性的。还要注意很重要的一点：伊斯兰教没有基督教那么强的宗教层级，政治领袖担当着基督教神职人员的角色。不过，伊斯兰教中也有一些群体具有特殊地位，比如“乌拉玛”(ulama)——解说和应用伊斯兰教法律的专家，“苏菲”(sufi)——从事冥想和身体操练的神秘家和苦行者，由此可达到与神的紧密联系。在非洲，苏菲兄弟会对伊斯兰教的传播和融入当地环境起到了关键作用。

西方学者常说，伊斯兰世界从 17 世纪以后就进入一个停滞和衰退时期。根据这种观点，伊斯兰教法律已经变得保守，在它的裁决中，先例替代了独立判断。15 世纪至 17 世纪这段时间内，出现了现代早期三种伟大的伊斯兰文明：奥斯曼帝国、萨法维(Safavid)帝国和莫卧尔(Mughal)帝国。它们的鼎盛期不亚于、有时还超过了西欧所能提供的东西。然而，从 17 世纪以后，人们认为它在政治上、社会上或经济上都没有取得什么“进步”。不过，不应夸大这种衰退的观点，也的确有一些学者反对这种伊斯兰体系内在停滞的说法，认为这是欧洲中心论的产物，是基于文化傲慢的历史扭曲。

有一点很清楚，18 和 19 世纪的伊斯兰教历史体现为紧密交织的三个 87
宽广主题。首先，工业化中的基督教欧洲就其增长的科技和军事力量而言，形成了一个严峻的挑战，最终是一个以工业化为力量的帝国主义时代，在欧洲殖民国家对伊斯兰世界大片地区的征服中达到了顶峰，这个历史过程直到今天仍在持续带来影响。到 20 世纪开始时，欧洲与俄国的控制和/或影响已延伸至中亚、印度、中东和北非，在相连的两个世纪里，欧洲人的扩张逐渐威胁到穆斯林核心地带。拿破仑对埃及的征服是一个深远的打击，克里米亚战争之后俄国的影响又扩张至黑海地区。接下来的两个主题在某种程度上体现着穆斯林对欧洲扩张的回应。18和19世纪出现了伊斯兰教复兴运动席卷穆斯林世界的现象，寻求“纯洁”和“本性”的伊斯兰教的恢复，伊斯兰教法规（“沙里亚”，shari'a）的严格执行。在这种背景下，值得关注的就是早期伊斯兰教历史，尤其是穆罕默德本人的历史，为历代穆斯林提供了一种抗议、抵抗和变革性改变的模式与意识形态。复兴运动常常也是救世主性质的，断言“马赫迪”（Mahdi，救世主）或救星的即将降临，他将在世上恢复纯洁的伊斯兰教。这种救世主降临说与伊斯兰教什叶派联系最紧密，什叶派在历史上对早期哈里发起到了关键作用，因为阿里（什叶派的名称就因他而来）是穆罕默德最后的直系后裔，而他于661年被倭马亚（Umayyads）篡位了，并且被暗杀。这些说法和其他的复兴运动宣称改革是在内部，背离纯洁的伊斯兰教法律在根本上就错了。他们常常是暴力的，使用武装造反，即所谓的“圣战”。许多时候，他们的敌人并不仅仅是基督徒或其他“异教徒”，也包括被他们谴责为无信仰者的穆斯林。与此同时，一些穆斯林社会也试图现代化和世俗化，这通常就意味着要仿效欧洲模式，以回应西欧带来的挑战。这往往就涉及在公共生活中减少伊斯兰教，引进西方风格的宪法、立法、教育和税收制度。非洲伊斯兰教必须放在这样一些背景中来理解。

19世纪伊斯兰教复兴运动的来源，有许多可以在18世纪找到，而且并不令人吃惊的是在非洲大陆之外。比如，在阿拉伯半岛，穆罕默德·伊本·阿卜杜勒·瓦哈比（1703—1792）就是严格执行伊斯兰教法律的一个极端信奉者，他与一个当地首领穆罕默德·伊本·沙乌德结盟。瓦哈比教派倡导纯洁伊斯兰教的恢复。在印度，随着18世纪开始后莫卧尔帝国的衰落，出现了瓦利·阿拉（1703—1762）这样的人物，他建立了一个强有力的复兴主义学派，强调伊斯兰教的纯洁性、《古兰经》的中心性和伊斯兰教传统的研习。在西非草原，富拉尼人作为一系列伊斯兰教改革运动背后的激励者而行动，通过“圣战”来夺取权力。这方面最鲜明的例子或许就是现在尼日利
88 亚北部一带的乌斯曼·丹·弗迪奥，我们在后面的章节中会详细谈到他。不过，重要的是要注意，这种种运动并不能简单地理解为只是对欧洲力量的反应，在出现欧洲帝国主义的挑战之前，在伊斯兰教内部就存在着持续改革的传统，阿拉伯半岛和西非的情况无疑就代表着这样的传统。伊斯兰教复兴运动旨在国家和社会的道德回归，这个运动如同伊斯兰教本身一样古老。不过，穆斯林社会在防止欧洲侵蚀上的失败，的确是以复兴和世俗现代化的两种形式来要求改变的一个强力因素，这种要求从18世纪中期就开始了。

西方帝国主义和一些本地政权的现代化政策，为受欢迎的复兴运动领袖们提供了新的焦点。一些领袖利用已有的兄弟会，另一些人则靠纯粹的个人魅力创建了新的组织。然而，他们全都注重将反外国或反政府的抵抗力量团结起来，使用的就是拯救即将降临，神圣法律要纯化、恢复，或者救世主解救的信息。

89 第五章

复兴与应对：北非伊斯兰教

新旧身份：沙漠地带的兄弟会

在1800年之前的那些世纪，北非的特点就是游牧群体与定居群体之间的相互作用。无疑，这意味着相当程度的冲突和混乱，但这些奠定了这一地区许多地方人口模式的改变，既有暴力竞争，也有和平合作。就伊斯兰教国家自身的性质而言，也有一个重大改变，一个从“早期阶段”到新阶段的变化。在早期阶段，政治领袖们试图复制第一批哈里发提供的模式，到新阶段则表现为受到限制的权力和有限的雄心。统治者们越来越倾向于吸纳和代表一些群体、派别或社会阶层——尤其是一些种族群体的利益。伊斯兰国家不再同时主张宗教兼世俗的领导，与政治领袖结盟的苏非开始掌管宗教。而且，伊斯兰教可以是一种政治武器，可以为大量的物质性主题提供意识形态力量。比如，在某种程度上，伊斯兰教长期来就让柏柏尔人感受到一种兄弟情谊，促进了游牧社区之间和贸易商人之间的联系，后者可能更为具体，比如在西非。它还使得柏柏尔人有一种目标上的共同感，用于他们与撒哈拉沙漠以南萨赫勒地带非穆斯林农人的长期疆域争夺中。[1]北非政治生活的特征就是分裂性和地方力量为主，记住这一点是非常重要的。

大量的复兴主义运动和原教旨主义运动，于现代出现在阿拉伯半岛和非洲的沙漠与草原上。如同我们已经注意到的，瓦哈比教派从18世纪50年代以后就在挑战奥斯曼帝国的统治，发动了一场纯洁化的战争，声称要反
90 对从第一位先知时就出现的那些做法。在北非，利比亚的穆罕默德·伊本·阿里·赛努西采取了较为平和的方式，说服那些有需要的穆斯林来更新他们的信仰，主要手段就是扩展以沙漠为基地的兄弟会的成员。比起阿尔及利亚的卡迪里兄弟会与法国当局的关系来，在利比亚，现代化的奥斯曼当局与赛努西兄弟会之间的关系较为平和。由阿卜杜勒·卡迪尔领导的卡迪里兄弟会，在纯洁伊斯兰教价值观念的旗帜下，发动着反殖民主义的抵

抗，阿卜杜勒·卡迪尔将沙漠部族的男子组织为军事单位，建立了自己的改革派军队，并且利用强调顺从和权威的苏菲体系。在苏丹，苏菲派也很重要，埃及人统治的那种激进的现代化的征服，激起了对讲土耳其语的上层人物的暴力反抗，这些人支配着埃及管理当局。一位苏菲，穆罕默德·艾哈迈德·伊本·阿比达拉哈，宣布自己是“马赫迪”救世主，动员他的追随者们在1881年驱逐埃及人。尽管救世主降临派的动机颇为不同，但救世主本人超凡魅力的核心重要性是毋庸置疑的，对此我们将在第七章讨论。

不过，由沙漠部族男子参与的这些运动，只是19世纪伊斯兰教军事行动的最极端形式。其他民粹主义的团体和组织也颇兴旺，包括一些代表古老传统的宗教法规，也与新苏菲派一起，在伊斯兰教世界的城镇中心发挥作用。不过，19世纪伊斯兰教的关键主题还是它的地方主义。尽管伊斯兰教世界中有着持续的观念交换，仪式的相似也让人感觉伊斯兰世界是一个统一体，但这一时期的伊斯兰教依据各地环境和要求的不同，在表达上是各有不同的。19世纪穆斯林世界那些人口稀少的边缘地区常常出现对“圣战”的呼唤，但在那些被直接卷入的群体之外并无多大影响。

地中海世界的贸易与冲突：奥斯曼与欧洲的边疆

1517年奥斯曼土耳其对马穆鲁克埃及的征服，让这个西亚帝国增加了一个行省——这已经不是第一次增加领土了。在接下来的三百年中，它的重要性会变得很清楚。16世纪，埃及被用作一个由此朝南推进的基地，既沿尼罗河而上进入现在苏丹一带的努比亚，又进入红海。于是埃及作为一个基地，现代的一场文明大碰撞就开始了。奥斯曼进入红海，这部分是对葡萄牙人闯入印度洋的一种回应：奥斯曼人控制了现在厄立特里亚海岸上的马萨瓦，意欲挑战南方正在生长的异教徒。[2]然而，埃及自身在奥斯曼帝国内部取得了相当程度的自治。在17和18世纪，马穆鲁克贵族又渐渐地重新获得了它的地位，强势贵族家族的首领得到了“贝伊”(bey，显要)的头衔，与此同时，具有“帕夏”(pasha，高级官员)头衔的总督们原来都是由伊斯坦布尔任命的土耳其人，他们也开始建立自己的王朝，这些王朝在18世纪走向本质上独立于伊斯坦布尔的自主统治。到18世纪结束时，埃及在很大程 91
度上只是名义上仍为奥斯曼帝国的一个行省。然而，在许多方面标志着埃及现代历史开始的一个事件，则是1798年拿破仑的一支军队的入侵，入侵者在1801年被奥斯曼和英国的联合力量驱赶。[3]这标志着英法对埃及争夺激化的开始,并支配了 19 世纪后期这片土地的历史。

传奇的非洲:利昂·科格尼特所作《赫利奥波利斯之战》(约 1850 年)中描绘的拿破仑入侵埃及。来源:拍照得到伦敦马赛夫画廊许可。

92 在更西边,16 世纪的一个关键主题就是基督教西班牙与奥斯曼帝国争夺对西地中海的控制。到 15 世纪结束时,一个复兴的西班牙已经将最后一批穆斯林从西班牙大陆逐走,并开始夺取北非海岸的关键港口。然而,这些港口却是一再易手,奥斯曼帝国的军队也在西地中海袭击基督教国家的海运。16 世纪 60 年代和 70 年代奥斯曼海军的失败——尤其是在莱潘托湾的失败,限制了伊斯坦布尔控制海洋的能力,奥斯曼帝国最后重新占领了的黎波里、突尼斯和阿尔及尔,以确保马格里布地区留在伊斯兰世界中,这一直持续到 19 世纪欧洲帝国主义扩张的时代。④

当现在的阿尔及利亚、突尼斯和利比亚的海岸与内地名义上都是奥斯曼帝国的行省时，事实上伊斯坦布尔已对它们没有什么有效控制了。因有利可图的穿越撒哈拉沙漠的贸易而赚钱的军政府，在那些沿海城镇基本上是自治发展。西马格里布地区也出现了一个独立的摩洛哥国。它在16世纪前半期兴起，是一些阿拉伯原游牧部族的联合。摩洛哥的出现之所以重要，是因为它中断了奥斯曼对西北非的扩张，同时也涉及把葡萄牙人从他们的大西洋港口驱逐出去。在艾哈迈德·曼苏尔统治下，处于高峰期的摩洛哥征服了桑海(Sanghay)这个西非大草原帝国，尽管只是短暂的征服。虽然出现了一系列的王朝争夺和一连串的内部权力斗争，到19世纪结束时，摩洛哥作为一个实体仍然保持完整，但中央政府的控制在很大程度上局限于城镇中心和大西洋港口。[5]

19世纪开始时，奥斯曼帝国仍然是世界上最强大的伊斯兰教国家，但即使这样，从17世纪后期开始，它也遇到了一系列问题，尽管在18世纪早期出现过一次经济、知识和文化的复兴。奥斯曼帝国在这一时期出现了力量和疆域的损失，19世纪则见证了这个帝国的逐渐解体，不仅仅是在北非——这里的几个行省因欧洲征服而失去，包括阿尔及利亚(从1830年开始成为法国殖民地)、突尼斯(法国，1881年)、埃及(英国，1882年)和利比亚(意大利，1911年)，还有摩洛哥(法国与西班牙，1912年)。19世纪的挑战促使奥斯曼统治者引入旨在减少公共生活中的伊斯兰教的改革，教育和司法领域由乌拉玛垄断的传统受到了破坏，奥斯曼人试图把他们的政治体系、法律体系和教育体系西方化，他们还制定了一部西方风格的宪法，但后来被搁置了。这些做法的结果就是逐渐出现了一批新的知识分子，他们在最广泛的意义上支持“西方价值观念”，在生活的许多方面都倡导西方方式，包括行政事务和军事、科技，以及文学艺术。

然而，宗教法庭和学校在这股“现代化”浪潮中保存下来，其结果就是19世纪出现了两派做法和上层人物之间的竞争和敌意增加，也就是穆斯林
“传统派”对抗那些相信帝国的未来要靠世俗化政府和社会的人。的确，世 93
俗化的进程通常由中央来推进，西方化是它的形式，它经常在宗教少数群体 94
中受到欢迎，这些群体中有不少基督徒，他们显然欢迎公共生活中伊斯兰教元素的减少。所以，穆斯林常常批评政府的政策，当这种现代化的战略事实上并未阻止欧洲对地中海地区的蚕食，也未能阻止俄国人进入中亚时，这种批评就越来越多了。对于19世纪的许多穆斯林来说，这就形成了一种基本

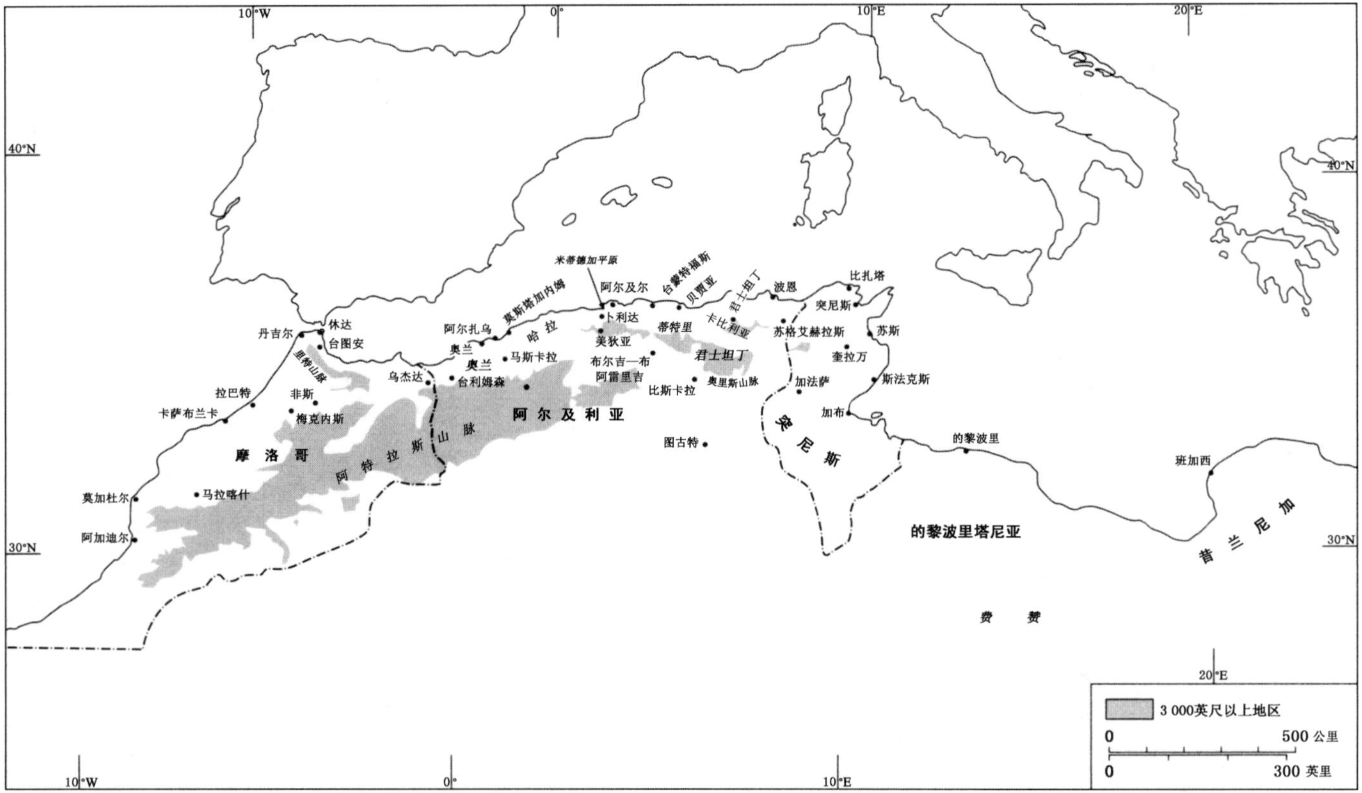

19 世纪的北非。引自 E.弗林特所编《剑桥非洲史》第 5 卷《约 1790—约 1870 年》(剑桥,1976 年),第 100 页,地图 6,1976 年版权属剑桥大学出版社,剑桥大学出版社许可复制。

性的矛盾，也就是欧洲作为现代化的模式与欧洲人作为殖民者和敌人之间的矛盾。这种矛盾就其性质而言，削弱了政治自由派和世俗派的力量，因为这些力量都被与欧洲帝国主义侵略联系起来。于是，反对欧洲的抗议运动常常瞄准国内的一些团体，认为它们对欧洲文化和政治意识形态的明显支持似乎推进了外国人的帝国主义野心。换言之，“世俗政府”常常被视为欧洲殖民主义的代理人。[6]

变化的社会(1)：马格里布地区

在19世纪早期，埃及以西那些名义上的奥斯曼帝国领土——的黎波里、突尼斯和阿尔及尔，都越来越独立于伊斯坦布尔，而摩洛哥已经是一个独立的君主国。它们都与东地中海有着悠久的历史联系，通过穿越撒哈拉沙漠的商道，它们也与南边沙漠和草原中的国家与社会有着历史联系。不过，它们越来越关注北方，在这个方向它们面对着日益增长的欧洲帝国主义威胁，尤其是来自英国和法国的威胁，而西班牙对非洲大陆的西北角也有野心。这种威胁或许在阿尔及尔最鲜明地表现出来。尽管阿尔及尔在16和17世纪的高峰之后就逐渐衰败，但它长期以来一直是西地中海地区一个海盗侵扰来源，这里的海盗常常袭击欧洲海运。正是这些海盗行为，以及阿尔及尔总督侯赛因的所谓傲慢，为法国提供了1830年入侵的借口，否则它就师出无名了。不过，这事实上也被视为对国内衰弱的君主制的一种支持。阿尔及尔和奥兰很快陷落，1832年法国军队也拿下了东边的波恩，控制了一条狭窄的海岸带，希望能持续控制下去。部分沿海城镇居民支持法国人，觉得这是一种保护，有助于抵御山区的内陆民族：法国人及其合作者在山区的主要敌人就是阿卜杜勒·卡迪尔，他是当地卡迪里兄弟会的首领。他以反击海岸异教徒征服的“圣战”为旗帜，把内陆很多团体聚集起来，在这上面显示出高超的技巧。讽刺的是，正是他在30年代的可怕存在，导致法国人南下进入山区，在1841年发动了一系列的征服。战争痛苦而残忍，既有两方军队的交锋，也有对平民的屠杀。阿卜杜勒·卡迪尔在1847年被俘(他先被流放到法国，然后是大马士革)，但卡迪里兄弟会的抵抗持续到19世纪70年代。[7]即使是在19世纪后期，卡比利亚地区仍有战斗发生。

随着对疆域的征服，阿尔及尔就变成了大范围的白人定居地。到19世 95
纪40年代结束时，这里的白人定居者已超过10万，绝大部分定居在肥沃的海岸平原。在殖民地当局看来，比起山区内陆来，这里的定居者较容易保护。海岸平原的原有居民被系统性地清走,他们被迫迁到指定地区。在整个19世纪,殖民定居一直在扩展。到80年代时,白人已有35万之众,其中包括一些西班牙人和意大利人,他们与来到阿尔及尔的大多数法国人一样,一直都是贫穷农民,许多人最终放弃了自己那块土地,漂到城镇谋生。撒哈拉沙漠以南白人定居地的其他地区,也是这种情况,只有丰厚资本支持的大种植场才获得了成功。事实上,与奥斯曼帝国的体系相似,法国统治在很大程度上是通过本地上层来进行的;然而,在国内法国人的想象中,阿尔及尔却被放大,随着时间推移,阿尔及尔被视为法国自身的一部分,这块土地在法国政治中越来越有影响,在法国国内和海外都是如此。⑧

而且,法国征服在这一地区产生了其他结果。邻近的突尼斯摄政在阿尔及尔事变之后感觉到巨大威胁,于是请求英国给予一定的保护。英国对这个摄政政权有好感,它的统治者已经显示出现代化趋势,并且取缔地中海中部地区的海盗行为,于是伦敦在30年代后期就为它提供了保护,既对付西边的法国人,也对付东边的奥斯曼人。因此,突尼斯就成为伊斯兰教北非地区较具改革态度的政权之一,它在40年代废除了奴隶制,随后又在50年代初期和60年代早期进行制宪上的现代化。欧洲在突尼斯的影响是相当可观的,这通过一种强有力的外交存在——英国和法国都有——体现出来,也通过富有的欧洲商人群体体现出来。这个欧洲商人群体在许多方面与受过教育的突尼斯中产阶级相似,宪法改革在很大程度上就代表着这个中产阶级的利益。不过,新宪法在很大程度上只是装饰门面,在60年代和70年代,随着英国在这一地区势力的相对衰退,法国对突尼斯采取了一种颇为进取的立场,这至少部分是对意大利越来越对北非感兴趣的回应。法国于1881年夺取了突尼斯——内陆"土著人"的烦扰为法国提供了借口,此时对非洲的"抢夺"已在进行之中了,而对伊斯兰教北非的瓜分则是欧洲霸权的一个鲜明显示。⑨所以,英国也夺取了埃及。我们将在下面看到。

19世纪早期,英国也在支持的黎波里的"帕夏"尤素福·卡拉曼勒反对奥斯曼帝国,这是英国对他在18世纪90年代帮助英国在埃及对抗法国的回报,他也因此能够把他的控制延伸至费赞,与南边的国家和社会建立起广泛的联系网络,包括博努和索科托的苏丹国。然而此时,尽管英国在提供保护,作为穿越撒哈拉沙漠长途商道的终点,的黎波里却是地中海沿岸最重要的奴隶贩子之一。尤素福·卡拉曼勒于1830年死去后内战爆发,奥斯曼当
96 局于19世纪40年代初期宣布重新统治,内战平息。但事实上是赛努西兄

弟会新秩序的创立者穆罕默德·赛努西在费赞、昔兰尼加、撒哈拉中部，以及南边的瓦代和博努建立了某种程度的稳定。赛努西兄弟会在这一地区发展，激励原来那些不和的部族回归到伊斯兰教的纯洁形式，它这样做是相当成功的，以至于的黎波里的奥斯曼统治者也不得不与这种秩序维持良好关系。这种秩序已经成为如今的利比亚这一大片内陆和平的唯一保障了。赛努西商人也是坚定的奴隶贩子，在这一地区奴隶贸易极难被取缔，它一直生存到 20 世纪，只是当意大利征服了的黎波里塔尼亚和昔兰尼加，法国也再一次进入中部赤道非洲之后，才结束了它。的确，尽管意大利正式完成征服是在 1911—1912 年，但赛努西兄弟会一直在苦苦抵抗意大利人，直至 20 世纪 30 年代。⑩

摩洛哥王国是马格里布地区唯一没有被奥斯曼帝国管理的国家，无论是名义上还是实质上都没有。摩洛哥顽强地抵抗欧洲影响，限制欧洲商人的活动。19 世纪早期在马瓦莱·苏莱曼国王统治之下，它的这种孤立主义尤其鲜明。马瓦莱·苏莱曼挡住了欧洲外交官们对讨论奴隶制问题的一切努力，然而，本地发生的事情却很快对这个王国产生了深刻影响。阿比达·拉曼国王治下的摩洛哥帮助阿卜杜勒·卡迪尔反抗阿尔及尔的法国人，这是因法国 1845 年的入侵而爆发的。法国陷入了阿尔及尔局势的泥沼，难以在摩洛哥进一步施加影响，与此同时又有了来自西班牙的重新威胁。已经拥有了梅利利亚港和休达港的西班牙，现在宣称这些港口一直受到敌对的当地人的侵扰——这在某种程度上倒也是真的。它派出一支军队，重创了摩洛哥人，摩洛哥于 1860 年同意付给西班牙一大笔赔款，结束了这场短暂的冲突。这就是摩洛哥独立终结的开始。因为要赔款给西班牙，摩洛哥不得不从英国借贷，这就使得英国对摩洛哥的商业有了一定程度的控制。在过去，这个王国的问题来自它不能对所有属地行使权力，这已经导致了与西班牙的冲突，在 19 世纪的大部分时间里，这个问题威胁着这个王国。从 1873 年至 1894 年，在马瓦莱·哈桑国王统治下，这个国家逐渐扩展，马瓦莱·哈桑成功地使毛里塔尼亚北部一些地方和阿特拉斯山区就范，这靠的是对那些不忠诚和反叛的群体的镇压。持续的军事战役强化了这个国家。尽管欧洲影响和殖民占有已经在四面包围了这个国家，在 20 世纪初期之前，摩洛哥仍拥有相当程度的自治和稳定。只是到了 1912 年，摩洛哥最终落入欧洲控制，被西班牙和法国瓜分。⑪

在 19 世纪的进程中，马格里布地区成为欧洲军事侵略、殖民占有和外交施压的对象，奥斯曼帝国逐渐衰败，最终解体。对欧洲化程度越来越深的地中海地区，有些地方的回应是在军事组织、经济和政治体系上的改革和
97 “现代化”；然而，在其他地方，如撒哈拉及其周边，则是好战的和原教旨主义的伊斯兰教派的增多。所以很清楚，在伊斯兰教北非各地，欧洲控制几乎是不可能的——不能像卡迪里兄弟会，尤其是赛努西兄弟会所显示出来的那样。即使是在欧洲军事和政治存在看起来最强大的地方，在19世纪后期也已经种下了20世纪伊斯兰教民族主义的种子，而不同文明的碰撞在埃及表现得最为鲜明。

变化的社会(2)：埃及

在法国1798年入侵的激励下，埃及开始了一个剧烈改变的过程，这导致了马穆鲁克贵族的毁灭和新的政治与军事体系的出现，这种体系在很大程度上是马其顿的穆罕默德·阿里的创造。穆罕默德·阿里是一个冷酷、富有远见和天赋的领袖与管理者，他曾是奥斯曼军队的一位军官，他的军队于1801年赶走过法国人。他拥有一支由阿尔巴尼亚士兵组成的忠诚部队，1805年他使自己成为开罗最强大的军事领袖，并在第二年被奥斯曼苏丹任命为埃及总督。如果苏丹认为他是为了奥斯曼帝国而夺回埃及，那么苏丹会失望的。在不稳定的开始期过去之后——在这段开始期穆罕默德·阿里必须与各种对立面打交道——阿里就建立了自己的军事王朝，获得事实上脱离伊斯坦布尔的独立。他聘请了欧洲顾问，创建了一支庞大的军队，这支军队开始时用于在红海地区对抗瓦哈比教徒。在他和他的后继者为埃及设计的现代国家中，没有伊斯兰教纯洁派的位置。在几年的时间里，穆罕默德·阿里的军队在汉志地区清除了瓦哈比教徒，把伊斯兰教的这些圣地还给了它们的奥斯曼统治者。埃及的霸权延伸至红海，1846年萨瓦金港和马萨瓦港被伊斯坦布尔租借给了开罗。这支军队成为财政的一个巨大负担，穆罕默德·阿里也谋求改革埃及的经济乃至工业基础，扩大税收体系，增加棉花生产。靠着大量的灌溉工程，19世纪埃及的棉花生产出现了巨大增长。穆罕默德·阿里富于创新，对欧洲的管理模式和教育模式很感兴趣，他建立了技术学校，同时又把精英人物派到欧洲受训，他输入欧洲技术以图奠定各种工业革命的基础，包括诸如武器和纺织品的生产。政府建立在一个改革后的军事官僚系统上。[12]于是，埃及就出现了新的土地所有者和官僚中产阶级，在几代

人的时间内，这个阶级进入政治、管理、法律和新闻界。这个“现代”阶级的活动被一种相对保持不变的底层秩序所支撑。这种底层秩序也就是从事棉花生产的小农阶级，而棉花是埃及从外部获得财富的主要来源。值得注意的是，在接下来的数十年中，埃及新中产阶级的幼芽会发现自己的社会地位被英国破坏，它将接受新形式的反殖民的民族主义。

穆罕默德·阿里也看到了南边的苏丹。19 世纪 20 年代初期，一系 99
列战斗使埃及军队击败了丰吉苏丹国，以及残存的马穆鲁克反对派。1824 年，埃及首都在喀土穆建立，青尼罗河和白尼罗河汇合于此。埃及军队在随后的几十年中一直持续南侵，朝向科尔多凡，进入努巴山区。到 60 年代和 70 年代时，以喀土穆为基地的商人和士兵可以远达东非那些湖区王国。埃及对苏丹的统治到了 19 世纪 80 年代才被救世主派起义粉碎，我们将在第七章来谈论。[13]重要的是，埃及在苏丹和红海的出现，促进了贸易的扩展。许多人在尼罗河一带的奴隶和象牙贸易中致富，这种贸易又因埃及对南苏丹的入侵以及红海一带朝东的贸易受益，红海越来越被欧洲人用作朝向印度和东亚的通道。埃及在苏丹的扩张也导致它与这一区域另一个扩张中的国家的冲突，这就是特沃德罗斯和约翰尼斯皇帝统治下的埃塞俄比亚。

正是红海在贸易和战略上的重要性，使得英国要去消灭穆罕默德·阿里建立的独立埃及，也是因为他一直反对修建一条将红海与地中海联结起来的运河。但即使在此之前，他也是欧洲列强的一个忧虑，它们认为他会变得过分强大，成为对这一地区稳定的威胁。而且，英国承诺保护和维持日趋衰弱的奥斯曼帝国，所以就需要让他就范。正是他 19 世纪 30 年代扩张进入黎凡特地区，导致了伊斯坦布尔的巨大不安。1839 年奥斯曼派出一支远征军去从埃及手中夺取叙利亚和巴勒斯坦，但被击败，使得帝国的最高统治者蒙羞，于是英国及其他几个欧洲盟国介入，迫使他撤退。在 30 年代后期和 40 年代初期，穆罕默德·阿里被迫将自己军队的数量从将近 20 万人减少到 18 000 人左右，羽翼被剪掉；他还被迫结束自己建立的垄断，他的垄断把欧洲人排除在埃及市场之外。[14]这就有效地结束了他的工业化雄心。从 40 年代起，埃及经济变成以农业为主，更受欧洲的影响乃至于管理。穆罕默德·阿里创立的埃及只是部分“现代化”，欧洲限制这个“东方暴君”并进行干预。这样一个模式在伊斯兰教北非反复出现，最终导致伊斯兰教内一种深刻的分裂。

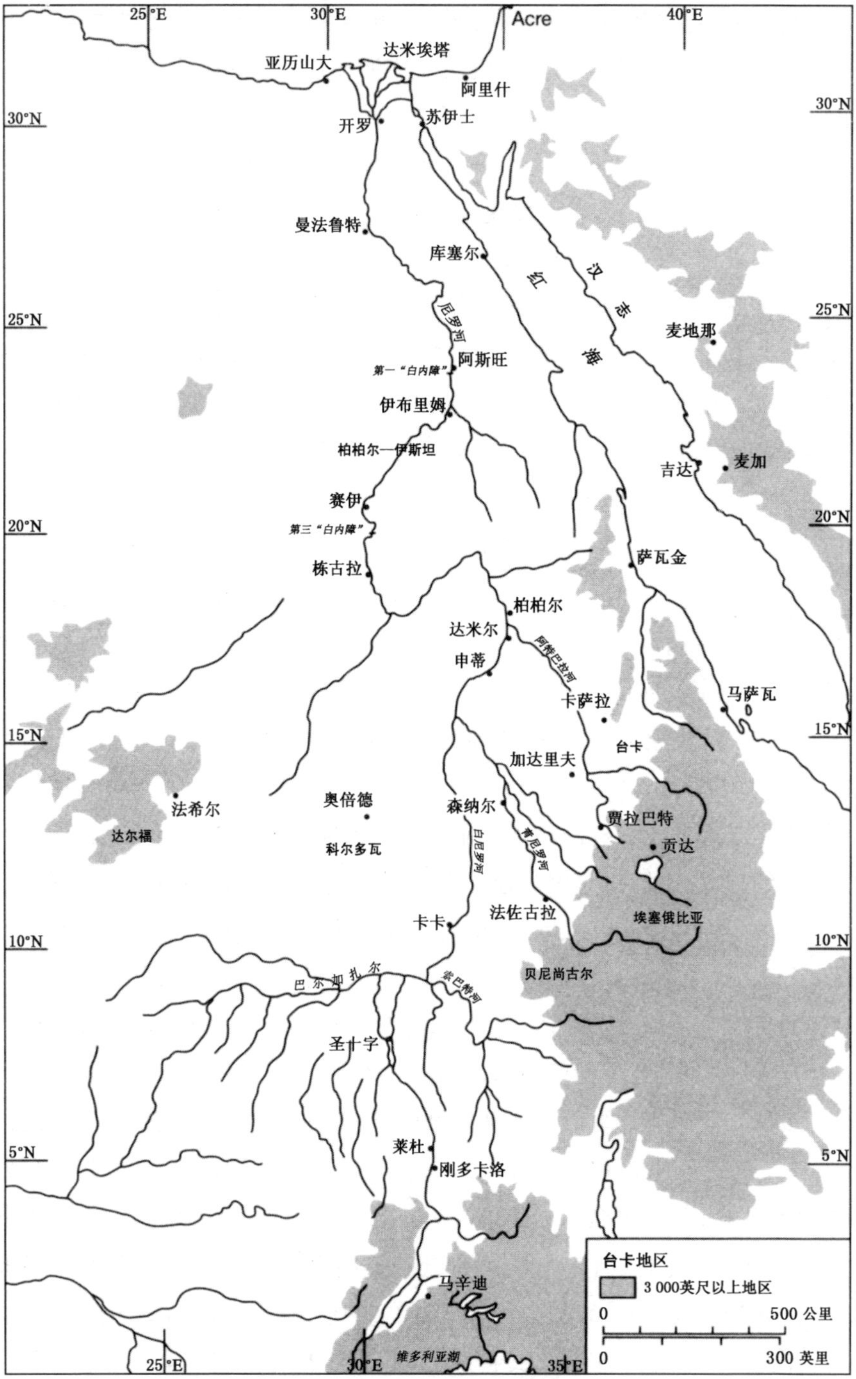

约 1800 年的埃及与尼罗河流域。引自 J.E.弗林特所编《剑桥非洲史》第 5 卷《约 1790—约 1870 年》(剑桥,1976),第 12 页,地图 1,1976 年版权属剑桥大学出版社,剑桥大学出版社许可复制。

穆罕默德·阿里于1849年死去，他的继任者阿巴斯一世(1849—1854)和穆罕默德·赛义德(1854—1863)表现出对待欧洲和欧洲所代表之物的摇摆态度。阿巴斯对于欧洲和欧洲观念很警惕，相反穆罕默德·赛义德却完全受到内部一个欧洲顾问圈子的影响。无论怎样，欧洲影响的扩张都显得冷酷无情，如同欧洲殖民地一样，19世纪中期的几十年里，已有数万欧洲人来到了埃及，尤其是在伊斯梅尔(1863—1879)的“现代化”时期。伊斯梅尔采用了波斯的古老头衔“埃及总督”(khedive)，但受教育是在欧洲，想实现自己祖父那个现代工业化埃及的梦想。苏伊士运河的建造是在1859年开 100
始的，但它的完成却是在伊斯梅尔时期的1869年。在这位“埃及总督”治下，埃及开始修建铁路，架设现代通讯(电报)，也重新设计城市，伊斯梅尔想让开罗看起来像巴黎一样。然而，所有这些都需要资金，埃及大规模地向欧洲借贷，由此而来的高额利息与这些项目相伴。这使得伊斯梅尔的埃及在 101
欧洲政客和债权人面前越来越虚弱。这种快速的由外部提供资金的“现代化”，对20世纪60年代和70年代的一些非洲国家也有一些同样的效应，因为欧洲的“现代”观念是需要付出代价的。1875年，伊斯梅尔被迫卖掉自己在苏伊士运河的股份，以偿还部分累积的债务。然而这只是暂时的缓解，到19世纪70年代结束时，埃及政府已经破产了，与此同时，一位英国人查尔斯·戈登将军作为苏丹总督被塞给了埃及，他的使命就是镇压那里的奴隶贸易。1879年，伊斯梅尔下台，来了一批欧洲专家，他们的工作就是监督埃及的财政。伊斯梅尔的儿子陶菲格继位，他会发现自己的权力日趋削弱，国家主权也越来越受到损害。⑮

一个世俗政府，因被认为是欧洲殖民主义的代理人而成为打击目标，埃及是这方面一个最鲜明的例证。1881年，一位军官兼政府部长艾哈迈德·阿拉比帕夏发动起义，激活了民众的抗议。民众早就因外国对开罗政府日益增长的经济和文化影响而不满了。当亚历山大市爆发骚乱时，英国于1882年派出了一支军队，把骚乱镇压下去，阿拉比帕夏的部队被击败，他本人被流放。⑯事实上，伦敦政府并不想待在埃及，它的想法是清除麻烦制造者，稳定住一个友好和值得信任的政权，然后撤出来。然而，埃及陷入了混乱，英国发现自己这个想法无法实现。在夺取埃及时，英国排除法国单独行动。法国在埃及也有经济利益，只是因国内的政治危机而无法顾及埃及。另外，英国的行动在整个伊斯兰世界造成了冲击，它成为逐渐强化的欧洲瓜分非洲的一个关键节点。然而，当英国在开罗实施控制时，千里之外的南

19 世纪中期的开罗。剑桥大学图书馆辛迪加，Tab.b.13。来源：剑桥大学许可复制。

边——苏丹却出现了紧急事态，且很快就要毁灭这一地区了。在这里爆发的救世主派起义，将导致苏丹的英国—埃及政权被驱逐——尽管只是暂时的。它在一段时间内对抗大英帝国。我们将在第七章详谈。

注释：

① 这方面最好的综述之一，是艾拉·M.拉皮德斯《伊斯兰教社会史》第 2 版（剑桥，

2002)，第 299—336 页。

② 乔纳森·米兰《红海公民们：四海为家者社会与马萨瓦的文化变化》(印第安纳州布卢明顿和印第安纳波利斯，2009)，第 38 页以后。

③ 广阔的分析见 M.W.戴利所编《剑桥埃及史》第 2 卷《现代埃及：从 1517 年到 20 世纪结束》(剑桥，1998)。

④ 道格拉斯·A.霍华德《奥斯曼帝国史》(剑桥，2017)，第 3 章和第 4 章。

⑤ 拉皮德斯《伊斯兰教社会史》，第 319 页以后。

⑥ 关于 19 世纪伊斯兰教内部争论的总体情况，可以参看约翰·L.埃斯波西托《伊斯兰教：直线轨迹》(牛津，2005)，第 4 章，也可参看拉皮德斯《伊斯兰教社会史》第 453—468 页。

⑦ R.丹齐格《阿卜杜勒·卡迪尔和阿尔及利亚人》(纽约，1977)。

⑧ C.-R.阿格伦《现代阿尔及利亚史：1830 年至今天》(伦敦，1991)；J.鲁尔迪《现代阿尔及利亚：一个国家的起源与发展》(印第安纳州布卢明顿，1992)；詹姆斯·麦克杜格尔《阿尔及利亚民族主义的历史与文化》(剑桥，2006)。 102

⑨ 肯尼思·珀金斯《突尼斯现代史》(剑桥，2014)，尤其是第 1 章；L.C.布朗《艾哈迈德·贝伊的突尼斯》(普林斯顿，1974)。

⑩ 约翰·赖特再版《利比亚史》(伦敦，2012)仍然是很好的读物，也可参看德克·范德韦勒《利比亚现代史》(剑桥，2014)，第 1 章和第 2 章，以及较早的 A.A.阿米达《现代利比亚的创建》(纽约，1994)。著名人类学家 E.E.埃文斯—普里查德的殖民地时代研究《昔兰尼加的塞努西人》(牛津，1949)也是很有启发的著述。

⑪ 关于这个现代王国，最好的著述之一是 C.R.彭内尔《1830 年以来的摩洛哥史》(伦敦，1999)；较为晚近的著作有苏珊·吉尔森·米勒《摩洛哥现代史》(剑桥，2013)。

⑫ A.L.艾尔赛义德《穆罕默德·阿里时期的埃及》(剑桥，1984)；P.J.瓦蒂裘提斯《埃及现代史》(伦敦，1980)。

⑬ P.M.霍尔特和 M.W.戴利《苏丹人的历史：从伊斯兰教的到来至今》(哈洛，2000)，第 3 章到第 5 章提供了有用的纵览。

⑭ 这方面的细节描述，见 P.M.霍尔特《埃及与尼罗河流域》，收入弗林特所编《剑桥非洲史》第 5 卷《约 1790—约 1870 年》，第 22—33 页。

⑮ 同上，第 33—50 页。

⑯ 亚历山大·舒尔赫《"现场之人"与 1882 年英国对埃及的占领》，《历史学刊》19：3(1976)。

103 第六章

穆斯林“圣战”：西非的革命

至 18 世纪时西非的伊斯兰教

19 世纪以前千年，通过穿越撒哈拉沙漠的贸易，伊斯兰教就从北边被引入了西非。柏柏尔商人带着伊斯兰教穿越撒哈拉，来到西边草原上的那些国家和定居地中。这里的统治阶层、城镇居民和当地商人逐渐接受了这种信仰，然后是乡下的居民。人们认为最早的皈依发生在 9 世纪开始之前。对撒哈拉以南的商人们来说，信伊斯兰教的主要好处就是掌握读写能力，伊斯兰教也带来了沙漠南北两边商人之间的一种兄弟感与合作。所以，这是马格里布地区与草原地区一个文化与经济相互影响的时期，这种相互影响也发生在西非内部。沙漠南部边缘那些皈依了伊斯兰教的商人，在贸易上和宗教上继续朝南推进，商业移民导致了这一地区一些重要地区出现穆斯林定居地。①

皈依后的统治者和商人对伊斯兰教有一种折衷的理解，让它与西非传统宗教的特征相融，西非原有宗教一直在发挥影响。尽管本地宗教允许一种造物主神的存在——这大致与伊斯兰教的一神论相容，但传统认为这样的造物主神不直接关注现实世界，人们更强调各司其职的众多神灵。本地宗教保留的其他特征还包括祖先灵魂、一些族系和种族的守护神以及占卜者。占卜者拥有特别的权威，负责确认那些施魔法巫术的犯罪者。不过，谈论皈依的“知识分子理论”认为，对于许多非洲人来说，造物主神与外在世界
104 联系在一起，所以只要外在世界相对来说不重要，造物主神也就不重要。然而，随着外在世界在国家和族群中发生变化，比如与撒哈拉以北民族的贸易扩展，对一神论和造物主神自身的兴趣就复活了。② 所以，西非世界观的扩展是与皈依伊斯兰教相伴随的，这就如同后来非洲其他地方皈依基督教时发生的情况一样。

从 9 世纪到 11 世纪，对西非黄金的需求增加，加纳和伊斯兰教也迎来

了扩张期。加纳首都在11世纪时有一个“穆斯林区”，它的统治者雇用有文化的穆斯林作为文书。这个王国自身于11世纪70年代成为伊斯兰国家，这是由于自愿，还是阿尔摩拉维德征服的结果（阿拉伯方面的说法这样认为），不得而知。后来，马里帝国——加纳的后继者，作为西非草原的支配力量，在14世纪早期被认为是伊斯兰国家，尽管它人口中有大量人继续信仰本地宗教。西非统治者们在何种程度上促进伊斯兰教传播，以及在何种程度上被普遍视为“好穆斯林”，这因朝代而异。马里的芒萨·姆萨（1312—1337）去过麦加朝觐，资助对伊斯兰教的学习，在格奥（Gao）建了一座清真寺，派遣学者前往北非学习，其中有些人回来创建了伊斯兰教的学习中心，尤其是在廷巴克图。桑海的穆罕默德·图尔（1493—1528）是伊斯兰教的一位热心倡导者，他发动了反对莫西人的圣战，自己一直去麦加朝圣，被任命为西非“苏丹地带”的哈里发。这两个朝代之间的其他统治者，对伊斯兰教就没有这样的热心了，比如桑海的征战英雄——“伟大的”桑尼·阿里（1464—1492）。③

散布于西非草原的宗教和经济网络——尤其是在桑海崩溃之后的那数十年中，以及围绕一些法律及个人洞察力方面的著名人士而发展起来的学者世系，都对伊斯兰教信仰（包括圣迹信仰）的传播起到了关键作用，并且提供了政治调停。昆塔家族就是这样一个世系。它最初在毛里塔尼亚和塞内冈比亚地区发挥影响，到了16至18世纪时，其影响扩展到博努、豪萨地区和尼日尔中部，并建立了一些重要的侨居地。④而且，通过昆塔，卡迪里兄弟会在这一区域四处传播。在南边，在森林地区，通过商业联系和宗族关系，商人和农夫中也出现了穆斯林族群。迪乌拉人——也就是人们所称的万加腊人，沿着商道建立了这样的族群。与那些不信伊斯兰教者的通婚，也在传播着伊斯兰教。⑤伊斯兰教的传播基本上就是这样，但并非所有西非穆斯林都那么热心。在一些地区，伊斯兰教对政治上层有着强大的影响，穆斯林自身也融入社会之中，尤其是在贡加国和达贡巴国；但在其他地区，即使可能有一些政治重要性，他们也是一些相对封闭的孤立群体，比如阿善提的情况就是如此。它的都城库马西有一个小小的穆斯林社区，这些穆斯林担任翻译、顾问和外交官，但并不热心于劝民众皈依，自身也不融入社会。⑥

与政治上层人物的皈依相伴，形成了学习伊斯兰教义的地方传统，从 105
15世纪开始，使用阿拉伯语的本地学术也开始形成，尤其是在廷巴克图，它是西非草原上最为重要的商业和学术中心。⑦然而，穆斯林仍然是少数，主要是在商人阶层和宫廷统治者中。所以，伊斯兰教基本上就是一种城镇宗教，在城镇之外没有什么发展，伊斯兰教的法律并没有得到多么严格的执行。不过，到了18世纪和19世纪时，西非出现了一系列运动，它们宣布的目标就是在这一地区纯化伊斯兰教，实施伊斯兰法律。它们想通过圣战来达到这个目标。这些运动常常在农民中间赢得广泛支持——较之从前，农民已是热心得多地欢迎伊斯兰教了，他们想要以此去挑战自己所看到的腐败和懒惰的统治上层，认为那些人只是名义上的穆斯林。在许多方面，这就唤起了伊斯兰教战斗性的悠久传统，在草原和北边的撒哈拉地区都是如此。比如，沙漠边缘那些竞争空间的部族，长期以来就以伊斯兰教作为动员；而在更为广阔的地区，历史上也不断出现一些渴望建立完美神权政体的梦想式宗教领袖。然而，18世纪和19世纪的这些运动，有着特别的活力和相互联系，它们所建立的国家和它们建立国家使用的手段，在许多方面体现着同一时代非洲绝大部分地区呈现出来的军事和政治方面的变革。我们前一章描绘的撒哈拉沙漠以北的类似运动，与之有着密切的平行关系。这些共同主题中，就包括要求实施伊斯兰教法律，清除那些未能履行自己责任的“没有信仰”的穆斯林，以及复兴派兄弟会所起到的巨大作用。人们或许认为这些北非的运动启发了南边的运动，但沙漠南边和草原有自己的具体情况，是西非内部那些要求变革的力量促成了自身独特的复兴运动。这些力量中最引人注目的就是1804年在豪萨地区出现的圣战和1852年的图库洛尔人起义，但它们又受到此前在富塔贾隆和富塔托罗地区发生的两次圣战的影响，前一次是在1725年至大约1750年，后一次是在1769年至1776年。所有这些，都涉及农耕的穆斯林族群或多或少地与游牧的富拉尼人结盟，富拉尼人在西非伊斯兰教复兴派的传播中发挥着作用。

漂泊的富拉尼人

在17世纪开始时，西非草原的大部地区、森林带以北的一大片区域的居民，至少名义上都是穆斯林。不过，并不仅仅是贸易推进了伊斯兰教的传播，这也靠几个世纪中的移民，它导致了大量的文化互动，以及如同商品交换一样的观念交换。人们的迁移有许多原因，包括旱灾和农作物歉收，还有政治动乱和压迫，地区的奴隶贸易也导致着人口变化。迁移既是人的流动，也是文化从一个地方到了另一个地方。距离最长的人口迁移之一，是富拉
106 尼人或称“富尔贝人”的迁移。游牧的富拉尼人原来在塞内加尔河中部地

区,后在几个世纪的时间里朝东漂泊。他们难以抵御气候变化,慢慢穿越草原,去寻找更好的牧场,17 世纪已经扩散至塞内加尔河与尼日尔河之间的大部地区。到 19 世纪开始时,他们在现在的尼日利亚北部地区成为当地人数最多的群体。

在定居下来的那些地方,富拉尼人保持着自己独特的语言、文化和经济,不过,在有些地方,他们面临来自农耕定居者越来越大的压力,农耕定居者常常憎恶这些侵入者,限制其放牧和贸易权利。这种孤立的感觉或许就解释了他们为何愿接受伊斯兰教。在一片潜在的敌人中间,伊斯兰教让人有了目标和护卫上的共同之感。伊斯兰教为富拉尼人提供了统治的另一种模式,提供了一种信仰体系,用它来抵御压迫性的农耕社会统治者:那些人或许宣称自己是穆斯林,但他们显然忽视了伊斯兰教法律。在迁移过程中,富拉尼人也经常会与穆斯林商人和其他穆斯林民族发生联系,比如柏柏尔人。柏柏尔人无疑在 18 世纪初期就已经很大程度上伊斯兰教化了,他们中间诞生了许多这一地区的领军伊斯兰教学者,其中有些人开始宣讲对异教徒进行圣战的必要,对 18 和 19 世纪爆发的几次伊斯兰教革命起到了作用。同样,18 世纪初期和中期富塔贾隆与富塔托罗的圣战爆发,他们也在其中发挥了影响。[8]

成为了富拉尼人敌人的族群中间有豪萨人,这个群体是撒哈拉南部游牧民族与尼日利亚北部草原农耕民族的混合。豪萨人的经济基础为农业,也有一些制造业和商业作为辅助;他们也形成了与穿越撒哈拉沙漠的穆斯林商人的紧密联系。如同其他许多群体的情况一样,贸易也使得豪萨人皈依伊斯兰教。到 14 世纪时,豪萨人的城镇上层已经成为穆斯林,在后来的世纪中,农人中的一部分也开始皈依。豪萨地区一直陷入各个城邦之间的战争,那些要用钱来支撑战争的统治者对农民阶层征税很重,统治者同时还变本加厉地非法捕捉同为穆斯林的下层民众作为奴隶输出。在豪萨农人穆斯林眼中,他们的统治者腐败、压迫,从来不顾及伊斯兰教法律,因此“圣战”就势必出现了。与富拉尼人联合,圣战在 19 世纪初期席卷了这一地区。[9]

先知与武士

所以,到 19 世纪开始时,在西非草原已经出现了穆斯林复兴派的网络,他们号召回归纯洁的伊斯兰教,它依据的是先知的生活,与那些本地宗教是不相容的。许多人去了麦加,充满了救世主派的热情。来自一个富拉尼人家庭的乌斯曼·丹·弗迪奥(1754—1817),早已沉浸在伊斯兰教的研习之中。18 世纪 70 年代,年轻的乌斯曼开始在戈比尔国宣讲教义。他传布的信息,其中心就是必须实施伊斯兰教法律,以及对统治上层的批评——他们
107 仅仅是名义上的穆斯林。乌斯曼的批评越来越锋利,围绕着他形成了一个热忱的群体。当局感到他在戈比尔的威望是一种威胁,想要限制他的活动。基于他对统治者腐败、不公和不虔诚的尖锐批评,乌斯曼的名声传遍了豪萨地区。他的批评吸引了各种各样的追随者。我们在下面会看到,其中许多人对纯洁伊斯兰教的恢复并不怎么感兴趣,但关注一种新政治秩序也是新道德秩序的创建。无疑,许多人的确相信乌斯曼就是"马赫迪"——救世主和伊斯兰教原教旨的修复者。至少在乌斯曼晚年时,他本人想削弱这种想法,不过他也的确相信自己有创造奇迹的能力。乌斯曼谴责当局非法征税,信仰多神,把其他的穆斯林抓为奴隶,搞异教徒的仪式以及举办其他社会活动。[10]

官方对乌斯曼的迫害加剧了,他最终离开了戈比尔,这样做是为了"逃亡"(hijra),即脱离异教徒统治的范围,也是追随先知穆罕默德本人树立的鲜明先例。人们都来跟随乌斯曼,这场圣战于 1804 年集中爆发。到 1810 年时,绝大多数豪萨国,包括卡齐纳、卡诺和戈比尔,都被各种各样的穆斯林力量夺取,其中包括一些不满的豪萨人,乌斯曼和他的追随者实际上控制了整个地区。这场圣战东至努佩和乍得湖以南地区,南至海岸森林地带的约鲁巴疆域。在短短几年内,一个囊括如今尼日利亚北部和喀麦隆北部大部分地区的帝国建立起来,这场反对背叛神的革命所导出的政体(也有其他产物)被称作索科托哈里发国,它是 19 世纪西非最大的单个政体,一直存活到殖民地时期。[11]乌斯曼本人从政治生活中退出,余生隐居修行,他的弟弟阿卜杜勒希和儿子穆罕默德·贝洛接管了统治,而且把这场革命进一步推进,在附近那些国家中激发了更多的起义,并且侵入伊洛林——它是摇摇欲坠的奥约帝国南部的一个行省,这就使得伊斯兰教深入到约鲁巴疆域。[12]在豪萨地区,伊斯兰教也得到了复兴。尽管关于豪萨地区革命的一些参与者在何种程度上是出于信仰,引发了一些争议。

这个新哈里发国的疆域被组织为一些酋长国,它们中许多都与圣战之前的豪萨国相对应,这些酋长国都对哈里发负责。这些埃米尔(emir,酋长)自身依赖军事力量,也依赖与富拉尼人望族结盟而来的合法性。在某些方面,索科托哈里发国是老豪萨帝王系统一个稍稍改革的版本,许多行省都实

行间接统治，这就意味着伊斯兰教只是被选择性地应用。然而，这是一个伊斯兰教国家，而且在19世纪的非洲是最强大的，通过索科托国，豪萨地区就彻底成为伊斯兰教世界的一部分。这个哈里发国本质上由伊斯兰教管理来统治，实施着它的法律体系，由穆斯林法官阐释，赋税制度和土地制度都依据伊斯兰教的做法，众多成为了奴隶的异教徒支撑着它的经济。[13]国家修建了清真寺和学校来使那些非穆斯林民众皈依，鼓励相关的学术。索科托的学者们绝大部分都与卡迪里兄弟会有关，但后来也有了提贾尼兄弟会的代表。苏菲派得到了广泛传播。[14]

索科托国的建立，成为草原地带的一个启发来源，导致了一些复兴派伊 108
斯兰教国家的形成，比如博努和马西纳，它更是图库洛尔国创建的激励力量。[15]在这里，也是那些与富拉尼人相联系的部族在煽动不满上发挥了作用。这场广泛运动中浮现出来的领袖哈吉·乌麦尔·塔尔（1794—1864），是一位著名的学者，曾去麦加朝觐，并在索科托待过一段时间。他既责骂异教徒，也谴责堕落的穆斯林。作为一种新的兄弟会提贾尼的西非领袖——这个兄弟会是他在19世纪30年代引入索科托的，他与地方当局发生了冲突，这就如同乌斯曼在戈比尔的情况一样。通过清晰有力地表达民众对统治上层的不满，他在那些难民和被排斥者中吸引了大批追随者，这些人集合到伊斯兰教的旗帜之下。1852年，他在塞内加尔河上游地区宣布发起一场圣战。法国人待在他们的海岸基地，对西边发生的事情作壁上观，乌麦尔征服了塞内加尔河内陆的一块地方，而且进一步朝东进发。他对马西纳宣战，这个行动被他的敌人谴责为非法，这就涉及与穆斯林之间的冲突，结果图库洛尔国最终被证明不像索科托国那样持久。乌麦尔于1864年死于敌方联军之手，在此之后，这个松散和内部矛盾重重的“帝国”就陷入了内战。不过，乌麦尔革命的宗教影响要重要得多，如同索科托所做的那样，这个短命的图库洛尔国在西部草原重新激活了伊斯兰教，而这正是法国蚕食这一区域的前夕。这一点很重要。乌麦尔的追随者们在哈姆达拉西建立了一个国家，它延伸至今天马里的西部；最后，它被法国在1893年制服。[16]

然而，对这些圣战的解释是不同的。在一定的程度上，它们可以被视为的确与宗教改革有关；但另一方面，又可以将它们解说为根深蒂固的种族之间紧张关系的集中体现，或者是对政治和经济压迫的反抗。当然，宗教角度的解说是那些领袖自己和他们的编年史作者的“官方”观点，他们宣称伊斯兰教通过合法地使用暴力——对异教徒的圣战——而得到了纯洁化。同样，作为这样一种精神动机的实践，一个框架和一个先例在这一地区已经存在了几个世纪，在许多方面圣战派的领袖们仅仅是激励和延伸了一个早已存在的信仰网络。不过，“圣战”一词在这种背景中的使用事实上是有问题的。对异教徒压迫者或非穆斯林统治的战争，在理论上是所有穆斯林义不容辞的，但西非草原的那些起义常常是反对那些被认为不实施伊斯兰教法律的穆斯林，所以在解说这些圣战的合法性上可能就有着某种困难。因为它们常常瞄准的是其他兄弟会的穆斯林，比如提贾尼兄弟会的例子，而不是异教徒。所以，伊斯兰教“复兴运动”不能视为这些起义造反背后的唯一因素，参与者中的许多人可能完全不是为了伊斯兰教的复兴，这样的认识或许是保险的。

所以，在一个非常真实的层面上，它们可以被解说为种族冲突，在豪萨地区尤其如此，这里对乌斯曼造反的领导和支持，有许多来自游牧的富拉尼
109 人，他们相信自己在农耕的和越来越城镇化的豪萨人手中受到了压迫。如同我们已经看到的那样，许多富拉尼人的确信奉伊斯兰教，但也有许多人事实上并不，几乎可以肯定，后者的造反动机更多的是一种种族团结感，而不是宗教热情。种族“意识”显然很重要，与此相联，社会经济方面的解说也是有说服力的。除了道德和宗教观念外，豪萨地区和图库洛尔的起义造反都有对政治和经济方面不满的清晰表达，最突出的就是征税问题，尤其是家畜税(jangali)，它对富拉尼人的打击格外重，被视为是残忍、非法和非伊斯兰教的。在这个意义上，伊斯兰教复兴派的先知和武士们就代表着一种游牧者的战斗性，它因对土地权利的长期争夺而来。奴隶制也是一个棘手的问题。奴役他人是统治上层的普遍做法，尤其是在豪萨，尽管让穆斯林成为奴隶是被禁止的(但对其他人允许)。所以，总体而言，圣战至少部分是因为社会经济的压迫，所导致的冲突基本上是游牧者与农耕者之间的冲突，或许反映着在获取与控制地区资源上的竞争。显然，这种种因素的结合就导致了18和19世纪的这些起义造反，它们可以被称为“利益联盟”。

不管个人或某个群体的动机是什么，伊斯兰教已经更深地扎根于西非草原的国家和社会之中。比起18世纪中期来，到19世纪结束时，西非已经有了更多的穆斯林。当欧洲殖民侵略在19世纪70年代和90年代间加快步伐时——法国从塞内加尔推进，穿越草原；英国从尼日利亚海岸渗透进入森林以北，伊斯兰教在抵抗方面提供了一种目标和行动上的巨大团结，超过了非洲大陆的其他许多地方。对于欧洲异教徒，伊斯兰教要求一种共同的

统一抵抗，在理论上，要与非穆斯林当局作战而不是顺从，这是义务。所以，在某些地区，伊斯兰教就提供了超越种族和语言的团结。然而，对欧洲帝国主义的反抗从来没有十分有效，这在很大程度上是因为它被派别矛盾所破坏，尤其是那些竞争的兄弟会之间。而且，如同我们在后面会看到的那样，欧洲人经常对伊斯兰当局采取一种抚慰姿态，以解决潜在的伊斯兰教威胁，这些伊斯兰当局已经被纳入殖民体系当中，它们得到了相当程度的自治。这方面的典型例证就是尼日利亚北部的英国人，在这里，他们在军事征服了索科托哈里发国之后，就通过富拉尼和豪萨贵族来进行统治，避免介入日常管理。

对于乌麦尔的国家及其在哈姆达拉西的后继者而言，也涉及伊斯兰教做法的实施，禁止异教徒的那些仪式。但它在经济上要比索科托弱得多，要依赖掠夺性的战争。这个国家是个大的奴隶输出者，而更为广泛的暴力——尽管一开始是受到圣战概念的启发，也在这一区域流行起来。在乌麦尔死后，圣战在塞内冈比亚地区的沃洛夫人中爆发，它相当崇尚暴力，出现了广泛的毁灭和对非穆斯林的奴役，但它也的确导致了相当数量的沃洛夫人皈依伊斯兰教。[17] 在东南，19 世纪的较早时候，由穆里乌莱・西赛领 110
导，宗教暴力也在托伦(Toron)和坎尼安(Konyan)地区爆发。当穆里乌莱于 1845 年被杀之后，他的事业最终由萨穆里・图尔接了过来。此人属于一个万加腊家族，在 60 年代和 70 年代，他建立了一支可观的个人军队，让大片地区处于他的掌管之下。他的国家本质上是一个军事国家，通过军事总督们来管理，依靠一支使用进口武器和马匹的军队——他通过到处掠抢奴隶来支付购买费用。然而，在 19 世纪 80 年代，他想要更为系统的伊斯兰教化，要实施伊斯兰教法律，资助伊斯兰教学术研究。对他的支持大部分来自万加腊同伴，他们因萨穆里对地方贸易的鼓励而获利。然而，在遇到了相当程度的抵抗之后，他从这种伊斯兰政策上退了回来，集中关注军事和政治上的巩固，尤其是面临着法国侵略，法国侵略迫使他在 90 年代转向了东边。[18] 我们在后面章节中会看到，他最终被法国人击败和流放。

萨穆里是 19 世纪那些主要的穆斯林军事领袖和国家创建者中的最后一个。这是一个时代的结束，这个时代见证了圣战旗帜下不同社会群体的集结，从宗教学者和教师，到受压迫的种族，再到不满的受剥削农人，这些不同的群体显然是因不同的动机而被动员。然而，在本地层面上，伊斯兰教是斗争的工具，对于创建较大的军事扩张国家而言是如此——这些国家有许多都参与了穿越撒哈拉和大西洋的奴隶贸易，对于道德和精神上的改革与更新也是如此。这个时代无疑见证了伊斯兰教在西非一些地方的恢复，它在这些地方已经有了颇为古老的根基。另外则是它在新地区的传播，是这些地区的民族皈依伊斯兰教。所以，对于非洲19世纪这个变革年代而言——这是一个冲突的年代，也是一个创造的年代，西非穆斯林的贡献是重大的，他们的行动在20世纪将产生深远回响。在这整个地区，救世运动宣传说，在19世纪——伊斯兰教日历中的13世纪——将看到纯洁伊斯兰教的回归，看到那个异教徒世界被征服和皈依。事实上，这样的复兴派，部分是被那个异教徒世界的扩张所驱动，部分也与那种扩张相一致，这种异教扩张通过欧洲帝国主义表现出来。不存在什么对欧洲异教徒的征服，与欧洲的相互作用要比征服复杂得多。

注释：

① 一部经典性研究是J.S.特里明海姆《西非伊斯兰教史》(伦敦，1970)；还有P.克拉克《西非与伊斯兰教》(伦敦，1982)，以及M.赫斯克特《西非伊斯兰教的发展》(伦敦，1984)。《非洲史学刊》晚近有一个论坛，刊载了珍—路易斯·托奥德、斯科特·里斯和本杰明·索尔斯对撒哈拉沙漠以南穆斯林身份创建的研究论文，见“非洲史学刊论坛：撒哈拉沙漠以南的伊斯兰教”，《非洲史学刊》55：1(2014)。

111 ② J.D.Y.皮尔《两个非洲社会的转换与传统：伊杰布与布干达》，《历史与今天》77(1977)。

③ N.莱兹恩《西马格里布与苏丹》，收入弗林特所编《剑桥非洲史》第3卷《约1050—约1600年》；E.W.博维尔《摩尔人的黄金贸易》，第67—97页，第108—195页。

④ 拉皮德斯《伊斯兰教社会史》，第409—410页。

⑤ 保罗·拉夫乔伊《15和16世纪苏丹中部经济转型中万加腊人的作用》，《非洲史学刊》19：2(1978)。

⑥ 见威尔克斯《阿善提》。

⑦ N.莱兹恩和J.F.P.霍普金斯所编《关于西非历史的早期阿拉伯文献》(普林斯顿，2001)，是一本有用的原始资料选集。

⑧ 汉弗莱·费舍尔《撒哈拉中部与苏丹》，收入格雷所编《剑桥非洲史》第4卷《约1600—约1790年》。

⑨ 这方面一本有用的概要是N.莱兹恩《1800年之前“黑的土地”(Bilad al-Sudan)(苏丹)的伊斯兰教》，收入莱兹恩和保韦尔斯所编《非洲伊斯兰教史》。

⑩ 默文·赫斯克特《真相之剑：乌斯曼·丹·弗迪奥的生平与时代》(纽约，1973)。

⑪ 这方面公认优秀的论述还是默里·拉斯特《索科托哈里发国》(伦敦，1967)；H.A.S.约翰斯顿《索科托的富拉尼帝国》(伦敦，1967)；以及J.P.斯马尔顿《索科托哈里发国的战争》(伦敦，1977)。晚近有学者尝试在较为广阔甚至是全球背景

下审视这个问题,这就是保罗·E.拉夫乔伊《变革时代西非的圣战》(俄亥俄州雅典,2016)。

⑫ 罗宾·劳《理解传统讲述:奥约王国的政治解体》,《非洲研究》22(1982)。

⑬ 保罗·E.拉夫乔伊《索科托哈里发国经济中的种植园》,《非洲史学刊》19:3(1978)。

⑭ 还是参看拉斯特《索科托哈里发国》;B.G.马丁《19世纪非洲的穆斯林兄弟会》(剑桥,1976);以及R.A.阿德莱耶《北尼日利亚的力量与外交,1804—1906》(伦敦,1971)。

⑮ 比如文森特·希里巴伦《博尔诺历史:从贯穿撒哈拉的非洲帝国到败落的尼日利亚国》(伦敦,2017);路易斯·布伦纳《库卡瓦的谢胡斯:博努的基内米王朝历史》(伦敦,1973)。

⑯ 戴维·罗宾逊《乌麦尔·塔尔的圣战》(牛津,1985)。

⑰ 比如见马丁·A.克莱因《塞内冈比亚穆斯林变革中的社会因素与经济因素》,《非洲史学刊》13:3(1972)。

⑱ 这方面的经典之作是伊夫·佩尔松《萨穆里·杜莱革命》,3卷本(达喀尔,1968—1975)。

112

第七章

东方新月：东非的伊斯兰教边疆

斯瓦希里伊斯兰教：19 世纪的沿海边疆

斯瓦希里——这个术语表示一种文化和文明，同时也是一种语言，它出自印度洋沿岸从现在的索马里到莫桑比克一带引人注意的非洲因素与阿拉伯因素的融合。伊斯兰教的兴起和快速扩散，为印度洋贸易提供了一种强大的推动，来自阿拉伯南部和波斯湾的第一批穆斯林移民，在 8 世纪时沿着东非海岸的北段开始定居。他们与当地人通婚，包括统治上层，他们的到来促进了非洲沿海地区与一个扩展的穆斯林世界的贸易联系。在摩加迪沙、布腊瓦和拉姆群岛等地定居的兴起，与对非洲象牙，后来是黄金的需求增长联系在一起。在随后的世纪中，穆斯林的移居越来越多。基于这种活跃的相互影响，斯瓦希里文明就出现了。这个词来自阿拉伯人，指海岸，本意是“海岸处的人”；从语言学上看，斯瓦希里语是注入了阿拉伯词汇的非洲班图语，很可能出现于现在肯尼亚的拉姆群岛—塔努(Tanu)河流域地区，随着时间推移，它发展成一种使用阿拉伯文字的书写语言。然而，“斯瓦希里”的含意远远不止于此。从 10 世纪到 14 世纪，它变成了一种独特的海岸文化，在宗教上是伊斯兰教，其中心围绕着一系列贸易城邦。穆斯林移民进一步朝南移居，促进了在桑给巴尔地区、马菲尔、奔巴岛和基尔瓦等地的定居，移民中许多人都定居于距离非洲大陆不远的海岛上。这些定居地上出现的独特风格的建筑——石头建成的清真寺、民居和豪宅，体现着非洲风格与阿拉伯风格的融合。斯瓦希里物质文化是一种东非海岸独特艺术成就的显示。
113 新的城镇和统治王朝在增长扩散，那些王朝就被称作“设拉子”，因为它们的祖先来自——或宣称来自——波斯湾的设拉子城。到 13 世纪时，从北边的摩加迪沙到南边的索法拉，已大约有 40 个斯瓦希里城镇，那些最大的城镇中就包括摩加迪沙本身，还有蒙巴萨、马林迪、桑给巴尔和基尔瓦。它们通过贸易获取了相当的财富，成为一些小型的自治苏丹国。就伊斯兰教自身而言,它在很大程度上局限于统治上层,有些普通城镇居民可能也是穆斯林,但非洲人主体还不是。[1]

东非海岸的本地宗教有着这样一种宇宙观念:物质世界与精神世界、自然世界和超自然世界都是同一的,精神活动可以产生实际后果。重点放在祖先神灵上,他们是合适的社会话语和道德行为的主宰者,而自然神灵和那些邪神,则在日常生活中起着关键作用。每个海岸定居地本质上都有自己的宗教,都是一个精神和宗教上的微型宇宙,有着自己的独特神灵和守护者,如果进入另外一个定居地,就是穿越进入了这样的另一个宇宙。不过,城镇居民则生活在一个宽广得多的世界中,他们参与到一个贸易网络之中,这个网络把印度洋两边的大陆连接起来。城镇居民生活在一个宏观宇宙中,有着不同语言、祖先和职业的不同民族都处在其中。在这样一个环境中,地方信仰体系就太狭窄了,需要一系列更为普遍的信仰。所以,在许多方面与西非的情况相类似,许多城镇居民就吸纳了伊斯兰教。在这样做时,他们采纳了印度洋世界的民众普遍都接受的一系列信仰以及话语和行为的框架。要评估伊斯兰教在早期对斯瓦希里社会的影响是困难的,但有一点很清楚:12 世纪和 13 世纪时石头清真寺已经在那些主要定居地出现。不过,如同西非草原的情况一样,皈依伊斯兰教仍限于商人阶层,他们使用伊斯兰教法律和习俗来促进贸易。[2]总之,伊斯兰教有助于参与海外贸易,它也提供了一种超越地方忠诚的身份认同。不过,重要的是要注意,微观宇宙和宏观宇宙很少是相互排斥的,人们出入于这两者之中。本地的神灵要安抚,魔法也提供着保护,而这些发生在《古兰经》法规的背景之中。两套信仰体系相互依赖地并存着,形成一种动态综合,创造了斯瓦希里文明。

与此同时,在这个世界的其他部分,东非海岸一带的伊斯兰教很快就受到了欧洲的挑战,葡萄牙人的小型舰队绕过好望角,于 1498 年抵达斯瓦希里海岸的南端。对于葡萄牙人来说,这是一个很巧的发现,他们现在将控制斯瓦希里贸易视为一个全球性使命的一部分,这个使命就是摧毁穆斯林对与印度的高利润贸易的控制。他们以神圣基督教战争的名义袭击并要求这些海岸定居地投降,16 世纪斯瓦希里的抵抗逐渐被镇压。这个征服过程的顶点是 1599 年葡萄牙在蒙巴萨岛修建的耶稣港,它既是一个象征,也是葡萄牙在东非的控制中心。不过,如同第三章记述的那样,17 世纪末葡萄牙 114
人从他们占据的绝大部分海岸地点被驱逐出去,就最终导致了一个中心位于桑给巴尔岛的新的商业帝国的建立。18 世纪和 19 世纪,伊斯兰教进入非洲内陆，并逐渐扩张。

中东部非洲内陆的伊斯兰教

从19世纪早期开始的桑给巴尔苏丹国的贸易扩张，导致伊斯兰教逐渐渗透到东非内陆，尽管远不如西非那样成系统。人们也是基于不同的目的，在各种背景下利用伊斯兰教。布干达或许是最热心于伊斯兰教的地方，第一批海岸商人在19世纪40年代到达此地，这里的王室宫廷不仅欢迎他们带来的布匹与武器，而且随时间推移也接受了他们带来的信仰。不过，伊斯兰教还是商业和政治上的工具。国王穆特萨就将伊斯兰教视为一种可用的国家宗教，可用来控制本地信仰那种强大的精神灵媒。他宣布自己是穆斯林，时间大约是60年代后期，并鼓励其他人也这样做。不过，他的皈依并不真诚。70年代结束时，一些年轻的首领依据伊斯兰教的法则来挑战他的权威，他把他们处死了。还有一些干达人，也利用输入的伊斯兰教来挑战他的权威。最后，穆特萨就在相互对抗的基督教与伊斯兰教之间寻求平衡，宣布自己对所有宗教都感兴趣。然而，伊斯兰教和基督教的影响都对干达政治社会带来了深远的不稳定性，这种不稳定性将在80年代末的内战表现出来——表面上是围绕着对这两种外来信仰的忠诚而战。[3]

在南边，长期以来就接受海岸文化的尧族商人，在19世纪后半期采纳了伊斯兰教，同时伊斯兰教也更广阔地渗透进入坦桑尼亚海岸内陆。在这里，那些喜欢流动的年轻男性，受到贸易和冒险的引诱，就利用伊斯兰教来使自己脱离传统的社会和政治约束。[4]不过，在内陆腹地，伊斯兰教主要出现在讲斯瓦希里语的商人建立的贸易中心里，尤其是在塔勃拉和乌吉吉。路过的欧洲旅行家常常蔑视这些海岸贸易者，认为他们是贪婪的麻烦制造者，是在拙劣地模仿真正的伊斯兰教；而非洲首领们常常对这些新定居者不感兴趣，尽管他们自己越来越依赖于贸易。[5]这些商人对坦桑尼亚中部、坦噶尼喀湖沿岸和刚果东部森林地区都有重要影响。桑给巴尔苏丹国的这些贸易商人，可能的确没有很好地代表伊斯兰教，但通过与当地统治上层的通婚，通过自己越来越多的随行人员，通过他们在非洲湖泊地区首创的一个贸易兼掠抢的网络，他们的确带来了一个个的皈依者，把伊斯兰教带入了新的区域，在自己定居其中的那些族群中留下了擦拭不掉的印记。对伊斯兰教的需要在增长，比如，海岸贸易者带来的伊斯兰医药和“神奇”知识进入了内
115 陆；而最重要的或许是，在19世纪后半期，在一个包括如今乌干达南部、坦

桑尼亚、东刚果、马拉维和莫桑比克北部的广阔弧形地域,斯瓦希里语流行开来。

不过,总体而言,19 世纪伊斯兰教在中东部非洲内陆的影响,远远比不上在西非的影响,尽管考虑到伊斯兰教在西非草原的悠久历史,这种比较在某种意义上是不合适的。布干达和尼亚萨湖周围地区可能是东非穆斯林最多、最为集中的地区,那些参与长途贸易的首领有时会成为穆斯林,或者至少是想过这样做;同时伊斯兰教也在 19 世纪后半期被战争和奴隶制弄得流离失所、无所凭依的人们中间扎下了根。但广泛而言,伊斯兰教将从 20 世纪初开始快速发展,并随着首领们在不同地区输入不同信仰而与基督教形成竞争。

东北非洲的十字与新月

非洲的第一批穆斯林是在厄立特里亚海岸登陆的,具体的时间有争议,但非洲大陆的第一座清真寺出现在马萨瓦,可能由先知自己的家庭成员修建,时间为公元 7 世纪 20 年代或 30 年代——在穆罕默德革命带来的动荡中,他们为了自身的安全而前往那里。红海是东北非洲与阿拉伯半岛以及中东之间一个天然的交流和交换通道,到 10 世纪时,随着泽拉这类港口的建立,伊斯兰教就从索马里海岸推进到今天的索马里、吉布提、埃塞俄比亚和厄立特里亚地区。⑥有些人把这个过程界定为基督教与伊斯兰教在这一区域的根本性对抗,这种争夺支配权的对抗延续至今。显然,这一区域历史上有过许多宗教冲突,随着伊斯兰教的扩张,它不时受到埃塞俄比亚高原和厄立特里亚高原上基督教的挑战。然而,我们需要谨慎,对此不能夸大。存在着大量的合作与和平相处,尤其是在商业领域。这一区域历史的绝大部分,已被殖民地时期之前那些欧洲旅行家和传教士的反伊斯兰教偏见所扭曲。在中世纪的欧洲,葡萄牙人也痴迷于所谓“祭司王约翰”的说法,说这是东方某地的一个基督教王国,它被不友好的穆斯林包围着。⑦如同我们已经看到的那样,埃塞俄比亚王国本身也有意培育这样一种形象,在意识形态上通过它的宗教来界定自身:高原深处的一个王国(事实上是一系列王国),孤立于欧亚中心,穆斯林就在国门处挤压。在许多层面上,这种高原想象中有着《圣经》的很大影子,这个基督教政体视自己为第二个以色列,对抗一群外敌来保卫一种信仰,这些外敌就包括异教徒。⑧这种观念在埃塞俄比亚艺术中有很大影响,而埃塞俄比亚艺术代表着非洲大陆最有活力的审美传统之一。埃塞俄比亚绘画常常描绘基督与邪恶敌人的斗争，其实也就是埃塞俄比亚人自己以及他们精神和政治领袖的圣洁。19 世纪后期，这种观念很突出，“埃塞俄比亚”被理解为一个“穆斯林险恶之海中的岛屿”，所以就需要特别
116 关注。[9]到了 20 世纪，海尔·塞拉西皇帝也同样把埃塞俄比亚描绘成基督教西方的一位朋友，处在敌意的伊斯兰教世界的门口。

这个以绍阿人为主体的基督教王国生存下来，顶住了 16 世纪中期组织得很好的伊斯兰教的进攻，这部分是靠一批葡萄牙火枪手的及时援助。它的基督教会得以保存下来，但这样一个暴力冲突的漫长时期也削弱了埃塞俄比亚，有利于游牧的奥罗莫人进入南部高原。这些讲库希特语的奥罗莫人来自图尔卡纳湖东北的草地，16 世纪末，为了寻找更好的牧场，他们推进占据了如今埃塞俄比亚三分之一的南部。他们还进入到哈拉尔高原。在这个过程中，许多人皈依了基督教和伊斯兰教。在当代文学中，奥罗莫穆斯林常常被描绘为野蛮的游牧部族，包围了基督教的“埃塞俄比亚堡垒”。他们进入了绍阿和阿法（Afar）地区，把哈拉尔变成了一个重要的穆斯林定居地。在 17 世纪中期，通过与位于苏丹的丰吉苏丹国的贸易和政治联系，通过穿越好望角与红海联系的贸易，哈拉尔苏丹国变成了一个重要的地区力量。哈拉尔苏丹国的重要性一直保持到 19 世纪后半期，最终被纳入迈拿里克那个扩张的基督教帝国中。[10]奥罗莫人的进程与阿姆哈拉人的北进和西进相一致，很可能部分还是由后者导致，因为当时哈贝沙国政治力量的中心已朝红海岸边移动了。阿姆哈拉人要寻求与马萨瓦的奥斯曼土耳其人的贸易联系，于是就在贡达建立了一个永久的都城。17 世纪中，他们积极参与了奴隶贸易，每年都通过马萨瓦输出约 1 万名奴隶。[11]不过，到了 18 世纪，埃塞俄比亚高原的中央集权崩溃，这个王国仅在名义上还是统一政体，这就导致了奥罗莫人对埃塞俄比亚腹地的进一步扩张。与此同时，与红海的贸易网络的扩展，让穆斯林商人们大大获利，他们开始形成一个独特的阶层，被称作“吉伯蒂”（jiberti），遍布于埃塞俄比亚高原的中部和北部。以这样一种方式，在现在的埃塞俄比亚地区，穆斯林与基督徒之间既出现了冲突，又有合作。尽管在 19 世纪后半期，一系列基督教“哈贝沙”统治者会用圣战的说法来请求欧洲政府给予支援。然而，基督教与伊斯兰教之间的主要冲突现在到了北边，其形式就是埃塞俄比亚扩张进入苏丹，同时也沿着厄立特里亚海岸推进，并进入厄立特里亚的部分内陆。

苏菲派和贸易推进了伊斯兰教在这一区域的传播，例如 19 世纪卡迪里

兄弟会就从自己占据已久的哈拉尔向外扩张，进入索马里和厄立特里亚。在厄立特里亚，诸如米尔加尼兄弟会这样的改革派运动也在19世纪后半期出现。通过定居和通婚，也实现了广泛的皈依和政治家族的吸纳。在索马里人中间，赛里希兄弟会和艾哈迈迪兄弟会很活跃。[12]就推进伊斯兰教边疆而言，索马里人在这一区域所起作用就如同奥罗莫人在其他地方所起作用一样，这个移民过程可以回溯到几个世纪之前。到17世纪和18世纪时，索 117
马里穆斯林族群已经占据了奥加登，还有北边泽拉与柏培拉之间地理角海岸的大部分，以及南边的摩加迪沙。[13]他们继续朝肯尼亚北部推进。通过部族和精神联盟的拼凑，索马里人到19世纪时已经构成了与奥罗莫穆斯林相邻的一种穆斯林人口背景，所以他们就支配了东北部非洲一块很大的地方。在19世纪后期和20世纪初期，面对意大利和英国殖民主义的蚕食，索马里人在抵抗异教徒上很有韧性，就如同他们的穆斯林兄弟在利比亚一样。

从19世纪40年代到60年代，在南部苏丹和今天的厄立特里亚西部低地一带，越来越具侵略性的埃及开始彰显其存在感，并且蔓延进入基督教高原。塔克鲁尔管理行省和可伦要塞前哨的建立，构成了对埃塞俄比亚的直接威胁，如同埃及在厄立特里亚海岸对向奥斯曼当局租借的马萨瓦加强控制一样。基督教高原人需要的那些贸易伙伴在宗教上和政治上也是敌手，这就构成了埃塞俄比亚人的被包围之感，而被认为是自己精神同盟的欧洲国家的明显冷漠态度，也让他们越来越有挫折感。19世纪基督教埃塞俄比亚的战斗性，在很大程度上是为假想的穆斯林威胁所驱动，这种威胁深深地存在于高原埃塞俄比亚的历史想象之中。在80年代中期，英国安排埃及从可伦和马萨瓦撤退，但让约翰尼斯皇帝很愤怒的是，这只是为了让意大利人进入他们的地方。[14]到80年代结束时，意大利已经奠定了厄立特里亚殖民地的基础，这一区域的穆斯林，当然也包括北部高原的基督徒，在90年代将处于意大利的统治之下。

尼罗河流域的伊斯兰教

在1800年之前好几个世纪，伊斯兰教一直从埃及朝南推进，沿尼罗河上行，进入现在的苏丹地区。当丰吉苏丹国成为这一区域最强大的统治力量时，它依赖的是当地那种类似于神的王权观念。伊斯兰教变得越来越重要，比如伊斯兰教的神职人员——他们被当地人称作“法奎斯”(faqis)，建立了一个拼凑的世系，它在政治仲裁上，以及对于伊斯兰教信仰在尼罗河中部流域的广大人口中的传播起着关键作用。“法奎斯”作为奇迹的创造者受人尊敬，他们也是伊斯兰教法律方面的学者，是《古兰经》的解说者，是学校的建造者。他们也属于苏菲兄弟会，这个派别此时正在苏丹各地传播，在15到18世纪时，还包括夏德希里兄弟会、卡迪里兄弟会和马吉德胡比兄弟会。18世纪时，穆斯林的影响尤其强大，此时丰吉苏丹国因内战而分裂，与自己的统治者分开，陷于循环性暴力，面对着侵略性的、未受到管理的贸易。于是广大民众逐渐转向“法奎斯”，以寻求救援和引导。丰吉苏丹国自身于19
118 世纪20年代初被埃及人征服。[15]伊斯兰教也进入其他地区。在西边，达尔富尔苏丹国因17世纪后期一个新王朝的创建而扎根。这个新王朝使用伊斯兰教法律（虽然是有选择地），将伊斯兰教提升为一种王室崇拜，并且资助清真寺的建造。到18世纪后期时，尤其是阿卜杜勒·拉赫曼·拉希德统治时期（他的朝代是从1786年至1801年），达尔富尔已经使自身发展为一个地区强国，它部分是靠穆斯林神职人员来统治，这些人越来越多地替换掉原来的疆域管理上层。从许多方面来讲，达尔富尔都处于一个巨大的十字路口，这个十字路口既是贸易性的，也是精神性的，它将西部草原和沙漠与尼罗河流域及埃及联结起来。商人和苏菲在18世纪和19世纪都受到那些苏丹的保护。[16]

苏丹伊斯兰教有一种独特的形式，但随着埃及在19世纪蚕食、进入这一地区，就带来了新的威胁。埃及于19世纪20年代在喀土穆建了一座新都城，随之而来的就是越来越富侵略性的贸易、军事和宗教闯入南部苏丹，包括上尼罗河流域和赤道地区，到70年代中期时还进入了巴尔加扎尔(Bahr-al-Ghazal)地区和达尔富尔。埃及人带来了他们自己的兄弟会和神职人员及教师。他们在70年代还带来了戈登将军这位基督徒，他被任命为苏丹总督，想要镇压对于穆斯林商人来说极为重要的奴隶贸易。外国入侵，尤其是本地神职人员被削弱，这就导致了改革派苏菲兄弟会的发展。一些改革派苏菲兄弟会的流行，事实上可以回溯到18世纪后期，但19世纪苏菲派变成了抵御埃及的主要手段。它们之中最突出的就是萨姆尼兄弟会(Sammaniyya)，它是由艾哈迈德·塔伊比·伊本·巴希尔于19世纪开始前后带入苏丹的。它与政治上层常常有距离，但在当地民众中影响越来越大。信众中出现了80年代救世主派起义的领袖穆罕默德·艾哈迈德。改革派教诲的另一分支被穆罕默德·马吉德胡比于19世纪早期引入，随着时间推移，马吉德胡比兄弟会就鼓励对埃及统治进行军事抵抗，但其他派别以不同方式获得了政治上的影响力，比如喀特米兄弟会，它事实上是与埃及当局合作的。[17]

反抗埃及统治的起义也在尼罗河西边的游牧部族中爆发，特别是巴夸拉—科尔多凡和努巴山区讲阿拉伯语的游牧者。他们长期来就怨恨埃及人的干预，尤其是他们的税收制度。反抗的信息并没有马上吸引尼罗河两岸的阿拉伯人，他们对这种信息的合法性不那么信服，也认为反抗不太可能成功。反抗信息的传递者就是穆罕默德·艾哈迈德，一位萨姆尼兄弟会教师，一位族长（sheikh），他在1881年宣称自己为“马赫迪”救世主，宣布要重建一个纯洁的伊斯兰教国家。他宣称要实施伊斯兰教法律，仿效先知的生活。他的巴夸拉军队在1882年至1883年扫荡了喀土穆以西的大部分地区。到了这个时候，尼罗河边的阿拉伯人就清楚知道这支力量的意义了，他们开始加入其中。英国人行动得太迟，未能防止喀土穆的陷落，戈登也在1885年死去。从1881年到1885年，这位救世主四处攻战，以引发伊斯兰教革命，在他死后，他的继任者——他的主要军事指挥官阿比达拉希用了哈里发的头衔，创建了一个世俗得多的国家，挡住了英国人和埃及人，但对这一区域 119
的“抢夺”仍在进行之中。这位哈里发对这个无序扩张的新国家的管理，其特征就是中央集权的军事统治，他的穆斯林政策旨在对伊斯兰教规矩的标准化，去除那些地方做法。对于北边的英国人来说，这个救世主派的存在是一种持续的侮辱，而80年代后期和90年代埃塞俄比亚北部边境的伊斯兰教国家也形成了压力。最终是到了1898年，英国人花费了相当大的代价，成功地夺回苏丹，击败了喀土穆附近乌姆杜尔曼的救世主派军队。[18]就达尔富尔而言，英国人开始时基本上让它自治，直到1916年才认为将这个苏丹国纳入一个共管的苏丹是有利的。

即使在军事失败之后，这个救世主派仍然有相当的民众支持，它的诉求超越了狭隘的地区或“部族”利益，在一个非常真实的层面上奠定了苏丹人民族主义出现的基础，至少是在这片疆域的北部。19世纪后期和20世纪初期，伊斯兰教非洲的许多地方，在利比亚、索马里、埃及和西边马格里布地区的赛努西兄弟会中，对帝国主义的抵抗——如同我们已经看到的那样，其中有些持续了很长时间，是与苏菲派的强大影响结合在一起的。一系列的军事兄弟会创建了一些网络，在它们中间，基于与欧洲殖民主义的战斗，现代民族主义就兴盛起来。19世纪结束时伊斯兰世界的绝大部分被镇压，这显示了基督教与伊斯兰教之间冲突与共存之历史的一个新阶段。

注释：

① 纳斯和斯皮尔《斯瓦希里人》；A.M.马泽鲁和I.N.谢里夫《斯瓦希里人：一个非洲民族的习语与身份》(新泽西州特伦顿，1993)；帕特·卡普兰《“当然，海岸一带是很不相同的”：关于东非沿海地区的学术观点和地方观念》，《东非研究》1:2(2007)。也可参看G.S.P.弗里曼—格伦维尔《东非海岸：文献精选》(牛津，1962)。

② 兰德尔·L.保韦尔斯《东非海岸：约780—1900年》，收入莱兹恩和保韦尔斯所编《非洲伊斯兰教史》；还有保韦尔斯《号角与新月：800—1900东非海岸的文化变化和传统穆斯林》(剑桥，1987)。

③ 迈克尔·特沃德尔《布干达的穆斯林革命》，《非洲事务》71(1972)；迈克尔·特沃德尔《19世纪后期布干达政客—宗教组群的出现》，《非洲史学刊》29:1(1988)；阿波罗·卡格瓦《布干达的国王们》(M.S.M.基瓦努卡翻译和编辑)(内罗毕，1971)，第166—167页。还有A.B.K.卡苏兹《穆斯林在乌干达的传播》(内罗毕，1986)和迈克尔·赖特《英雄时代的布干达》(伦敦，1971)。

④ 戴维·C.斯珀林(约瑟·H.卡加博提供附属材料)《海岸内地与东非腹地》，收入莱兹恩和保韦尔斯所编《非洲伊斯兰教史》。

⑤ 比如见E.C.霍尔《关于坦噶尼喀的12个部落》，《人类学学会会刊》12(1883)。

⑥ J.S.特里明海姆《埃塞俄比亚的穆斯林》(伦敦，1965)。

⑦ 约翰·索伦森《想象埃塞俄比亚：非洲之角的历史与身份之争》(新泽西州新布伦瑞克，1993)，第24—25页。

120 ⑧ 在大编年史中，某种程度在民族书面史诗《国王们的荣耀》(the Kebre Negast)中，这都是一种基础性的观念，比如参看M.布鲁克斯编辑和翻译《“国王们的荣耀”现代译本》(新泽西州劳伦斯维尔，1995)。

⑨ 比如G.H.波特尔《我前往阿比西尼亚的使命》(伦敦，1892)，第81页。

⑩ 穆罕默德·哈桑《埃塞俄比亚的奥罗莫人：1570—1860的历史》(剑桥，1990)。也可参看理查德·F.伯顿《东非最早的脚步》，2卷本(伦敦，1856)。19世纪中期关于哈拉尔的讲述，此书很引人注目，但也让人质疑。

⑪ 见阿比尔《埃塞俄比亚的王子时代：伊斯兰教的挑战和基督教帝国的重新统一，1769—1855》；以及唐纳德·克拉米《埃塞俄比亚基督教王国的土地与社会：从13世纪到20世纪》(牛津，2000)。

⑫ 拉皮德斯《伊斯兰教社会史》，第437页。

⑬ I.M.路易斯《索马里人现代史》(牛津，2002)，第2章。

⑭ 在斯文·鲁本森《埃塞俄比亚独立的幸存》(伦敦，1976)中，这些事件有明晰易懂的解说；巴赫鲁·泽德《埃塞俄比亚现代史，1855—1991》(牛津，2001)；哈罗德·马库斯《埃塞俄比亚史》(加利福尼亚州伯克利，2001)。也可参看理查德·科乐克的两篇文章：《19世纪埃塞俄比亚的宗教与国家》，《埃塞俄比亚研究》10:1(1972)；《约翰尼斯四世、马赫迪派和东北非洲的分割》，《跨非洲历史杂志》1:2(1972)。

⑮ R.S.奥费伊和J.斯波丁尔《苏丹人的那些王国》(伦敦，1974)，第1部分；霍尔特和戴利《苏丹人的历史：从伊斯兰教到来至今》第2章和第3章。

⑯ R.S.奥费伊《达尔富尔苏丹国的历史》(纽约，2008)。

⑰ 霍尔特和戴利《苏丹人的历史：从伊斯兰教到来至今》，第 2 部分；R.格雷《南苏丹人的历史，1839—1889》(伦敦，1961)。

⑱ P.M.霍尔特《1881—1898 苏丹人的马赫迪国家：对其起源、发展和倾覆的研究》(牛津，1970)仍然是单本研究著作中最好的一本。

第三部分

非洲与欧洲：至 1920 年前后的商业、冲突与合作

非洲与欧洲有着长期和复杂的联系，这两个大陆的经济相互联系，就如同文化层面上的互动一样，其特征就是一系列的误解和相互借鉴。19 世纪时，这最终导致了几个欧洲政府对非洲的瓜分，但在许多方面，这个“殖民时刻”扭曲了我们对非—欧长期关系的理解。如同欧洲中心主义“旧世界”和“新世界”的说法体现出来的那样，不同于美洲，非洲大陆从古代起就同欧洲打交道，尤其是北非与南欧有着长期的贸易和文化联系，而撒哈拉以南非洲与欧洲的联系尽管在 15 世纪之前不是那么直接，却也越来越重要。

欧洲对非洲的现代感知，本质上可以回溯到大西洋奴隶贸易的时代。尤其是 18 世纪后半期，当时对奴隶贸易的辩护和人道主义者的废奴主张等，发展出了一个观念：非洲是一片野蛮和嗜杀之地，是一个被进步和文明忘掉的原始大陆，它渴望着拯救。对于奴隶贸易的辩护者来说，人的运送是可以接受的，因为非洲的宿命已经注定。这甚至是必要的，因为把奴隶送到美洲就为他们提供了一个“逃离”生活在非洲这种可怕命运的机会。不管怎样，奴隶贩子们也只是在购买非洲无穷无尽战争的剩余产品而已，买的是那些按照非洲野蛮习俗会被处死的人。对于废奴主义者而言，非洲需要欧洲把它从自身中解救出来，使它“现代化”，把它带入基督教文明的怀抱。这两种观点显然都基于对待非洲及其社会的种族主义观念，基于非洲人如同孩
122 童、需要引导的观念，基于 18 世纪之后流行的那种关于人种的伪科学理论。奴隶贸易期间，作为奴隶贸易的直接后果所出现的这种种族主义在 19 世纪乃至其后得到进一步巩固，19 世纪初期围绕废除奴隶贸易的那些说法，在 19 世纪末对非洲的“抢夺”中得到了回响。

我们在前面章节中已经看到逐渐替代了奴隶贸易的“合法”贸易怎样带来了欧洲对这个大陆的高涨兴趣，这是一种在根本上扎根于废奴和贸易“合法性”的着迷。首先，欧洲越来越执着于“开发”非洲的需要。曾是欧洲与撒哈拉以南非洲主要经济联系的奴隶贸易，并不要求对非洲本身有很多了解，欧洲人很少需要到海岸以外的地方去冒险，即使他们能够这样做，他们肯定也不需要知道奴隶是从哪里来的。然而，19 世纪“新”的商业要求，就激发

了对非洲的科学兴趣，关注它潜在的资源和生产力、它的地理和气候、它主要的人口中心。非洲内陆有什么，欧洲人对此兴趣日浓，这在很大程度上是因为想要探索这个大陆的经济潜力。用这样一种方式，19 世纪早期之后的探险中就埋藏着强烈的商业动机，这与科学探索精神融合在一起——也常常利用科学精神的伪装。这种探索表现为由学术机构资助的探险组织，这些学术机构旨在深入非洲内陆去寻求“知识”。有时，这些探险的确是科学活动，但它们一般也都含有商业价值。19 世纪绝大部分时间的主要焦点，就是非洲的河流，探险者想测绘尼日尔河、刚果河、尼罗河、赞比西河，最重要的是寻找适航性，这就带来了商业收获的前景。当然，在这个过程中，对于自己经历的那些地方，欧洲旅行家收集了大量有关民族、权力中心、出产和贸易网络的数据——尽管它们常常在可靠性上有问题。

第二，18 世纪的欧洲与北美出现了福音派新教会的复兴，教会试图以此在“科学”与“理性”的双重压力面前，在西方日趋增长的世俗主义面前重申立场。这种复兴的一个重要部分就是出现了一种强烈的传教冲动，呼吁深入世界各地，宣讲上帝的语汇，尤其是在那些“不信上帝的”、野蛮的民族之中。不过，这场宗教运动与旨在摧毁邪恶的奴隶贸易的人道主义废奴运动紧密联系在一起，许多废奴运动的倡导者本身就是福音派基督徒，立志要完成在他们看来是结合在一起的目的：结束奴隶贸易，宣讲上帝福音。所以，非洲就成为传教活动的一个目标。在 19 世纪，先是一些福音主义新教教派到非洲传教，后又有几个天主教社团加入。

重要的是，传教活动和探险常常不可分离地交织在一起。许多探险者自己就是传教士，在获取科学与商业资料的同时，也在寻找愿意皈依基督的灵魂。这两者越来越被视为不可分开，内陆世界的基督皈依只会有助于商 123
业开发。深入南非和东非的戴维·利文斯通，成为那个时代最为著名的“探险传教士”，尽管他劝人皈依的能力没有他的地理“发现”及吃苦耐劳那样令人印象深刻。而且，探险本身无疑也打开了新的传教区域，科学与商业探险之后，随之而来的常常就是《圣经》了。

有一点或许有争议：在何种程度上，传教士与探险家后来成为了欧洲殖民主义的代理者？有些人无疑是这样，而其他许多人至少创造了一种有利于殖民征服的政治和精神框架。随着 19 世纪的推进，一些人的确间接或直接接受本国政府的资助，传教士们尤其在起劲地游说政治干预，给政府施加压力，要求官方支持他们的文明使命。这样的公众压力在 19 世纪最后几十年中出现，当时人们越来越相信欧洲在非洲——卢迪亚·吉卜林所言是“白人的负担”——负有使之文明的使命。如同我们在第九章会看到的那样，欧洲政府很少会单单因为传教士的游说而干预非洲，它们的干预通常是因商业机会（或以为是商业机会），或者是要消除与之竞争的欧洲国家的战略威胁。不过，传教士和旅行家传达出来的那种形象对于政治家和民众都极有作用，对19世纪公众的非洲印象影响很大。就探险家而言，或是静悄悄地，或是以其他方式，在本质上他们越来越被用作商业代理人，为政府特许的公司工作。他们深入非洲内陆，去发现这个大陆的经济潜力。亨利·莫顿·斯坦利，受比利时国王利奥波德的资助，横穿刚果盆地，或许就是这方面一个最著名的例子。这种背景中的欧洲人，尤其是传教士，可说是文化帝国主义的先驱，他们在非洲的所作所为，大部分都涉及至少是间接地传播欧洲文明的本质优势。他们对于自己看到的非洲文化、宗教和社会的绝大部分都加以谴责，将之视为邪恶之事，至少是野蛮异教的产物，所以他们的到来就意味着向非洲人展示其本质上的劣等。这无疑是欧洲殖民统治的基石之一。更长远地说，传教活动和探险标志着欧洲对非洲的一种主观设定，这是一种持续的（可能是越来越无意识的）自我确认过程的一部分。通过教诲启蒙和数据收集，欧洲人就把自己提升到非洲人之上，原始的非洲人理应处于他们之下。

不过，所有这些不应导致对19世纪最后20年之前欧洲人在非洲的实际影响的夸大。如同通常情况一样，在此之前传教只限于一些小小的孤立群体之中，非洲统治者容忍传教士是相信他们会带来好处。探险家有时会遭遇敌意或几分轻蔑，无疑也会受到好奇的欢迎，很少被视为一种威胁，也被用来获取贸易或其他方面的好处。在大约1880年之前，非洲内陆的欧洲人是一些易受攻击的、不重要的个体，穿越非洲社会时发挥的影响极小。总
124 体而言，欧洲人在非洲的活动基本上限于海岸带，法国人去了阿尔及利亚和塞内加尔，英国人在塞拉利昂和黄金海岸，葡萄牙人在安哥拉和莫桑比克。只是在南非，有一定程度的白人殖民存在。所以，我们不能错误地假设19世纪末的欧洲征服不可避免。在19世纪的大部分时间内，没有哪个欧洲国家预见到了这个，相反，对待非洲的官方政策摇摆不定，在所谓“帝国野心”上，除非是很必要，否则并不愿承担任何大的代价。英国就不愿意在黄金海岸和开普殖民地扩张，在这两个地方都优柔寡断，法国在塞内加尔也是如此。英法这两个在非洲大陆的领头国家，都不相信在这里进行殖民占有的

价值和必要，所以，我们可以将传教和探险界定为欧洲兴趣增长的表现，但它们自身在任何意义上都并不代表横跨大陆的帝国野心。

不过，在 19 世纪最后四分之一的时期中，广义而言的“征服”的确发生了。它背后的一个重要原因——或许是主要原因，我们已经在本书第一部分讨论过，是与“合法”贸易相关的，与人们越来越相信要想获利就必须直接干预非洲社会和经济相关。19 世纪开始时，人们认为“合法”贸易会给非洲带来稳定与安宁，“自由贸易”（无疑是模糊含义上的）的学说会使对非洲的经济开发只伴随最小的政治承诺。然而，越来越清楚的是，事情并非如此。如果贸易要自由流动，如果资源的开发要有利可图，如果非洲要成为欧洲产品的一个稳定市场，如果投资要得到保护，那么就需要进行政治控制。同样，这也与正在发展的种族主义思想联系在一起，这种种族主义思想认为非洲人是孩童，缺乏理性，自身不能够现代化，不能够稳定他们那些遭战争蹂躏、流血不已、四分五裂的王国和社会。所以，这就是对非洲最大的主观化，欧洲人依据自己的担心、焦虑和偏见来想象非洲，这在很大程度上延续至 19 世纪后期以后，被证明相当有生命力。被欧洲这样想象的非洲，就如同幽灵般盘旋在西方的想象之中。

然而，所谓的对非洲的抢夺，并不像它初看起来那样简单。当然，19 世纪 70 年代到 20 世纪初欧洲之所以能日益扩展地侵入非洲大陆，靠的是工业和科技优势，这种优势在 19 世纪后期已经鲜明显示在军事方面——至少是从非洲的角度来看。所以，想要征服这个大陆的愿望，无疑在很大程度上因具有这种能力而增强。抢夺非洲的故事，很多都涉及将非洲人作为牺牲品来描绘，其背景就是欧洲自身的强权政治导致了国际竞争，非洲和亚洲许多地方成为了被掠夺者。工业国家之间的经济竞争使得它们要去寻找原材料和占领市场，政治对抗和寻求国际威望在获取非洲疆域上表现出来。然而，尽管“征服”的许多形式的确发生了，但这个说法本身却常常是误导性 125
的。19 世纪后期对非洲的政治和经济“重塑”既是强迫接受，也是商议谈判。它并不是单向的，非洲人也在操纵欧洲人的观念，利用他们的担忧，被 19 世纪剧烈暴力所动员的非洲人自身也参与到抢夺之中，抢夺也因对本地情况的了解和军事技能而加速。如同我们将看到的，非洲人是 19 世纪后期各种重塑和重建过程的积极参与者，由此导致的殖民主义既是欧洲火力的产物，也是非洲创造的结果。

“抢夺”就是这样：一种没有章法、常常轻率的冲击，从海岸冲向内陆乃至更远，大量的军事推进加上外交往来的承诺点缀其间，这最终导致了世界现代历史上一些最奇特的政治实体的疆域划分。地图可能是在欧洲都城绘出，但瓜分过程本身既涉及欧洲人也涉及非洲人。如果没有后者的话，前者是不可能去统治这片广阔大陆的。无疑，导致许多殖民地建立的那些安排，必然涉及非洲的知识输入、非洲的政治独创和非洲的人力。极端而言，非洲的反应是各种各样的，脑袋里的目标一样，但人们常常会同时尝试不止一种策略。有些人为了自己的目标而屈从于欧洲“侵略”，而且通过欧洲霸权的手段来实现自己更为本地化的侵略；也有人拿起武器战斗并且死去，有时是大量地死去。不同的国家和社会依据本地或最多是地区的急迫状态来做出反应，许多人在欧洲的蚕食中既看到了威胁也看到了机遇。有些地区，因目标的一致而共同抵抗，例如在伊斯兰教的旗帜之下，尤其是在北非，较之南边的草原和森林地区来，伊斯兰教提供了更大的疆域和意识形态上的凝聚力。比如在利比亚和摩洛哥，这样的抵抗持续到第一次世界大战之后，其时，其他地方的武装反抗都最终平息了。然而，在整个非洲大陆，不管人们的反应或对新的政治现实的作用属于什么性质，各地的非洲人都对殖民结构和政策的形成起了作用；与此同时，非洲对殖民政治、经济和文化独裁的反应也一直在发展变化。

20 世纪初期，尽管有着欧洲的军事优势，现代非洲民族国家——本土的实体——创建根基已经奠定，虽然其中有着欧洲的输入和强迫接受。详细而言，非洲各地的殖民政权是不同的，但除了像南非或阿尔及利亚这样形成时间很长的局部地区以外，它们全都发现自己在 19 世纪 90 年代和 20 世纪初遭遇了相似的一系列新问题。殖民地国家想要建立对疆域的支配权，这就意味着能够在一片确定的地区行使实用的政治主权，结果就是在法律上垄断武力的使用。殖民地国家的军国主义是与生俱来的，绝大多数都直接来自这些国家创建时使用的暴力。殖民军队利用征募的非洲兵员，建立
126 了新疆域内大片主体地区的安全基础，暴力或暴力威胁就成为维持控制的手段。基于体系的稳定和军事安全的建立(这方面有一些明显的例外)，早期殖民国家那种公开的军国主义到了 20 世纪 20 年代已经在绝大多数地方后撤，这一点我们在本书后面将会看到。但毫无疑问，在某些方面，可以认为瓜分时代的顶点就是第一次世界大战。在有了稳定的体系和军事安全之后，马上要做的就是建立稳定的政府，在这些需要使用武力的地方，这并不是轻松的任务。需要有新的统治战略，最好是(在有些地方必须是)用尽量

小的代价，于是，非洲大陆各处的情况就多有差异。有些地方使用间接统治，有些地方则采用很直接的管理形式，还有的地方又重新选择了白人殖民——系统性的白人殖民或其他方式。

非洲人要不就是“抵抗”，要不就是“合作”，这种理解曾经很流行：非洲人或是战斗但最终被武力所征服，或是认识到抵抗是无用的，于是接受欧洲人的到来并且与他们的新主人合作。这种两分法不起作用，就如同“原初抵抗”与“二次抵抗”的区分一样：它在20世纪60年代发展起来，想把起初的抵抗欧洲入侵与几年之后的反殖民主义起义区分开。相反，应该把非洲的反应视为一种更为整体的反应。要理解，有些地方的确拿起武器来反抗殖民军队，但其他地方则是适应了欧洲的政治乃至于文化规范，不仅是用更为微妙的方式来“抵抗”，而且塑造殖民体系来达到自己的目的。与此同时，反殖民主义的暴力，自身也与外交谈判相配合，试图达到一些对双方都有利的安排，并且受到政治和经济方面急迫事件的牵制。最终，欧洲的闯入被吸纳入非洲内部变革的长期过程之中。

127 # 第八章

罗盘与十字架

到18世纪时，此时尚作为一个存在实体而言的“非洲”，自从希腊和罗马商人在公元前后期和公元早期在地中海和红海的非洲边缘有所接触之后，作为欧亚世界为之着迷的一个来源已存在很久了。不过，北非和东北非洲海岸之外的广阔大陆，却在好几个世纪内，都隐藏在神秘之中。直至欧洲的中世纪后期，西非成为了当时西班牙地图上的“黄金之地”，神话和奇异故事填补了无知。葡萄牙人是先驱者，于15世纪在北非、西非和中非的大西洋海岸一带活动，他们的目的是发财渴望与宗教热情的融合——后来的十字军东征也是这种典型的想法。随着奴隶贸易在16和17世纪的扩展，除了葡萄牙人之外，又有了法国人、丹麦人、英国人以及其他人的加入，宗教热情减退了，更多的是经济动机。无疑，在这种萌生的联系中，文化交流的因素一直至关重要，对非洲大陆的感知越来越受到奴隶贸易的影响，这反过来又催生了对非洲国家和社会之性质的一些持久想象。即使奴隶贸易后来退潮了，欧洲人开始到自己海岸贸易站以外的内陆去探查了，这些想象仍然持续着，而且在强化。

128 **感兴趣的人士与学者：探险家与探险活动**

从“启蒙运动”以后，对非洲的科学兴趣、精神兴趣和商业兴趣就在高涨；在这一时期，这些好奇能够因科技进步而得到满足，这一点也很重要。部分而言，这些兴趣与奴隶贸易问题上的争议相联系，这种争议在18世纪后期越来越激烈，这在1788年伦敦“促进非洲内陆地区协会”——它通常被称为“非洲协会”——的建立上体现出来。18世纪后期和19世纪初期建立了好几个这样的科学和知识分子组织，这个协会是其中一个。学者们的这种协会关注人种学、地理学、植物学、民俗学等等。英国的“孟加拉亚洲学会”于1784年创建，巴黎的“地理学会”——它是许多地理学会中的第一个——于 1821 年建立,德国的“柏林地理学会”于 1828 年创建。在英国,伦敦的“皇家地理学会”于 1830 年依据“非洲协会”的原则而建立,它的主要创建者是约瑟夫·班克斯爵士,他是一位学者和著名的植物学家,在二十年前曾随詹姆斯·库克作环球航行。非洲协会如同班克斯本人一样,在许多方面都体现了这样一个“启蒙”时代。它有许多目标,早期是想找到传说中黄金丰富的廷巴克图,但中心目标是让非洲贸易“多样化”,促进各种商品而不是奴隶的贸易,在这样做的同时来开发这个大陆的自然资源。①

所有这些都非常合理,科学追求和人道主义行为毫无愧色地与商业获取结合起来了。这是一种利益的联盟,代表着一种精神特质,19 世纪的进程里,欧洲对这个非欧洲世界大部分地区的走近会由此界定。② 在非洲协会的背后,至少有一个间接的假设:非洲必须通过积极的外部干预而得到“改进”,除此之外别无他法。欧洲对奴隶贸易日益增进的反对,并不使其更少地卷入非洲事务,相反,它代表了一种增长的对非洲的义务感。它尤其是使英国有了一种自我任命的角色,要去积极地促进非洲自然出产的输出,这就会不可避免地使得奴隶贸易死亡。至关重要的是,对非洲知识需求的增长,是与“合法”贸易自身密切联系的。不同于奴隶贸易,新的商业体系如同我们已经看到的那样,需要对非洲河流系统运输潜力有所了解,对能够得到哪些原材料以及对作为欧洲商品市场的人口中心有所了解。这些搜寻常常成为 19 世纪探险家探险活动的核心。③

于是,非洲的“改进”作为一个主题从 18 世纪后期以来就持续着。它有时也会导致争论,因为并非每个人都同意非洲能够被改进——无论是否依靠外部干预,都不能改进。在奴隶贸易的问题上,我们已经看到了这种争论,奴隶贸易的辩护者认为非洲与生俱来地落后,做什么都改变不了它。不过,现在出现了另外的关键概念——同样抽象的关键概念:非洲内部。非洲 129
被视为一个奇特的封闭实体,它可以被打开,让光线照进去;非洲有“内陆部分”,这就很有希望,但以那个时代的精神来看,这需要进行科学的考察。非洲的形象如同医学实验一样,会在 19 世纪的时间里得到展开,探险家们要去它的“心脏”旅行,有时是通过作为它的“血管”的河流。这是一个被疾病纠缠的大陆——既有真正的疾病,也有想象出来的,包括那些据说会危害其文化、社会和政治运作的疾病。利文斯通和其他的传教士后来谈起非洲时,都使用了一些表示需要检查、诊断和治疗的术语。所以,非洲协会就代表了对“旧世界”这个巨大未知部分的新知识的渴求,“无知”的确是启蒙时代人的一种耻辱，这个协会宣言的序言就这么说。而且，由此而来的财富将反过来为“至今还处于无望的野蛮，受到普遍蔑视”的那些民族带来利益和进步，这个协会的秘书亨利·博福这样说。[4]

在此后的数十年中，许多人将到这些民族中去冒险，英国皇家地理学会(RGS)——它在许多方面是非洲协会的直接后代——在19世纪发起和指导了许多最重要的探险活动。从19世纪30年代到80年代，非洲探险成为了公众着迷的一个来源，而更重要的是，它体现了商业和科学知识的边疆，体现了正在生长的种族主义，以及越来越增强的原始帝国主义的扩张。在探险重点集中于河流适航性期间，英国海军的介入十分突出。不过，在重点转移之后——转向了大陆穿越，50年代后尤其如此，随着海军介入的消退，皇家地理学会成为维多利亚时代许多探险活动的驱动力量。地理学家罗德里克·默奇森爵士承担了活跃的、富有爱国热情的领导职责，他信奉探险要为英国国家利益服务的信条，要对得起公众资金的支持，他相信科学与大英帝国不可分离地交织在一起。默奇森主导了一代人的探险，直到他1871年逝去。通过对维多利亚时代探险活动三个关键方面的平衡，他赢得了可观的政府支持，这三个方面是：满足维多利亚时代公众对海外冒险和奇遇的好奇渴求，许多探险家无疑能提供这个；科学探求的精神和对知识的追寻；商业利益，体现为找到原材料来源和潜在的市场。而皇家地理学会把帝国主义的雄辩和人道主义与科学兴趣结合在了一起。[5]

早在欧洲探险家之前几个世纪，即欧洲的中世纪时期，就有阿拉伯探险家、阿拉伯商人和冒险家穿越了北非、西非和东非和一些区域，留下了一些极有价值的第一手记述。[6]15世纪时，欧洲才开始在非洲大陆的边缘探索，早期“探险家”中许多都是传教士，比如16世纪抵达刚果和埃塞俄比亚的那些欧洲人。可以被称为“职业”探险家的那些人出现得较晚，只是到了18世纪后半期才多起来。先是詹姆斯·布鲁斯在18世纪70年代到埃塞俄比亚
130 和苏丹去寻找尼罗河的来源，接下来出现了一系列的探险家在西非考查尼日尔河的长度和形态。得到非洲协会支持的蒙戈·帕克，在90年代和19世纪初期，试图追寻尼日尔河的河道，在1806年回程时死去。他抵达了廷巴克图。几年之后，勒内·卡耶也于1827年进入这座传说之城，但他关于这座城的描绘是不可信的。19世纪20年代初期，登哈姆、克莱普顿和奥德莱都从的黎波里南行，在1824年探险抵达了那个庞大的西非哈里发国的都城索科托。然而，穿越撒哈拉沙漠的道路被认为过于危险，更不必说也过

长，于是西非海岸越来越成为人们选择的出发点。1825 年到 1827 年期间，休·克莱普顿和里查德·兰德从巴达格瑞(Badagry)的贸易港口出发，前往卡诺，尽管克莱普顿在途中死去，但兰德和他的弟弟约翰却经陆路抵达了布萨，然后沿尼日尔河前行，于 1830 年到达河口。欧洲商人得知尼日尔河有些地方可以通航后很是兴奋，这个地区作为一个整体唤醒了制造商和金融家们的贪婪。在 50 年代早期，一位受英国利益资助的德国人海因里希·巴尔特博士，进行了穿越西非草原的广阔旅行，并且考查了尼日尔河河湾地区，想要评估这一区域的商业潜力。如同他之前的克莱普顿一样，他也使用的黎波里作为"非洲入口"，由此南行穿越撒哈拉。[7]

然而，疟疾成为了进一步深入的巨大障碍。1841 年，由英国政府支持的探险队沿尼日尔河而上，想去探寻商业机会，却因疾病而结束。大约 50 个英国人相继死去，绝大部分都是因为疟疾，最终不得不完全放弃这次探险。在 19 世纪 50 年代之前，蚊子阻止了欧洲人的进一步渗透，此后由于奎宁的发现，提供了对于疟疾的一些防护，这就大大加快了探险的步伐。1854 年，政府资助的威廉·贝尔福·贝基博士沿尼日尔河而上的探险，就证明了这一点。[8]在几年之后，英国汽船就在这条河上行驶了。从 19 世纪 50 年代到 70 年代，尼日尔河进入了欧洲地理"发现"的名录之中，在这个名录中还有尼罗河、赞比西河和刚果河等大河系统。这里面既有真实的科学兴趣，也有这些河流可以作为商业要道的前景。在南部非洲，常常是传教士成为探险的先行者。40 年代，罗伯特·莫法特抵达现在的博茨瓦纳一带，他的女婿戴维·利文斯通完成了这一背景下那个时代最伟大的功绩之一：于 50 年代中期从罗安达抵达赞比西河河口，穿越了非洲大陆。在这同一时期，理查德·伯顿和约翰·斯皮克到达了坦噶尼喀湖，而斯皮克和詹姆斯·格兰特后来又在维多利亚湖北端确定了白尼罗河的来源，并且证明了溯河而上直至喀土穆的通航可能性。利文斯通在 1858 年至 1864 年期间，追踪了赞比西河和夏尔河的河道，并用自己的余生来查明刚果河的支流。沃内·洛维特·卡梅隆于 70 年代中期横穿非洲，从印度洋走到了大西洋；在靠北一些的地方，则有约瑟夫·汤姆森探索了现在的肯尼亚一带。维多利亚时代的偶像人物之一亨利·莫顿·斯坦利，继续利文斯通的工作——某种程度上他有意这样做，从东至西穿越非洲大陆，查明了卢瓦拉巴河和刚果河的河道。斯坦利的探险得到了比利时国王利奥波德的资助，在"抢夺非洲"的 131
前夕证实了刚果盆地的商业可能性。斯坦利于 80 年代后期回到非洲，穿越刚果北部的森林进入乌干达，他的理由是要“援救”被围攻的埃及赤道总督埃敏·帕沙。[9]欧洲人常常因为某些特定目的而组织探险活动，比如汇编事实数据，获取与商业机会、人口群体、资源、国家和社会相关的信息。“合法”贸易仍然处于这些探寻的核心，比起 18 世纪的奴隶贸易来，它需要多得多的知识，所以探险活动就成为这个新的经济正统时代的重大推动力。这不单单是为科学而探索科学知识——尽管在许多探险中含有这个因素，也是为一个目的而寻求知识。

渐进的支配与对非洲的发明

许多旅行家留下了巨量的文献，对于历史学家来说，这些材料自身是有问题的。他们常常主要依赖文献来建构殖民地之前的某个非洲社会，同时又要注意这些文献是在什么背景中产生的。在某种意义上，这是一种不可能解决的紧张关系，欧洲人留下的材料常常是人们能够得到的关于某个时段某个地方的仅有材料，然而这些材料的性质又是典型的误解——有意的或无意的，并逐渐通过文献上的支配导出对非洲的“发明”。[10]在 19 世纪，探险自身就是一种文化傲慢的表现，这在“发现”概念上体现得最为明显。19 世纪对非洲的想法中，其核心前提之一就是这个大陆在那里等着人来“发现”。那些文献本身就充满了欧洲人怎样发现了湖泊、河流源头、瀑布、山脉的说法。在欧洲人的想象中，它们是一种未开发的野性风景的组成部分，生活于其中的非洲人通常只是呆板的背景人物，对于他们周围那种令人惊愕的地貌，只是一些无知、无反应的接受者。非洲人没有“发现”自己的风景，他们只是在那里，只是它的一部分。他们只是勉强算人类，常常茫然于白人对待地理的着迷，这种茫然方式进一步体现了非洲人因遗传而来的无知。非洲人是白人穿越荒野的向导，是探险队的武装警卫，是翻译，是驮背给养的人，是寻找食物和水的人，有时也是同伴。但欧洲人的印象却总是限于非洲人的忠诚和忠实服务，非洲人总是处于故事的边缘，是单向度的，生来就陷于一种环境之中，这种环境的原始就如同非洲地貌的美好一样。

许多探险者都试图为自己穿行过的那些社会勾勒历史，对于历史学家来说，较之那些应该是目击印象的记述来，这类文献更成问题。詹姆斯·布鲁斯巨量记述的第二卷专门谈埃塞俄比亚的历史，显然依据的是王室编年
132 史和传教士的手稿，以及与一些地位很高的人的交谈。许多其他人都仿照其做法，试图建构那些他们觉得有关注价值的社会的历史，这成为早期殖民

国家建立的一个至关重要的方面。欧洲人的知识积累是一种压倒本地民族的假想力量，如同历史学家罗伯特·斯塔福德指出的那样，本地民族“对自己命运的控制会被地图坐标和博物馆标本侵蚀，就如同被汽船、子弹和让步条约所侵蚀一样”。[11]并不是非洲统治者在整体上没有意识到这一点，有很多证据表明非洲人怀疑欧洲人收集自然标本、为河流制图、探求山脉等等背后的动机。随着19世纪慢慢展开，非洲人自己对欧洲人在海岸线某些地方扩张的了解在增长，这种怀疑也相应增长。有些人开始嘀咕，说白人来这里是要“吃光”土地。很快，在那些孤单的探险者、那些挥舞《圣经》的传教士之后就出现了武装入侵的群体。这样的嘀咕真是令人惊慌的预言啊。

探险家常常视自己为欧洲文明和文明使命的先驱。有时，这是自我任命的。比如斯坦利在19世纪70年代穿越中部非洲时携带了英国和美国的旗帜，但关于他残忍的报道却导致英国外交部的恐慌，后者要求他把自己队伍所打的英国国旗撤下来。然而，如同我们下面会看到的，斯坦利仍然感觉自己能够代表基督使命，呼吁传教士们到布干达来。[12]斯皮克也把自己视为英国大使一类的人物，长时间地与国王穆特萨谈《圣经》，谈英国的军事力量；伯顿作为伊斯兰教的一位敬仰者，在整体上蔑视非洲文化和社会，但仍然找借口来干预，以改进“非洲环境”。[13]由此而来的那些著述，对于欧洲怎样看待非洲起了至关重要的作用。维多利亚时代的地理法则被强加给非洲地貌，在一个更宽广的物质和精神宇宙的地图之中，这个大陆被标出，它的国家和社会被用程度不同的轻蔑和失望来描绘，尽管也有一定程度的钦佩留给了一些被视为在文明尺度上位置高一些的王国。探险家们对非洲生活的细致描绘，在形成公众和政治意见上至关重要。维多利亚时代的英国给游记提供了一个膨胀的市场，公众渴望那种讲野蛮、黑暗、嗜血行为、食人族、人头祭祀和性放纵的过瘾故事。然而，有一点很清楚：那些探险的欧洲人常常是无意的目击者，看到了非洲各地在政治、军事和经济方面的剧烈变化，他们的记述为历史学家提供了丰富的采摘材料，但需要对他们很成问题的深深偏见加以警惕，他们在很大程度上误解了自己观察到的东西。

到19世纪80年代结束时，非洲探险的黄金时期已经基本完结。在某种程度上，探险家们在19世纪中期干得那样努力，以至于最终显得自己多余了，而更重要的是，殖民扩张的时代视他们为局外人。在一个入侵的时代，已不再需要探险家，这个时代是殖民官员、军官，常常还有传教士来推进帝国边疆，他们有时充当了探险家的角色，例如80年代和90年代被派往国

133 王宫廷完成外交使命的官员。不过，有一点很清楚，那就是探险家对一个时代的贡献——对帝国探险、对公众怎样想象非洲、对关于非洲历史的一些持久观念的形成，所起的作用都绝对是基础性的。然而，传教士的影响从长期来看却更为持久。

至1800年时的欧洲传教活动

欧洲传教士在撒哈拉以南非洲的活动，可以追溯到葡萄牙人，15和16世纪时他们就被派往埃塞俄比亚和刚果王国传教，此时莫桑比克港一带也是早期基督教活动的一个基地。[14]这些传教活动与葡萄牙的海外扩张紧密联系在一起，广义而言也可以视为十字军东征的一种表现，体现着中世纪后期欧洲世界观反伊斯兰教的精神特质。不过，葡萄牙也到远方土地去寻找盟友。在中世纪后期的欧洲，有一个传说，说“东方”某地有一个伟大的基督教王国，它被穆斯林和异教徒敌人所包围。在想象中，这个王国很强大，它富有、强健、神秘，最重要的是在葡萄牙与伊斯兰教的战斗中它是盟友。所以，欧洲人就决定要找到这位伟大的国王，与之结交。他被称为“祭司王约翰”，当代文献称为“祭司国王”。在所谓“东方”，的确有一个基督教王国，但它并不在葡萄牙人想象所在的地方——葡萄牙人认为它在印度。这个王国就是“埃塞俄比亚”，葡萄牙传教士于16世纪早期抵达这里。传教士中许多人都颇感失望，埃塞俄比亚看起来落后，非常贫穷，它的军队装备很差，居民懒惰而堕落。而且，它的科普特正教会信仰(东正教)，也使激动的圣方济各会修士们发出绝望的叹息，这些修士是埃塞俄比亚信仰最早的观察者。这是基督教一种堕落、迷信的形式，它的牧师们孤独地住在自己的山区栖息地，他们那种粗糙野蛮的环境将他们与上帝隔开了，与罗马隔开了。[15]不过，毕竟是基督徒。勉强地，带着一种或许可以把他们领回正道的想法，当16世纪40年代来自南边的穆斯林军队入侵埃塞俄比亚时，葡萄牙人进行了军事干预。

大约在这同一时期，这些传教士的同伴已经抵达了距离大西洋中部海岸不远的刚果国王的宫廷。16世纪之初，葡萄牙就与刚果建立了外交联系，这个富裕的帝国处于一片肥沃的农业地区，还在一个广阔区域内征收贡品，这让葡萄牙人印象深刻。刚果的统治上层想要来自葡萄牙的教师和工匠以及士兵，但这种外交接触很快就使统治阶层分裂了。出现了不同的政治派别，一派赞同与葡萄牙人交往，另一派则主张将他们驱逐。如同几年后埃塞俄比亚的情况一样，前者占了上风，葡萄牙人把火枪手借给了刚果，刚果也有了一位新国王——一位基督教皈依者阿方索（1506—1543），他建立了与葡萄牙国王和教皇本人的联系。如同其他人在后来的世纪中会做的那样，阿方索认识到了基督教的政治潜力，他通过王室教派的开发，利用这种 134
新的信仰来增进自己的权威，削弱那些本地宗教的领袖。不过，这却是一杯有毒的美酒。16 和 17 世纪中，随着王室越来越依赖葡萄牙的支持，王室就在国内失去了正统性，导致了它的分裂，而基督教自身也难以在民众中扎根，民众视它为不怀好意的外国闯入的显示。⑯

在 17 世纪初期，葡萄牙耶稣会士试图劝阿比西尼亚皇帝皈依天主教，结果导致了大规模的内乱和流血（这在西方传教活动中并不是最后一次）。这个国家陷入内战，参与者们或是忠诚于原来的埃塞俄比亚教会，或是忠诚于这种新形式的基督教，⑰分成了新旧两派。如果说埃塞俄比亚在很大程度被“法朗吉斯”（ferenjis，“欧洲人”之意，出自“Franks”一词）的信仰所冷落，而且常常被轻蔑的话，那么欧洲那种神话与好奇误解的混合，到 19 世纪时在某种程度上就又在这个王国身上唤起。原来的“祭司王约翰”神话，是《圣经》式和古典式的“埃塞俄比亚”解读，现实事实又是这样：虽然有点勉强，但这个王国的确是信基督教的。神话与现实结合在一起，呈现在着迷、兴趣盎然的欧洲人面前。这里有一个民族，被他们的文化环境和实际环境所损害，但它却代表了一种让人好奇的基督教的返祖，而且最让人钦佩的是，它在穆斯林敌人面前坚持抵抗。也许，这就是祭司国王的疆域，现在已经失去了一些优雅，但即使是这样的“埃塞俄比亚”，也在基督教欧洲的想象中被给予了一个特殊位置。它有毛病，但可以改进；它的基督教可能让传教士们沮丧，但毕竟是基督教。在某种程度上，作为历史和文化上的奇特唯一，处在一个其他地方没有多少这种“进步”标志的大陆上，它值得尊敬。

只是到了 18 世纪中后期，英国传教士才进来。此时，在安哥拉和莫桑比克的葡萄牙核心定居地之外，天主教的影响已经大为衰退了。新教教会现在提供了传教活动新的推动力，但罗马天主教会后来又加入了争夺，尤其是 19 世纪 60 年代后期以来的法国“白色神父”，从他们的阿尔及尔基地出发去传教。罗马天主教的传教士在加蓬和塞内加尔也很活跃，后来又进入尼日利亚南部。最重要的是，在新教传教的大潮背后，有着成立于 1799 年的“英国圣公会传教协会”（CMS），它与“伦敦传教协会”“卫斯理公会传教协会”等同类组织一道，要到非洲来从事传教工作，与此同时还有皇家地理学会在非洲进行探险。⑱然而,探险大体上是越来越成功,而传教活动除了一两个著名的特例之外,在19世纪的前几十年中只能以其失败让人注意。尽管这些劝皈依者十分卖力,但19世纪中期之前传教士们在撒哈拉以南非洲没有取得什么进展。他们是——也常常自己认为是——在荒野漂泊,处在一个黑暗、没有神的环境之中,魔鬼在这里行使最高统治,光明很难渗透进来。

135 **福音派人道主义者:传教的复苏**

18世纪后期席卷西欧和北美的福音派复苏,是与人道主义废奴运动紧密联系的,于是福音派的眼睛就转向了非洲——如同他们也转向了中国和印度一样,将此作为基督教传教活动的成熟之地,无论是劝这个异教世界皈依,还是宣讲与奴隶制和其他各种社会和文化的可憎之事进行斗争,都是如此。这种基督教与欧洲文化价值观念内在相联,在19世纪的进程中,这种联系会进一步强化,强调采用欧洲服装、遵守严格的清教徒道德,反对跳舞、饮酒、非宗教的唱歌、圣洁婚姻之外的性自由。事实上,这就意味着对非洲文化和社会的很多东西的谴责,尤其是轻蔑一夫多妻制。传教士们是基督教教化事业的先行者,在英国,像威尔伯福斯和威奇伍德这样的福音派博爱主义者,在某种意义上是"国内"的传教士,在自家前线对奴隶贸易打了一场胜仗。⑲传教士们常常视自己为"合法"贸易的先驱,在公众的想象中铸就了基督教与健康贸易之间的联系,他们要把"三个C"带入非洲,也就是商业(Commerce)、基督教(Christianity)和文明(Civilization)。⑳那些传教社团本身就是对启蒙运动世俗主义的强力复兴回击:它们要让上帝回归当时政治和社会话题的核心,在英国则是帝国责任的核心。同样的热潮在欧洲各地出现,法国于1817年成立了"圣母玛利亚协会",意大利的帕洛蒂派从1835年开始活跃,以里昂为基地的"非洲布道协会"在1868年成立,非洲传教协会也于同年在阿尔及利亚建立,"英—荷米尔希尔神父"于1866年在伦敦成立,1860年"比利时希特神父"成立,德国的"神谕协会"于1875年成立。美国的传教士也越来越活跃,特别是在"美国海外使命委员会"的支持之下,这个组织是1810年至1812年间创建的。不过,来自英国的基督教布道,在全球文明计划中的作用展示得最鲜明。

19世纪中,以上帝的名义可以对非洲做许多事情。英国宣布的对非洲政策,核心总有"基督教良心",即使那些硬心肠的政治决策者并非总是如此，但至少在公开表述上是这么说的。英国政治家们如同自信于英国的军事力量和经济力量一样，也自信于英国作为一个基督教国家所承担的责任。传教士们的确常常被视为帝国计划的代理者，作为这种代理者，他们常常处于英国扩张和非正式影响的最前线，处于与不信神、迷信和落后作战的“现代化”计划的心脏。传教在政府实际政策中的中心地位或许在塞拉利昂的例子上最好地显示出来，从 18 世纪 80 年代之后，它被称作“自由的教省”，这也是政府利益与传教利益在实践中结盟的一个典型例子。

塞拉利昂是一个庞大的乔治时代实验，基本观念是人道主义兄弟情谊， 136
这是废奴主义者宣布的信仰，我们在第二章已经注意到了。建立起一个新的国家，从前的奴隶可以开始新的生活，有自由有希望，他们可以去学习新的技能，通过自己的自由劳动来显示所得到的收获。在这个意义上，塞拉利昂必须被视为推进“合法”贸易之运动的一部分。而且它体现了一个完美的福音派领域：传教工作在那些流离失所、失去根基、饱受创伤的人们中展开，没有比这更为成功的了，而这就是塞拉利昂的情况。那里的第一个社区来自英国，从 19 世纪初期开始，新近解放的奴隶由英国海军船队运送，在塞拉利昂首都弗里敦登陆，加入基督教农民的行列。这个殖民地的许多希望被证明不切实际，而且是非常幼稚的，但一个持久的英国殖民地却在这里建立起来。在接下来的数十年中，一个由原来的奴隶组成的活跃社区的确发展起来了。[21] 在 19 世纪前半期，同样的被解放奴隶的重新安置项目在美国的支持下于利比里亚展开，时间是从 20 年代开始——利比里亚获得独立是 1847 年。法国从 1849 年开始也在利伯维尔（现在的加蓬首都）做同样的事。重要的是，塞拉利昂还体现着“同化”的观念，受到影响的还有塞内加尔讲法语的前奴隶，这里的海岸有一个可以回溯到 17 世纪 50 年代的法国人—非洲人社区。同化代表着这样一种信念：“土著人”通过在英国文化和商业活动中，尤其是基督教信仰中的熏陶，可以期待变成英国人，名副其实地同化到英国文化之中。教育、洗礼和文化同化——在服装、举止和说话等方面，将在这个黑暗大陆中创造出文明的非洲人。在英国，欧罗达·艾奎亚诺本人是塞拉利昂项目的一位热心倡导者，他就是这个观念的体现。[22] 弗里敦本身甚至也被有意设计成如同一个小小的英国镇子，里面是两层楼的住宅、学校和教堂，还有林荫道。“英国圣公会传教协会”还于 1827 年创建了弗拉湾学院，为英国文化的更高梯队提供了入口。半个世纪之后，也就是 1876 年，这所学院归属于杜伦大学，以便它能够授予英国学位。

所以,同化就是创造出“黑皮肤英国人”,这的确是英国教化使命的最终目标,至少在一段时间内是这样。尽管是在一种非常不同的政治和文化背景下,同一时期,同样的事情也在印度进行着。对白人文明本质优越的确信,是这类试验的基石,只需要土著人服从和效法,很难想象他们怎么能拒绝。这体现了对“落后民族”的一种新关怀,对“土著种族”和“臣属民族”的态度不再是冷漠,这事实上代表着非洲进步主义传教的纯正特点。一位福音派人道主义者托马斯·巴克斯顿,在19世纪30年代末这样写道:

> 靠显示出人作为土地上劳动者的更高价值,合法贸易将结束奴隶贸易,这是对人作为一种商品对象而言;如果以明智和公平的原则来处理,人们就会成为文明、和平和基督教的先驱,或者说随从,这是对那些落后、好战和野蛮的部族而言。他们现在可怕地相互捕食,为新世界的奴隶市场提供货源。以这样一种看待对象的观点,商人、博爱主义者、爱国者和基督徒可以团结起来。㉓

137 靠着这些高尚的渴望,巴克斯顿于1839年创建了“非洲文明协会”。尽管政府有一些疑虑,但还是在一段时间内提供了支持。政治兴趣和人道主义的兴趣联合起来了,英国政府同意资助尼日尔河的一次探险,与那些友好的首领建立联系,缔结条约,收集内陆那些有可能进行农业和商业定居的地区的信息。这次探险于1841年5月开始,队员出发前往非洲,却差不多成了一场灾难,将近三分之一的成员死于热病,整个计划不得不被放弃。不久之后,非洲文明协会就垮了。人道主义的事业因此而受损,但并非不可挽回,在随后历届政府中,人道主义都保持着相当的影响。不过,它的作用就是提醒那些富有同情心的政治家们——比如30年代和40年代长期任英国外交大臣、1855—1858年和1859—1865年两任英国首相的帕默斯顿勋爵,他们可承担不起过分的多愁善感了。于是,一个重要的原则建立起来,一直延续到瓜分非洲时期:只有在更广阔的英国国家利益——商业利益或战略利益——的需求也很明显得到了满足时,才能对人道主义事业提供官方支持。㉔

帕默斯顿体现了很多那个时代的精神特质。他致力于取缔非法奴隶贸易,将此视为他的使命之一,要建立起他所称的“英国的道德分量和政治影响”。他掌权时拉各斯被合并,这并非巧合。对于帕默斯顿而言,贸易就是教化,贸易的发展就是达到政治和道德分量之目标的手段。不存在为贸易而贸易的问题，如他所言，贸易会“带来和善的感觉”。[25]通过贸易，一种商业和政治框架就发展起来了，一种同盟也就形成了，道德上的先进起作用了，英国无可争议的强大力量就可以用于一些更大更高的善行。19 世纪中，传教士是如此经常地处于帝国的道德前线，然而这却是一个困难和孤独的前线。

基督教对文化、国家和社会的影响

19 世纪的非洲社会中，有许多类型的传教士，但下面这两类可能属于最引人注目的。一类是坚定的宣讲福音的怒喝者，身着法衣和罩袍，脸被热带太阳晒得通红，四处行走，以徒劳的勇气来责骂环境的野蛮，这环境包围着他，最终杀掉了他。另一类则是激进的与众不同者，已被吸引进当地社会，是本土权利的护卫者和当地文化的保护者，他们尽管也意识到了这些文化的缺陷，但讲的是当地语言。他们的行动如同刺痛殖民地当局的荆棘，殖民地当局是得不到他们献身的。事实上，尽管这些形象有时很准确，但 19 世纪时的传教士有许多“类型”，所以基督教的影响也颇为不同。

非洲宗教和政治制度对基督教神学进行了顽强的抵抗。当然，这有很多原因，有些原因无疑是“个人性”的，这对于我们的目的而言，在某种意义 138
上无法测量，就如同实际的皈依无法具体考证一样。另外一些原因则更多地与非洲社会的民众和文化生活相关，人们不会一起皈依新的宗教，除非有极好的理由来这样做。在 19 世纪的大部分时间中，很少有这样的理由存在，而传教士也肯定提供不了多少。就政治上层而言，他们的力量常常要依靠对本地宗教的控制，存在于他们与这种超自然的联系之中，所以基督教就是对他们权威的一种明显威胁，如同在其他地方的伊斯兰教一样。对于本地宗教的祭司和精神灵媒而言，对于国王和首领而言，都是如此。就纯粹的神学术语而言，基督教的基本原则——一神论的基本原则，在许多方面都与多神教社会迥异。在许多非洲宗教中，的确有一位“造物主神”，但这位神常常很遥远，与日常生活没有关系，不再真正关注人们，所以人们就更多地转向了各种功能神灵，比如与降雨、生殖、战争等等相联系的神灵。[26]这种多神论的维度使得非洲人非常难以与一位全能神——不能容忍其他神灵——的概念联系起来，这既是颠覆性的，又明显是危险的。不过，一位历史人类学家争辩说，随着欧洲人和其他外国人在一些地方越来越多，事情就开始改变了。这导致非洲人的世界观在 19 世纪中发生了转变。[27]根据本书第六章中谈伊斯兰教时讨论过的"知识分子理论"，在许多非洲宗教中，造物主神常常与"外在世界"相联系，与一个宏观世界的宇宙相联系，在相对孤立和自我包容的非洲族群中，这个宇宙与绝大多数人的生活没什么关系。然而，随着"外在世界"的蚕食——它的表现形式是扩展的海外贸易网络，或者是欧洲传教士、探险家，最终是士兵和殖民地官员的出现，造物主神就变得很是相关了。人们说，在如此变化的时代，非洲人就变得较能接受一些世界性的、一神论的信仰了，比如伊斯兰教和基督教。

传教士们常常哀叹伊斯兰教是如此牢牢地掌握了非洲的大片地区，对于西非来说尤其如此，在东非也是一样。基督教传教士是在19世纪很晚才来到东非的。[28]传教士觉得他们可以很容易地将此归因于非洲人天生的落后，他们的原始会促使他们更愿意被伊斯兰信仰（或者是它的一种堕落形式）所吸引，而不是任何其他宗教。然而，基督教怎样去侵蚀伊斯兰教，为什么看来只有那么少的非洲人被基督教所吸引，这种让人头疼的问题仍然存在着。一代代传教士认识到的困难之一，就是比起伊斯兰教来，基督教的教诲与非洲文化有着更为面对面的排斥。19世纪的绝大多数传教士显然都憎恶一夫多妻制，但伊斯兰教并不。对于非洲的唱歌、跳舞、击鼓，传教士都极不赞同，视之为魔鬼撒旦之事，他们对非洲人在性放纵和男女乱交上的明显倾向也很惊骇。伊斯兰教看来就要适应得多，至少那些接受了伊斯兰教的非洲人是这样解说的。

在基督教被不管用什么形式接纳下来的那些地方，同样也存在一个与当地宗教适应的问题。如同伊斯兰教的情况一样，非洲人肯定也会吸取基督教仪式的一些因素，将它们吸引进已有的宗教活动之中。[29]的确有人对基
139 督教表现出兴趣，但要评估这在何等程度上是真正"精神性"的，在何种程度上是为了政治上或经济上的好处，则并不容易。无论如何，这展示了非洲人对来自更宽广世界的代表事物的接受态度。这方面一个最显著的例子就是科萨人。19世纪中期，他们中有些人吸纳了激进的基督教观念，尤其是与世界末日相联系的那些观念。1857年，许多科萨人被他们自己的预言者说服，杀掉了自己的牲畜，以等待自己部族的重生和这一区域欧洲力量的毁灭。这种屠宰的发生有着牲畜染病和欧洲人蚕食的背景，有着科萨人因此被削弱的背景，但在开普殖民地当局能够控制的新疆域，这种惊慌相对少一点。[30]更广阔而言，基督教提供了文化的优势，一些统治上层成员是急于获得文化能力的，当然，伊斯兰教也提供了同样的好处。传教士们还被视为一

个有利可图的贸易网络的代理人，统治者很想利用这个网络，有些传教士也的确参与了一些货物的贸易，有时甚至还包括枪支。那些前往外地的传教士会确保携带足够的贸易货物，他们相信这是在那些王朝宫廷赢得信任、让人喜欢的一种好办法。在这个过程中，传教士会以伊斯兰教商人是骗子和无赖，而基督徒则是公平和诚实来立论，所有这些都用“合法”贸易的名义。[31]对于传教站本身而言，贸易活动也很重要，它们在相当程度上也需要自给自足。有些仁慈和慷慨的首领，可能会向这些挥动《圣经》的客人提供食物和其他给养，但在很多地方传教士就得自己维持生活了，如同其他人一样，建造自己的住处，到市场上进行贸易。

对于社会中的弱势群体，基督教也提供了某种程度的补救。传教士住所是战争中的避难所，有些成为奴隶的藏身之地，让奴隶获得自由和救助。引发争议的是，至少是在英国圣公会传教士眼中，在布干达传教的法国“白色神父”卷入了那里的奴隶贸易，购买俘虏，让他们皈依，尤其是儿童。然而，这同样的事也在约鲁巴发生，19 世纪 40 年代和 50 年代时，此地成为了传教活动的主要地区之一。[32]对于传教来说，最重要的策略之一，就是利用“土著”皈依者，让他们实际承担在草根阶层传教的大部分工作。这个先例是从菲利浦・夸克开始确立的。他 1741 年生于黄金海岸，后被送到英国，在那里他成为被英国教会任命为牧师的第一位非洲人。他于 1766 年回到非洲，传播福音。[33]在他之后又出现了其他人，尤其是来自塞拉利昂的前奴隶们，他们被派往西非各地去宣讲神谕。他们中最著名的是 19 世纪后期的塞缪尔・克劳瑟。夸克和他的那些跟随者也遇到了与白人传教士一样多的麻烦，他们的传教通常遭到冷漠对待，他们虽不像白人牧师那样“异国”，但他们的信息也同样异己。在被他们劝导皈依的非洲人看来，他们是很古怪的、在文化上无根的人。

然而，如同我们上面讨论过的，塞拉利昂自身是 18 世纪后期和 19 世纪初期传教“成功故事”中的一个，考虑到在这里的听众是受控制的——在不 140
止一种意义上，这种成功就丝毫不让人吃惊了。而且，塞拉利昂基督教在某种意义上，可以视为是很久以后的基督教“非洲化”的先驱。传教相对成功的另一个地区是南非，在这里，那些流离失所、被践踏蹂躏的科伊桑人和开普殖民地的其他人，被基督教信息所吸引，而这里的传教士住所也提供了避难所和同情，尽管主要是在精神层面上。[34]在这一地区，罗伯特・莫法特在 19 世纪 40 年代赢得了公众名声。虽然是他的门生戴维・利文斯通后来成为维多利亚时代不同寻常的偶像，但他在南非和中非的旅行中，把福音派传教、探险、让非洲大陆向“合法”贸易“开放”之需要这三者结合起来，时间是在40年代和70年代初之间。利文斯通则呼吁更多地到非洲传教，激起了一股活动热潮，其中包括60年代建立的“大学中非传教团”（UMCA）。这次复兴的承诺正好与瓜分时代叠合，传教士在这个时代扮演了突出的角色——不一定是帝国主义的公然代理人，尽管有时候是这样，他们无疑是越来越扩张的欧洲影响和文化渗透的先行者，潜在或公开地得到了政府支持。

利文斯通将福音派信念与科学好奇结合起来，多年在南部和中部非洲进行地理绘图，寻找刚果河系的来源与支流，对本地民族进行观察。在这样做的同时，他成为维多利亚时代人道主义良心的体现。他谴责奴隶贸易，号召英国年轻人来承担传教工作。他对非洲奴隶贸易有一个著名的描绘：“揭开了世界的创痛”，概括了英国对非洲大陆的概念形成过程，认为它充满了苦难、罪恶，是个野蛮、落后得可怕的地方。[35]尽管利文斯通本人未活着见到“抢夺非洲”，但他为英国最终对非洲的“人道主义征服”，在宣传和精神背景的形成上起了作用。利文斯通是一个维多利亚时代的偶像，在某些方面，他的传奇在西方影响颇大。1873年，他在坦噶尼喀湖以西的一处地方逝去，很快就成为非洲“殉道者”中最著名的一位。他名副其实地把自己一生用在这个大陆的改进和拯救之上。维多利亚时代最著名的一个故事说，他的仆人苏西和切玛把他的心脏取出，将其葬在他逝世地旁边的一棵树下。在去掉尸体的内脏后，他们带着他和他的遗物，从桑给巴尔回到了英国。这位伟大的人物被葬在威斯敏斯特大教堂。苏西和切玛有了一段时间的荣耀，而利文斯通最后的日记很快由他的朋友霍瑞斯·沃勒编辑，于1874年出版。[36]

在这个背景中，“乌干达”的故事是很有启示的，体现出这个令人钦佩的时代的一些动力。在19世纪的最后几年中，布干达王国（“乌干达”是其名称的斯瓦希里语音译）成为大众谈论的中心，成为了类似著名案件一样的热点。1876年年初，这个时代的卓越探险家、自命为利文斯通继承人的亨利·莫顿·斯坦利，在伦敦的《每日电讯报》上发表了一封信。在信中他恳请传教士们到布干达去，他自己刚在这个王国呆了一段时间。[37]他宣布，传
141 教士们在布干达会见到一位聪明和热心的统治者，他领导着一个民族，迫切想得到拯救，想要一条从包围他们的黑暗中逃出来的路径。这是一片基督教事业的成熟之地。国王穆特萨的确对斯坦利的《圣经》表现出兴趣，如同

他几年前对斯皮克的兴趣一样，尽管当斯坦利于1875年抵达此地时，穆特萨名义上确实已经是穆斯林了。对斯坦利这封信的回应迅速而有针对性。1877年，第一批英国圣公会传教协会的传教士就抵达了干达，其目的就是从伊斯兰教和异教力量的手中夺取这个王国。在传教站最早的成员当中有一个人将把自己的余生献给这项工作，他就是斯科特·亚历山大·麦凯。他非常讲究实际（他是一位熟练的工匠），毫不妥协地憎恶天主教教义，对于当地宗教也很排斥，往往在王国宫廷里愤怒地斥责伊斯兰教和本地精神灵媒与神灵所起的支配作用。当1879年法国天主教派"白色神父"们抵达布干达时，他和他同事们的沮丧是不难想象的。[38]于是，某种丢脸的场面出现了——对于看到这场面的一些干达人而言，会觉得很好玩：新教传教士与天主教传教士在王国宫廷上当着国王的面相互指责起来，传教士们想向他们说明自己这种信仰的正确，对方那种信仰的错误。

在劝干达社会的政治上层皈依方面，新教和天主教都获得了某些成功。许多首领或是皈依了天主教，或是皈依了新教，其中有些人此前还皈依了伊斯兰教，或者宣称自己是穆斯林。这些皈依者依然信奉自己原来的神灵。传教士们很感失望，由此植下了怀疑的种子：他们到底是不是真正皈依了？干达政治社会的上层梯队把他们的孩子送到传教士住处，学习阅读和写字，并让他们受了洗礼。穆特萨还把自己的侍从和低级首领也送来学习。穆特萨自己很聪明，能够独立思考，在70年代后期和80年代初期，他无疑有点把这些不同的外来者——英国圣公会传教士、白色神父、穆斯林商人，玩弄于股掌之上，他自己的精神灵媒仍保持着对王朝宫廷的有力掌控。他给传教士们足够的鼓励，让他们觉得很有希望，但并不让自己令人信服地忠于其中任何一派。不过，他真的对基督教的上帝感兴趣，这看来不用怀疑，他对此的保护促进了基督教信仰在他那些首领中的传播。不过，在控制这些新的力量进入自己的王国这个问题上，穆特萨究竟做得如何成功，是一个有争议的问题。[39]

干达的宇宙在变化。基督教吸引着追随者，伊斯兰教也是如此，因为它们提供了社会和政治上的机会，还可以学习文化，可以接触贸易。不过，同其他地方的情况一样，这也对政治和精神秩序带来了新的威胁。穆特萨于1884年死去，在麦凯的监制下，为他做了一个欧洲风格的棺材，他的儿子姆万加继位。姆万加童年时常到传教士住处去玩，但做了国王之后，就发动了对传教士和干达皈依者的迫害。一些干达皈依者被处死，他们的殉道既属于干达那种荣誉传统，也是新的信仰唤起的。传教士们自己的生活也变得困难了，但像麦凯这样的坚定者拒绝离开。姆万加如同一个被变幻的灯光吸引，又感到困惑的人，他对基督徒的迫害可以视为为了自己的灵魂、为了
142 王国未来的挣扎。1885年，詹姆斯·汉宁顿主教被任命为尼安萨教区的负责人，他决定通过“东线”——穿过今天的肯尼亚，而不是从南面前往布干达。人们警告他，干达“传统上”将来自这个方向的任何接近都视为敌意行动。他不管这种劝告，结果在王国的东部边境被一群干达人杀害。[40]这就是英国圣公会传教协会和广义的非洲传教工作的又一位殉道者，尽管他原本是可以避免的。不过，更重要的或许是汉宁顿的死只是揭示了干达社会中深层紧张的开始，也就是信奉新的外国宗教的愿望与对远方力量无情推进的深深恐惧这两者的对抗。

传教与帝国

从19世纪60年代和70年代以后，传教活动就开发了新的动力，越来越处于帝国扩张和传播欧洲影响的最前线。比如，法国天主教传教士就处于第三共和国的帝国逐渐扩张计划的前锋，尤其是在西非海岸和刚果盆地。[41]德国探险家和帝国狂热分子卡尔·彼得斯为自己的努力找到了精神支持，于80年代中期发起了“德国东非福音派传教协会”。[42]帝国雄心与责任的观念至少是在公众领域表达出来，这几乎是普遍地使用了基督教使命的语言来表达，显得更为高贵。如同我们看到的，在19世纪中期，英国首相帕默斯顿勋爵已经奠定了相关的政策框架，尽管英国在这个世界中负有道德责任，将自己视为文明世界的基督教良心，但道德动机的干预却也与真实的战略利益或商业利益吻合了。所以，尽管传教士未必就是帝国计划的一部分，“基督教良心”本身也没有铸就英国的政策决定，但传教士却是19世纪后期这个“新帝国主义”时代英国扩张角色的一种持续暗示。他们既反映了英国的自我想象，代表着宗主国的基督教推动力，而反过来又告知和影响着公众舆论和政治决策。利文斯通的殉道在维多利亚时代后期的想象中，就牢牢地固定了对“黑暗大陆”的印象。于是，人们就说，如果英国的道德目的要整体完成，就必须《圣经》和国旗一起走。难道英国不应该仍然负起它的道德责任吗？英国能够对野蛮和绝对需要拯救的愚昧民族视而不见吗？[43]19世纪行将结束时，这无疑就是基督教人道主义者的论点，即使看不出明显的战略或商业动机也要对非洲进行干预。

如上所言，19 世纪中期的局势体现了基督教非洲传教的严酷画面。在上面提到的那些地方之外，传教士们没有造成什么影响，许多人因此而死去。传教士们努力去克服其黑暗力量的那些社会，显然被战争和灾难吞没了。60 年代在英国，英国教会发现，在达尔文《物种起源》发表之后，自己又 143
一次地需要防御，质疑它的浪潮迅疾而来。然而，随着这个时代的政治和种族态度的变化，非洲处于更严密的监督之下时，传教士就能够被重新配置在扩张时代的前线了。

传教士因缺乏进展而沮丧，他们在变化的非洲社会中，越来越倾向于向国内政府寻求支持，要让它服从于基督教的传播。他们游说各自的政府，想得到政治或军事保护，如果这吻合政府更宽广的战略或商业利益的话，游说会得到积极的回应。尼亚萨湖地区（今天的马拉维）就发生了与传教士有关的最为剧烈的行动，它在很大程度上体现了利文斯通的传奇。80 年代，“基督教和商业”的游说要求对这里进行干预，以粉碎在这一地区格外强大的奴隶贩子。当英国政府于 1889 年终于宣布对它的保护时，它主要的动机是防止葡萄牙从东边而来的蚕食，但传教士的工作却也提供了一个有力的人道主义论点。[44]英国传教士是帝国权威在南非的积极推进者，比如鼓励茨瓦纳人首领寻求英国政府的保护来抵挡布尔人。1888 年在恩德贝勒人那里，也是一位传教士欺骗了国王洛本古拉，错误翻译一份条约，国王签了这份条约，结果他的一块国土给了塞西尔·罗兹用于商业。对洛本古拉的这种基本待遇，因为这位国王被描绘成一个野蛮的统治者，是这一地区基督教进步的障碍而显得合理。法国和德国的传教士也同样是成功的游说者，而且常常是严厉的刺激者，要求自己的政府肩负起它们在非洲的“道德”责任。[45]

我们上面提到的汉宁顿主教的死亡，导致了英国国内的愤怒，被普遍称作“乌干达”的干达，现在变成了英国的一个热点。传教士对干达社会的侵蚀，使得英国圣公会传教协会能够与其他人道主义组织结盟，来游说政府对这一地区进行干预。1888 年，干达王国因效忠不同外来信仰——新教、天主教或伊斯兰教——的派别分裂陷入内战，于是这种游说就变得更为急迫了。[46]基督教良心和期待中的商业前景推动了政府在布干达建立一种半官方的存在，其形式是大英帝国东非公司（IBEAC）。干达王国位于尼罗河的上游源头，这也是一个重要因素，因为英国越来越从广阔的地理政治角度来看待一些特殊地点。大英帝国东非公司在 19 世纪 90 年代初期遇到财政麻烦，1894 年，罗斯伯里任首相的自由派政府多少有点犹豫地同意对“乌干达”实施保护。传教士成为了帝国扩张的先驱，而这片疆域在某种程度上早于帝国夺取的“基督教化”，对这个过程是至关重要的。“乌干达问题”在90年代初期和中期搅动了英国的大众想象，成为自帕默斯顿之后所从事的“文明使命”的一个此后可援引的判例。这样，英国就踩了进去。当时英国著名的《潘趣》(*Punch*)漫画捕捉了这个道德责任的场景：约翰牛作为家长，疲倦地拿起被抛弃的非洲孩子，朝孤儿院送。[47]布干达自身作为一个相对先进的
144 非洲文明，吸引了人们的想象，它在道德上是可接受和合用的，可以作为在非洲广阔地区进行道德更新的一个本地代理者，而不久之后就是帝国控制的代理者。

在这个过程中，传教士的作用是基础性的，这在非洲另一边的约鲁巴人中也很重要，这里的传教士强调，对奴隶贸易的蹂躏和这一地区无穷无尽战争的可怕后果进行干预，这是很必要的。如同我们在前面章节中看到的，将达荷美描绘为不稳定和暴力的来源，它在掠食艾格巴，袭击阿贝奥库塔(有一些传教士自己住在这里)，参与了“非法”的人口运输。如同在布干达一样，传教士作为英国良心来行动，尽管他们在英国最终决定延伸正式控制的决策上起的作用不大，但他们创造了这个决策得以实施的精神框架。

在19世纪后期和20世纪初期，人们对非洲有一些更为持久的想象，传教士对于其中一些的形成起了关键作用。如同探险家的记述一样，传教士发表的记述也很流行，利文斯通的殉道在很大程度上激活了人们对十字军东征的基督教精神的兴趣。传教士工作受到的普遍关注，使得宗教社团在不景气的年代兴旺起来，而传教士则能通过它们在紧要的时候去游说国家议会，唤起公众舆论。而且，如同这一时代的探险记述一样，他们的工作包括撰写一些关键的第一手材料，历史学家用此来建构他们研究的那些社会。也如同探险家一样，传教士是在一个非洲发生剧烈变化、常常是暴力变化的时代来报道的，而他们通常并不能理解这些变化的意味和方向。与此同时，传教士的记述影响了国内关于种族的看法，也反映了这个时代正在强硬的种族观点：尼日尔教区的第一位西非主教塞缪尔·克劳瑟，在19世纪快要结束时被一位英国人替代，此后再无非洲人担任这一职务，直至20世纪50年代为止。传教士的谈论中有一个辩论：是否有些“黑人民族”不能改进。很多传教士很感失望，因为有那么多受了洗礼的非洲人只是看起来走了这个过程，但无精神转化的真正证据。于是，在19世纪后期出现了一种论点，认为这只有靠政治和军事的支持才能达到，要想把福音传递到位，就必须使

用帝国力量的全部分量。不过，记住另一点也很重要，那就是同样也有一些传教士并不赞同帝国扩张，谴责与此相伴的暴力。

传教士的记述提升了关于非洲的“知识”，如同关于亚洲和太平洋地区的“知识”一样，——尤其是还要考虑到许多传教士自身也受教育不足。他们在许多方面是先行的人类学家、历史学家。他们工作和生活在非洲社会的方式，是极少有其他欧洲人做过的。他们积累了非洲风俗、文化和历史方面的质量不同的众多数据。他们常常精通本地语言，通过将《圣经》翻译为本地语言，他们让其中许多语言首次有了书写形式。他们记录了本地的历史与传统，整理了地方知识。[48]如果说传教士提升了欧洲关于非洲的知识，或者更恰当地说，阐明了欧洲对这个大陆的感知理解；那么，他们也对非洲 145
自身新的身份认同的出现作了贡献，这就是在许多非洲族群中帮助建立了公认知识。通过在地方语言上的工作，他们对“部族”身份的创建作了贡献，这在以前是没有的，或者仅仅存在松散的联系。然而，这一切也同样并非单向的关系。非洲人也以无数种方式利用传教士和他们对信息的需要。通过书写地方传统，传教士就使得社会上层靠着这种新创建的文化力量，能够论证和巩固他们所需要的历史版本，从而强化他们在新的非—欧殖民秩序中的位置。最重要的是，从长远来看，千百万非洲人接受了基督教，让它成为了自己的宗教，使用传教士教诲的核心原则来建立他们自己的信仰社区，并以此来挑战殖民统治本身。

注释：

① 安东尼·萨廷《非洲的大门：死亡、发现和寻找廷巴克图》(伦敦，2003)。

② 比如参看罗伊·波特《启蒙：英国与现代世界的创建》(伦敦，2000)。

③ 这一时期的背景和一个精彩的总览，参看麦克卡斯基《文化冲突：19 世纪的英国与非洲》。

④ 转引自 R.哈莱特《18 世纪欧洲对非洲内陆的接近》，《非洲史学刊》，4：2(1963)，第 203 页。

⑤ R.A.斯塔福《帝国的科学家：罗德里克·穆其逊爵士、科学探险和维多利亚时代帝国主义》(剑桥，1989)。

⑥ 这方面最引人注意的记述之一，出自 14 世纪的伊本·巴图塔。参看汤姆·麦金托什—史密斯所编《伊本·巴图塔的旅行》(贝辛斯托克，2002)。

⑦ 萨廷《非洲的大门：死亡、发现和寻找廷巴克图》；克里斯多夫·希伯特《非洲探索：黑暗大陆的欧洲人，1769—1889》(哈蒙兹沃思，1984)；R.哈利特《非洲渗透：至 1830 年的欧洲经营与探勘，主要是北非和西非》(伦敦，1965)。更为概括的讲述，参看 V.G.基尔南仍然可读《人类的君主：帝国时代欧洲人对待外部世界的

态度》(伦敦,1969)。

⑧ E.W.巴威尔《被探索的尼日尔》(伦敦,1968)。

⑨ 这些旅行者留下了质量参差的大堆书面记述,比如戴维和查尔斯·利文斯通《赞比西河及其支流探险记述》(斯特劳德,2005;1865 年第 1 版);H.沃勒所编《戴维·利文斯通在中非探险的最后日记,从 1865 年至他死去》,2 卷本,(伦敦,1874);R.F.伯顿《中非的大湖地区》,2 卷本,(伦敦,1860);J.H.斯皮克《尼罗河之源发现日记》(爱丁堡,1863);V.L.卡梅伦《穿越非洲》,2 卷本,(伦敦,1877);H.M.斯坦利《穿越黑暗大陆》,2 卷本,(伦敦,1878);H.M.斯坦利《身在最黑暗的非洲》,2 卷本,(伦敦,1890)。

⑩ T.扬斯《非洲的旅行者们:英国人的旅行见闻,1850—1900》(曼彻斯特,1994);劳拉·弗雷尼《维多利亚时代的旅行记述和帝国暴力:英国对非洲的见闻,1855—1902》(贝辛斯托克,2003)。

⑪ R.A.斯塔福德《科学探险与帝国》,收入 A.波特所编《牛津英帝国史第 3 卷:19 世纪》(牛津,1999),第 302 页。

⑫ 他是在给《伦敦每日电讯报》的信中这样说的。见哈罗德·英格拉姆斯《乌干达:国家状态的危机》(伦敦,1960),第 7—10 页。

146 ⑬ 伯顿《中非的大湖地区》;斯皮克《尼罗河之源发现日记》。

⑭ 这方面一个有用的综述是戴维·麦克斯韦《基督教》,收入约翰·帕克和理查德·雷德所编《牛津非洲现代史指南》(牛津,2013)。

⑮ 比如 Fr.杰罗姆·洛博《前往阿比西尼亚的旅程》(塞缪尔·约翰逊译为英文)(伦敦,1789);J.H.阿罗史密斯—布朗翻译和编辑《普鲁特基在埃塞俄比亚和其他国家的旅行》(伦敦,1991)。

⑯ 约翰·桑顿《一个天主教会在刚果王国的发展,1491—1750》,《非洲史学刊》25:2(1984)。

⑰ 克拉米《埃塞俄比亚基督教王国的土地与社会:从 13 世纪到 20 世纪》,第 67—72 页。

⑱ 布莱恩·斯坦利《圣经与旗帜:19 世纪和 20 世纪的新教传教与英国帝国主义》(莱斯特,1990);安德鲁·波特《宗教对抗帝国:英国新教传教士与海外扩展,1700—1914》(曼彻斯特,2004)。

⑲ 比如威廉·威尔伯福斯《就废除奴隶贸易写给约克郡永久产权业主们的信》(伦敦,1807)。

⑳ 菲德利斯·恩克玛扎纳《利文斯通关于基督教、商业和文明的观念》,《普拉:博茨瓦纳非洲研究》12:1—2(1998)。

㉑ 这方面的经典研究克里斯多夫·法伊夫《塞拉利昂史》(伦敦,1962)。

㉒ 欧罗达·爱克伊诺《有意思的叙述和其他一些文字》(V.卡雷塔编辑)(伦敦,2003;1789 年第 1 版)。

㉓ 托马斯·F.巴克斯顿《非洲奴隶贸易及其补救》(伦敦,1967;1839—1940 第 1 版),第 306 页。

㉔ 马丁·林恩《19 世纪中期的英国政策、贸易和非正式帝国》,收入波特所编《牛津英帝国史第 3 卷:19 世纪》,尤其是第 107—113 页。

㉕ 转引自 F.R.佛洛诺伊《帕默斯顿时代英国的摩洛哥政策(1830—1856)》(伦敦,

1935)，第 69—70 页。

㉖ 罗伯特·M.鲍姆《非洲本地宗教》是有用的综述，收入帕克和雷德所编《牛津非洲现代史指南》。

㉗ 例如可参看 R.赫顿《非洲皈依》，《非洲》，41(1971)；J.D.Y.皮尔《两个非洲社会的转换与传统：伊杰布和布干达》，《历史与今天》，77(1977)。

㉘ 罗兰·奥利弗《东非的传教因素》，(伦敦，1965)。

㉙ 比如参看约翰·K.桑顿《刚果王国的非洲—基督教汇合》，《非洲史学刊》54：1(2013)。

㉚ J.B.皮雷《死亡意愿升起：诺库乌丝(Nongqawuse)与 1856—1857 科萨人大杀牲畜运动》(约翰内斯堡和伦敦，1989)。

㉛ 在 A.M.麦基那里，这是一个一再出现的主题，参看他那本由他妹妹编辑的著作《A.M.麦基：英国圣公会传教协会向乌干达传教的先驱》(伦敦，1890)。

㉜ J.F.A.阿贾伊《尼日利亚的基督教传教，1841—1891》(伦敦，1965)；E.A.阿雅德莱《传教对现代尼日利亚的影响，1842—1914》(伦敦，1966)。

㉝ 文森特·卡雷塔和泰·M.里斯所编《菲利浦·夸克的生平与信件：第一位非洲英国传教士》(佐治亚州雅典和伦敦，2010)。

㉞ 伊丽莎白·埃尔伯恩《鲜血大地：殖民主义、传教、开普殖民地的对抗基督教与英国，1799—1853》(蒙特利尔，2002)。

㉟ 奥利弗《东非的传教因素》，第 34 页。

㊱ 沃勒所编《戴维·利文斯通在中非探险的最后日记，从 1865 年至他死去》。

㊲ 见注释⑪。

㊳ 麦基《A.M.麦基：英国圣公会传教协会向乌干达传教的先驱》。

㊴ 迈克尔·特沃德尔《19 世纪后期布干达政客—宗教组群的出现》，《非洲史学刊》29：1(1988)。

㊵ 麦基《A.M.麦基：英国圣公会传教协会向乌干达传教的先驱》，第 262，265， 147
267—268 页。

㊶ 詹姆斯·帕特里克·特德斯科《传教士与法国帝国主义：1880—1905 法国殖民扩展中天主教传教的作用》，博士论文，康涅狄格大学，1980。

㊷ 参看塞巴斯蒂安·康拉德《德国殖民主义简史》(剑桥，2012)。

㊸ J.M.麦肯齐《戴维·利文斯通和维多利亚时代与非洲相遇》(伦敦，1996)；B.帕差所编《非洲之人利文斯通纪念文集：1873—1973》(哈洛，1973)。

㊹ 由马拉维著名历史学家、晚年的约翰·麦克拉肯提供，见其《马拉维的政治学与基督教，1859—1966》(伍德布里奇，2012)。

㊺ J.D.奥默—库帕《南非史》(伦敦，1987)，第 131—132 页；较为广阔的背景，可参看安德鲁·波特《宗教、传教热情与帝国》，收入波特所编《牛津英帝国史第 3 卷：19 世纪》。

㊻ 艾西《乌干达编年史》。

㊼ 见 H.B.托马斯和罗伯特·斯科特《乌干达》(伦敦，1935)，卷首插图。

㊽ 托因·法罗拉《传教与殖民档案》，收入约翰·爱德华·菲利普所编《写下非洲历史》(纽约州罗彻斯特，2005)。

148

第九章

“不管发生什么……”:走向抢夺

一直有一种诱惑,要从断裂的角度来看待对非洲的抢夺。这种观点显然出自一些明显的事实:从19世纪70年代末到90年代末,欧洲对世界的这片辽阔区域的瓜分突如其来、杂乱无章、事先似乎没有什么警告。70年代结束时,非洲大陆的绝大部分仍然在非洲人手中,尽管欧洲影响在一些地区传播——主要是经济影响;然而,在20年的时间里,整个非洲大陆——埃塞俄比亚和利比里亚除外,就都处于欧洲殖民统治之下了。[1]抢夺的这种剧烈,在一个事实上表现得很明显:1889年前后,“外国存在”在海岸飞地或沿海一带的松散影响地区之外,几乎没有延伸超越多少,只是在大陆的两端有明显的例外——英国人和布尔人在南非,法国人在阿尔及利亚。葡萄牙人被限制在安哥拉和莫桑比克的海岸“帝国”里,法国人在塞内加尔、科特迪瓦和加蓬,英国人在冈比亚、黄金海岸、拉各斯和塞拉利昂,也都是如此,只在尼日尔三角洲有松散的贸易影响。在东非,欧洲对桑给巴尔苏丹国的影响也同样限于那些岛屿和海岸定居地,尽管有进入内陆的商队的渗透。

然而,也有很多理由可以论证这种抢夺在主题上是持续而非断裂的。许多与瓜分非洲相伴和促成瓜分的观念、说辞和政策考虑,从18世纪后期以来就出现了,从废除奴隶贸易和争取在经济上政治上对非洲社会进行“现代化”以来,就无疑出现了。19世纪中,态度逐渐变得强硬,创造了精神、智识和文化上的氛围,欧洲入侵就在这种氛围中发生。当然,就直接性而言,就人们常说的“人到现场”、军官和领事及管理官员来到“帝国边缘”而言,欧
149 洲各国政府的战略和商业决定是有一个时间范围的。不过,这些决定必须放在一些长期主题中来理解——这些主题我们在前面章节中考察过了:对非洲大陆萌生的科学兴趣,反对奴隶贸易的斗争,随之而来的对非洲进行经济和政治“现代化”的谈论,因“基督教良心”而来的福音派传教和干预主张,以及对非洲政体、社会和文化之性质的种族主义色彩越来越强的解说。

非洲与各种帝国主义理论

欧洲瓜分非洲的背后有哪些因素,几十年来这方面的争论极多。如果较为宽广地理解19世纪的帝国主义现象,无疑有几种解说可以选择,事实也的确如此。[②]同样,我们也可以以连续性而非断裂来解说19世纪后期的那些事情,这一点也很清楚;大约1880年至1914年这一期间,发生了几个进程的连接,其中有些植根于欧洲启蒙运动和大西洋奴隶贸易,这样说也可能是有道理的;从某些政治、经济和文化进程在非洲内部和外部的展开,来考虑欧洲侵略的时间选择,这也很重要。

有一种标准的解释——尽管它在某些方面相当过时,而且无疑是欧洲中心论的,它关注19世纪后半期在非洲之外发生的那些事情。欧洲各国的竞争常被引为一种重要的驱动力,虽然这并不是什么新鲜事,但它因19世纪70年代后一个统一的德国的出现变得复杂,导致欧洲内部出现了新的、强化了的紧张关系。拿破仑被击败和欧洲议会建立之后出现的相对力量平衡被粉碎,力量平衡的变化导致一些欧洲国家寻求通过获取海外领土来支撑自己的国际地位。于是,就到非洲去寻求“补偿”。针对崛起的德国力量,英国实行“防御性的帝国主义”,而法国在于1870年至1871年被俾斯麦打败之后,就不停地追求国家声望。人们说法国并不处于直接面对德国的位置,但它可以用帝国主义来帮助自己恢复。一旦这个过程开始之后,德国自身——尽管有着俾斯麦的深深疑虑——也到非洲寻求领土,以维持新的欧洲力量平衡。比如,历史学家A.J.P.泰勒就将俾斯麦描绘成欧洲外交争端的主宰,他利用英法对埃及的争夺在它们之间植下猜疑,从而强化德国自身在欧洲的地位[③];在海外其他地方,则是利用殖民地争端来引发欧洲内部的争论,从而促成复杂的同盟体系。所以,在非洲建立帝国,只是欧洲政治领域的副业而已,只有当它可能强化欧洲的某些国家时才有用处。[④]

于是,随之而来就出现了多米诺骨牌效应:许多较小或较不安全的欧洲国家也寻求殖民地,将其作为国家声望的必备条件,或者是以此宣示它们“大国”身份的建立。英国和法国是主要角色,两国拿走了非洲领土中最大 150
的份额。其余则有葡萄牙,它在非洲两边占据海岸地带已有年头了。比利时国王利奥波德占据刚果盆地(比利时政府参与进来是很晚的事),西班牙主要是在撒哈拉以北,德国最终在非洲的西部、东部和南部获取了领土,意大利在这场抢夺中来得迟,从而没有被完全视为一个帝国力量。丹麦与荷兰虽然早就参与了奴隶贸易,但在这场竞赛中早已掉下队来,在19世纪中把自己很小的海岸占据地卖给了英国。西欧和中欧普遍有一种可能被排除的担忧，这就使得各国政府以一种在其他事情上会以显得很不理性的方式快快行动。

这种政治解说具有一些有限的价值，但必须视为是明显的欧洲中心论的说法。对非洲的瓜分也被从欧洲经济发展的背景来解说。这种说法认为到19世纪70年代和80年代时，英国在19世纪大部分时间内所享有的工业优势，已经受到了法国、德国和美国的挑战。此前，“自由贸易”——或者是对它的特定解说——对英国人很合适，他们是最廉价的工业品的最大生产者，他们也拥有最强的海运能力来把这些商品运到遥远的市场。换言之，自由贸易在基本不出现真正竞争的情况下对英国很有利。然而，随着西欧和北美的大部分地区实现工业化，对市场的竞争就越来越剧烈了。欧洲商人发现国内市场的需求在下降，尤其是70年代初至90年代中期的经济萧条时期，他们越来越转向海外市场(包括非洲)，去销售纺织品、五金器具、武器等。全球竞争急剧升级，自由贸易被保护主义取代，也就是建立殖民领地，在这里可以把竞争国家的商品排除在外，至少也是课以重税。[5]

然而，这种解说也有问题：与19世纪最后三十年欧洲海外抢夺相关的出口贸易中，非洲只占了很小的比例。比如，英国生产者就在欧洲内部，以及“白人支配”的疆域如印度、美国和拉丁美洲寻求市场，这都优先于非洲。所以，我们不能高估这一点，这种观点没有把非洲放在与世界其他地方进行比较的背景中来看，而是只考虑了一些欧洲卷入非洲的特殊情况。许多欧洲商人相信非洲内陆有着大量的未开发的财富和丰富的原材料，来自非洲海岸热带森林的棕榈油和橡胶证明着这一点，随后则是被南非的钻石和黄金所吸引。欧洲国家相信自己有能力乃至于有权利来直接控制这些资源。这些建立在非洲“潜力”的概念之上，也就是未来某个时候“热带非洲”的一
151 些地方将是大可获利的。这些希望常常极不现实，如同法国在占有了西撒哈拉的大片地区之后所发现的那样。不过，不能低估它们在决策中所起的作用。

同样，也需要从这一时期非洲与欧洲的关系来理解瓜分，尤其是放在“合法”贸易的背景中。人们相信有必要直接控制非洲社会，但无论是中国还是拉丁美洲都没有被这样对待。在几个世纪中，欧洲一直从美洲取走自己需要的东西，但并没有进行政治干预。如同我们看到的那样，贸易变化的进程——从对奴隶贸易的镇压到“合法”贸易的发展，导致了更大的卷入，乃

至于有时候带来军事压力,要让非洲人在他们自己的“现代化”中来合作。历史学家罗宾森和加拉格尔赞同一种“外围”帝国主义的理论,这种理论反对原来那种“中心”或大都市的解说,它描述了一个扩张的边疆,在这里英国严重依赖当地的“合作者”或伙伴,以维持一个“非正式”的帝国。[6]罗宾森和加拉格尔所关注的英国人,就倾向于这种方式,因为它相对低成本。但一旦外围这种“合作”政体垮台,英国自己就不得不直接卷入这些社会,以保护自己的利益。根据这种观点,欧洲就被卷入了非洲,而且,非洲的暴力变革给欧洲国家提供了入口,乃至于关键性的杠杆,这也是没有疑问的。“爬行的帝国主义”涉及逐渐的、常常很犹豫的政治卷入,以便建立军事安全和经济生存能力。但有重要的一点要注意:19 世纪 70 年代之前,针对非洲并没有系统的帝国主义,也没有从一届政府到下一届政府的策略连续性——英国、法国或葡萄牙都没有。相反,有的是迟疑和摇摆,还有相当程度的吝啬。国内同一届政府之间甚至存在矛盾,比如在英国,格莱斯顿的自由派政府是公开反对帝国原则的,但就是它主持了 80 年代前半期英国最具侵略性的几次扩张。[7]关键在于,对于非洲在经济上和文化上是什么,需要变成什么,欧洲人有着一种相同的普遍感觉,如同我们已经看到的那样,对于怎样实现这种变化,有着一种含糊界定的“战略”。到 70 年代和 80 年代时,有一点已经变得很清楚了:不进行干预的话,经济渗透不可能和平或顺利地进行。“自由市场”再也不能足以提供欧洲所需要的东西了,出现了障碍,只有帝国主义才能搬掉它们。

这又与种族主义在欧洲的兴起融合到一起,认为单靠非洲人自己不可能创造出有利于健康经济发展的环境。本地的混乱状态威胁着贸易和投资,这需要直接和强力的解决方案。非洲政治体系还有明显的碎片性质,体现为众多小国的存在,它们全都想对贸易征税,控制自己那一块。有些地方,非洲统治者试图使用他们的政治力量来维持中间商地位,欧洲人则越来越认为需要粉碎这些统治者,让贸易更顺畅。于是,从文化和政治角度看,非洲人挡住了经济现代化的道路。

种族与文化 152

欧洲人侵非洲的最重要因素之一,就是种族主义,或者更确切地说,是欧洲人对待非洲“种族”的态度变化。[8]在欧洲的标准叙述中,并不总是公开这样宣称。之所以遮遮掩掩,无疑部分是因为种族主义本身的恶名,也可能是因为有一点“不言而喻”——帝国主义理所当然地植根于超越另一个民族或文化的优越性假定，这常常就看肤色(尽管并非完全如此)。不过，夸大这种因素对帝国主义入侵的作用也是危险的，因为在本书的时间框架内，种族主义一直就处于非洲与欧洲历史关系的核心。

19世纪中，欧洲在种族上的态度强硬起来。我们前面谈到的那种同化和改进“土著人”的观念——比如塞拉利昂的事例，被一种越来越强的对土著人的“性格”、他们天生的智力、他们的变化能力等的幻灭感觉所替代。在传教士和其他人中间，逐渐形成一种深深的轻蔑，他们觉得非洲人只是在“模仿”，在笨拙地、滑稽地模仿欧洲的文化、举止和服装。[⑨]很多人都持这种观点，19世纪70年代攻打阿善提的英军司令官加内特·沃尔斯利勋爵和他的副官们发展了这种观点，他们构成了所称的“沃尔斯利圈子”。这个“圈子”意在突出阿善提文化和习俗的残忍和野蛮，但也表明这种“天然状态”比起英国黄金海岸殖民地的半西化非洲人更让人喜爱一些。这些半西化的非洲人很可鄙，阿善提人至少是“真实”的。20世纪初之前一直支配着英国军方对非洲看法的这个“沃尔斯利圈”，认为把非洲人同化到“不列颠”文化中的尝试，注定只会产生一种无根的可怜模仿。[⑩]总之，“土著人”不可能像人们期待的那样去真正地改进他们自己，面对欧洲文明而得到了机会去抓住时，他们也不会有应有的感恩。比如，奴隶贸易就被证明非常难以镇压，这就导致一些人认为非洲人也许事实上不是“可救的”，至少是如果让他们自己来做的话。认为“合法”贸易的力量不可抵抗的观念死了，但许多人在19世纪中期那几十年中仍然相信合法贸易早晚会扎下根，非洲人早晚会看到生产棕榈油、种植经济作物、出售橡胶等的价值。许多人都这样想。但如同我们看到的，事情的改进并不像人们设想的那样快，人们越来越觉得非洲人可以改进自身的观念是幻想。也许，文明的使命需要再走得远一点。在东非，奴隶贸易事实上在增加，指责可以对准那些黑暗而孤立的内陆地带，基督教的光明几乎没有渗透到这些地方，这些上帝遗弃的社会被贪婪、狼吞虎咽的穆斯林商人所支配。战斗应该在这些地区来打响，对伊斯兰教开战，或者是对这些被遗忘地区所称的伊斯兰教开战。

这些想法中有许多直接与19世纪种族态度的改变相关联，它鲜明体现在西印度群岛上，反映着对待“有色种族”的普遍观念。种族观念的变化是
153 由19世纪中期聚到一起的一系列全球事件刺激的。先是1857—1858年的

印度民族起义,接着是1865年的牙买加人反叛,更不必提60年代早期的美国内战了。它们把土著人忘恩负义的问题提了出来,也就引发了一个整体性问题:怎样与其他“种族”打交道。虽然林肯的联邦取得了成就,但在帝国的背景中,那些“黑人种族”却越来越被视为不可救药的野蛮、残忍和无知。在加勒比海地区和印度次大陆的暴力冲突之后,许多人认为,用不同的方式对待他们的时候到了。于是,“种族”这整个问题就成为19世纪中期欧洲的一个突出问题,在美洲也是这样。

发表于1859年的达尔文《物种起源》,在种族科学上强调了一些关键的思维线索,但事实上达尔文对植根于18世纪后期的一场辩论没起什么作用。西欧启蒙运动产生了“高贵野蛮”的观念,卢梭尤其强调它,将此作为未被文明的罪恶污染、与自身与环境都保持和谐者的范本。[11]与此相连的就是相信人的拯救潜力,“野蛮”是一种纯朴,适于教育和改进。不过,与此同时,也有其他人认为“野蛮”是险恶的,如果没有指引的话,它会带来邪恶与堕落。在围绕废除奴隶贸易而争论的时期,这两派成员的言论日趋激烈——的确与废奴争论密切相关,并进入到18世纪末的科学探讨的新形式之中。关于种族差异的讨论是一场更广阔探讨的一部分,它对种族进行分类,试图从体质和行为方面来测量各自的不同。

由这些争论而来,在更广阔的意义上,就出现了19世纪的人类同源论和人类多祖先论。人类同源论者从《圣经》正统中汲取灵感:所有人都是亚当和夏娃的后代,因此所有类型的人——无论肤色或体质的差异,都拥有一个共同的来源,后起的那些差异是因为环境因素。比如,欧洲人得到了恩宠,所以就代表着人的发展的最先进形式,其他民族则没有这样幸运。按照这种思路,许多堕落民族是能够被改进的,如果社会政治环境和文化环境得到改变的话。然而,人类多祖先论者则认为所有种族都是各自进化的,这在19世纪政治现实的背景中,在“白人种族”对其他种族的全球支配上,无疑显得很有意义。这一派说,没有共同的起源点,而且种族之间的通婚只会导致退化和遗传缺陷,力量就在于纯种。以这种思路,人类多祖先论者认为“黑人种族”由于特定的起源,天生就属劣等。人类同源论则认为这种劣等是环境造成的,在共同的起源点之后,不同的历史和环境因素起了作用。然而,这些“科学”辩论(在“科学”一词的最宽泛意义上)的确造成了种族主义态度吗?或者说它们事实上只是种族主义态度的产物?19世纪进程中出现了一些社会和政治事件,它们推动欧洲人发展出一些关于种族的新观念,

154 我们前面已经提到了60年代美洲的战争和反叛所起的作用。然而，随着19世纪的深入，还有一些更深层的过程展现出来，尤其如本地民族接受了基督教，或者是得以接受欧洲教育，或者是采用了欧洲的服装和举止方式。具有讽刺意味的是，所有这些是作为文明使命的一部分来推动的，尤其是法国人和英国人，这后来遭到了轻蔑，但它们却变成了对社会和政治秩序的一种威胁。无论非洲人是不是可鄙的“效颦者”，但要维持那般重要的统治者与被统治者之间的社会距离，就变得更为困难了。于是，对“种族”的新解说就变得必要，尤其是在印度，后来又在非洲，我们将在下面看到。从这个角度来看，“种族”事实上就是一种有意的建构，因社会政治变化而成为必要。⑫

不仅仅是欧洲人持有种族主义态度。在肤色、语言、环境和经济活动上的歧视，19世纪的非洲也到处可见，尽管它没有那样苛刻，还有一定程度的整合和相互影响，“身份”常常是服从于实用的。不过，尽管有着这样的弹性，如同欧洲人一样，非洲人也使用“种族”和文化来论证扩张、侵占和奴役的合理性，尽管的确没有造成那样毁灭性的后果。这在那些创建国家的统治上层中最为明显。就是这些统治上层，经常成为殖民地当局的合作者，在西部草原，在埃塞俄比亚高原，在东非湖泊地区，“种族层级”的欧洲观念经常被非洲人自己所使用，但我们将会看到欧洲人用一些下面会讲到的方式对它们进行了系统化，这些方式在殖民统治开始之前是不可想象的。

在这样的背景中，可以说帝国主义至少是最终植根于“种族”的观念，在它19世纪后期的表现中，帝国主义是行动于这些观念之上的现实力量，通过使用优越的物质文化，让这些观念得到了实际的应用。最为重要的是，种族主义让暴力的使用、毁灭手段的使用有了合理性的论证。把非洲人描绘为孩童，描绘为非理性、残忍和野蛮的人群，认为他们的政治和文化有着根本缺陷，本质上不稳定，种族主义思想是起了作用的。非洲的“现代化”现在就涉及“土著人”的死亡了，如同“进步”观念的强迫接受也落在他们身上一样。然而，“土著人”对这两者都有很多话要说。

混乱与文明暴力：政治辩解与经济辩解

在19世纪中，人们越来越相信需要在非洲社会进行更有力的干预。有些非洲国家和社会顽固地拒绝停止奴隶贸易，人道主义、更为具体的是传教士代表的合成压力，会迫使政府投入行动，如同50年代和60年代之后在约鲁巴所做的那样。英国1861年对拉各斯的合并是一个相对少见的在非洲进行直接军事干预的行动。说少见，这是指在80年代之前的背景中。然而它也表明了英国准备就绪，在必要时就以干预来实施“合法”贸易。阿善提和达荷美越来越被视为暴虐野蛮的奴隶制国家，我们前面已经看到，阿善提
好几次都是19世纪英国军事干预的对象。与此同时，沃洛夫人持续卷入奴 155
隶贸易，也给法国提供了它所需要的理由。法国于60年代和70年代沿塞内加尔河而上，进行惩罚性的军事行动。[13]而且，那些正因奴隶贸易转向合法贸易带来的内部压力而挣扎的国家，可能会经历崩溃、内部剧变和持久冲突的时期，也需要一定程度的干预，或者是或多或少的永久性领事存在。看来非洲的经济“现代化”如果没有外来帮助的话，是不可能推进的。与那个时代正在强硬的种族态度结合在一起，形成了一种意见：非洲社会的确是有根本缺陷的，这就是暴力、不稳定和分裂。如果要实现允诺的商业利益，如果要把非洲人从他们经济贫困和琐细争执无穷无尽的自然状态中提升出来，那么也许就需要更为直接的干预。

1898年，出生于法国的英国评论家希莱尔·贝洛克写作了他那常被人们引用的联句，它看来简洁地概括了“高强度帝国主义”的时代：

> 不管发生什么，我们有
> 马克沁机枪，他们却没有。[14]

最终，“我们”的科技——这里由希拉姆·马克沁发明的快速射击的机关枪代表——将完全能够平息抵抗，能够处理任何可能发生的无法预料情况。“他们”是非欧洲世界的那些民族——非洲人、印第安人、东南亚人、太平洋群岛人，他们注定要成为白人帝国的臣民。这种“关系”的核心是暴力，机关枪可以解决问题，除掉在这种关系性质上的任何含糊。第二年，吉卜林写了一首题为《白人的重担》的诗，首次关注美国对菲律宾人的征服，但也更广泛地适用于欧洲的帝国使命。吉卜林这位“帝国诗人”号召年轻人去打“为了和平的野蛮战争”，这个责任实在是“白人的负担”。吉卜林的诗中有着贝洛克联句中根本没有的黑暗，暴力在他这里是带来“和平”，带来秩序所必要的：

你们这些刚被捕获的阴沉民族
半是魔鬼半是孩童。⑮

一种被强加的和平，一种用暴力带来的文明秩序，19世纪后期关于非洲的想法，其核心多是这种观念。对英国人来说，“英国统治下的和平”就是想得到的最终结果，对于许多人来说——尤其是对约瑟夫·张伯伦这位19世纪90年代后期和20世纪初期的殖民大臣来说，使用什么手段基本上是无所谓的，尽管这种想法也受到了批评，主要是来自英国政治中左派的批评。张伯伦是那个时代“新帝国主义”最强有力的鼓吹者之一，他最蔑视那些“小英国人”，他们悲观、拘谨，对于大英帝国的天命眼光狭小。在1897年的一次演说中，他这样讲：

156 承担这种文明化的工作，我相信我们是在履行自己的国家使命……我不说我们每一次成功都完美无缺，我也不说我们的方式不受责备；但我的确说：几乎每一次女王统治的建立，每一次“英国统治下的和平”的实现，都为生命和财产带来了更大的保障，为人口主体的生活条件带来了物质改善。

不管对带来了什么样的死亡多么遗憾，暴力是必要的：

无疑，的确有流血，在土著民族中有生命的失去，有那些更为珍贵的生命的失去——他们被派去把这些国家带入一种遵守纪律的秩序之中；然而，我们必须记住，我们必得去完成的使命是以此为条件的。

那些“黑人暴君”挡在这使命的路上，他们必须被除掉。张伯伦提醒他的听众：“当然，在我们之中有很小很小一部分人，他们准备成为那些最可憎暴君的拥护者——如果他们皮肤是黑色的话。”不过，他最大的愤怒是针对那些“幻想的博爱主义者”，这些人“舒适地坐在壁炉旁边……指责一些方式，英国文明正是靠这些方式而推进。”最后他说：

不打破鸡蛋，就得不到煎蛋；不使用暴力，就不可能摧毁野蛮、

> 奴隶制、迷信，这些东西多少个世纪来使得非洲内陆荒凉凄惨。人性的收获与为之我们必得付出的代价，如果你们公平地对比这两者，我想你们可能非常欣喜于这些远征的结果。……[16]

这就是原始帝国主义者的典型辩护，在20世纪的许多时间里一直有人作这样的辩护；而且，在我们自己这个时代，仍然有它的回响，那就是对世界各地进行武装干预（当然也是“人道主义”的）的辩护，它提出这些干预是要除掉经济和政治“发展”的障碍。

不过，这种帝国主义也确有它的批评者。在法国，一种旨在恢复国家之伟大的新的帝国战略得到了提倡，例如19世纪80年代初期的法国总理朱尔·费里，但这引得一些人很不舒服。1900年，文学刊物《两个世界月刊》批评帝国主义“如同细菌般不引人注意地蔓延，在大众血液中蔓延，毒害大众，弱化他们的良知”。[17]不过，这种批评绝大多数是针对英国人的。埃米尔·左拉警告说，“不列颠”的野心是“使她自己成为世界上那些最重要地方的女主人”，这种野心“将导致她走极端”。[18]英国内部也有着深深的疑虑。[19]创刊于1899年的《评论之评论》，以一篇社论发表意见：“未来各代将会嘲笑一些严肃政治家的快乐，他们冒着战争和文明毁坏的危险，要在非洲地图上更广的范围内，使自己母国拥有至上的影响力。”引人注意的是，这篇社论配了一幅德国漫画，它把非洲地图描绘成一个人的颅骨。[20]英国人在第二次布尔战争（1899—1902年）中的行动让许多人尤其恼怒，英国左派为布尔人的 157
自决权利热心辩护，左派担心“文明使命”被玷污了。布尔人可以激起格外的同情，那些被认为无知和没有文化的非洲首领所得到的待遇，也引起了惊慌。

批评者认为，对阿善提或恩德贝勒人的欺诈和暴力处理，并没有变成英国文明。伦敦“费边社”的比阿特丽斯·韦布悲叹英国在帝国建构上那种“金钱的自我利益”，责骂那些帝国建构者自身，说他们“既无知识也无勤奋来成为专业管理者或老练士兵”。[21]J.A.霍布森——帝国主义最强有力批评者中的一位，认为英国的力量缺乏道德指引。他在1902年失望地写到这个时代的沙文主义，以及那些基本上属于多余的“有闲阶级”的好战倾向。霍布森并不怀疑“低等种族”的低劣，他担心的是英国以过分的兽性进攻去对付那些很穷、很弱、很不发达的民族，自己会变成什么样的国家。[22]帝国扩张中使用的毁灭手段，从一开始就会危害文明使命。[23]

不管怎样，绝大多数人都赞同把进步、秩序和文明带给这个世界的愿望。张伯伦相信这只有靠武力才能做到，霍布森则认为武力从一开始就毁掉了进步的机会，他们在手段使用上有争论，但在目标上没有分歧，两个人都不怀疑这个世界上的确有“落后”和“低等”种族，它们需要拯救。科技带来了死亡，但这一定会带来进步，如同我们在后面章节会看到的，这就变成了非洲各地殖民地当局的核心关注之一，也就是怎样调动科技在那些愚昧的非洲民族中造成“发展”和“现代化”。不过，实际而言，这种“进步”比起作为它先导的杀戮来，意味要多一些。

注释：

① 这方面最好的单本著述之一，仍然是约翰·朗斯代尔《非洲历史中的欧洲抢夺与征服》，收入奥利弗和桑德森所编《剑桥非洲史》第 6 卷《1870—1905》。

② 比如见沃尔夫冈·J.莫姆森《帝国主义的各种理论》(伦敦，1981)；安东尼·布鲁尔《马克思主义关于帝国主义的理论：批判性考查》(伦敦，1980)。

③ A.J.P.泰勒，收入 R.F.贝茨所编《对非洲的瓜分：帝国的原因与维度》(马萨诸塞州列克星敦，1972)，第 30 页往后。

④ 比如 F.R.布里奇和罗杰·布伦《1814—1914 的大国与欧洲国家体系》(哈洛，2005)。

⑤ P.J.凯因和 A.G.霍普金斯《1688—2000 的英国帝国主义》(伦敦，1993，2002)。

⑥ R.罗宾森和 J.加拉格尔《非洲与维多利亚时代的人：帝国主义的官方头脑》(伦敦，1961)。

⑦ 伯纳德·波特《心不在焉的帝国主义者：英国人对帝国到底怎样想》(牛津，2004)，第 165—167 页。

⑧ 科廷《非洲想象：英国的观念与行动，1780—1850》；D.A.洛里默《颜色、阶级与维多利亚时代：19 世纪中期英国对黑人的态度》(莱斯特，1978)；G.W.斯托金《维多利亚时代人类学》(纽约，1987)。

158 ⑨ 伯顿《在西非漫游》；也可参看 M.唐顿和 R.哈尔彭所编《帝国与其他人：英国与地方民族相遇，1600—1850》(伦敦，1999)。

⑩ 麦克卡斯基《文化冲突：19 世纪的英国与非洲》。

⑪ 卢梭《论人类不平等的起源和基础》(G.布罗森编辑)(纽约，2004)。也可参看亚当·库珀《原始社会的重塑：神话的转换》(牛津，2005)。

⑫ 除了注释⑧中的材料外，比如还可参看基尔南《人类的君主：帝国时代欧洲人对待外部世界的态度》；爱德华·赛义德《东方主义》(纽约，1978)；保罗·里奇《英国政治学中的种族和帝国》(剑桥，1986)；凯南·马利克《种族的意味：西方社会中的种族、历史和文化》(纽约，1996)。

⑬ 约翰·D.哈格里夫《瓜分西非的前奏》(伦敦，1963)，第 3 章。

⑭ 希莱尔·贝洛克《现代旅行家》(伦敦，1898)。

⑮ 卢迪亚·吉卜林《白人的重担》(1899)，收入 E.勃姆尔所编《帝国写作：1870—

1918殖民文学选集》(牛津,1998),第273页。

⑯ 约瑟夫·张伯伦《帝国的真正概念》,收入E.勃姆尔所编《帝国写作:1870—1918殖民文学选集》(牛津,1998),第213—214页。

⑰ 转引自R.库伯纳和H.D.施密特《帝国主义:一个政治词语的故事与意义,1840—1960》(伦敦,1964),第244页,本书作者译为英文。

⑱ 转引自R.库伯纳和H.D.施密特《帝国主义:一个政治词语的故事与意义,1840—1960》(伦敦,1964),第244页。

⑲ 至少在那些意识到了帝国政策的社会群体中是这样。伯纳德·波特认为,许多英国人事实上或是没有意识到他们国家在这个世界上扮演的角色,或是意识到了也满不在乎。参看他《心不在焉的帝国主义者:英国人对帝国到底怎样想》。然而,帝国显然对英国自身有着深远的影响。见安德鲁·汤普森《帝国回击?19世纪中期以来帝国主义对英国的影响》(伦敦,2005)。

⑳ 转引自B.哈洛和M.卡特所编《帝国文档第2卷:对非洲的瓜分》(北卡罗来纳州达拉谟,2003),第81页。

㉑ 比阿特丽斯·韦布、B.德拉克和M.科尔所编《我们的伙伴关系》(伦敦,1948),第194—195页。

㉒ J.A.霍布森《帝国主义:一个研究》(伦敦,1938),第2部分。

㉓ 也可参看伯纳德·波特《对帝国的批评:英国激进派和帝国挑战》(伦敦,2008)。

159 第十章

非洲适应:征服与瓜分

解释"征服"

不存在单一的欧洲"入侵"非洲,相反,这是众多次入侵,它们整体上没有计划,就连续性而言没有连贯性,常常是零零碎碎的。[①]不过,这是从严格的军事角度而言。就19世纪的殖民进程而言,"抢夺非洲"进行得相对容易。显然,当已具备能力时,干预的愿望就大大增加了。如果有很大的军事困难,就可能导致在深度卷入上的犹豫迟疑,非洲就可能经历类似于中国同一时期的遭遇,也就是内地的商业影响加上沿海一带的飞地体系。然而,发生的是征服——其原因我们下面解释,这使用了相对较小的军事力量,涉及的资源通常无关紧要,代价很小。当然,也有一些重要的例外,比如1899年至1902年在德兰士瓦省发生的第二次布尔战争,投入的英国军队最终超过了50万。不过,更经常的那种对某个地区的征服,使用的军队就很少,比如法国征服西部草原的一块地方,只使用了4 000余名士兵。[②]

还有一点要记住:所使用的这些小量部队,绝大部分由非洲士兵构成,由欧洲军官指挥。换言之,欧洲瓜分是使用非洲人力来进行的。19世纪最后几十年中非洲各地出现的大规模社会和政治紊乱,供应了这种人力。广而言之,抢夺非洲在许多方面都涉及欧洲融入到非洲的暴力变革模式之中,
160 而非洲的这种"军事变革"从19世纪初期就开始了。在许多地方都因长期军事动乱得到磨炼的非洲人的战斗技能,到帝国主义扩张时代被使用,而且他们还有丰富的地方知识。19世纪的动荡涉及非洲国家和社会之间暴力竞争的升级,这反过来就给欧洲人提供了利用这种长期地方冲突的机会。使用技巧,也靠一些运气,欧洲人就以很小的代价来大大借力于非洲自身。所以,整体而言,抢夺非洲必须被视为19世纪非洲暴力——以及动态——的一种延伸。

欧洲与非洲在技术层面的悬殊,显然是很重要的。在最广泛的意义上,

从15世纪以来,欧洲就拥有全球性的、增长着的技术优势,到19世纪时,对于绝大多数非洲和亚洲民族来说,接受欧洲帝国主义这个结局已是难以逾越。[③]军事技术的发展,尤其是武器领域的发展,使得欧洲在19世纪最后几十年中有了巨大的优势。武器射程的增加,准确性的提高,这在60年代连发步枪和快速击发的机关枪的开发中达到高峰,最厉害的就是马克沁机枪,它在80年代末发明出来。连发步枪和马克沁机枪在非洲一些殖民战役中起了关键作用,因为非洲军队无论是步兵还是骑兵,在没有接近敌人之前,就被这种武器扫射倒下,这是一种决定性的欧洲优势。[④]不过,也要注意一点:这类武器在80年代和90年代的大部分时间里并没有大批装备部队,欧洲人指挥的军队常常还是使用老式武器,到80年代和90年代才开始更换。在许多方面,更重要的是靠汽船和电报带来的后勤和通讯优势。[⑤]

当然,许多非洲社会也拥有武器,常常数量很大,比如那些西非海岸国家,18世纪末这里已经在使用各类火枪了,还有埃塞俄比亚高原也是这样。在坦桑尼亚和乌干达腹地,那里的国家也在19世纪后半期积累了大量武器。不过,这些武器常常很陈旧,不经过训练打不准,甚至还有危险。只有在埃塞俄比亚,才成功地获得了现代武器。[⑥]迈拿里克首先作为绍阿的国王,然后是埃塞俄比亚皇帝,通过红海南端的各种商业来源积累了现代武器,所以能够以在1896年的阿德瓦战役中击败意大利人而著名。不过,欧洲越来越不愿意把这样的武器卖给非洲人,在80年代和90年代实施了好几个禁令。当然,非洲社会的更大劣势是这些国家不能够生产自己的武器,尽管有几个国家发展出了武器修理和制造弹药技术。[⑦]

不过,技术决定论的危险很明显。比起武器本身来,军事组织和训练上的差异显然更为重要。无疑,必须有训练和纪律,武器才能得到有效使用。欧洲人有职业军队可用,有先进的训练和组织方式;非洲军队只能说是民兵而非正规职业士兵,需要时或想要时把这些人召集起来,不过也有一些重要 161
的例外。这些人在战场上没有严密的组织,更强调个人勇猛而非整体纪律。这样,人数少的欧洲军队配上他们的先进武器,就能够战胜常常人数极多的非洲军队。比如,祖鲁人在1879年1月曾经成功地伏击了一支没有准备的英国部队,但几个月后他们就打不赢英军充实的力量了。[⑧]同样,意大利与埃塞俄比亚在阿德瓦的冲突也是个例外,意大利人被击败,重要原因是他们自己的无能和埃塞俄比亚持枪士兵的数量优势,而不是埃塞俄比亚的作战方式、军事组织和平时训练所致。[⑨]

在好几个地区，更多的是反抗欧洲入侵的游击战争，而非开阔地带的激战。尽管欧洲人有着上述优势，但游击战具有战术上的好处。在一些地方，非洲游击队使得欧洲军队好几年都不能撤离。如果游击战术更广泛使用的话，尽管欧洲人不一定会被逐出，但他们很可能最终得去考虑长期卷入意味着什么，考虑进行这种昂贵的、细水长流的低层次战争要付出的更多金钱和
162 资源。然而，事实上绝大多数非洲社会没有采用游击战，许多地方是因为当地经济无法支撑这种战争的压力，尤其是考虑到我们下一章将要谈到的那些环境灾难。只是到了 20 世纪 50 年代和 60 年代，游击战——有点讽刺意味的是，它们或许是受 19 世纪 80 年代和 90 年代抵抗的启发——才变得较为普遍，以对付非洲大陆上一些态度强硬的殖民政体。

埃塞俄比亚对阿德瓦战役的描绘，1896 年。
版权属于大英博物馆托管理事会。来源：PvE/阿拉米图片社。

从欧洲的角度来看，非洲的战斗是零碎、分离和无组织的，这从一开始就削弱了抵抗。不过，这种观点的前提却很有问题。“非洲”并不存在，它只存在于欧洲人的想象当中。所以，“非洲人”以及相应的“他们”就几乎没有以一种大陆乃至于地区的联合来行动。在 19 世纪的背景中，我们是为了叙述的方便而使用“非洲”一词，但如果是在其他背景中这个词就没有意义了。欧洲人显然对“非洲”有一个很大的政治和地理的“版本”，超过了非洲人自己的考量，欧洲人能够利用非洲国家和社会之间的竞争与区分。同样，19

世纪非洲各地冲突的强化，也为欧洲人提供了杠杆，激烈的竞争意味着欧洲人可以得到地方盟友、人力和技能。总之，对于欧洲人到来意味什么，非洲人有着不同的观念，有些将他们视为贸易伙伴，或者是与本地的老对手竞争的政治盟友，另外一些则视为敌人。有的时候，欧洲人被看作保护者和解放者，尤其是在废除奴隶制的背景中(这常常是过于仓促了)，这与各地的具体情况大有关系。较为协调和团结的抵抗，在穆斯林地区才有可能出现，伊斯兰教提供了非穆斯林不会有的团结，尤其是如今利比亚一带的赛努西兄弟会，他们抵抗意大利人一直持续到 20 世纪 30 年代。而阿尔及利亚内陆的一些地方，在整个 19 世纪和 20 世纪很长时间内都处在法国控制之外。不过，即使在这些地方，这种团结也可能因教派竞争而破坏，沙漠地带的兄弟会既会与大城市的异教徒斗争，也会相互之间斗争。

就抢夺非洲自身而言，说它是什么时候开始的，这也难于直截了当地讲，只能说发生在 19 世纪 70 年代中期至 80 年代初期的一系列事件，加速了一个过程，非洲在这个过程中越来越处于欧洲控制和/或影响之下。[10] 这些事件之间基本上没有联系，尽管事后来看，它们可以被视为代表了一个更大现象的不同部分。英国的影响在黄金海岸和尼日尔三角洲得到了巩固，比利时国王利奥波德对刚果盆地兴趣很大，法国人则开始扩张他们在塞内加尔的殖民地，正在发起建造一条铁路，它最终会把塞内加尔定居地与上尼罗河流域联结起来。利奥波德在刚果盆地的卷入引起了伦敦和巴黎的关注，但这在很大程度上基本可视为英国与法国之间竞争的加剧，它们都认为对方在威胁自己的商业地位。随着 80 年代的到来，名义上为奥斯曼帝国行省的埃及所发生的事件，就昭示了这场正在展开的竞争。英国和法国的投资者在很大程度上控制了埃及的财政，一家法国公司控制了至关重要的苏伊士运河，而英国政府则是在 1882 年快速行动，镇压了埃及民族主义者的起义，将自己的正式政治控制延伸到这片动荡地区，与法国在尼罗河流域爆发了激烈竞争。英国和法国的武装力量于 1896 年在苏丹小镇法绍达(Fashoda)相遇，但一场看似即将爆发的战争很快避免了。[11] 在北非的另一
部分，欧洲竞争对手将自己的非正式影响转变为帝国主义存在。法国不欢 163
迎意大利在突尼斯的利益存在，也要阻止所谓地方骚乱，这就使得它在 1881 年去夺取了突尼斯。[12]

对于德国来说，俾斯麦并不相信非洲殖民地的用处，但更不愿意看到英 164
国和法国的收获超过了它们应得的。在 80 年代初期，德国因素变得至关重

要了：1884 年俾斯麦终于宣布对多哥和喀麦隆实施保护，又对西南非洲实施保护；与此同时，这位老谋深算的年迈总理呼吁召开一次国际会议，来讨论许多人担心的非洲会出现的危险局势。这次柏林“西非会议”在 1884 年年末和 1885 年年初召开，出席者有政府首脑、国家代表和其他利益相关团体，会议讨论了一系列问题。然而，会议的中心议题是“自由贸易”受到的威胁，这种威胁是近来在尼日尔河和刚果河的那些活动造成的，所以有必要就非洲大陆各处边界的划分达成某种形式的国际协定。从这个角度看，这次

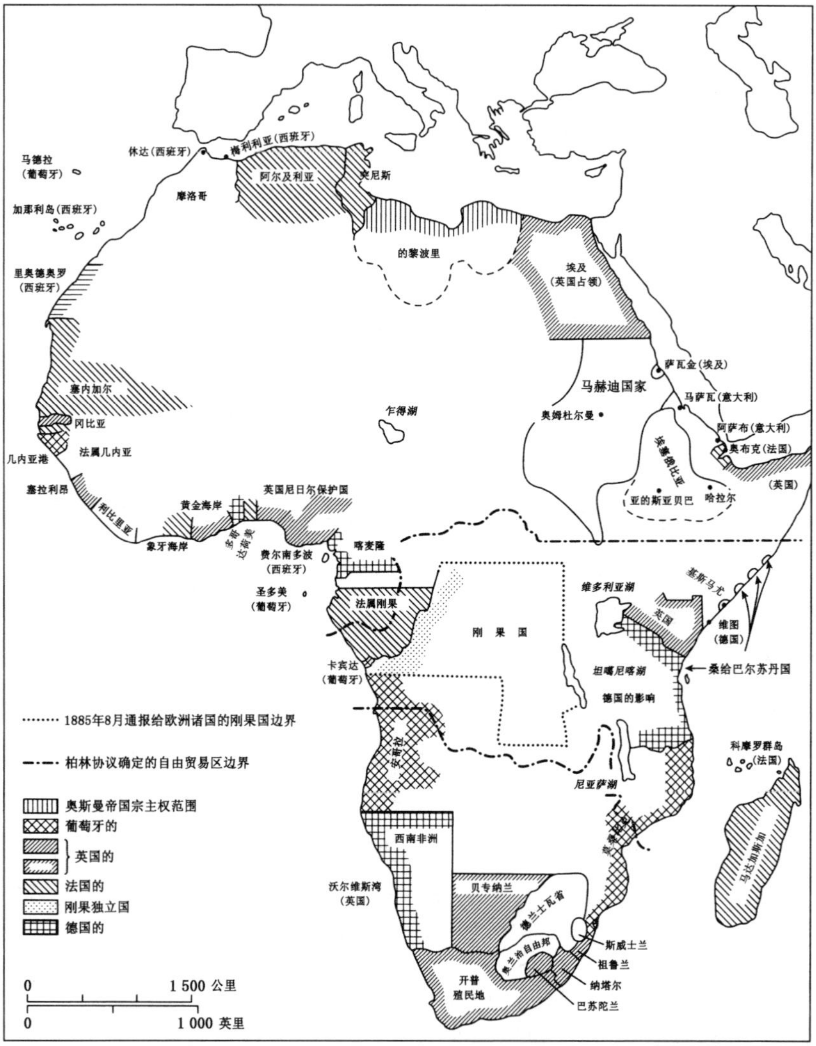

至约 1887 年瓜分非洲的早期阶段。引自 R.奥利弗和 G.N.桑德森所编《剑桥非洲史》第 6 卷《1870—1905 年》(剑桥，1985)，第 140 页，1985 年版权属剑桥大学出版社，剑桥大学出版社许可复制。

非洲会议的长期政治意味可谓深远。作出了两项主要决定。第一个决定是:利奥波德在刚果盆地的权威得到了承认,但反过来欧洲商人也被允许自由进出这一地区,这就是刚果自由国的诞生。这片土地基本上是利奥波德的个人领地,不受过多的政府干预,是一个开放的贸易区。第二个决定是:欧洲国家对某个非洲区域的权利要求,只有在它对这一区域早已有效控制的前提下,才会得到认可。主要是俾斯麦提出了这个观念,目的就是想抢先瓦解英国关于"影响范围"的说法,尤其是在现在的坦桑尼亚地区。英国早就把坦桑尼亚腹地视为处在自己的"影响范围"之内,但在 1885 年,依据一个事实——一个德国代理人卡尔·彼得斯弄到了与一些非洲首领的协议,俾斯麦就宣布对东非这大片地区实施保护,因为德国人可以宣布他们行使了"有效占有"。[13]边界划分的问题,在接下来的几年中一直吵吵嚷嚷,事实上也做不了什么,因为此时的疆域边界基本上还处在想象之中。1890—1891 年的一系列协议确定了一些殖民地的边界,但"获得"的这些疆域事实上并没有被欧洲人"占有",更不必提由欧洲人"管理"了。这种情况在有些地方持续了好几年。在许多地方,开始时都是由靠武力支持的商业公司来代表某国政府。

长矛与神水:暴力抵抗

对欧洲闯入的暴力抵抗,在一代或更多的非洲人中爆发,从 19 世纪 80 年代到第一次世界大战期间蔓延于这个大陆,有些地方一战之后仍在持续。依据各地的不同情况,依据欧洲人出现的性质和变化的速度,它在不同的时候于不同的地方爆发。老一代历史学家把抵抗分为"初始"和"二次":所谓的"初始"抵抗发生在 70 年代和 80 年代。然后是 90 年代和 20 世纪初的一系列反叛——有罗得西亚的修纳人和恩德贝勒人,马达加斯加的"红披肩",西南非洲的赫雷罗人,南非的祖鲁人和坦噶尼喀的"马吉马吉",这构成了"二次"抵抗。[14]依据这种观点,"初始"抵抗在性质上倾向于防御,要在外国 165
蚕食面前维持主权;而"二次"抵抗则是进攻性的,因为它们在那些殖民统治早已建立的地区发生。初始抵抗由殖民地之前那个"旧的统治上层"来领导,而后来的反叛则由"新"人来领导;初始抵抗倾向于世俗层面,而后来的反叛则包含强有力的精神维度。这种区别中有一些无疑存在,但基本而言这种"初始"与"二次"的区分是危险的,因为有些地方并没有"初始"抵抗就爆发了"二次"抵抗,别的地方与殖民地当局的各次冲突,在地方参与者的脑中无疑也有着明显的连续性。广而言之，从 1880 年前后到 1920 年前后的那个帝国主义暴力时代，必须作为非洲大陆一个世纪的剧烈军事和政治变革的顶点来理解，欧洲最终进入，为这个过程引入了一些新的动力。

同样，欧洲人常常能够利用地方竞争，19 世纪 70 年代末法国人从塞内加尔的方向进入西部草原时，就发现了这一点。这一区域法国帝国主义面临的主要障碍是图库洛尔帝国和曼丁哥帝国，它们分别由阿马杜・塞库和萨穆里统治，都不放弃自己对霸权的竞争。图库洛尔人与法国人达成了一系列协议，相信这能保护他们免遭攻击，然而法国人违反了协议，在图库洛尔南部修建了一连串要塞。阿马杜仍然抱有和平共存的希望，乃至去支持法国人 80 年代中期对富塔邦杜(Futa Bondu)发动的进攻。然而，一支塞内加尔军队在 1889 年袭击图库洛尔，于 1893 年征服了这个伊斯兰教大国。这种为权宜之计先签订临时性协定的同样做法，也被法国人用来对付曼丁哥，尽管萨穆里在某种程度上是一个比阿马杜更强大的对手，指挥着 3 万装备精良、训练有素的士兵。法国人于 1891 年入侵，萨穆里被内部反叛所削弱，但他仍然设法坚持机动抵抗了好几年。不过，他的焦土战术尽管拖延了法国人的前进，但也对这一地区带来了农业毁灭，1898 年他不得不请求停火。[15]在西非草原，伊斯兰教推动人们目标一致地抵抗欧洲入侵，出现了拉宾・伊本・法德尔・阿拉在如今的乍得地区对法国人的斗争。那些紧凑的中央集权国家是最容易被粉碎的，法国人于 1893 年快速击败达荷美就证明了这一点。相反，尽管法国人也是在 1893 年宣布科特迪瓦为殖民地，但直到 20 年后，法国对这片森林地区的众多分散族群的征服才可以被认为是成功的。在伊博那些森林酋长国中，在尼日利亚东南部，英国人也遇到了同样的顽强抵抗，这里有许多人拒绝承认英国宗主权，一直坚持到 1910 年。最重要的是，这些抵抗在许多方面都是自发的，它们有着自己的动力。[16]

一支英国军队在 1874 年征服了阿善提，但又因经济原因而撤走；只是到了 90 年代中期，随着阿善提力量的复活和法国人推进到北部内陆，英国
166 人又进入内地，这次就宣布了对这一区域实行保护。阿善提军队保存得基本完好，在 1900 年再次与英国人对阵，在经过了残酷战斗之后，这次起义才被粉碎，在此之后，英国宣布建立黄金海岸殖民地。[17]与此同时，英国在如今尼日利亚海岸的影响也在扩展：从 1861 年起，拉各斯已经处于英国的直接控制之下，但到了 80 年代中期，这种影响才以英国“国家非洲公司”的形式在尼日尔三角洲形成了事实上的商业垄断。柏林会议做出的决定，使得英

国对这片三角洲宣布保护,新成立的"皇家尼日尔公司"被指定代表英国政府来统治下尼日尔河地区。这一区域的军事行动很大程度上是因为想要去除那些讨厌的中间商,他们被视为在阻挡贸易。在90年代,这些军事行动延伸至腹地,越过了森林的北部边缘而进入草原。当法国人朝北深入时,英国人也在利用地方竞争来各个击破:约鲁巴疆域在1892—1893年被征服;中央集权的贝宁国如同达荷美一样,在1897年很快陷落,英国得以掠走这个王国最有价值的财宝;索科托哈里发国进行了较长时间的抵抗,那里的战争从1900年持续到1903年。⑱

当然,在有些地方,并没有所谓实在的"征服",至少一开始没有。这些地方是签订"协议",非洲首领们无疑将此视为友谊的条约,但欧洲代理人拿着它们回来,作为实际占有的证据。法国探险家德·布拉扎就是这样奠定了法国对刚果盆地一块区域的权利要求,他于1880年与蒂欧首领马库库缔结了一个协议,让人难以置信地说他把主权让给了法国。在南边,亨利·莫顿·斯坦利打开了一条路,沿刚果河而下,他这样做,代表的是比利时国王利奥波德二世的利益。马库库与布拉扎签订协议,极有可能是因为他相信自己有了盟友,可以共同对付斯坦利代理的比利时蚕食。在柏林会议上,法国宣布了对下刚果河北部地区的权利,德·布拉扎被派去从非洲首领处弄更多的协议,他给这些首领送上布匹、工业品和酒作为礼物。无疑,如同马库库一样,这些首领也不懂这些协议意味着什么。到80年代末,德·布拉扎利用一支塞内加尔治安部队建立了管理和商业上的存在,而非洲人没有什么抵抗,这主要是因为没有什么要抵抗的了。所以,在更远的东北边,到90年代早期时,法国已经建立了(至少是在纸面上)加蓬、中刚果和乌班吉—沙里的赤道殖民地,无实际意义的边界切割着热带的森林和草原。同样,非洲人也极少注意到这些商业公司的到来,只是到后来才拿起武器与之斗争。⑲

法国人在赤道地区切割出自己的疆域,而南边斯坦利在刚果盆地的冒险,也为他的雇主利奥波德建立了刚果自由国,这在柏林会议上得到了正式承认。这是一个庞大的私人帝国,形状很奇特,性质很暴力,从大西洋延伸到大湖地区。东边的阿拉伯商人很快发现自己与桑给巴尔隔开了,投机的"噼啪噼啪"接受了东部省份的统治,有利可图的象牙贸易现在朝西流动而 167
不是朝东了——在19世纪的漫长时间里这一直是朝东流动的。不过,许多阿拉伯商人和其他海岸商人尚未适应比利时的霸主地位——这主要是以唯利是图的私人军队为代表,商人憎恶强加在他们贸易活动上的那些限制。

他们的抵抗到90年代初期已大部分被镇压，这就标志着从一种霸权时代朝另一种霸权时代的转变。[20]无论如何，桑给巴尔本身不再具有它从前那种力量了，它有了自己的问题：到70年代结束时，英国对这个苏丹国的支持正在减少；到80年代中期时，德国已经挤进了这一区域。德·布拉扎在西边为法国政府做过的事，卡尔·彼得斯也在中东非为俾斯麦来做：1885年，德国宣布对坦噶尼喀实施保护。它与英国达成了协定，一条几乎笔直的界线把德国势力范围与英国的东非（肯尼亚）划分开，在其他地区则是由一家私人公司代表德国政府来进行管理。这是一种暴力的管理，德国必须用武力去镇压恩扬耶姆比，而征税和对劳动力的需求也激发了这一区域的普遍反抗。1888—1889年斯瓦希里人在海岸一带爆发了一次大起义，德国人要靠增援部队才镇压下去，从此之后德国政府就对这片殖民地进行直接控制了。南部的赫赫人一直战斗到90年代末。不过，北边马赛人的抵抗却因从东北非洲传播来的牛瘟而大大削弱了。[21]

然而，在这片疆域的东南部，德国人后来遇到了他们最大的挑战。马吉马吉反抗于1905年7月爆发，他们因殖民地当局要种棉花以供出口而被激怒。农民们被迫放弃自己的耕种，并且常常是在农事的关键时期，而生产出来的棉花也没有多少利润。反抗在广阔地区迅速蔓延，但看不出有事先计划，看来是实实在在自发的，它也没有指挥中心，没有引导这场起义的指挥系统。不过，由这一区域神职人员所代表的宗教意识形态，提供了行动上的一致，促进了团结，鼓励人们相信有一种超自然的力量可以战胜欧洲人的武器。“马吉”一词意指一种神水，将它撒在身上就可以抵挡住德国人的子弹。对神灵世界的信奉带来了空前的团结，让起义者有成功的信心。然而，在开始阶段取得一些快速收获之后——德国人完全没有意料到这次起义，殖民地当局的军事优势就显示出来，人们对神水力量的信任快速瓦解。1906年，分裂和德国人的焦土战术削弱了这次起义，它最终在第二年年初被镇压。这次起义的代价很可怕：26 000名非洲人死去，另外还有5万人死于因德国焦土战术而带来的饥荒。不过，此后德国人就谨慎地不去激发再一次起义，将较多的资源用于发展，尤其是传教士学校和诊所，起义地区的许多农民开始自愿种植棉花，可见暴力并不是抗议棉花种植本身，而是抗议由它所显示的强迫。然而，重要的是，无论多么短暂，这次起义显示出一个广阔地区内多种族反殖民抵抗的潜力，
168 于是“马吉马吉”就成为下一代坦噶尼喀民族主义者的一种激励。[22]

对于某些非洲社会来说,欧洲的出现在战略上是有利的。在维多利亚湖北端,“大英帝国东非公司”(IBEAC)想对布干达信仰新教的统治上层施加影响,这个王国在90年代到来时仍处于“宗教战争”带来的虚弱之 169
中,那位地位不牢固的姆万加国王在这些战争中先是被赶下去,然后又上台。年轻的卢吉与这个统治上层结盟,这些上层人士开始珍视英国的帮助,认为这可以支持自己的地位。当大英帝国东非公司于1893—1894年遇到财政困难时,英国政府有点不情愿地,也是在国内一些起劲的游说之后,宣布对“乌干达”实施保护。在90年代,干达人在政治和军事上都协助了英国对周围那些王国的征服,其中包括班约罗、托罗和安科拉。恩约罗人的抵抗格外坚决,持续到90年代后期。到这个时候,姆万加也尝试发动自己对英国人的反叛,结果被流放,与他的老顾问——班约罗的凯巴尔加一道,被流放到塞舌尔。尽管有姆万加的反叛,但布干达还是被视为这一地区理想的亚帝国代理人,它在那些被保护国中得到了一个有利地位作为回报。[23]在不列颠东非——未来的肯尼亚,大英帝国东非公司也很活跃,但英国政府很快地于1895年实施了直接控制。如同坦噶尼喀的斯瓦希里人一样,海岸处的斯瓦希里人也起来反抗英国人,这就是“马兹鲁叛乱”,它持续了几个月。不过,如同法国统治下的中非,在肯尼亚内陆开始时也没有什么暴力反抗,这主要是因为欧洲统治意味着什么尚不清楚,直到20世纪初期,随着从海岸到乌干达的铁路修建,以及第一批白人定居者的到来,人们才明白。[24]

在热带非洲,政治偏执、商业乐观和地理政治上的争夺结合在一起,就使得瓜分朝前推进。然而,在南非却是经济成为争夺这一地区领土的核心因素,这在许多方面都体现着一种独特的环境。南非的现代历史是由“矿业革命”开创的,它的开始是1869年至1871年在开普殖民地北部发现了巨大的钻石矿床,此处属于一些独立的非洲酋长国,但邻近的布尔“共和国”却宣布拥有它。随着成千上万投机者涌入这一地区,开普政府决定把这一片地拿过来,于是一家土地法庭宣布一位当地格里夸族首领是这片土地的合法拥有者,而他请求布尔人保护。然而,英国很快合并了这一地区,称它为“西格里夸兰”。由英国政治力量支持的资本,如今发挥关键作用了。开始时是单个掘钻者雇用非洲劳动力来干,但到19世纪70年代后期时,矿区已变为巨大的敞开矿坑,就需要使用机械来高效开采了,只有那些具备所需资本的公司才能够提供这种机械。在十年的时间内,整个钻石区就都处于德·比尔斯这

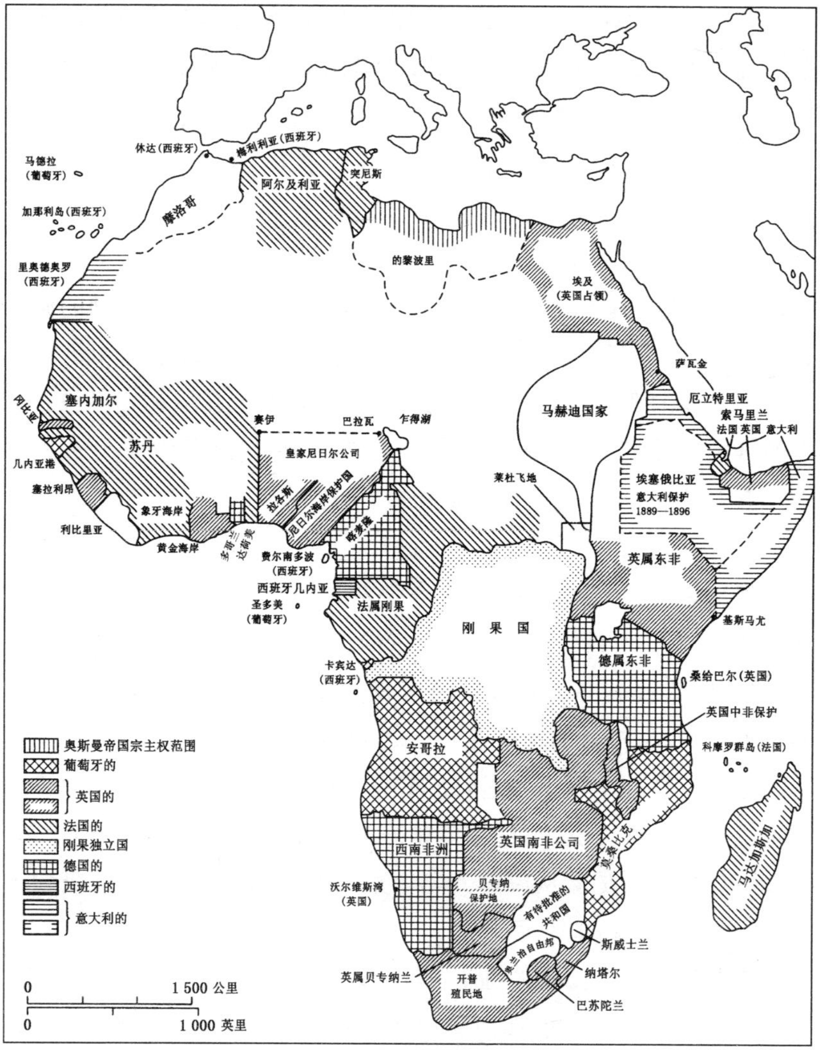

瓜分持续:约 1895 年的非洲。引自 R.奥利弗和 G.N.桑德森所编《剑桥非洲史》第 6 卷《1870—1905 年》(剑桥,1985),第 146 页,1985 年版权属剑桥大学出版社,剑桥大学出版社许可复制。

样的一家公司的控制之下,它与开普政府有着紧密的各种联系。这个过程中出现了现金经济的急剧增长,金伯利这座城市快速形成,为农产品提供了一个市场,非洲农民和欧洲农民对此都反应很快,而这又导致了对最好耕地的再次竞争。不过,对这一区域未来发展尤其重要的,是流动劳动力的扩展。非洲人涌到金伯利地区来找工作,在 70 年代,金伯利矿区每年都雇用 5 万人。㉕

19 世纪中期几十年中,非洲力量与欧洲力量曾经达到了一种平衡,但
170 现在瓦解了。英国人想要建立一个南非联邦,有了钻石,它的繁荣是可以保

证的。这个计划的一个重要部分就是摧毁现存的那些非洲王国,同时也把周围那些欧洲竞争者排除出去。比如,1877 年至 1878 年,科萨人仍然如他们在 18 世纪和 19 世纪早期那样进行抵抗,这种坚定的抵抗使得英国人被迫放弃更多占领科萨人土地的企图——至少是暂时的,留给了科萨人相当面积的"保留地"。[26]然而,对白人霸权的最大威胁来自祖鲁人,1872 年之后他们由塞奇瓦约统治。1879 年 1 月,一支小小的英国部队进入祖鲁王国,
但在伊桑德尔瓦纳战役中大部被消灭。这对于联邦计划和英国人的骄傲都 171
是打击,尽管在几个月的军事行动之后,一支增强的英国军队最终击败祖鲁

"乌姆杜尔曼战后",刊于《插图伦敦新闻》,1898 年。
来源:玛丽·伊文斯/ILN 图片许可复制。

军队，俘虏了塞奇瓦约。英国迅速地把19世纪那个样子的祖鲁王国毁掉了，将这个政体分为几部分。暴力派别活动导致了内战，这种悲剧又因饥荒进一步加剧。1887年，祖鲁兰成为英国直辖殖民地。祖鲁人再一次激烈反抗这个政府，这就是1906年的班巴萨起义，但很快被镇压下去。[27]

与此同时，布尔人也仍然是一个问题。1877年，通过双边协定，英国合并了德兰士瓦省，此时它已因与祖鲁人的不定时冲突而被削弱。然而三年之后，布尔人认定英国的"保护"不再需要了，基于对失去主权和沉重税赋的怨恨，在1880年发动了一次反叛。如同上一年在祖鲁人那里受到的挫折一样，这次反叛也使英国军事上的一些弱点暴露出来。1881年，英国从德兰士瓦省撤退，不再想承受建立联邦显然要付出的代价和努力。然而，局势却进一步复杂化。1886年，在德兰士瓦省中部发现了黄金，接下来的工业发展程度更猛烈，超过了金伯利之前的情况。约翰内斯堡很快成为撒哈拉以南非洲的最大城市，到90年代早期，金矿已经集中到若干大公司手中。政治紧张急剧增长，德国人已经介入邻近的西南非洲，接下来是英国人合并了那些茨瓦纳酋长国，它们要求英国人保护，以对抗布尔人，英国于1885年将它们并入"贝专纳兰"（现在的博茨瓦纳）保护范围之中。在发现了黄金之后，英国开始上心，要防止德国人与德兰士瓦省布尔人之间的区域性联系，这被许多人（包括德国人和布尔人）视为一种"自然的联盟"。与此同时，德兰士瓦省省长克留格尔对那些手中掌握了大部分金矿的"外国人"课以重税，这些人也没有充分的政治权利。罗兹试图推翻克留格尔政府，但1895年那次流产的、令人困窘的"詹姆森突袭"，其主要后果只是强化了德兰士瓦省内的反英情绪。英国给克留格尔施加压力，让其进行有利于英国利益的改革，确保"外国人"的政治权利，同时英国军队也在德兰士瓦省边界集结。克留格尔于1899年10月宣战，导致了二十年内英国人与布尔人之间的第二次重大冲突。布尔人早期取得了一些胜利，英国方面的一些重大失误促使国内进行反思，派去了大约50万人进行增援。到1900年年中，英国军队占领了那些关键的布尔人城镇，并采用焦土战术和集中营来镇压当地人口。布尔人于1902年请求停火，但"南非白人"的民族主义烈火却因英国的残暴而燃烧起来。英国人现在想去容纳布尔人，1910年布尔共和国和英国殖民地以"南非联邦"的名义合到了一起。这一地区持续的白人统治得到了保证，但两个白人族群之间的政治冲突也会持续恶化，而伤害的却是非洲人。[28]

172 而且，矿藏的发现也激发了帝国主义的贪婪，想象在非洲内陆会有更多的财富。英国工业家塞西尔·罗兹被一个想法迷住：在林波波河的北边，在古代津巴布韦王国的疆域，会有更多的黄金。此地现在居住着修纳人和恩德贝勒人。恩德贝勒王国的国王洛本古拉被骗，用协议把自己领土的权利让给了罗兹的“英国南非公司”(BSAC)，这家公司于19世纪90年代初期用武力进入这一区域，靠着英国政府的撑腰，奠定了这块殖民地的基础，罗兹谦虚地将它命名为“罗得西亚”(后来的南罗得西亚)。1890年，第一支武装纵队占领了修纳领土的一部分，建立了一些农场；然而，对黄金矿藏的期待很快就破灭了，在疯狂找矿的过程中还造成了考古方面不可挽回的损失。1893年，恩德贝勒人因与白人农场开拓者的严重冲突而受到极大损害；在1896—1897年，修纳人和恩德贝勒人起来反抗占领者，在一次称为“解放战争”(Chimurenga)的起义中，几乎将白人殖民者从这块土地上赶了出去，但罗兹从开普殖民地当局处得到了增援，这些起义最终被镇压。然而，起义精神不灭，如同几年后坦噶尼喀的“马吉马吉”起义一样，后代津巴布韦民族主义者以这样的记忆使自己的斗争具有了历史意义。[29]

英国南非公司在征服现在的马拉维一带时也起到了作用。此处在1889年被宣布为“中非保护国”(后来被称作尼亚萨兰)，部分原因是要挡住葡萄牙从莫桑比克方向朝此推进。哈里·约翰斯顿的一支小部队在90年代与尧族人、斯瓦希里人、切瓦人和恩戈尼人发生了冲突，这些对抗的名义都是要镇压奴隶贸易，但导致的却是这一区域主要非洲政体的倒塌。约翰斯顿也在北罗得西亚地区(现在的赞比亚)继续英国南非公司的这种“平定”工作，这里的本巴人因突如其来的贸易受阻而被削弱，于是相对容易就被降服了，而恩戈尼人却是实实在在尝到了马克沁机枪的威力。[30]英国人使用的暴力在这一区域其他地方也反映出来。葡萄牙人利用非洲部队把权力延伸进了莫桑比克，这种扩张既是葡萄牙人的“征服”，也是利用一系列非洲内战的结果。安哥拉的局势也大致相同，但这里的武装抵抗很顽强，只是到了第一次世界大战开始时，葡萄牙人才能够真正宣布控制了这片疆域。[31]德国人也发动了征服西南非洲的赫雷罗人和那马人的残忍战争，他们最终的胜利在很大程度上是由于发生了牛瘟，摧毁了牧民的经济。1904年，赫雷罗人进行反抗，再一次被骇人听闻的暴力所镇压，但它也持续到1907年才被征服。[32]

根据最为标准的叙述，抢夺非洲的时代到20世纪初期就已基本结束。然而，在安哥拉和索马里人中，抵抗分别持续到第一次世界大战和20年代，到了那个时候，这些地方才能被认为是总算被“平定”了。在英属索马里兰，赛义德·穆罕默德·阿布德拉·哈桑抵抗外国入侵者直至他在1920年自然死亡,而意大利人对他们索马里疆域北部的征服也是直到20年代末才得以实
173 现。[33]利比亚也是到1911年至第一次世界大战时,由于意大利人对的黎波里塔尼亚和昔兰尼加的军事攻占才成为意大利殖民地的。如同我们已经注意到的,即使到了那个时候,利比亚的赛努西兄弟会也仍然挡住了意大利殖民军队(其中有厄立特里亚人)的占领,直至30年代很长时间。卡迪里兄弟会潜
174 伏在阿尔及利亚撒哈拉沙漠中,许多年来一直对抗法国人。摩洛哥是到了1912年才被欧洲人控制,西班牙夺取了它的北部海岸部分,法国占了它的其他地方,这两个国家有过激烈竞争,德国曾想加以利用。然而,摩洛哥对欧洲国家的抵抗也持续到20年代,就抵抗法国而言更延续到20年代以后。西班牙人也在里夫(Rif)山区遇到阿卜杜勒·克里姆的游击战术,直到1926年他才被击败并投降。[34]在30年代初之前,对于撒哈拉摩洛哥的大部地区,法国都不能宣布有充分的控制。在整个这一地区,在一些城镇中心之外,除了一些海岸地带和欧洲人定居地,沙漠基本上属于那些19世纪以来就居住于此的本地民众。

总体而言,"抵抗"在许多方面其实是一个有问题的用语,仿佛是用魔法召唤出一个过分简单的形象——一个非洲武士骄傲地举着他的长矛。这在现代性上是没有意义的。他的武力或许不乏"高贵",却是原始和返祖性的,他的失败是注定的。现实生活中,有许多这样的战争和相应的军事化过程,这在19世纪的大部分时间中得到了显示。然而,无论如何,有着许多"抵抗"方式,我们必须将它们作为非洲人一方面自己去适应新的政治环境,另一方面也在塑造新的政治环境的一系列途径来理解。这里面也包括对"保护"的请求,索托人和茨瓦纳人中就有这种情况,后来的布洛齐国王莱瓦尼卡也是如此。欧洲中心论的解释会视此为主权的放弃,是最终承认了殖民优越性。但无论是索托人、茨瓦纳人还是洛齐人,却都不这样看。对于他们来说,这关系到主权的保存,是保存主权的一种不同寻常的实用手段。非洲统治者有时未能理解"保护"的意味,将从属关系理解成平等的同盟关系而同意,但他们并不笃信这种关系。有些国家和社会从一开始就选择了战斗,尤其是那些在"抢夺"时期之初就面对侵略性欧洲扩张的国家与社会;其他的则是很晚以后才选择战斗。后面岁月中事态的发展表明,"保护"和"适应"等等广而言之是一些很复杂的现象,有着各种不同的形式。在后面的章节中,我们会考察其中的一些。"抵抗"的形式已变得不那么武力,而是更为微妙,在某些方面老练得多了。

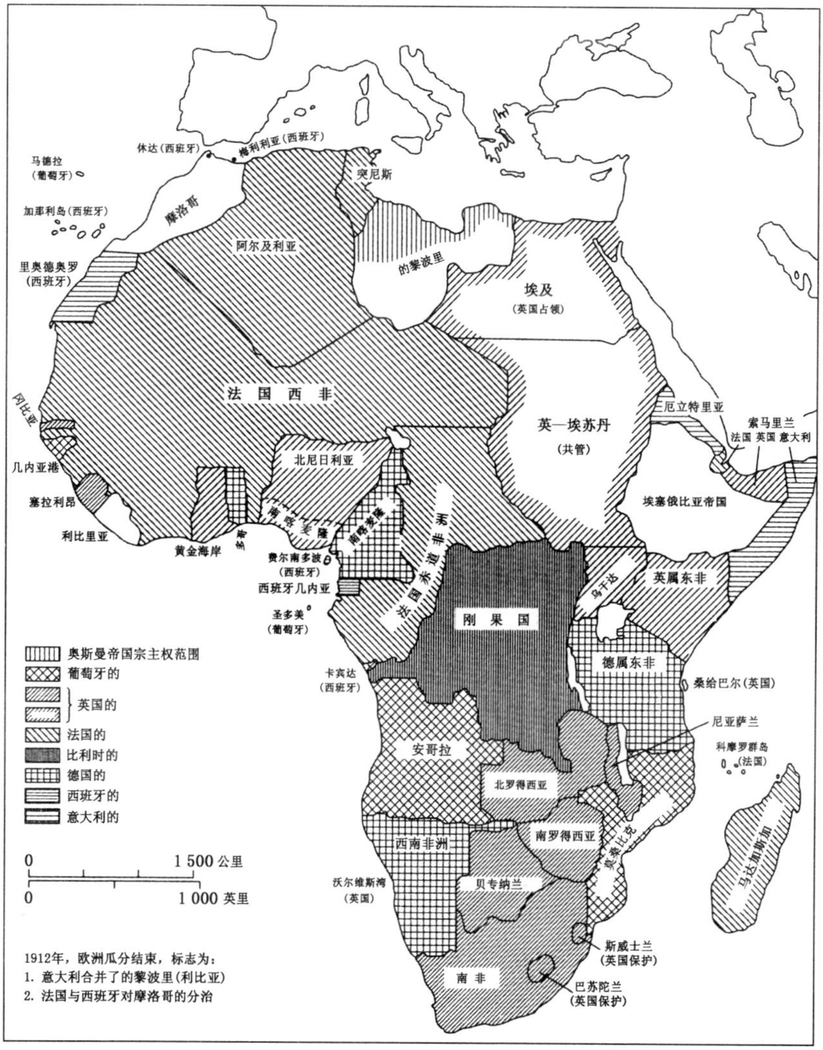

瓜分完成：约 1902 年的非洲。引自 R.奥利弗和 G.N.桑德森所编《剑桥非洲史》第 6 卷《1870—1905 年》（剑桥，1985），第 152 页，1985 年版权属剑桥大学出版社，剑桥大学出版社许可复制。

新旧历史：殖民主义与历史"知识"

由殖民主义体现出来的欧非关系的急剧紧张，也涉及关于非洲历史知识的更为系统的积聚与汇编，这包括无意与有意两个方面。这样做的既有欧洲人也有非洲人，但很明显是来自欧洲人的推动，要用所谓的较为"科学"的方式来理解非洲的历史发展和"人种学"发展。对于殖民体系而言，这样做绝对关键，它的回响持续到非洲获得独立之后很久很久。19 世纪后期和 175
20 世纪初期，就已经出现了对非洲社会的某种历史化的尝试。在欧洲关于非洲的著述中，这个传统为时已久。许多旅行家、传教士和脱离实际的地理学家都试图进行“人种学”研究，描述“部族”和风俗、战争与伟大首领的历史。比如，18世纪末，詹姆斯·布鲁斯对埃塞俄比亚旅行的巨量描述，有整整一卷就是关于这一区域的历史。[35]与此同时，在非洲大陆的另一边，奴隶商人达尔扎尔写了他的《达荷美历史》，它基本上是对奴隶贸易的辩护，其中的历史建构旨在显示这个王国天生的野蛮。[36]这些“历史”由一些特定的兴趣所驱动——对某种理由和自我膨胀的支持，它们也体现了一种企图，要体现“历史事实”，产生出“毋庸置疑的知识”。

在19世纪中期，随着探险的展开，历史叙述变得越来越普遍。东非大湖地区表现得最明显，19世纪60年代初期，斯皮克就编制了第一张布干达及邻近地区的国王世系表，将此作为他所称的这一区域“传奇历史”的一部分。斯皮克描述了布干达王国如何由来自北方的浅肤色民族入侵所建构，是什么构成了所谓的“闪族神话”：这一地区的国家形成和那些走向“文明”的东西（即干达王国），其根源实际上都在非洲之外。尽管是以一种不成熟的方式，斯皮克奠定了这一区域历史的参数。[37]几年之后，斯坦利多花了一点时间来建构布干达历史，将斯皮克的国王世系表扩充为引人注目的35位君主，描绘他们的故事并配上风俗润饰。[38]更多的世系表出现了，在70年代和80年代，传教士和旅行家写作了自己的版本，有时有着细小的差异，但每份显然都在为所谓的“普遍知识”添油加醋。“布干达历史”就这样形成了。在90年代初期，英国圣公会传教协会的传教士罗伯特·阿希写作了关于这个王国的第一本明确的历史记述，这就是他的《乌干达编年史》。[39]

非常重要的是，对于这个过程，非洲统治上层有着巨大的控制力。各个世系、政治结盟和重要的政治人物，都有自己关于布干达历史的版本，只要有机会就传递出去。19世纪90年代，书写替代了口述，占据高位的首领得以把自己的历史版本和关键历史“事实”书写下来，从而对王国的今天做了重要的权利宣示。占有书写文字就意味着力量，文化导致了支配性的叙述和得到承认的智慧，当这些一旦写定下来，似乎就有了永久性和公正，尤其是在布干达这样爱好技术的社会中。这一点在阿波洛·凯格瓦的事例上表现得最为鲜明。他是布干达殖民统治初期的首席部长，皈依了基督教，是传教士们和总督的密友。他于20世纪初期撰写了《布干达的国王们》，就能够把自己喜欢的（也是支配性的）干达历史版本写入其中。他的这本书有些地方与《圣经》很是相似，是这个时代使用卢干达语的一种叙述，《圣经》的作用是巨大的。对于干达基督徒来说，《圣经》就是“绝对真理”，所以它的写作形式也就被用来促进绝对真理的表达，这种表达方式是口述做不到的。凯格瓦的书在形式上也是《圣经》式的。它有着一个《创世记》风格的开头：一个 176
干达人因女人的轻罪而陷入了人的堕落。它的宗谱格式读起来像《旧约》经文，它对干达王国高低起伏的描述如同犹太人的胜利与悲痛的描写，书中对一些国王和王子作的也是道德和正义方面的评判。凯格瓦知道他的《圣经》，也知道自己在干达的英国政治体制中有竞争对手，这些人都有自己关于这个王国的历史版本。所以，他的《布干达的国王们》就可以视为一种努力，要用写作将这些竞争者逐出政治圈子，将绝对真理放在所有人面前。[40]以书写形式来生产历史真理的一个西非例证，是教士塞缪尔·约翰逊的大部头著作《约鲁巴历史》。约翰逊自己是约鲁巴人，他想在约鲁巴民族的进化中强调道德和历史的重点，用叙述的形式来表现它遭受的考验、忧患与命运，同样是明显受到了熟读《圣经》的影响。[41]

凯格瓦试图通过历史“知识”来清晰界定一个现存的干达“国家”，在新的殖民框架内维护力量的平衡；而约翰逊则在早期传教士的创造上进行建构，阐明约鲁巴作为一种独特历史身份和“民族”身份的意味，以此来界定约鲁巴人。通过文化的传播，还有传教士将《圣经》翻译为地方语言的努力，“种族”或“民族”的身份就围绕着语言形成了。约翰逊界定的约鲁巴人，在19世纪中期之前几乎不存在，而他对他们历史的叙述，就是对约鲁巴身份和它在现代世界之位置的决定性陈述。换言之，语言与文化导致了新形式的关于身份、忠诚、属性的“知识”。在一种稍稍不同的背景中，干达基督徒上层（尤其是新教徒）也努力向英国人讲述关于自己“民族”历史的另一种独特解说。除了姆万加1897年那次短暂而注定失败的反叛外，干达人没有在“抵抗”一词的传统意义上来“抵抗”殖民主义，他们也不需要这样做。他们使用历史“知识”的创造和处理来巩固乃至于推进了他们在保护国内的地位。他们讲述一个“伟大国家”之历史的能力，向英国人提供了一种历史叙述，这种历史叙述描绘和论证了他们在这一区域的支配地位，这对于说服英国人在这个殖民地国家内给布干达一种类似甚至还大大强化了的支配地位，起到了重要作用。其他种族如班约罗，由于未建构出这种殖民地之前就有的鲜明实体，就成了牺牲品。历史“知识”也意味着现实的力量。19世纪后半叶，西非的阿善提成了一个处于危机之中的国家，剧烈的冲突导致许多阿善提人逃往海岸处的英国领地，他们在那里受到了商业和英国文化的影响。流亡之中，他们鼓动并最终支持了英国在90年代对这个国家的入侵。他们这样做，就获得了阿善提境内首要力量的崇高地位。1900年后，英国使用这些人来管理新征服的疆域，这些被认为是进步、聪明和有商业头脑的人，现在在英国看来与新的帝国秩序“在意识形态上是合拍的”。显然，英国统治者高度依赖这些首领来为他们对这块疆域实施日常管理，从这个意义上说，非洲首领与白人统治者的关系就建立在后者的无知之上。[42]

177 这种历史“知识”之所以产生，非洲人的主动已经很清楚了。而且，这不仅仅是一个“创造”的问题，这些历史是准备一代代讲下去的。不过，它们的产生也是受到了一种渴望乃至于一种需要的刺激：19世纪后期和20世纪初期的欧洲人想要窥探非洲历史这个看似无底的深渊，想把它弄明白，想研究和理解历史背景中的非洲“情况”。在某种意义上，这是早期探险家想去弄清楚“野性”和“异国情调”的非洲地貌的一种延伸，他们当年就是要把非洲地貌变成可以理解的一系列数据，把山脉标示出来，把河流弄清楚，给湖泊弄个名称，以便通航。如同拥有先进武器一样，这也是进行控制的一个关键因素。所以，1900年前后的这个时期，就出现了非洲历史学、人类学、人种学等学科的首次严肃应用。不过，有一个我们在导言中已经讨论过的事实，那就是欧洲人当然并不真正相信非洲人有这些历史，至少不是欧洲人所言“历史”之义。缺乏书写就是缺乏历史，正是因为这个原因，埃塞俄比亚就赢得了一定程度的钦佩，讲阿拉伯语的北非地带也是如此。的确，埃塞俄比亚和埃及这些有文化的特例会更容易理解一些，如果它们干脆与非洲其他部分分开的话，而这样的事情也实在发生了。普遍而言，非洲有着“神话”和“传奇”，欧洲人必须在它们之中分辨出一些相对成熟的迹象。

对于欧洲人而言，获取这样的“理解”是帝国使命的一个核心成分，随着对土地的支配，就要强化欧洲人优越的观念。具有讽刺意味的是，非洲人却是颇为不同地看待这个过程。这还有一个不同寻常的实用功能：比如，研究布干达，或是卢旺达与布隆迪的图西人，或者是尼日利亚的约鲁巴人，欧洲人都在鉴别合适的“先进”群体，想通过他们来管理，他们可成为帝国主义的代理人。如果没有他们的话，殖民计划是很难运转的。反过来，非洲人则以建构历史和利用自己的知识基础来回应这种要求。知识，如同经济作物一样，也依据新的政治市场的需要而提供。所以，从19世纪80年代到20世纪20年代这一期间——这是一个政治和社会剧变的时期，就成了“历史处在创造之中”的时期，这个时期对知识的建构，在一些地区对殖民地国家的成形起了基础作用，界定着那里的殖民经验。

新旧现实：殖民主义与政治“知识”

早期殖民地国家依赖“关于土著人的知识”，在一个非常真实的层面上，是围绕着所认为的非洲政治结构的性质、领导风格、“传统”感觉而成形的。在建构历史知识时，非洲统治上层想要表述地区支配力量与层级的概念，与此同时，他们自己也适应了新的政治和社会现实。在许多方面，这是一个重新确立的过程。这并不意味着所有这些历史和阐述都建立在虚构之上，但它们常常体现着对旧有身份和记忆的一种重建，或者说重新包装。从欧洲 178
人角度来看，统治上层、“国家”和地方结构常常被确定为一种合适的手段，可以通过它们来管理，这样的统治上层有时甚至会成为殖民计划的“合作者”。所以，“关于土著人的知识”对于创造稳定的政治体系就至关重要。而对于非洲人来说，“关于欧洲人的知识”对于新秩序中的重新定位和推进也是极为关键的。

卢吉是英国最伟大的帝国开拓者之一，对两块关键的撒哈拉以南疆域的拓展发挥了作用，这就是乌干达和尼日利亚。他对英国的帝国使命有过经典的阐释，在首次发表于 1923 年的《英属热带非洲的双重要求》中，他这样宣称：

> 文明的任务就是要结束奴隶制，建立起法院，在土著人中反复灌输个人责任感、自由感和正义感……最重要的是，要确保教育体系是在生产快乐和进步。我有信心，历史的结论将会高度赞扬大不列颠在履行这些伟大责任上的努力与成就。因为我相信，处在这种统治之下，非洲人会享受这样的自由和公平的正义，或者是更富同情心的对待。由于这个原因，我坚定地信奉大英帝国和她的非洲使命。[43]

这种“成功”的核心，就是一个间接统治的体系。在本质上，这个体系涉及在帝国“征服”之后——无论是暴力征服或是和平征服，通过本地首领和现在的层级来管理。在这个意义上，间接统治并没有什么格外新奇之处，它是一种古老的管理机制，被世界各地不同时期的帝国所使用。不过，在英国统治之下——以一个较弱的程度也在法国的统治之下，它被提升为一种政治哲学，成为文明使命的核心原则之一。而且，英国人骄傲于这种做法的内在弹性和实效，这被认为是美德，而非简单的权宜之计。每个从属国家和社会，每个省或地区，都依据它的需要和它自己的惯例来管理，如果出现了某种不适宜，或者是完全缺乏某些要素，殖民主义就会相应地修正或引入。看来这就是谆谆劝导“土著人”具备顺从感和传统感的最好方法了，让他们以自己的方式去感受欧洲文明的影响，而不是让他们成为欧洲文明的一部分。当然，只有通过掌握一些关于“土著人”自身的“知识”，这个体系才能工作，而这个体系本身就意味着这样的知识，它们在很大程度上来自这一时期出现的历史建构。还有关键的一点要记住：“被管理者”与“管理者”之间的伙伴关系是最重要的，这在很多方面都是一种双向关系，每一方都在影响(或者是误导)对方，只是有时自己意识不到罢了。

在某些方面，间接统治也是植根于19世纪而一直持续着的种族辩论的顶点。要记住“同化”和“联系”这样的概念。依据19世纪前期的同化观念，非洲文化有缺陷、效率差、落后，但它最终是可以改进的。通过商业和基督
179 教，非洲人可以被“拯救”，塞拉利昂就是进行这种宏大理论试验的一个实验室。这个殖民地获得了有限的成功，的确产生了某种“黑皮肤英国人”，他们之中的神职人员四处去传播福音。在塞内加尔，法国人也尝试了类似的做法：在1848年革命之后，非洲人被宣布为法国公民，并相应地授予了在国民议会的代表席位。人们相信非洲人可以完全同化到欧洲文化中，只要有正确的照看指导。[44]

然而，到了19世纪的后半期，就出现了从同化到联合的观念变化，英国和法国都是这样。如同我们已经讲过的，从60年代和70年代开始，种族态度强硬起来。理查德·伯顿就是一些人中的一个，他们失望于对非洲人进行“欧洲化”的无效，得到的只是模仿，是简单仿效行为举止，滑稽可笑，是对欧洲文化的嘲弄。在塞内加尔，非洲人主体变成了“臣民”而非公民，公民权利只限于海岸城镇中的一小部分永久居民，而塞拉利昂则被视为是一个失败。尽管塞内加尔精英人士仍然可以在法国高等教育体系中深造，进入到法国文化的上层梯队，但他们的存在只是提醒人们，非洲人主体只是与欧洲文明联系着，并没有同化于其中。欧洲人与非洲人之间的距离摆在那里，不管后者多么想仿效前者，这个距离是去不掉的。

这种哲学在间接统治中显示得相当明显，间接统治将统治者与被统治者的距离体系化，但应用这些基本原则(它们常常不说出来)的方式却颇复

杂,依据非洲各地的情况而不同。对于英国人来说,它在尼日利亚北部的豪萨人和富拉尼人中首先投入使用。1900 年至 1903 年以军事手段征服了索科托哈里发国之后,卢吉把实际权力交还给了埃米尔们。后者必须承认他们是一个统一层级体系的一部分,这个体系的顶点是英国王权。的确,如同印度的情况一样,这就导致了一些地区的某种王室“崇拜”。富拉尼人也准备好来迎接对英国人的这种理解。他们自身就是政治力量中的晚来者,我们前面已经看到,是 19 世纪早期“圣战”中的事,他们是在大英帝国力量巩固了他们地位的这个框架内活动,尤其是英国人已经要对这一区域的伊斯兰教给予相当的尊重。索科托哈里发国在接近英国人的过程中,受到了两种进一步考虑的影响。首先,统治上层决定仿照伊斯兰教先例,头脑不服从但身体服从,这个国家的独立被视为是世俗层面的事,但索科托的统治者可以为来世保存伊斯兰教的完整。第二,也是更实际的,索科托的富拉尼人统治者中有一种忧虑:一些当地人对“马赫迪”的即将到来越来越相信,认为救世主将前来恢复纯洁的伊斯兰教。在 19 世纪初期的“圣战”之后,索科托国已经很不鼓励这种观念,但马赫迪派的期待又在 20 世纪初期流行起来——这一时期伊斯兰教世界的其他部分也是如此,英国人自己在 1906 年也陷入了马赫迪派的暴力反抗中。索科托统治者与他们的异教征服者结盟来镇压这次反叛:英国保证正统伊斯兰教的生存,索科托上层则冷酷地决定不让极 180
端主义因素来破坏这种已经到来的互惠安排。㊺

在北非,欧洲管理当局也采取了不干涉伊斯兰教本身的战略,在很大程度上也通过现有的地方上层来管理,尽管从 19 世纪后期之后,这些地方上层越来越受到穆斯林改革派和新的民族主义运动的挑战。法国人很长时间以来就是通过已有的政治体系来管理阿尔及利亚海岸地区,在东边则是利用一个小小的突尼斯中产阶级。在埃及,英国人开始时使用了“赫迪夫”(khedive,总督)塔非克(Tawfiq, 1879—1892)的朝廷,又想要使用他儿子阿巴斯·希尔米(Abbas Hilmi, 1892—1914)的朝廷。开罗的英国总领事伊弗林·巴林爵士(克罗默勋爵),虽然以要挟使用军事力量,胁迫了有民族主义倾向的阿巴斯,民族主义的反抗却一直在增长。在利比亚,意大利人在真正“稳定”这片疆域时面临的困难,就迫使他们在 20 世纪 20 年代初期想与赛努西当局妥协,允许地方权力机构的存在,对其敬而远之。不过,这种安排很脆弱,在整个 20 年代两方关系一直颇为敌对。㊻

作为一种统治,在撒哈拉沙漠南边,常驻的英国官员分散在殖民疆域各地，代表着最高的帝国权威，来裁决难以处理的争端，在整体上确保这个体系平稳运行。“地方财政部”建立起来了，负责管理已经转交给了非洲统治者的税收，这些统治者自己也能借此弄到一些收入。在可能的情况下，“本地人”要学习通过地方法庭来实施司法审判。整个体系建立在“传统合法性”的原则之上，即利用非洲统治者，在一些地区的广大民众眼中，这些人是他们合法的最高领主。从 1902 年到 1906 年，这种做法在尼日利亚北部也发展起来。从 1906 年到 1914 年，它又应用于尼日利亚其他地区，接下来又施用于英属热带非洲的一些其他地方。一些地方以前没有首领，现在有必要任命，问题就随之而来，这反过来就削弱了“合法性”这整个概念，因为它是所谓的“传统”权威建立起来的。尼日利亚的一个例子就是伊博人。被征服时，他们是很分散的，但英国人以一种与从前没有什么关系的方式创造出首领，将之强加给各个社群，因此他们也很难视这些首领为“合法”的。[47]很少被征求意见的非洲人，对这些以前从未存在过，但现在被放在管理他们的位置之上的首领，相当怀疑，甚至是反抗。在苏丹北部，这些首领很快就被架空了，人们意识到他们并无真正的权力。稍后在坦噶尼喀，英国人去寻找殖民地之前国家与层级存在的证据，但他们没有找到，干脆就创造出来，结果这样的首领就被非洲人自己所轻蔑。在这些事例中，英国人缺乏知识，而创造这种“知识”的企图又失败了，就使得他们在统治上的追求不能实现。即使如此，普遍而言，这个过程中的“创造”并没有人们想象的那么多，[48]欧洲当局也常常使用现存的政治结构，有意或无意地利用着一个政治进化和适应的长期过程，这个过程是非洲剧烈动荡的 19 世纪的典型特征。19 世
181 纪后期的外部干预，在这个大陆的政治发展中，常常只代表着那个最靠后的因素，尽管在许多地方是一个影响显著的因素。这个长期过程包含了在创造性、灵活性和适应性上鲜明的非洲特点。

在其他地方，实施间接统治也有不同的问题。在乌干达保护国，英国人采用了 19 世纪布干达王国高度发达的管理结构，并将它扩散到乌干达以外的地区，用于这个保护国周围的民族身上，但它们对处于支配地位的干达的怨恨却很快高涨起来。在卢旺达和布隆迪，德国人和后来的比利时人误读了殖民地之前胡图族与图西族之间的关系，将之简单化，把图西族君主和政治上层的地位抬得很高，远远超过了从前。通过这样做，尤其是比利时人创建了一种成本低而有效的间接统治体系，却埋下了未来大祸的种子。[49]不过，在那些扩张的白人殖民社会，如肯尼亚、南罗得西亚、阿尔及利亚，当然

还有南非，无论是对于欧洲政府还是白人定居者来说，间接统治的原则都是不可想象的。白人定居者尤其要求对非洲劳动力、税收和各种资源进行越来越严格的控制。这些地方的管理体系非常不同，对这些地方的政治发展产生了深刻的影响。所以，在白人定居的疆域，普遍采用“直接”统治，这些地方的殖民者很快就觉察到，间接统治会使非洲首领具有一种令他们不快的地方权威。[50]较为直接的管理体系在诸如讲法语的西非也得到了实施。在西非，地方世族发现自己的权力因“地区负责人”的强加而被大大缩减，于是法国当局就创造了一个新的政治阶级，它虽然常常出自当地人口，但它要忠诚并直接服从于殖民地当局本身。[51]

间接统治原则的主要倡导者卢吉，将这种体系提升至政治哲学高度。然而，在许多方面，间接统治是资源有限这个永久问题的一个解决方案。在那些已有现成的政治资源——强大的管理体系业已建立——的地方，如尼日利亚北部或乌干达或卢旺达，使用这种体系的诱惑被证明是极大的。这种体系的建立相对容易，还有一个原因就是上层人物明显愿意参与进来。在战争尘埃落定之时，这种合作关系就形成了。如同我们看到的，尼日利亚北部的富拉尼人，在某些方面仍是新抵达的外来者，他们作为统治上层，肯定愿意与英国人合作，显示了他们作为暴发户统治阶级的自我意识。在另一些地方，乌干达的干达人，卢旺达和布隆迪的图西人，都敏捷地抓住了机会，在新秩序中巩固了自己的社会政治地位。后来，在 20 世纪 30 年代，英国人将间接统治体系延伸到他们的中非和南非疆域，包括北罗得西亚、尼亚萨兰、斯威士兰、巴苏陀兰和贝专纳兰。[52]

而且，这种体系还有一些已经间接提到的更广的政治和文化意味。随着时间推移，间接统治提供了一种意识形态上的论证，可以不与那些受过“文明使命”教育、政治意识越来越强的非洲精英人士分享权力，这些人在 20 年代出现，与他们眼中不过是殖民统治支持者和代理人的“传统”统治上层形成了竞争，并最终直接挑战这些人。从英国人的角度来看，间接统治维 182
持着自己与非洲人之间的距离，确保那些首领只是与欧洲文明相联系，他们被牢固地放在古代部族传统范围的位置之上。由于同样的原因，对本身就是殖民体系产物的“新精英”们，殖民地当局需要很多年才能建立信任。间 183
接统治强调了“部族身份”的观念，对此我们将在后面详加讨论。最终，“现代化”被有选择地应用，间接统治维持着乃至于创造着“部族”区分，抵挡着民族主义的出现。卢吉本人曾经警告说，不要让非洲太快地现代化，因为

“土著人”的头脑跟不上快速变化和新思想的突然涌入。土著人在他们的“传统”环境中做得最好，在这里现代性只能是逐渐引入。在许多方面，“部族制”在殖民时代的后期都是越来越得到保护，它可以抵挡区域民族主义的成长。而对于19世纪后期和20世纪初期的欧洲人来说，部族制则保证乃至于强化了由层级、族长政治、社会秩序和控制构成的体系，其中的每个人都“理解”这个体系和自己在里面的位置。地方贵族被视为帝国计划中的臣属合作者，非洲首领和国王是统治层级体系的一部分，所以就给予了适合于他们地位的礼节和荣耀。[53] 在加冕礼、任职日、生日和重大纪念日等典礼场

乌干达的新秩序：年轻的国王道迪·奇瓦在坎帕拉娜米伦贝大教堂，1902年。
来源：版权属大英图书馆委员会，大英图书馆，W24/2136DSC。

卢吉勋爵和北尼日利亚首领一起游览伦敦动物园,约 1925 年。来源:赫尔顿档案馆/格蒂图片。

合,都向他们展示了官方的尊重。比如,在乌干达,在位于坎帕拉郊区的干达国王加冕之地布多(Budo),英国人修建了一所公立学校,对乌干达上层人物的孩子进行教育。从那之后,干达君主的加冕礼就在这所学校的礼拜 184 堂举行,把英国仪式与非洲仪式融合在一起。人们认为,通过这种方式,布干达的王权制度就变成了英国—非洲的创造。不过,不必高估这种"创造"的程度,这些创造活动常常被归因于殖民时代文化碰撞的活力。[54]但根本而言,这些发展需要放在长期政治进化过程的背景中来理解,欧洲人利用了这个过程,但必须说他们的利用的确颇为机敏。在这个过程中,非洲人经常汲取了欧洲人的东西。在某些地区,以前从未有过层级和区分的“传统”体系,但现在被创造出来,比如在南尼日利亚,或者是在坦噶尼喀。然而,欧洲人更是常常利用非洲的权力体系,无论这是早已就有的,还是新浮现出来的。最重要的是,间接统治被认为与“合法性”相关,通过管理体系的这种安排,文明使命和殖民地秩序的稳定就可以最好地实现。然而,完成它的这个过程,以及为什么有时它会失败的原因,都必须放在19世纪政治发展及其非洲试验的背景中来考虑。

丛林战争与深远阴影:全球战争中的非洲

至少从起源来看,第一次世界大战可以视为一场欧洲人的冲突,但每个殖民国家在人力和物质两个方面都想从自己的非洲殖民地去榨取最多的东西。当然,在有些地区,卷入全球冲突是不可见的,其影响也不怎么为人注意。对于某些族群来说,1918年的殖民统治与1914年并无什么不同。然而,广而言之,1914—1918年的这场冲突带来了重大变化,不仅仅是宗主国对非洲帝国的想法变了,而且非洲社会内部一些社会—政治群体的想法也变了。而且,第一次世界大战的爆发,是在绝大多数殖民地国家在二十年或更长时间的暴力和动荡之后,正试图进行巩固之时。在一些区域,这可以视为非洲“拉长”的19世纪的结束,也无疑是抢夺非洲时期的结束。[55]

1914年后期,英国和法国军队从西边和东边侵入多哥和喀麦隆的德国殖民地。尽管德国与同盟国官员就实行地区停战的可能性一直有电报来往,他们不要让“土著人”看到白种人相互残杀的不体面场景,但战争还是很快爆发。多哥那块长而窄的疆域相对容易就被占领,但喀麦隆之战——它扩展至这片殖民地内陆的山区和森林,却一直拖到1916年。德属西南非洲的防守很差——它事实上怎么都不可能防守,因为当时划分殖民地边界时就没有想要防止外来进攻,所以它很快就被南非军队占领了。此次占领对
185 这片疆域将产生深远的政治影响,事实上南非人在此后的七十多年都没有离开。然而,在东非和中非,战斗最为残酷,对这些区域造成了最为灾难性的后果,这里的军事行动的持续时间与欧洲战场是一致的。从肯尼亚到莫桑比克的广阔区域内,英国、非洲和南非的军队与德国军队交战。即使在坦噶尼喀实际上已被协约国占领之后,德军指挥官冯·莱托—福尔贝克还率领他的忠诚部队在葡属莫桑比克、尼亚萨兰和东北罗得西亚进行了不同寻常的消耗战,一月又一月、一年又一年地拖着协约国。冯·莱托—福尔贝克

这支由非洲军队、投降者和若干德国军官组成的部队，被证明比协约国的联合部队还要强，它事实上未被击败，只是在听到欧洲于 1918 年 11 月停战之后，它才投降。[56]

在东非战役过程中，有 75 万至 100 万非洲人被迫充当搬夫，穿越森林和沼泽、丛林和山区，为双方军队运送装备，大约有五分之一的人死去，绝大部分是由于疾病。随着战争的进行，由于家畜、庄稼和年轻男人被征用，地方经济被破坏。焦土战术被交战双方普遍使用，因为他们都已经精通于此：德国人的经验来自镇压坦噶尼喀起义和数年后的镇压西南非洲起义，而英国人则使用了他们在第二次布尔战争中对付平民的经验。村庄被烧毁，庄稼在收获之前被付之一炬，在战争直接或间接影响的那些地区，尤其是 1916 年至 1918 年的卢旺达，出现了长期的粮食短缺，如果说不是完全饥馑的话。疾病也在毁灭搬夫，摧残社群。1918 年和 1919 年，疫病在西非、中非和东非大片地区的流行程度是前所未有的。它来自欧洲，从海岸地区快速朝内陆传播，细菌所走的路线就是从欧洲城市运来军队、给养和报道新闻的同一条路线。死亡的人数已难以估计，但肯定要以成千上万来计算。[57]

富有讽刺意味的是，在一代人之前的那些征服战争中，交战双方的绝大部分士兵都是非洲人，由人数很少的欧洲军官来指挥。南非战争是例外，新成立的联邦也征用非洲黑人，但禁止他们携带武器，防止以此袭击白人。然而，德国人在邻近的西南非洲自己充当布尔人战士的仅仅几年之后，在其他地方，征召非洲人打仗就系统化而且常常是很野蛮的了。英国人从自己的西非殖民地征召黑人，到非洲大陆的另一边去打仗；法国人在从海岸森林到草原的一个又一个村庄征兵，收集年轻黑人做后勤服务，其中有 15 万人被派到了法国和比利时的西线，以补充法国人自己持续上升的兵员损失。法国人也从阿尔及利亚征兵，其中有 3 万人战死，那些幸存者的欧战经历则被政治化。法国当局越来越强烈的从西非征兵的欲望，遭到了当地人的反抗， 186
一些地方出现了公开起义。征兵在非洲人中间变成了残忍的“血税”，而法国人对当地武装反抗的军事行动实际上使得“抢夺非洲”停止。这些战役就是对法属西非一些重要地区的最后平定，这些地区在 19 世纪 80 年代和 90 年代被蚕食之后尚未被完全控制。现在，在 1915 年和 1916 年期间，法国统治者就与那些以前并不重要的非洲首领世系建立了新的联系，因为这些人在帮助征兵上有用，所以，战争的紧急情况倒是促成了统治体系的进一步修改。[58]

非洲人拒绝参与到欧战之中，这以各种形式表现出来。比如，在法国殖民地，年轻男子就常常越过边界，逃到邻近国家躲起来，直到法国征兵军士离开。这种所谓的“抵挡性迁移”在逃避征税和征募劳工上也常使用，另一种不那么常用的方式则是自残，以避免去充当搬夫。从非洲人的角度来看，征兵就是一系列难以忍受的压迫的最新方式，这些压迫是以征税和征募劳力而开始的。在法国军队中，非洲部队出现过逃亡和抗命，尤其是那些来自法属北非的部队。[59]

表现于反抗征兵的起义，许多时候事实上是长期深厚愤恨的结果，它们从 19 世纪后期就开始显露。所以，在尼日利亚出现了对英国人的武装反抗，在达荷美出现了对法国人的武装反抗，莫桑比克的巴韦人也在 1917 年起来反抗葡萄牙人。在法国控制的西非草原和北非，伊斯兰教又成为一系列反抗的凝聚力量。在尼日尔，柏柏尔穆斯林在 1916 年和 1917 年发动了一系列针对法国人的袭击。在这个背景中，要注意奥斯曼帝国的作用。奥斯曼帝国在 1914 年后期加入到德国一边参战。对于奥斯曼人来说，他们想象的是整个殖民地世界的普遍圣战，欧战爆发代表的是一个机会，可以夺回失去的北非土地。而德国人感到欣慰的是，这种情况无疑永远不会实现。在法属摩洛哥，阿卜杜勒·马利克组织了反殖民起义，而反对征兵的地方骚乱也在阿尔及利亚爆发。不过，最有组织的抵抗是赛努西兄弟会，他们得到了德国人和奥斯曼帝国提供的资助和武装。在利比亚，意大利人也不安全，是一个较易打击的目标，1915 年初期，他们被米苏拉塔省的赛努西兄弟会打败。这一年的下半年，赛努西兄弟会又把他们的行动扩展到边境之外，发动了对埃及英国人的进攻。不过，随着亲英国的赛义德·伊德里斯·赛努西在昔兰尼加的出现，就与利比亚的意大利人达成了停战，与埃及的英国人则形成了更为和平的关系。不过，赛努西兄弟会在南边仍然很忙，1916 年袭击了法属撒哈拉的一些基地，在尼日尔发动了一次攻击，最后是靠了尼日利亚英国军队的支持，这些攻击才被击退。[60]

随着战争的爆发，英国人在埃及加大了压力，宣布对它实施保护，切断
187 了与伊斯坦布尔的一切联系，废黜了“赫迪夫”阿巴斯，镇压所有疑似“民族主义”的政治活动。[61]在苏丹，英国人利用撒哈拉沙漠以北的复杂事态，将自己的控制范围朝西延伸，指向达尔富尔苏丹国，这个国家从 19 世纪 70 年代以来基本上由喀土穆自治。1915 年，阿里·迪纳尔苏丹对赛努西兄弟会示好，于是英国苏丹总督温盖特在 1916 年年初发动了对达尔富尔的进攻，很

快就征服了它，但他也设法维持与苏菲派的良好关系，以稳定可能会出现麻烦的这一区域。[62]法国人在摩洛哥和阿尔及利亚也试图这样做。通过这种方式，伊斯兰教的潜在威胁减少了一些。

好战的基督徒也在行动，尤其是在尼亚萨兰，传教士约翰·齐莱布韦1915年在这里领导了一场猛烈然而短命的起义。导致这场起义的主要原因之一，就是对非洲人的大规模征兵，以及早期与德国人作战导致的大量死伤。[63]在尼日利亚、科特迪瓦和北罗得西亚，还有一些较为平和的地方性天启派和千禧派基督徒活动，它们的领导者以不同的方式宣讲世界即将终结与耶稣二次降临，欧洲统治的覆灭，不服从殖民地政府的道德必要性。在南非，在颇为不同的另一种政治和文化环境中，一群南非白人于1914年10月起事，这场反叛因对英国人的仇恨（并不特别强烈）和对德国人的同情而发生，它很快被平定，如同其他地方非洲人的起义一样。[64]

战争岁月里，萌芽状态的殖民地经济遭受了挫折，非洲大陆处处感觉到了经济困难，这也是社会动荡的一个原因。比如，西非英国疆域与德国疆域之间存在的兴旺贸易衰退了，出口产品的价格跌得厉害，折射着全球性的衰退。尽管随着欧洲经济逐渐转向战时状态，1914年到1918年出现了对某些原材料的需求增长，但政府仍然对价格与工资实施严格管控，这就意味着生产商和劳动力都很受伤。不过，非洲消费者对进口商品所付的价钱在战争岁月持续攀升。这与征用、强迫劳工、强制种植某些农作物，当然还包括征兵结合在一起，战争给千百万非洲人带来的是社会和经济的严酷。

从许多方面看，第一次世界大战见证了非洲大陆各地殖民体系的最终建立，这些体系从20年代早期之后就能够更有效地控制、塑造和剥削它们所掌管的环境，在这个意义上，一战可以形容为殖民统治最有效、最清晰表达的高峰期的一种预兆。而且，如同历史学家比尔·弗罗因德所言，第一次世界大战“很可能标志着原始暴力统治的最后高点”，征服的时代要结束了，广义而言的“巩固”时代也要结束了。[65]从20年代初期开始，士兵们回到他们的军营，市场力量变得比快速射击的机关枪更为重要，至少是同样重要。商业经济现在要去界定殖民地社会了，嚣张的军国主义后撤了。

然而，战争经历为非洲各地的社会和族群留下了拭除不掉的印象。那 188
些亲眼看到了欧洲人相互屠杀的非洲人不会轻易忘掉这场面；那些经历了战争所带来的严酷生活的人也不会忘记。这些人不仅领悟了殖民统治的野蛮意味，而且看到了欧洲文明的弱点和缺陷深刻的“人性”。战争经历还在非洲人中导致了一些最早的准政治联合和组织的出现，它们就是我们所称的“抗议身份”的征兆。对于许多人来说，这种政治化的进程对抗殖民地国家之现实，在侵略和征服的后果之中就开始了；但对于更多的人来说，战争则进一步把它推进了。在农民和工人之间是这样，在那些受过教育并去担任低级管理和职员职位——这些职位因欧洲人前去从军而暂时空了出来——的非洲人中，也是如此。这些非洲人的社会和政治视野因他们的经历而较为宽广，他们成为战后时代的一个重要阶层，越来越对间接统治体系以及赞同它的上层阶级感到幻灭。他们现在明白，这种体系拒绝他们获得政治责任，将他们锁定在一个显然不可改变的地位上。

所以，对于某些人来说，就出现了高涨的政治敏感，这在许多方面都是前所未有的。全球舞台上的事态使一些非洲人认识到他们在这个世界上的位置。凡尔赛会议的商讨，尤其是对美国总统伍德罗·威尔逊“十四点”的报道，以及随后的国联盟约，都吸引了在政治上越来越活跃的非洲人的关注，特别是在英属西非，这里有一种尽管是低水平但正在成长的声音，要求在当地政府中有较大的代表权。在南非，“南非原住民民族大会”在 1912 年成立，后来于 1923 年成为“非洲人国民大会”(ANC)，它向英国国王乔治五世请愿，要求在凡尔赛会议上有代表。这个运动列举了非洲的战时贡献，提醒乔治国王，和平的原则之一就是民族自决的权利和不受压迫的自由。然而，英国政府直接拒绝了允许非洲代表出席会议的想法，宣称无论如何这样做会构成对南非联邦内部事务的干涉。不过，这还是标志着非洲人对自己在世界舞台上地位的认识，即使是十年之前，拥有这种认识的非洲人也还是极少的，所以可以说非洲的抗议身份进入了一个新阶段。

也许是在埃及，这一点更为清晰地显示出来。在埃及，民族主义者对于暴虐的英国存在越来越不能忍受了。几位民族主义领导人士——他们绝大部分都是乌玛党(Umma party)的成员，这个组织倡导逐渐的和平过渡而非暴力对抗，向温盖特请愿，希望有机会开启谈判，结束英国对埃及的保护。起初，英国人质疑请愿者没有权利代表埃及说话，于是请愿者为他们的“华夫脱”(Wafd)即代表团征集到了广泛的支持。他们的活动遭到了英国的严格限制，但“华夫脱”还是把请愿送往凡尔赛会议。“华夫脱”越来越得民心，英国人低估了这一点，结果 1919 年埃及全境爆发的暴力抗议让他们大吃一惊。这场反抗因囚禁民族主义领袖萨德·扎格鲁尔而引发。伦敦派出艾伦
189 比将军前去平息暴乱，他做到了，但他也释放了扎格鲁尔，扎格鲁尔则继续

把“华夫脱”转变为一个正式的政党,自己担任它的主席。扎格鲁尔领导下的“华夫脱”现在成为反英抵抗的主要运动,尽管它在20年代初期还会面临更多的挑战。战后关于民族自决的谈论,也在阿尔及利亚和突尼斯激起了民族主义运动,在欧洲停战后的那段时期,在阿卜杜勒·克里姆的领导下,摩洛哥的里夫出现了一场起义,利比亚的赛努西兄弟会也重新开始与意大利人作战。[66]

1919年的凡尔赛会议,议程上的重大议题中,有一个就是如何处理战败国德国的殖民地。在某种意义上,这些德国殖民地的命运已经有了预料之中的结局:胜利的同盟国自己来分配。让它们实行某种自治的想法,就如同把它们还给业已丢脸的德国一样不可想象。所以,英国和法国就分享了多哥,英国最终把它分到的西边部分并入了邻近的黄金海岸,而法国则是单独管理自己分得的部分。法国还获取了与尼日利亚相接的喀麦隆的大约五分之四,剩余的归英国,英国还得到了对坦噶尼喀的管辖权。比利时得到的份额较小,是卢旺达和布隆迪,它们位于比利时所占刚果的东北边界。南非联邦则去管理原来的德属西南非洲。

然而,时代改变了,猖獗的高强度帝国主义时代过去了,至少说起来是这样。19世纪80年代和90年代那种单纯的土地攫取已不再被接受。《凡尔赛和约》规定,原来的德国殖民地由欧洲各国政府代表新成立的国联来管理。根据国联的说法,这些非洲疆域是被托管,对它们的管理是为它们最终的自治做准备,同时还要保护“土著人”的利益。于是,委任统治制度确立了。尽管旨在推动任何“建议”的意图和目的都难以实施——因为国联中英法这两个最大成员国自己就是最大的殖民国家,但国联秘书处还是定期派出检查团到非洲各处,来报告这方面的“进展”。[67]现实可能是这些新近获取的疆域仍然如同原来的殖民地一样统治,但一种新的思潮浮现了,一系列新的原则出现了,它在某种程度上是国联自己的盟约所强调的,也就是要设法让世界上那些“欠发达”民族为自己的政治成熟和文化成熟作准备。依据那个时代的说法,这是监护,而不只是浅俗的帝国主义,这个概念在20世纪20年代和30年代中扎下根来,那个时代显然建立了如今西方对待“发展”和“管理”之态度的先例。

注释:

① 朗斯代尔《非洲历史中的欧洲抢夺与征服》;托马斯·帕克南《对非洲的瓜分:

1876—1912》(伦敦,1991);M.E.张伯伦《瓜分非洲》(伦敦,1999);科林·纽伯里《大不列颠与瓜分非洲:1870—1914》,收入波特所编《牛津英帝国史第 3 卷:19 世纪》。

② 参看插图精美而易懂的道格拉斯·波切《帝国的战争》(伦敦,2001)。

190 ③ 威廉·H.麦克尼尔《追逐力量:公元 1000 年以来技术、军队和社会》(芝加哥,1982)。

④ 布鲁斯·范德沃特《帝国征服非洲中的战争:1830—1914》(伦敦,1998)。

⑤ 丹尼尔·R.黑德里克《帝国的工具:19 世纪的技术与欧洲帝国主义》(牛津,1981);罗伯特·库比切克《英国的扩张、帝国和技术改变》,收入波特所编《牛津英帝国史第 3 卷:19 世纪》。

⑥ 见《非洲史学刊》关于"撒哈拉沙漠以南非洲的武器"的两次特刊:12:2(1971)和 12:4(1971)。

⑦ 比如马丁·莱加西比《火器、马匹和萨摩利亚军队组织:1870—1898》,《非洲史学刊》7:1(1966)。

⑧ 杰夫·居伊《祖鲁王国的摧毁:1879—1884 祖鲁兰的内战》(伦敦,1979)。

⑨ 就当时的评价而言,比如可参看 G.F.—H.伯克利《阿杜瓦战役和迈拿里克的崛起》(伦敦,1902);A.怀尔德《现代阿比西尼亚》(伦敦,1901);理查德·潘克赫斯特所编《埃塞俄比亚皇室编年史》(亚的斯亚贝巴,1967),第 166—194 页。也可参看保罗斯·迈尔克斯和格塔丘·梅塔菲里安所编《阿杜瓦之战:对埃塞俄比亚这场反欧洲殖民主义历史性胜利的反思》(纽约,2005)。

⑩ 罗宾森和 J.加拉格尔《非洲与维多利亚时代的人:帝国主义的官方头脑》;帕克南《对非洲的瓜分:1876—1912》。

⑪ 帕特丽夏·赖特《尼罗河上的冲突:1898 年的法苏达事件》(伦敦,1972);G.N.桑德森《1882—1899 的英国、欧洲和上尼罗河流域:对瓜分非洲的研究》(爱丁堡,1965)。

⑫ 玛丽·杜赫斯特·路易斯《分离的统治:1881—1938 法属突尼斯的主权与帝国》(加利福尼亚州伯克利,2014),尤其是第 1 章。

⑬ 卡尔·彼得斯叙述自己这些冒险活动的英文翻译,见《黑暗非洲的新光明》(伦敦,1891);也可参看塞巴斯蒂安·康拉德《德国殖民主义简史》(剑桥,2012)。

⑭ T.O.兰杰《初始抵抗运动与现代大众民族主义的联结,第 1 部分和第 2 部分》《非洲史学刊》9:3 和 9:4(1968)。也可参看 A.艾萨克曼和 B.艾萨克曼《南部非洲和中部非洲的抵抗与合作》,《非洲史研究国际学刊》10:1(1977)。

⑮ 见佩尔松《萨穆里·杜莱革命》。

⑯ J.D.哈格里夫《被瓜分的西非》(伦敦,1974)。

⑰ 戴维·金布尔《加纳政治史》(牛津,1963);威尔克斯《阿善提》。

⑱ 一个有用的概述是伊夫·佩尔松《1870—1886 的西非》和 J.D.哈格里夫《1886—1905 的西非》,收入奥利弗和桑德森所编《剑桥非洲史》第 6 卷《1870—1905 年》。

⑲ A.S.肯耶—福斯特纳《南苏丹的征服:对法国军事帝国主义的研究》(剑桥,1969)。

⑳ 诺曼·R.班尼特《阿拉伯对抗欧洲人:19 世纪中东非的外交与战争》(纽约,1986)。

㉑ 约翰·伊利弗《坦噶尼喀现代史》(剑桥,1979),第 4 章。

㉒ G.C.K.格瓦萨和 J.伊利弗所编《“马吉马吉”起义记录》(内罗毕,1967),是原始来源的有用收集。与“马吉马吉”起义相关的学术研究,现在也有很多,其中包括约翰·伊利弗《“马吉马吉”反抗的组织》,《非洲史学刊》8:3(1967);G.C.K.格瓦萨《1905—1907 年“马吉马吉”战争中的非洲战争方式》,收入 B.A.奥高特所编《非洲的战争与社会》(伦敦,1972);P.雷德蒙《乌格尼(Ungoni)的“马吉马吉”起义:对现存史料编纂的重新评价》,《非洲史研究国际学刊》8:3(1975);费里希塔斯·贝克尔《贸易商、“大人物”和先知:东南坦桑尼亚“马吉马吉”起义中的政治持续性与危机》,《非洲史学刊》45:1(2004)。也可参看约翰·伊利弗《德国统治下的坦噶尼喀,1905—1912》(剑桥,1969)。

㉓ D.A.洛和 R.C.普拉特《布干达与英国统治,1900—1955》(伦敦,1960);D.A.洛 191
《帝国的制造:1890—1902 年的英国人与乌干达王国》(剑桥,2009)。

㉔ 约翰·朗斯代尔和布鲁斯·伯曼《处理种种矛盾:1895—1914 肯尼亚殖民政府的发展》,《非洲史学刊》20:4(1979)。

㉕ 罗伯特·维克·特里尔《金伯利钻石原野上的资本与劳力,1871—1890》(剑桥,1987)。

㉖ 理查德·普赖斯《创建帝国:19 世纪非洲的殖民遭遇与帝国统治的建立》(剑桥,2008),对科萨人的经历有深入探讨。

㉗ 苏拉·马克斯《迟疑的反抗:1906—1908 纳塔尔的动乱》(牛津,1970);更广阔的纵览则参看 D.M.斯克勒德《1877—1895 对南部非洲的瓜分:重新评价的瓜分政治学》(剑桥,1980)。

㉘ 关于这场战争,近年众多文献中最出色的贡献之一是比尔·内森《南非战争:1899—1902》(伦敦,1999)。他从非洲人视角对这些事件的研究是《亚伯拉罕·以扫之战:1899—1902 开普殖民地的黑人南非战争》(剑桥,1991)。

㉙ D.N.比奇《“解放战争”:1896—1897 的修纳人起义》,《非洲史学刊》20:3(1979);T.O.兰杰《1896—1897 南罗得西亚的反抗》(伦敦,1967)。

㉚ 安德鲁·罗伯茨《赞比亚史》(纽约,1976),第 162—170 页。

㉛ E.V.阿克塞尔生《葡萄牙与瓜分非洲》(约翰内斯堡,1967)。

㉜ 戴维·奥鲁苏加和卡斯珀·W.埃里克森《德国皇帝的毁灭:被遗忘的德国种族灭绝和纳粹主义的殖民地之根》(伦敦,2010)。也可参看简—巴特·格瓦尔德《赫雷罗族的英雄们:1890—1923 纳米比亚赫雷罗人的社会—政治史》(牛津,1998)。

㉝ I.M.路易斯《索马里人的现代史》(牛津,2002),第 4 页。

㉞ 比如见迈克尔·布雷特《马格里布人》,收入 A.D.罗伯茨所编《剑桥非洲史》第 7 卷《1905—1940》(剑桥,1986)。

㉟ J.布鲁斯《发现尼罗河源头的旅行,时间为 1768、1769、1770、1771、1772 和 1773 年》,5 卷,(伦敦,1790)。

㊱ A.达尔扎尔《达荷美历史》(伦敦,1793)。

㊲ J.H.斯皮克《尼罗河之源发现日记》(爱丁堡,1863)。

㊳ H.M.斯坦利《穿越黑暗大陆》(1899),2 卷本,(伦敦,1899)。

㊴ R.P.艾西《乌干达编年史》(伦敦,1894)。

㊵ A.凯格瓦《布干达的国王们》(由 M.S.凯万尼克翻译和编辑)(内罗毕,1971)。

㊶ 塞缪尔·约翰逊《约鲁巴历史》修订本(伦敦,1921)。

㊷ 麦克卡斯基《文化冲突:19 世纪的英国与非洲》,第 680 页。

㊸ F.D.卢吉《英国在热带非洲的双重使命》(爱丁堡和伦敦,1923),第 5 页。

㊹ 帕特里克·曼宁《撒哈拉沙漠以南法属非洲:1880—1995》(剑桥,1998),第 59—60 页。

㊺ P.K.蒂本德拉纳《北尼日利亚埃米尔任命中英国政府的作用:1903—1931》,《非洲史学刊》28:2(1987)。

㊻ 范德韦勒《利比亚现代史》,第 2 章;阿法弗·卢特菲·阿尔—赛义德—马尔索《1882 年后英国对埃及的占领》,收入波特《牛津英帝国史第 3 卷:19 世纪》。

㊼ A.E.阿法格布《得到批准的首领:1891—1929 东南尼日利亚的间接统治》(哈洛,1972)。

192 ㊽ 托马斯·斯皮尔《英国非洲殖民地发明中的新传统主义与限制》,《非洲史学刊》44:1(2003)。

㊾ 杰拉德·普诺尼《卢旺达危机:种族灭绝史》(伦敦,1995),23 页以后;也可参看勒内·勒马尔尚《中非暴力的动力学》(费城,2009),第 3 章。

㊿ 这个现象的更广范围探索,可以参看苏珊·佩德森和卡洛琳·埃尔金斯所编《20 世纪的定居者殖民主义:项目、实践、遗产》(纽约,2005)。

(51) 迈克尔·克劳德《间接统治:法国风格与英国风格》,《非洲》34:3(1964)。

(52) 洛德·黑利《非洲纵览》(伦敦,1938)是内容丰富的资源。这部大部头巨著于 1956 年修订再版。基于非洲视角的研究,可看台希克迪·卡马《非洲部落管理的各种原则》,《国际事务》27:4(1951)。

(53) 也可参看戴维·康纳汀《装饰主义:英国人怎样看他们的帝国》(伦敦,2001)。

(54) T.O.兰杰《殖民地非洲的发明传统》,收入 E.霍布斯鲍姆和 T.O.兰杰所编《传统的发明》(剑桥,1983);也可参看他后来在《重访传统的发明:非洲之例》中对此观点的修正,收入 T.O.兰杰和 O.沃恩所编《20 世纪非洲的合法性与国家》(伦敦,1993)。以及斯皮尔《英国非洲殖民地发明中的新传统主义与限制》。

(55) 下面的讲述以关于非洲和第一次世界大战的大量且越来越多的研究为基础,其中包括《非洲史学刊》的专刊"第一次世界大战与非洲",《非洲史学刊》19:1(1978);M.佩奇所编《非洲与第一次世界大战》(伦敦,1987);J.H.莫罗《大战:一部帝国史》(伦敦,2004);休·斯特罗恩《非洲的第一次世界大战》(牛津,2004);爱德华·佩斯《打了就跑:非洲一战中未被讲述的悲剧》(伦敦,2007)。

(56) 见保罗·冯·莱托—福尔贝克自己的回忆录:《我的东非回忆》(伦敦,1920),2009 年摹本重印。

(57) 罗丝·安德森《被遗忘的前线:1914—1918 的东非战役》(斯特劳德,2004)。

(58) 对于这些事件的本地视角解说,可参看乔·伦恩《一场大漩涡的回忆:塞内加尔人讲第一次世界大战的口述史》(牛津,1999)。

(59) 莫罗《大战:一部帝国史》,144—147 页;弗朗西斯卡·布鲁斯基《塞内加尔四个族群及法属西非的军事合作、征兵和公民权利(1912—1946)》,收入海克·利鲍等人所编《世界大战中的世界:来自非洲和亚洲的经历、认知和视角》(莱顿,2010)。也可参看 C.M.安德鲁和 A.S 肯耶—福斯特纳《法国、非洲和第一次世界大战》,《非洲史学刊》19:1(1978)。

⑥⓪ E.E.埃文斯—普里查德《昔兰尼加的塞努西人》(牛津,1949)。

⑥① 汤姆·利特尔《现代埃及》(伦敦,1967),第69—70页。

⑥② M.W.戴利《总督:雷金纳德·温盖特爵士与中东的英帝国》(费城,1997),第2部分。

⑥③ 这方面的经典研究是G.谢泼森和T.普赖斯《教会独立的非洲:约翰·齐莱布韦与尼亚萨兰地方起义》(爱丁堡,1958);以及约翰·麦克拉肯所编第一手来源资料《来自齐莱布韦起义的声音:1915年向尼亚萨兰起义调查委员会提供的目击者证词》(牛津,2015)。

⑥④ 佩斯《打了就跑:非洲一战中未被讲述的悲剧》,第125—129页。

⑥⑤ B.弗罗因德《当代非洲的创造》(贝辛斯托克,1998),第112页。

⑥⑥ 布雷特《马格里布人》,288页以后;M.W.戴利和G.N.桑德森《埃及与英埃苏丹》,收入罗伯茨所编《剑桥非洲史》第7卷《1905—1940》,第742—745页。

⑥⑦ 苏珊·佩德森《保护人:国联与帝国的危机》(牛津,2015),尤其是第1部分。

第四部分

殖 民 主 义

英国人、法国人、葡萄牙人、比利时人和意大利人有着一些共同的核心目标。这些殖民统治当局都试图创造一个税收基地，一个能够确保这片疆域支撑自身的征税系统。自足成了目标，得让非洲人为对他们自己的控制来付账。对于许多非洲人来说，主权丧失的第一个真实标志就是强加的人头税。对于殖民地国家来说，税收不仅对其运作绝对是基础性的，而且在许多方面也是它的关键目标。警察力量常常几乎就是与收税相联系的，他们可以没收不交税者的财产，将其逮捕。他们成了征服最刺眼、最可怕的显示。除了人头税外，还有其他各种关税，比如统治当局试图通过正在发展的商业——这本身就是将来关键目标的一个核心部分——来获得收入，也就是迫使非洲人进入劳动力市场，以确保市场经济的扩展。这样做的目的是建立一个工薪劳工的体系，同时又扩展经济作物和矿产的生产。如同我们前面看到的，在西非海岸一带，商品农业已经相对繁荣地建立起来，这在有些地方可以回溯到18世纪后期和19世纪早期。在这样的环境中，殖民地国家只要提供种子和鼓励就够了。然而，在那些商品农业不发达的地区，尤其是在非洲大陆东边，就可能需要使用武力了，因为有时需要强迫农民去种植某些作物。德国人曾在坦噶尼喀发现有这种需要——不像英国治下的乌干达，这里的农民不那么欢迎棉花福音，其中的原因我们接下来会谈到。在肯尼亚这样的定居者社会中，非洲人被强迫进入劳动力市场，服务于由欧洲种植主掌管和得利的经济。同样，在南部非洲，矿业经济的快速增长也与进
194 出这一区域的流动劳动力体系的出现相伴。有些地方是直接强迫非洲人融入市场经济，但从20世纪20年代朝后，这种强迫在很大程度上就不需要了，因为自愿参与的情况已很普遍。在许多地方，非洲人变成了热心而且成功的经济作物农民。普遍而言，进入劳动力市场也成为必要，这样才可以交税和养家。

以上这些就是殖民地当局的主要目标，在许多地方，它们是在第一次世界大战期间或稍后才得以实现的。但是，随着时间的推移，出现了其他需要考虑的公共生活领域，比如提供医疗和教育这些“发展”的实现。从原则上

讲，“文明使命”的说法要求殖民地政府在这方面积极作为，尤其是英国和法国。然而，事实上殖民地政府许多年中在非洲生活的许多方面都没做什么。在20年代之前，对非洲人的教育主要是在传教士办的学校中，例如英国圣公会传教协会，或者是讲法语非洲地区的“白色神父”，而他们常常与殖民地当局关系不好。只是到了两次世界大战之间那个时期，政府学校体系才可能发展起来。医疗也是如此，早期殖民地当局在这方面没做什么，还是传教士起了一些作用，他们提供精神和身体两方面的抚慰。同样是在20年代和30年代，政府才开始提供一个较为广泛的医疗体系。就上述领域而言，至少是在早期，殖民地政府在“改造”非洲社会上基本没做什么。同样，就环境而言，殖民入侵在一些地方带来了巨大灾难，但许多年之后政府才以“改进”农业技术和防止农业环境退化的想法来考虑干预乡村生活。在30年代之前，用于这种目标的各国农业部门，其效率是千差万别的。

总体而言，思考殖民政体，最重要的命题之一，就是考虑它们在何种程度上改造了非洲社会。殖民主义是否真的在非洲社会的政治乃至文化上留下了去不掉的印记，这是一个有争议的问题。然而，有一点很清楚，那就是殖民主义把非洲大陆牢牢绑在了国际经济上面。这里的关键就是殖民统治带来的运输革命。19世纪时，头顶货物长途跋涉的方式，意味着低价值的沉重物品不值得运输。通过把非洲社会置于世界对某些商品的需求之下，通过铁路以及20世纪20年代以后公路网的建造，使得运输更为便宜。为了国际市场的生产也更可实施，殖民统治就改造了这种“内部”经济。对于许多非洲社会来说，这个过程的确是有发展性质的，在这个意义上，殖民地经历的确有助于发展，殖民主义推动了新的方式，非洲人可以借此继续发展，与世界的其他部分互动。然而，在生活的其他许多方面，政府仍然常常基本上不作为，20世纪早期实际发生的那些改变，既是殖民投资的产物，也是非洲主动性的结果。

第一次世界大战之后的岁月里，殖民体系变得更加稳定，对它们进行论 195
证的理论更为有力，支撑它们的经济系统也更有效率。在非洲人中间，在19世纪后期和20世纪初期的暴力抗议之后，绝大多数地方都出现了一种认识，认识到武装抵抗的无效——在50年代和60年代之前，很少有人再尝试进行武装反抗，而殖民主义的公开武力一面也有所减退。然而，在最广义上，“适应”在快速持续，出现了许多适应这种体系的方式。抵抗、主动性、自我表达的新方式反映着新的身份，反映着新形式的群体意识的出现，它们有时有着“部族”的根基，与种族或语言有关，有时则超越了种族甚至是疆域的界线，折射了更为宽广的社会经济变化。伊斯兰教思维的新线索——它们中有些植根于19世纪后期的埃及，在20世纪20年代至40年代期间出现，它们想把现代政治现实与精神活力的恢复结合起来。这样，非洲人自己就能够——越来越能够——对这个体系施加影响，用微妙而重要的方式来改变它。从这个角度来看，认识到非洲人在改变中的作用是很重要的，而不能简单地假定——人们常常这样假定——殖民地政府垄断着改变的能力。

到20年代和30年代时，殖民地非洲各地的间接统治首领都已经确立，他们基本上是一些拿薪水的官员，拥护殖民体系中一些关键的管理和意识形态原则。如同尼日利亚、乌干达或黄金海岸的情况一样，这些人常常作为殖民统治的代理者来收税，管理司法。他们也被饰以各种头衔、荣誉和勋章，以此作为对这个首领阶层在国家与臣民之间联结作用的承认，他们这种角色被认为至关重要，而且是进步的。这些首领得以接受“文明使命”的教育，所以对阐述殖民理论中极为重要的“进步”和“发展”概念是不可或缺的。然而，“文明使命”的教育扩大了，使得一个新的受过教育的精英阶层出现，这个阶层越来越挑战旧的体系，越来越感觉到自己被排斥在社会上层地位和政治权威之外。

20年代，至少是有些非洲人，的确相信殖民统治为进步提供了机会，它拥有改善非洲人生活的能力。依据这种解说，殖民“使命”就得到了理解，可以对它投入。殖民主义似乎提供了安全与稳定。20年代出现了暴力的衰退——在此词最广泛的意义上，19世纪80年代和90年代开始的“和解”过程，到第一次世界大战时已经基本完成，武装抵抗和起义被平定，盗贼行为和犯罪降低到不重要的程度。“和平”被加于非洲社会，这打开了经济和社会方面的机会——在企业化种植经济作物方面，在移民方面，在社会地位的新形式上。对于有些地方来说，商品农业促进了相对的经济繁荣，尤其是那些积极回应经济作物农业提供之机会的社群。“和平殖民”也产生了人口方面的反响，在1890—1920年期间的掠抢和灾难之后，许多地区都出现了人口增长。殖民主义的“复杂意味”体现于这样一个事实：它既带来了大规模
196 的混乱、新的疾病或是老疾病的恶性版本，还有环境灾难，但它也拥有处理这些危机的科技和组织方面的力量，在这样做时，比如通过药物，它就有能力来更有效地控制非洲人的身体（以及心灵）。就教育而言，教会学校和高等教育机构，似乎都佐证了殖民主义是进步和启蒙的观点。然而，在英国人

那里，尼亚萨兰的利文斯通尼学校、塞拉利昂的弗拉湾学院、或者是乌干达的马凯雷雷学院(后来的马凯雷雷大学)，都无疑是精英主义的，它们培养出来的人看来在这个体系中至少可分一杯羹，从中获利。在埃及和整个马格里布地区也是这样，尽管这些地方的变化已是在进行之中。当然，在这样的背景下，殖民体系会培养出自己的对立者，因为这种教育必让人接触到民主和民族主义的观念。不过，至少在短期而言，一个有技能有文化的非洲中产 197
阶级的出现，不管它多么小，看来都印证了殖民主义理论家的宣称，那就是殖民主义本身的文明和启蒙倾向。

帝国的关系：阿善提国王与黄金海岸总督在一起，1935 年。
来源：国家档案馆资料，C01069/44。复制得到许可。

然而，在 30 年代，事情在变化——如同全世界都在变一样。原来的上层人物发现自己越来越跟不上社会经济变化的脚步了，在有些地方，比如在乌干达和黄金海岸，人们发现他们不能或不愿去保护他们“委托人”的利益，与一个更受商品经济影响的小农阶级和扩大的城镇人口之间的隔膜越来越深，与这些人的关注与委屈越来越有距离了。在30年代，这个体系越来越受到挑战，挑战它的还不止于那些受益于相对先进教育的新的精英人士。大萧条带来的社会经济苦难，带来了政治意识的提高和抗议的新形式，以及对这个体系的幻灭感。在殖民地当局内部，统治方式尤其是间接统治在30年代也都开始变化。在许多方面，两次世界大战之间的这个时期，实现了从19世纪后期开始建构的殖民地社会的完成，殖民统治达到了它的高点，殖民地管理更为精细，更有经验，更有效率。然而，在整个这一时期，尤其是在大萧条期间，殖民统治的弱点暴露出来，这座大厦出现了裂缝。无论是在实际运作的层面，还是在支持实际运作的观念上，人们对其功效都越来越失望。殖民官员经常哀叹这个体系没有方向，它内在的冷酷，它事实上没有用任何有意义的方式“改善”非洲人的生活。“文明使命”受到批评性的审查，或者是被直接否定，如北非的精神和民族主义运动，它们汲取了与欧洲打交道的深层历史经验。

这方面的一个重要结果，就是非洲社会中更多的殖民干涉，殖民政府自身的扩大，这至少是在撒哈拉以南的非洲。殖民政府这样做，一个相当重要的原因是为了经济收益，但也伴随着认识到必须有更大的政治包容性。它认识到一个事实：非洲人的力量在未来某个时候应被纳入统治之中，以某种形式变成“自治”。最终，它的发生比这起先的预计要快得多，但这个过程的根子无疑已在30年代后期和第二次世界大战的岁月中植下。间接统治越来越被视为缺乏代表性、过时和保守，与此同时在一个实际层面上，大萧条本身给这个体系能够获得的收入和首领们的薪水也带来了损害。意识到大萧条带来的艰难，导致了殖民思维上的一种转变，至少英国和法国是这样——如果说比利时、葡萄牙和意大利尚未如此的话，当然白人定居地也没有这种转变。这种新思维认为殖民地国家应该更关心它的臣民，面对世界经济的反复无常，非洲人应该尽可能地得到保护。与这种想法相伴的是不
198 可避免的家长心态的人道主义，它最终的目标是实现社会稳定，抵消社会动荡的威胁。臣民需要更为安全地与这个体系联结在一起，最终会带来更高程度的忠诚与先进的更有效率的生产力。间接统治的首领越来越边缘化，而殖民政体又想提高效率和稳定社会，于是殖民统治者们无意之中就为长

期被排斥的新的精英人士的进入铺平了道路。这些变化将推动抗议和身份的一些新形式的出现，在第二次世界大战期间和战争刚一结束，这些新形式的抗议和身份就走向了前台。

在撒哈拉南北，第二次世界大战都构成了殖民政体的某种转折点。就北非而言，民族主义者的力量在战前政治抗议的基础上进一步发展；在撒哈拉以南的非洲，各地则出现了对政治和经济不平的更强有力的表达。总而言之，第二次世界大战产生了这样一种影响：到 1945 年时——40 年代这剧烈动荡的关键十年走到一半时，有一点已经很清楚，那就是欧洲和非洲在它们各自的书写中都进入了新的章节，殖民者和被殖民者之间需要新的对话，这可能是 20 世纪初期帝国主义巩固之后的第一次。

199 # 第十一章

“和平殖民”？土地与服务的帝国

殖民的核心目的包括让殖民地在军事上稳定，在经济上能生存。就殖民地经济体系的发展而言，我们关注它三个广泛的模式：第一，本地的经济作物产业主要掌握在非洲农业生产者手中，并在一个广阔地带发展，包括热带西非、中非和东非，此外在地中海地带也有。第二，白人定居者的经济作物产业，在肯尼亚等地，经济作物的生产由白人定居者掌握，或者由欧洲资本支持的种植园系统来组织。第三，“工业—城镇”经济作为采矿的结果而出现，比如在南非和中非。

认为非洲社会靠着接触欧洲贸易就会“自然地”改进，这种信念被逐渐取代；到19世纪结束时，取而代之的是认为任何现代化都要靠外部干预才会发生，其形式就是强加一个政治基础，它可以推动物质进步。当然，这种所谓的利他，不要误解为经济上的不理智。这里面有大量的双向好处，整个计划是作为对宗主国贸易和工业的“好处”而提出的，它为那些有胆有识的商业家提供了丰富的机会。如同卢吉从英国角度所说的那样：

> 这……也是一个伟大的时刻，英国民主面临问题，这些问题在我们的社会组织中预示着巨大的挑战。此时应理解我们的海外属地与这个国家经济繁荣的关系，那些热带出产对于我们的工业生活是何等关键，它们的市场对于我们的产品是何等重要。这的确是至关重要的，我们的民主对此要有一种明智和博识的兴趣，这会影响到大英帝国，而它正是大英帝国的继承者和托管人。①

200 这里的关键就是，这些丝毫不能委托给非洲国家和社会；相反，非洲物质进步的责任，由此而呈现商业机会的责任，全都交给英国自身和殖民地当局，在“和平化”的暴力之后它们必须出现。

而且，“改变”非洲环境的计划，其根源在于早先19世纪时的一些观念：需要对这个大陆“绘制地图”，需要去标明和掌握非洲地貌。这方面技术应用的最显著显示就是运输基础设施。公路和铁路被认为可以“打开”非洲内陆，机械化运输在某些地区的确具有改变的力量。乌干达铁路就是一个例子，显示了相当可观的工程技艺。修建这条铁路使用了本地劳工和特地输入的印度劳工，它于1896年在蒙巴萨开始动工，1901年第一列机车驶入维多利亚湖区的基苏木。这条线路从海岸地带穿越而过，爬高进入肯尼亚高原，最终将湖泊地区腹地与印度洋连接起来。[2]它代表着一种对环境的征服，这在一两代人之前是无法想象的。同样的计划在20世纪初至40年代在非洲各地实施，它们是殖民地国家所设想的改变力量的大胆显示。

对暴力的垄断

不过，首要的问题就是确保安全。非洲大部分地区已经被制服了，接下来又有非洲人自己维持治安了。在19世纪80年代和90年代，这个大陆的许多地方都被殖民军队所“征服”，这些殖民军队常常是数量很少的欧洲军官在指挥大量的非洲士兵。此后，殖民军队征召非洲人入伍的做法就更普遍了，从20世纪初期起，开始变得更为系统化。通过这个过程，非洲人自己也完成了从尚武好战的野蛮人到新秩序的遵守纪律的忠诚仆人的转变，这个变形揭示着欧洲与非洲之间关系的进化。总之，曾被选择性地称为好战、野蛮、懒惰等等的非洲人，在欧洲旅团的旗帜下，就变成了良好的诚实正直的军队和进步的化身。相信非洲人懂得武力也只懂得武力，卢吉是这方面的一个典型代表。在《英属热带非洲的双重要求》中，他论证了欧洲对他所称的非洲大陆无休止战争进行干预的道德正当性。[3]然而，殖民地之前的时代，非洲士兵被普遍视为愚昧的野蛮人，而殖民主义则带来了新秩序和正直。欧洲的军国主义是高级的，它的战争宏大而高贵，这才是根本的。靠着这种奇特的扭曲逻辑，那些在欧洲军队中服役的非洲人也就接触到了文明使命，如同那些追随传教士的人一样。

本地征兵的做法在非洲历史悠久，如同在亚洲和北美一样。从1857年开始，法国就在塞内加尔的海岸殖民地把当地人招入他们的殖民地军队“塞内加尔地方军”中；英国从19世纪早期就在它的冈比亚和塞拉利昂前哨征
募当地兵源。在黄金海岸，在尼日尔三角洲，非洲民兵也被用来保护贸易 201
站，用于与内陆非洲民族的断断续续的小规模冲突，这至少从19世纪早期

就开始了，在有些地方甚至更早。17世纪时，英国商人就使用当地人来保护贸易点；在尼日尔河下游地区，这发展成所谓的“棕榈油河流非正规军”或“四十大盗”的部队。19世纪里，欧洲人同样能够利用非洲国家兴亡起伏造成的社会政治动荡和奴隶贸易的掠夺行为。从19世纪80年代到90年代早期，一些非洲军队建立起来，它们参与到欧洲帝国对非洲的瓜分和随后的控制之中。欧洲人利用着非洲各地出现的军事化过程，利用着非洲人的战斗技能和地方知识，没有这些的话，瓜分事实上是不可能的。这些军队变成了欧洲军事力量的代表，成为秩序的支撑者，成为征服本身最显眼也最持久的提醒。一队队手持武器、松散训练，身着杂衣的非洲民兵，经过了整编，成为官方角色。就英国而言，“皇家西非边境部队”成立于1897年，任务是保卫和控制新获得的大片尼日利亚疆域；而成立于1896年的塞拉利昂“西非军团”也有同样任务。在东非，用于征服、平息反叛和镇压奴隶贸易的部队，有许多来自印度——印度锡克教徒和旁遮普穆斯林，由来自印度军队的次一等的英国军官指挥。不过，也征召非洲人，开始时许多来自苏丹，随后则来自后来被称作乌干达和肯尼亚的那些地方。虽然每个新殖民地自己负责征召和维持自己的部队，但在1902年一些地方部队被并入英国国王的“非洲长枪队”。同一时期，德国人在自己的东非疆域建立了“防卫军”。在东北非洲，在19世纪80年代初期的苏丹人叛乱之后，英国人对埃及军队进行了改造，到90年代结束时，它成为一支使用苏丹人士兵的英—埃军队，并最终击败了那个马赫迪国家。在20世纪20年代，“苏丹国防军”成立，这个模式在别的地方也被复制，例如“索马里兰骆驼部队”于1914年建立，用以平息地方反叛。④

殖民者常常从很远的地方征募士兵，用基本上是“外来的”部队来平定和维护新获取的疆域。而且，这些部队常常规模很小，由人数更少的欧洲军官指挥，这既是因为资金上的限制，也是因为事态的紧急。维持大规模的部队常常是不必要的。卢吉的西非边境部队，任务是维护尼日利亚北部治安，有2 000到3 000名非洲士兵，由100来个欧洲军官指挥。与之相比，哈里·约翰斯顿在尼亚萨兰建立的那支部队就小多了，它只有不到100人的印度士兵、几个欧洲军官。所以，许多地方的军事控制是很单薄的。比如，到第一次世界大战前夕，法国人在他们整个西非和赤道非洲殖民地，殖民军队的兵力不会超过13 000人。在20世纪初期，英国在撒哈拉以南非洲的军队只有11 000人多一点，军官和军士不超过300人。⑤不过，在第一次世界大

战期间，征兵急剧扩展，尤其是法国殖民地，“塞内加尔地方军”士兵在欧洲 202
西线起重要作用。[6]在殖民统治早期，军队和警察既维持内部治安，也负责收税，但很少负责对外防御或进攻，只有两次世界大战时是明显例外。从瓜分非洲到第一次世界大战期间，让收税更有效率的需要——这是表明殖民地能够养活自己的关键，使得政府去增加警察和军队的开支，其形式是宗主国的补助金。不过，到1914年时，这种补助金基本上就取消了，军事管理的责任移交给了殖民地官员。从那以后，随着“和平化”过程大部分完成——也有一些重要的例外，军队就驻扎军营，或是在那些尚未完全置于民政管理之下的麻烦地区做定期巡逻。

基本而言，殖民军队和警察力量的性质是为了方便。在本地征兵要便宜得多，早期殖民地当局运作时预算很有限。从后勤上来讲，这样做也更好，本地征兵就不需要配置欧洲职业军队了，而对于有些国家来说——尤其如英国，由于其职业军队规模很小，也不可能配置职业军队。19世纪中，在那些相对较少的必须去做的情况中，英国在非洲作战是考虑成本的，只有极少情况下才会放纵使用纳税人的钱，比如1867年至1868年前去营救埃塞俄比亚皇帝特沃德罗斯的人质。欧洲人也发现，在那些流离失所、无根漂泊的非洲民族中征兵颇为容易——传教士寻找信徒时也常常有这种感觉，当兵提供了稳定、身份、薪水和广义上的社会经济优势。比如，在抢夺非洲期间，被掠夺奴隶、旱灾和早期殖民战争所蹂躏的那些族群，就成了征兵军官的丰收之地。刚果自由国的“比利时治安部队”就说明了这一点，并显示着使用这些廉价兵源的严酷后果。这是一支征募难民中那些心性残忍者而形成的杂合部队，这些人被暴力扭曲达到了这样一个程度，由此而来的丑行使得比利时国王利奥波德的商业项目可耻地结束。[7]就欧洲对一些非洲民族“性格”的解说而言，本地征兵也很重要：相继形成了一些观念，说哪些民族是多么适宜于当兵，因为它们懂得“忠诚”，或者是它们“驯良”，没有因文明的恶习而变得复杂。而最重要的是，欧洲人对“尚武”民族感兴趣，它们好战，但服务国家时可以被纪律约束。

关于“好战种族”的观念本质上是由印度输入非洲的，它涉及对从草原和山区征兵的理想化，觉得这些地区的民族具有“男子气概”，雄性尚武。生活在海岸一带和低地的人则遭到怀疑，欧洲人认为那些民族已经沾上了文明的“恶习”，发展出来了“阴性”特征。[8]比如在西非，英国和法国就倾向于在北部民族中、在草原地带征兵。不过，初期殖民征服中的早期结盟与合

203 作，并不必然构成后来征兵的来源。比如，在布干达，在建立保护国时，干达人协助了英国人，但此后在殖民军队的来源上，就没有他们什么事了。在乌干达，也是北部民族，尤其是阿克利人和靠近刚果与苏丹边境的其他小部族，成为征兵对象。在肯尼亚，基本上是从卡姆巴人和凯伦金人中征兵，而不是所谓"尚武"的马赛人。殖民军队中的这种民族不平衡，对其后出现的国家军队也产生了重要影响。只有在一些特殊疆域，情况不同：在阿尔及利亚，配置的是法国宗主国军队；在南非，非洲"士兵"得不到信任，没有武器，殖民军队基本上是白人。

奴隶与劳动力

"文明使命"宣称的目标之一，就是粉碎奴隶贸易的最后残余，结束非洲大陆的奴隶制。然而，如同19世纪前半叶的废除奴隶贸易运动并没有使这种贸易终结一样，殖民统治的肇端也没有结束奴隶制本身。这部分是因为奴隶制在非洲政体和社会中是如此广泛，部分是因为基于社会政治稳定的考虑不去废除它。殖民地当局对废除内部奴隶制很谨慎，意识到这样做的经济代价，还有突然解放奴隶人口可能带来的社会和政治动荡。奴隶构成了经济体系的一个基本部分，殖民国家早期要依赖这种体系，所以，在许多地方，奴隶制的法律基础不被承认，但并不鼓励奴隶离开他们的主人，其方式就是防止奴隶拥有土地，不帮助他们"重新安置"。即使在那些当局已经宣布奴隶制没有法律基础的地方，比如1897年的桑给巴尔，原先的奴隶也如同从前一样，仍然在种植园干活，因为这对这个岛屿的经济太重要了。尼日利亚北部的间接统治，意味着英国人不愿意对它的内部安排干预太多，奴隶制的废除有一个法律说明，奴隶们必须去购买自己的自由，直到1936年奴隶制才最终成为非法。在别的地方，比如在东非海岸一带，如果奴隶离开了，奴隶拥有者会得到补偿，但英国人并不普遍这样做。在葡萄牙殖民地，尽管1878年就宣布奴隶制为非法，但它一直持续到20世纪；在埃塞俄比亚，在一种多少不同的社会政治背景中，由于埃塞俄比亚的主权地位，奴隶制至少持续到两次大战之间的岁月。无疑，非洲雇主和统治上层常常如同对待奴隶一样来对待名义上的"自由"劳动力。在他们的头脑中，这种法律区分无关紧要。西非海岸的某些地方，比如尼日利亚和黄金海岸出产可可的区域，奴隶劳动力对于经济作物产业至关重要。奴隶制的逐渐消失，在许多地方肯定削弱了上层人物控制劳动力的力量，劳动力现在要拿工资了，这些上层人物也想办法（政治性的或其他的）来加以弥补。[9]

当然，与此同时，“自由”也是相对的。早期殖民地国家依赖那些逃跑和“解放”的奴隶来充实其军队与警察队伍。数十万原先的奴隶，尤其是法属西非和赤道地区的，成为对殖民地经济早期运作至关重要的强迫劳动力的一部分。在南部非洲和中部非洲，原先的奴隶也进入流动劳动力体系，广义 204
而言，现金经济的扩展也意味着原先不自由的劳动力有了被雇用的机会。他们移民到西非的经济作物地区。不过，男性的情况比女性要好一些，通常而言女性的依赖地位并没有因解放奴隶得到多少改变。

随着奴隶贸易被镇压下去，奴隶地位的非法性在非洲大陆逐渐确立，到20世纪中期时，奴隶制在很大程度上已经消失，尽管一些代替它的劳动力形式在可憎和剥削性上并不亚于它。由殖民统治带来的新的社会经济机会和变化模式，意味着奴隶制的习俗慢慢枯萎。这部分是因为人道主义者的行动，比如“英国反奴隶制和土著人保护协会”在20年代的那些活动，它们导致国联更关注对奴隶制的镇压，要求殖民地当局定期报告这方面的情况。[10]在一些偏远地区，掠夺奴隶仍在继续，如同今天仍然存在一样，尤其是在西非荒漠草原地带和撒哈拉沙漠，对人的买卖运输尽管对那些受其影响的人仍是一种严酷现实，但毕竟已经减弱为一种地下活动了。

经济作物

市场和原材料是欧洲殖民主义的主要需求。开始时，在许多地区，对此进行开发和“打开”内陆的责任交给了一些私人公司，比如英国方面的“皇家尼日尔公司”“英国南非公司”和“大英帝国东非公司”。这些公司也体现着想要低成本管理的想法。在法国方面，以马赛为基地的“西非法国公司”是西非海岸一带最早的垄断贸易公司之一，它在19世纪90年代和20世纪初与其他公司一起运作，比如“几内亚殖民协会”和“法国非洲商业公司”。如同英国公司以及从不来梅和汉堡实施掌控的德国公司一样，这些公司都处于扩张中的殖民地国家的商业乃至于政治前沿。[11]不过，私人公司的不管用很快就被发现了。这些商业公司首先要挣钱养活自己，由于经营不善和非洲人的抵抗，很多公司都破产了，于是管理常常就很业余和笨拙。到20年代开始时，绝大部分公司都被政府当局取代了。而且，私人公司的体系出现了弊端，这些公司最重要的目的就是通过暴力手段追逐私人利润，很少对长期投资感兴趣。刚果自由国就是非洲大陆上这种弊端最严重的地方。在这里,所谓的“空白”土地(换言之就是被征收的土地)由政府出租给了私人公司,政府可以得到一定比例的利润。20 世纪初人们最感兴趣的就是野生橡胶,欧洲和北美的汽车工业对此有大量需求。私人公司雇用事实上是难民——常常是原先的奴隶——的军队来收集橡胶,在这个过程中恐吓各个
205 族群。这是一场残忍的商业混战,涉及毁灭那些拒绝合作的村庄和随意杀人,约瑟夫·康拉德的小说《黑暗之心》就表现了这样的时代氛围。[12]不过,作为一种“体系”,它是不能维持的。非洲人的抵抗和橡胶价格的下降,加上国际社会的谴责——即使以当时的标准来看,刚果发生的事情也是耻辱,就带来了殖民疆域统治方式上的重大改变。在 1908 年,利奥波德被迫把责任交给比利时政府,政府允许私人公司继续运作,但它也设法终结那些最恶劣的弊端。

206 在其他地方,也有类似刚果这样的抢劫和强迫劳作的事例,尤其是在科特迪瓦、喀麦隆和莫桑比克。不过,在热带非洲地带,普遍而言,生产基本上还是由非洲农业生产者来进行的,他们的效率广为人知——至少在殖民统治的早期是这样。在英属和法属西非,农民被鼓励生产经济作物以供出口。[13]成功的出口生产通常要靠一些因素的结合,包括非洲人的主动性、外部的需求、官方的鼓励,现金化的税收体系(农民需要获得现金来交税),以及运输设施的建设——包括铁路和公路。在西非沿海一带许多地方,从 19 世纪以来这一直在很明显地延续,我们在考查“合法”贸易时就看到,诸如花生和棕榈油 19 世纪一直在出口,殖民时代的初期,这些经济作物也仍然是大宗产品。不过,现在在规模上,在品种多样性上有了巨大的扩展。从 20 世纪早期开始,英属尼日利亚的铁路修建,使得殖民地当局能够鼓励约鲁巴人从事可可生产,而北边的豪萨农民也能够利用新的运输网络,评估市场前景和自己面前的不同选择,从而选定花生的种植。[14]

在有些地区,生产很快达到了可观的水平。在塞内加尔,花生的生产在一战前的岁月里急速扩展,这在很大程度上也是因连接内陆与海岸的铁路起了促进作用。1897 年,此地的花生产量为 5 万吨,到 1913 年时就达到了 24 万吨。许多年中,花生都构成了法属西非出口总价值中一个很大的部分。塞内加尔的铁路最终于 1923 年将达喀尔与巴马科连接起来,为花生的种植和出口开辟了更大的可能性。在法国的达荷美和科特迪瓦殖民地,棕榈油的产出在一战之前的岁月里也达到了同样可观的水平。[15]农业生产获得巨大成功的故事,有一个发生在黄金海岸,非洲人的主动性在这里也起了

主要作用。这里的主要经济作物是可可，它于19世纪80年代引入此地，随后数十年中就出现了种植的大规模扩展。从1892年的13吨开始，到1914年时，它的可可出口量达到了4万吨，所以，在一代人的时间内，黄金海岸就成为世界上最大的单一可可生产者。在20世纪70年代开始之前，在阿克拉地区一带，靠着数百万阿克沃皮姆小农的劳作，生产继续扩展。开始时，殖民地当局扮演了重要角色，甚至派出农业官员去指导种植，但事实上是传教士在19世纪80年代首次把这种作物介绍给了阿克沃皮姆人，而当地人的主动性也起了很大作用。铁路的修建使得经济作物的生产在许多地方都变得可行，但黄金海岸的铁路系统——从库马西到阿克拉的线路，到20世纪20年代初才开始发挥作用，此时非洲生产者早已大规模地扩展了生产，已经把可可送到了海岸处的买主手中。这里的经济成功也不能归因于财政压力，因为黄金海岸的税收并不特别苛重，至少与其他地方相比是这样。欧洲贸易公司的存在，对于可可业的增长发挥了作用，这一点毋庸置疑。然 207
而，它的创业者是非洲人而不是欧洲人。欧洲人只是把可可带给了非洲人。阿克沃皮姆人在出口贸易上并非新手，19世纪时他们一直在向欧洲商人出售野生橡胶和棕榈油，但这些商品的价格在19世纪末下跌，于是阿克沃皮姆人接受了新的想法，去寻找新的市场和产品。如同所有经济作物生产者一样，他们也得在种经济作物与种粮食之间做到平衡，以此来分配耕地，这样的压力一直存在着(到了世界经济衰退期间尤为严峻，我们下面会讲到)。他们选择种植可可，表明是一种长期打算，而且种可可需要大片土地，清除土地上的丛林也需要相当多的劳力，而可可树的成熟需要15年左右。所以，可可的种植就代表着一种对未来的投资。另外，阿克沃皮姆人还面临另外一种挑战：此地人口密集。于是，有些最早的可可种植者就得朝西迁移，进入到人口较少的阿基姆地区，联合起来从阿基姆人那里购买土地。在劳动力上，他们开始时使用家庭中的女性和年幼的成员，或许还有奴隶，但后来就吸引本地劳动力来清理种植园土地，最后是雇用挑夫把可可运到海岸处。所以，在阿克沃皮姆人中间，我们看到了某种资本家农民阶层的出现。[16]

如同大西洋非洲的其他地方，在黄金海岸也有着从殖民地之前到殖民地时期的某种明显持续，可可的生产甚至是部分体现着出口贸易的长期经验，所以说，在这种背景中，殖民国家在带来社会经济变化上并非那么重要。不过，在东非却有着深深的中断，19世纪后期和20世纪初期出现了社会经济的转化。这是因为在东非，商品农业在19世纪后期发展得不好，如果说地方层面还可以的话，至少就全球出口而言是这样。不过，也有例外，比如桑给巴尔这个丁香和其他香料的主要出口者之一，以及靠近海岸和内陆边缘的其他几个地方。不过，商品农业的前锋很快就推进到内陆，比如乞力马扎罗山周围的恰格人就变成了咖啡的热心生产者。[17]乌干达也很好地显示了这种急剧转变，这里深远的经济转变在布干达王国时就已经出现，它那种高度中央集权和层级化的政治体系，与黄金海岸的分散而平等的阿克沃皮姆人形成了鲜明对比。在19世纪下半叶，布干达的出口经济主要是奴隶出口和象牙出口，买主是阿拉伯商人，但这种贸易对长期的贸易发展有害，到了19世纪80年代和90年代它就处于终结衰退之中。然而，在几年的时间内，乌干达就变成了一个重要的棉花生产者。不同于黄金海岸，可以看到这里的殖民政府对带来变化起到了作用。乌干达的铁路显然很关键，它使得经济作物的生产在维多利亚湖地区成为可行，没有它的话，商品农业是不可能的。而且，从1902年开始，“英国棉花种植协会”在大英帝国许多属地积极传播“棉花福音”，它认为乌干达是棉花生产的一个理想地区。1904年，
208 在官方鼓励之下，干达首领阶层接受了棉花，但这也反映了布干达自身的一些社会和文化价值。干达社会是高度竞争性的，在许多方面奉行一种实力主义，鼓励个人抓住自己遇到的一切机会，赢得进入权力中心的门票——19世纪时就是进入王室宫廷。种植棉花就提供了这样的机会。而且，参与到棉花项目中的首领基本上都是信仰新教的上层成员，他们相信自己就属于一种新的政治秩序。他们富于创新，精力充沛，坚信基督教与商业发展之间有着紧密联系。这些首领前往乡村，鼓励种植棉花，发挥了关键作用。农民也反应积极，这也是因为一旦种植棉花后，出租给佃户的土地价格就明显上涨。到第一次世界大战时，乌干达南部的棉花种植已急剧扩展，这是经济作物成功的又一个例证。而且，乌干达南部土地的肥沃和气候的潮湿，也意味着除了生产有利可图的经济作物外，它还拥有少见的粮食供应上的保障（香蕉是大宗粮食作物）。[18]

棉花也是法国管理的西非和中非草原和部分森林区域的大宗经济作物之一。这里殖民官员对种植棉花的“鼓励”，是强迫地方首领每年向市场提供一定数量的棉花。在有些地区，棉花的引入与一种很具压迫性的殖民主义做法相联系：20世纪初期的德属东非、20年代中期以后的法属中非（如今的中非共和国），棉花种植靠的都是强迫劳动力和人为压低劳动力价格。于是，或者说作为一个结果，棉花就变成了法属西非和赤道非洲大片地区殖民

经济的支柱。[19]在埃及，也是棉花为王。这里的英国人在19世纪后期开始重新设计和重新建造一个广阔的灌溉系统，包括挖深水渠和修建水坝。英国总领事克罗默爵士认为，尼罗河的那些大瀑布不仅会给埃及带来发展经济所需的收入，而且对苏丹也有利。1898年击败了这个马赫迪国家后，这里的经济潜力已可打开。埃及的灌溉系统带来了耕地的巨大扩展，但也导致了地力耗尽的消极后果。然而，随着农业产出的增加，英国人就能够考虑发展埃及的工业了，他们推进了棉花、蔗糖、烟草加工厂的修建，这为那些在这方面与政府合作的欧洲金融家带来了收益。[20]在南边的苏丹，杰济拉地区大规模灌溉系统的开发，私人与公家的合作努力起了关键作用，人们也将棉花视为主要的经济作物。英国政府鼓励这种做法，而“苏丹种植业财团”则提供大部分资金。从理论上讲，土地仍归苏丹人所有，但事实上是政府制定了让单个佃户掌握土地的规则。[21]杰济拉地区种植棉花获得巨大成功，成了苏丹经济的引擎，并与南苏丹广大区域，以及没有商品农业的许多其他地方形成了对比。然而，对单一作物的依赖使得苏丹在全球市场的波动中很脆弱，到大萧条时期就鲜明地表现出来。

白人殖民地 209

在白人殖民地，生产不掌握在非洲农民手中，白人定居者社会是殖民地经济的中心。在白人定居者地区，如同我们下面要讲到的工业地区一样，非洲人在政治上是被边缘化的。他们只充当廉价工薪劳工的角色来喂养经济体系，但对于这种经济体系本身，他们没有什么控制，至少在他们发现自己具有一定力量之前是这样。有些地方，比如乌干达，它们开始时曾被考虑作为欧洲人定居地，但非洲农民成功地阻止了白人农民的进入，因为后者竞争不过前者那种小型而高效的生产单位。然而，在肯尼亚或南罗得西亚这样的地方，白人定居得到殖民地政府系统化的鼓励，乃至于津贴。这些地方有着非常不同的经济、社会和政治发展道路。[22]

在肯尼亚，白人定居有着深远的意味。在这里，蒙巴萨—基苏木的铁路也至关重要，因为它把政治重心从海岸移到了高原，促进了铁路连接处一种独特社区的出现，它后来变成了蔓延开来的大都市内罗毕。开始时的修建使用英国纳税人的钱，早期殖民地当局想在这一地区创建一种可以自足的经济，把这笔钱挣出来。在这一方面，有两个主要考虑。首先是肯尼亚的地理。这片疆域绝大部分是贫瘠的草原，降雨很少，人口稀疏。它的南部区域情况不同，大裂谷及其周围高原有着健康温和的气候和很好的降雨量，于是很快就被确定为一个有吸引力的欧洲人定居地。第二，就这一地区非洲民族的社会政治结构而言，肯尼亚与邻近的乌干达形成了鲜明对比。如同我们前面看到的，布干达是一种中央集权的国王体系，它已经向基督教影响“开放”了。干达首领在经济作物农业的发展中起到了关键作用，成了商品农业的代理人。肯尼亚内陆却是人烟稀少，绝大多数是“没有国家”的族群，所以没有一个可以与之做交易或成为代理人的中介。而且，此地人口的主体，包括马赛人、基库尤人和莱沃人，与比如邻近的乌干达人相比，更像是游牧民族。肯尼亚经济的特征就是饲养家畜，外加一个相对较小的农业基础。所以，早期殖民地当局对农业发展不看好，但从 1903 年开始，当局通过提供财政刺激来鼓励白人定居者发展农业。开始时是零碎和偶然地，但到第一次世界大战时，一个虽小但有分量的白人定居者社区出现了。这里面什么人都有，包括颇具讽刺意味的南非白人，他们逃离南非进攻性的英国帝国主义，来寻找一种新生活；也有一些英国贵族，这些人占有大量土地，既有政治影响又有财政后援；还有一些人是大兽狩猎者，既是冒险家又是游手好闲者。这些人合在一起，就构成了殖民地非洲最为折中也最具活力的欧洲人社会。[23]

210 早期白人定居者从这一地区的主要族群基库尤人处购买土地，但政府却越来越多地征用基库尤人的土地，将之分配给白人定居者。这都是些最好的土地，其中的大片地方后来被称作“白人高原”，它们被留给欧洲人使用，原来的非洲居民被清走。这就是白人定居者殖民地与其他形式殖民地的基本区别：在白人定居地，尽管白人定居地的经济依赖非洲人的劳作，但非洲人在政治上和经济上都被边缘化了。税赋的压力迫使非洲人进入劳动力市场，而强迫劳动却越来越普遍，这开始于 1914 年之前，膨胀于 20 年代。非洲人对此有过抵抗，但被残忍地镇压了。基库尤人和其他族群发现自己一无所有了，而白人定居者在这片疆域的管理上却越来越有发言权，尽管从来比不上南边南罗得西亚的白人定居者。

一种保留地制度发展出来，在那些估计是土地贫瘠、远离主要市场的地方，为非洲人留出了一些区域。与此同时，一种“借用者”(squatter)的制度也出现了：白人定居者常常征用过多土地，超过了他们实际上能去耕作的，于是就鼓励非洲“借用者”在这些种植园定居，种自己的庄稼，作为回报，他们每年要为白人地主劳作若干天。成千上万的“借用者”发现这比保留地的日子好过,于是就为欧洲农民提供了廉价劳动力的一个来源。在这片殖民地的早期岁月,政府采用了财政和其他方法来支持白人定居者经济,有一个兴旺的为白人农民服务的农业部门,向他们提供种子、设备和建议,银行提供启动贷款,当局提供铁路运输的便宜费用。而且,更为关键的是,非洲农民被法律排除在出口贸易之外,比如禁止他们种植咖啡。于是他们只能在国内市场竞争,主要是生产粮食,提供给日渐扩大的内罗毕市。事实上,很多年之后白人定居者经济才变得普遍盈利,它沿着两条不同线路发展。一方面是小规模的家庭农场,种植玉米供给当地市场,也饲养一些家畜。它们能够存活而已,本质上是寄生的,需要政府补贴,非洲小农要比它们有效率得多。许多殖民地官员都注意到了这个事实。不过,这些小规模的生产单位基本上与肯尼亚经济无关,肯尼亚经济的财富靠的是大规模种植园,它们资本充裕,不依赖政府的支持;它们经营商品农业,种植出口的咖啡或茶叶。㉔

在别的地方,在南罗得西亚,对黄金这“第二兰特”* 的梦想,很快就破灭了。的确有黄金,但远不是南边的那种规模。在罗得西亚,黄金分散在一系列的小矿脉,和南非的情况完全不同——我们下面会看到,南非的黄金集中于一个区域。所以,这里的黄金业就没有什么做大的机会了。在罗兹的先驱纵队抵达和镇压了修纳—恩德贝勒人反抗之后的岁月里,这片疆域就挤满了白人农民,这些人既搞小型金矿开采,又从事耕种和家畜养殖。比如在肯尼亚,非洲人被迫进入拿工资的劳动力市场,白人拥有土地对非洲人口形成了严酷的处境。南罗得西亚长期被视为南非的穷邻居,但它的白人定 211
居者在政治野心和自以为是上并不亚于南非白人。这里的白人力量逐渐巩固,1923 年南罗得西亚获得了自治地位,伦敦任命一位总督来监管,白人定居者得到了肯尼亚白人定居者未曾得到的政治自治。1930 年,“土地分配法案”将非洲人口的主体挤到 750 万英亩保留地中,而白人定居者得到了 4 900万英亩最好的土地。这对这片疆域未来的政治和社会经济发展产生了巨大影响。㉕

作为白人定居地,就规模而言,阿尔及利亚则次于南非(我们下面谈南非)。第一批白人定居者——法国移民——在 19 世纪 30 年代开始抵达这里。30 年代结束时他们大约为 25 000 人,到 90 年代已超过了 50 万。他们主要集中在地中海沿岸一带,绝大部分是贫穷农民,尤其是来自法国南部的

---

* Rand,南非的货币单位。——译者注

农民，他们将移民视为摆脱家乡贫困和抓住新机会的一个机遇。他们拥有小块土地，通过逐渐努力，日子才过得稍稍宽裕一点。这里还有不少意大利人和西班牙人。这里的城镇中心，尤其是阿尔及尔和奥兰，越来越吸引白人定居者，包括那些放弃了自己无利可图的农场的白人农民。于是，法国移民社会就逐渐形成政治力量，它们在巴黎的立法机构有了直接的代表，对阿尔及利亚的内部事务有了相当程度的控制权。他们的政治身份用“阿尔及利亚法国人”的概念表达，将这片疆域视为海外法国的一部分。通过这样做，他们强调了法国人对阿拉伯人和柏柏尔人的种族和文化优胜。在 20 世纪初期，这些法国人不断地、顽固地反对来自巴黎的任何建议，而巴黎认为有些本地人可以获得选举权或其他的公民权利。在这个过程中，阿尔及利亚在法国的国内政策和对外政策中产生越来越大的影响。[26]

工业

在南部非洲，尤其是在南非联邦，矿业经济决定了政治管理的性质，而流动劳动力体系则将南非联邦、南北罗得西亚、尼亚萨兰，甚至南部刚果联系起来。在 20 世纪的头 20 年中，如同尼亚萨兰，北罗得西亚在很大程度上需要输入劳动力，到了 20 年代，它成为世界上最大的铜生产者之一；而南罗得西亚的经济如同我们已经看到的，仍然是农业和小规模的黄金采矿。到第一次世界大战时，南非已经生产着世界黄金的 40%，约翰内斯堡的人口为 25 万，它已经成为撒哈拉以南最大的城镇中心。大规模的钻石和黄金开采主要由一些大公司进行，它们的巨大利润来自欧洲资本和廉价非洲劳动
212 力的结合。[27]正是要确保有稳定的廉价非洲劳动力供应，才形成了 20 世纪南非的社会和经济政策，种族意识形态也由此而形成。不过，种族主义在这片疆域的根源可以追溯到 19 世纪乃至更早，对此我们已经在第四章谈到。

在黄金业运气的短暂低迷期——也就是第二次布尔战争前后，非洲劳动力难以招募，于是就寻求替代的办法。各家公司转向国际劳动力市场，从 1903 年到 1907 年，大约 6 万名中国劳工来到这里，他们的工资很低，相当于白人工人的三分之一。白人工人感觉到了威胁，要求并且成功地获得了一系列的“肤色限制”，规定一些工作只能由白人来担任。1907 年，中国人被遣返回国。黄金开采业开始恢复，失业和税赋迫使非洲人回到矿井，但肤色限制没有废除。此时，一种跨越边界的劳动力招募体系发展起来。比如，“威特沃特斯兰德本地劳工代理处”就在这一区域活动，尤其是从那些贫穷

的乡村地区招募劳工，主要是从北罗得西亚和尼亚萨兰。流动劳动力服务于采矿业许多年，尼亚萨人、巴罗策人、斯威士人、索托人和茨瓦纳人往返于这一区域，他们签短期合同，挣到工资就回返到他们的乡村家园，至少在这种体系的早期岁月是这样。这些工人居住的棚户区域和服务条件常常很可怕，南部和中部非洲的劳工以军事化方式管理，居住在棚户区内，只有短期合同——至少前几年是这样，这是为了防止一种广阔的“民族”或工人阶级意识的出现，但我们下面会看到，长期而言，这并未成功。流动劳工没带家人，所以就作为单身者得到更低的工资。他们受到各种规则和法令的残忍对待，法律体系支持矿主进行绝对的社会控制和经济剥削。比如，打破合同就被视为军队逃亡，给予同样的惩罚。在那些“自愿”招募起效缓慢的地区，一种称作“赤巴洛”（chibaro）的强迫劳动体系发展起来。[28]

在 20 年代，北罗得西亚的采铜业开始大规模发展，这处“铜带”吸引了各家公司，它们实行在南边采用的那些政策。流动劳工构成了劳动力主体，仍然拿着低工资和短期合同，技术工作仍然只让欧洲工人担任。在邻近的卡丹加省，铜矿的条件也好不了多少。在南刚果，非洲人得到了长期合同，接受基础教育，接受培训并可以进入较有技术的岗位。最早的工人来自北罗得西亚，但到 30 年代时，绝大部分就来自刚果的其他地方和卢旺达与布隆迪了。[29]总体而言，区域经济发展起来，既充满活力，又充斥着残忍与剥削，其基础就是这支流动的、廉价的、政治上受压迫的非洲劳动力大军。随着时间推移，流动劳动力让位于定居下来的无产阶级，较为凝聚较有组织的抗议将因此而出现。然而，这对乡村经济造成了巨大损害，短期意义上的人口移动和长期意义上的城镇化，把社群中一些最强壮的成员弄走了。 213

数量不少的白人人口，工业化采矿体系在南非的出现，这两者的结合就使得这片疆域从 20 世纪初期之后开始异化。非洲人越来越被限定在指定的“保留地”内，法律规定他们必须携带护照才能前往白人定居地区或城市，护照上注明他们的“部族”和职业。随着 20 世纪的推移，政治发展将使这片 214
土地走向更苦涩的斗争。从 1910 年这个联邦的创建之后，一届届政府都通过立法进行种族隔离，其目的就是要维持白人对土地和工业的控制。尤其是 1913 年的“土著人土地法案”，将非洲人限制在联邦大约 7％的土地内。与此同时，非洲人越来越多地被剥夺公民权利，他们中最后拥有公民权利的那些人——拥有财产、居住在开普省的精英人士，也在 1936 年从选民名册中被除掉。[30]

社会变化与危机浮现

在20世纪20年代和30年代，非洲的小农场主仍然是热带非洲大部分地区经济作物的主要生产者。塞内加尔和尼日利亚出产花生，棕榈油也是尼日利亚殖民经济的重点，科特迪瓦、安哥拉、坦噶尼喀和乌干达的经济则依靠棉花和咖啡。所有这些地方都显示出非洲生产者是如何积极回应殖民经济带来的机会，但这种体系却是喜忧参半的。在好年景，当世界价格处于高位时，非洲生产者可以获得利润。殖民统治早期改变了农民社群的主要创新就是铁路。到了20年代和30年代，公路的建设和机械化运输的引入，对农民的生产和分配产生了重大影响。汽车越来越渗透到乡村地区，把商品农业带给以前无法接触全球贸易的那些村庄，在乡村地区打开了商业机会。市场集镇繁荣起来。非洲种植者——绝大多数是利用妇女劳动力的男性，常常能够开垦新的土地种植经济作物，这些可称为开拓者的农民，将商品农业的边界推向新的地区。在军事征服和政治动荡的年代之后，对于许多人来说，20年代是一个稳定、相对繁荣和人口增长的时期。农业得到了强化和多样化，各个社群常常感觉到人口压力，于是农民们回到了殖民地之前的那种习惯，也就是迁移到新的土地上去开垦种植，殖民地国家形成的相对平静和安全，使得这样做成为可能了。

社群的迁移，商品农业的扩展，企业家们寻找新的机会，所有这些又创造了许多社会变化乃至于社会动荡。比如，在19世纪后期和20世纪前期的西非，一个关键主题就是人口从内陆移向海岸处来寻找工作。新的社群开始形成，他们一方面是“农民”：家庭群体在自己的土地上耕种，使用自己的劳动力，为自己的消费而生产；另一方面又是“资本家”：有时雇用工薪劳工干农活，为市场生产，形成再投资的利润。一个商业层级发展出来，一小群强大而成功的非洲企业家支配着生产，比如在黄金海岸和尼日利亚。不
215 过，在绝大部分地区，如同19世纪的情况一样，充分的资本主义仍然受阻，这是因为几个因素结合在一起：即使是社会中最穷的群体，通常也能够得到一些土地，于是也有一定程度的经济独立；工薪劳工通常也要求以所种植的一部分经济作物作为报酬，或者是让自己耕种一块土地，科特迪瓦的情况就是这样。比如在黄金海岸，可可生产在20年代扩展很快，这在很大程度上靠分享作物的成规，这种做法扎根很深，相当流行。个人或家庭群体可以去可可生产地区，当地社群会允许他们在当地人的土地上自己种植可可，但要交付一部分产品，通常是三分之一。这样，生产就发展起来，但充分的“资本

主义”体系也就受阻了。[31]

欧洲人，无论是殖民地官员还是商人，通常都憎恶越来越强大和富有的非洲企业家。这里有一种持续的担心，它无疑部分植根于19世纪后期的那种经验，就是担心非洲企业家会发展出过于强大的市场力量。殖民地当局更喜欢与“传统”权威打交道，愿意在间接统治下的首领身上下工夫。这在英属西非可能最为明显，但法国人和比利时人也采用这种策略。殖民地当局对新的非洲经济上层的崛起很警惕。这些人会越来越介入到政治之中，他们是殖民体系的产物，作为对殖民统治制造出来的社会经济环境的回应而出现，但他们越来越处于一个挑战殖民体系的位置之上。就殖民计划者而言，这些群体需要以“传统”权威的参数来缩减和抑制。而且，更重要的是冲突会发展出来，一方面是在新上层与老首领之间，因为前者越来越抵制后者的权威；另一方面则是农民与间接统治的首领之间。

这些情况后来会出现，而这种经济体系的脆弱却已经清楚地显露出来。在20世纪的前几十年中，非洲人显示出如同19世纪一样的经济活力与创造性。在合适的环境中，利润和“进步”——“进步”要打引号——很明显是可以获得的。然而，20年代那些快乐地看着非洲经济稳定发展——按照19世纪后期帝国宣言所界定的那样发展——的乐观派，却未能意识到长期意义上的不稳定。的确，随着20世纪的推进，对非洲的经济表现的外部分析就越来越短期化了。无论是在经济上还是政治上，非洲人对这个体系的参数都没有什么基本的影响，尤其是无法控制市场的反复无常，以及影响市场运作的政治决定。而且，非洲主要出口农林产品和矿产，有些地方从19世纪早期以来就是如此，这就严重地限制了可持续“发展”的潜力——以这个术语的最广义而言。在西非某些地方，19世纪的“合法”贸易基本上没有改变地持续到殖民地时代很长时间，这既显示了非洲人参与到世界经济时的活力，但也暗示着这种经济本质上的不公平。

在白人定居的殖民地，一些有所不同的压力出现了，肯尼亚就是一个例 216
证。在肯尼亚，土地转让和人口增长结合在一起，使得基库尤人和马赛人这些族群出现了问题。在20世纪20年代和30年代，非洲人感受到了巨大的土地压力，被挤入日益拥挤的保留地中。在“借用者”的安排下，还有一些土地可用于临时性安置，但整个20年代，随着欧洲人自己也人口增长，白人定居者种植更多的土地，也要从自己的“借用者”那里得到更多的劳动力，于是要求“借用者”为白人地主一年干6个月的活的情况变得更为普遍。世界经济萧条让非洲人略感轻松。30 年代对经济作物的需求下降了，许多白人定居者面临破产。有些人回国去了，放弃了土地和家宅，允许非洲人溜回来，在这些农场上为自己和本地市场生产。不同于乌干达、坦噶尼喀或黄金海岸的农民，这些人被排除在商品农业之外，也就相对不受世界衰退的影响。不过，这种缓解并没有持续很长时间。到 40 年代中期，国际需求再次上升，白人定居者又大批涌来。这一次，他们的目标就变成废除“借用者”成规，实行永久的工薪劳工体系。这样做的结果，就是 40 年代末时已经出现了隐约的社会危机，越来越多的非洲人被迫离开欧洲人地盘进入保留地，或者是在高原的内罗毕或海岸处的蒙巴萨等城市游荡以寻找工作。没有土地的穷人，缺乏技术也无法得到技术，只能在白人农场或拥挤的城镇中心做劳工，他们构成了人口的一大块，越来越政治化，越来越激进，倾向于接受革命性的政治观念。他们很容易被动员，开始聚集于任何有可能毁灭现存政治和社会体系的事业。[32]他们构成了“矛矛”(Mau Mau)起义的潜在基础，我们下一章再来讲这次起义。

然而，紧张关系的发展，并不限于非洲人与欧洲人之间。基库尤人社会中也存在着不小的差异和社会经济层级。在现代肯尼亚作为一个欧洲定居者社会出现的历史中，这些差别曾经是一种重要的推动力。第一次世界大战之后，肯尼亚的主体就谋求在新的社会经济环境中生存下来，这要靠生产多余的产品来供应本地市场。然而，到处出现的土地短缺，黑人保留地内的过度拥挤，对劳动力的巨大需求，这些使得绝大多数民众只能勉强谋生，只有幸运的少数人能够通过在保留地种植多余的产品，从而在本地经济提供的机遇中获利，并使得自己在殖民体系中获得一个相对有利的位置。这些“开拓者农民”中，有许多人受过传教士教育，属于可回溯到 19 世纪的首领世系，或者是在英国监护下做了首领。他们可以得到土地、劳动力和不算太少的资金，拥有绝大多数基库尤人所没有的经济优势，能够利用内罗毕扩张所带来的内部市场，在向城镇中心提供粮食这方面成功地与小规模的欧洲农场主竞争。这种情况的政治影响意味深长，相对舒适的少数人与无法得到土地、也无法控制自身劳作的绝大多数人，这两者之间的鸿沟开始增长。
217 在 30 年代，上层成员成为了殖民秩序的顶梁柱，支撑着这个体系。他们不想去代表无地和边缘化的大多数人，而是保护他们自己与殖民地国家力量相冲突的利益。到 40 年代末，肯尼亚非洲政治中的各种紧张关系，又与城镇穷人和无地农民中增长的社会危机融合到一起。在“矛矛”起义前夕，无地农民向激进的人民党领袖寻求解决方案，尤其是约默・肯雅塔。他使用着激进的人民党言辞，但实际上属于上层，对摧毁现存秩序并不感兴趣。基库尤上层越来越发现自身成为了普遍敌意的对象，甚至成了随后“矛矛”暴力的对象。如同欧洲定居者一样，那些富裕的基库尤人也完全代表着这个体系的错误。[33]

核心与头脑

从理论上讲，对非洲人的教育应该处于文明使命的核心。然而非洲各地的教育政策差异很大，对教育在非洲发展上实际起什么作用也很不确定。殖民地当局与那些做了绝大部分教育工作的传教士，两者的意见分歧很大。不过，广义而言，殖民地教育政策体现的是“联系”观念的优势，而不是此前19世纪的“同化”观念，当时的“同化”观念曾设想将教育之后的非洲人融入欧洲文化和文明之中，创造出“黑皮肤英国人”和“黑皮肤法国人”这样的阶层。所以，与实施间接统治的思路相一致，教育就要与非洲人自己的文化参照点和背景相关。学校教育的“非洲化”主要涉及在一些参数中对“土著人”的教育，对于他们中绝大多数人来说，只要达到一定水平就可以了。然而，即使有着这样的限定，也只有很少数人能够接受到教育，而且基本上只是小学层次。福音派从事教育的许多年中都是这样，比如在撒哈拉以南非洲，北边的穆斯林教师也是如此。上学的男童比女童多，而绝大多数非洲人无论男女都接受不到任何种类的学校教育。法国人和葡萄牙人不那么热衷于培训一个同化的非洲上层，比不上英国人，英国人认为这个阶层会成为殖民秩序的受益者和支持者，也的确有些人如此。[34]

在一些地区，基督教教育与伊斯兰教教育，这两者之间存在着竞争的可能。英国当局试图限制传教士在穆斯林地区的活动，以防止冲突；不过，法国人却经常以关闭古兰经学校来削弱伊斯兰教。伊斯兰教教育在撒哈拉地区和北非有着悠久历史，但随着殖民统治进入埃及和马格里布地区，欧洲教育体系就在这一区域建立起来，产生了一个新的浸泡在欧洲语言和文化中的北非人阶层。从19世纪80年代以后，突尼斯学生讲法语就颇流利了，而 218
且毕业生们积极游说要扩大殖民地教育体系；阿尔及利亚的学生则相对数量较少，输入的法国教育体系主要为白人定居者服务。在利比亚，意大利教育与赛努西兄弟会的教育体系在竞争，后者促进伊斯兰文化和反殖民抵抗。英国人确保埃及殖民地当局只接收欧洲模式学校的毕业生，一个向往欧洲、不受大部分伊斯兰文化影响的埃及人阶层很快出现了。在埃及，虽然限于中产阶级，但女孩与男孩一样，都可以接受教育。[35]

撒哈拉沙漠以南的绝大部分殖民地教育与基督教劝诱皈依是不可分开的。在大约1900年以后，信奉基督教的绝大多数非洲人，都是学校教育的结果。如同我们在前面章节看到的，基督教传教团体在19世纪后期和20世纪前期激增，如"英国圣公会传教协会""卫斯理公会传教协会""伦敦传教协会""浸信会传教协会""美洲圣经协会"，它们是其中最大的一些，它们全都参与了创立学校。这些学校可能分布不平衡，可能只为小小的上层阶层服务，比如教育首领的孩子，但它们对那些坐进其教室的人产生了深远影响，他们的生活通常就必然地改变了。除了教授基督教信仰外，孩子们还会去了解殖民国家的文明性质，教导他们对此要绝对忠诚，还教读写与计算，有时还有职业训练。根据一些历史学家的观点，传教士学校是文化帝国主义最清晰的显示；而另外一些人认为，它们最终还是促进了非洲的发展和现代化。[36]不管怎样，各个传教教派有时会得到殖民地当局的保护，但它们也经常与当局发生冲突。在殖民地当局的议程上，教育并不靠前，而且被视为是纯粹实用的。殖民地官员需要一些有文化的非洲人，可以说和写欧洲语言，能够充当翻译、助手和职员，这个体系需要受过培训的人来干一系列低级工作。除此之后，就不再认为教育有更大的价值，不视它为一种社会改变的力量。对于殖民地政府来说，改变社会其实也是它们最不想去鼓励的事情。

由于这个原因，在殖民地非洲，高等教育的机构相对较少。它们也的确有，比如开罗大学、喀土穆的戈登纪念学院、坎帕拉的马凯雷雷学院、南非的勒弗戴尔学院和拉各斯的约巴高等学院。这些学校的课程旨在培养一个管理上层，能够担任官僚政治中的角色。然而，随着时间推移，尤其是到30年代和40年代时，殖民地政府已经更多地投入到教育中，资助学校，对课程开发有了更多的兴趣。比如，法国人就想让教育更多地与"非洲环境"相关，将它延伸到乡村地区。在40年代后期和50年代初期，英国殖民地中建立了一些新的学院，比如黄金海岸的库马西、尼日利亚的伊巴丹、肯尼亚的内罗毕、南罗得西亚的索尔兹伯里等地。在某些方面，这反映着一种朝向更大干
219 预的更为普遍的趋势，尤其是要控制培养什么样的上层精英，以及这些人所代表的社会变化模式。然而，由于殖民时代的绝大部分时间内都对普遍教育没什么兴趣，欧洲国家就使得创造能够生存的现代民族国家事实上不可能，文盲尤其成为后殖民时代参与性政治失败的最重要因素之一。而且，殖

民教育的精英性质导致了阶层之间的紧张，制造了非洲社会内部的分裂。然而，也正是这些新的受过教育的精英由此而知晓了欧洲的宪法和法律历史，了解了“民主”和“民权”这些观念和原则，他们也由此深知这些对于非洲自己是不存在的，所以，教育也播下了政治不满的种子。尽管只是一些精英，但非洲人的自我意识体现了“文明使命”核心上的一种悖论，它最终会导致殖民秩序的毁灭，而这无疑是欧洲人本身长期以来所害怕的。

就广泛的社会变化和持续性而言，在撒哈拉以南非洲的大片地区，家庭生活和女性地位基本上没受到殖民统治的影响。各地出现的城镇为女性提供了某种程度的“逃离”男性控制的机会，但即使是在城镇中，酿造啤酒和卖淫也是那些离开了农村家庭的女性最普遍的命运。在其他地方，虽然经济作物产业为男性和女性都带来了商业机会，但这些机会绝大部分属于男性。女性会参与一些临时的劳作，但她们的作用常常限定于内部，比如种植粮食作物，养育孩子，尤其是在那些男性成了流动劳动力的地区。在许多地区，殖民统治并没有改变一夫多妻制，之所以如此，还是它在殖民地之前就流行的那个原因：它让男性可以控制女性劳动力。基督教婚姻没有什么进展，这在很大程度上是因为欧洲教会的那些禁止性原则。不过，各地的情况也有所不同。一夫多妻制在西非流行至20世纪中期，但在东非和中非却很快衰退，在撒哈拉沙漠以北也是如此。另外，比起其他地方来，西非女性更为活跃地参与到贸易中，她们这样做可以回溯到19世纪。[37]

在殖民时代，虽然基本的家庭结构被证明颇有弹性，19世纪的非洲人承认一夫多妻、支撑着绝大多数婚姻的基本观念，还有彩礼；但在家庭关系上也出现了变化，这对长期意义上的社会政治发展有着重要影响。较为富有的父母可能在遗产继承上支配孩子，但年轻人也为自己的社会政治精力与才华找到了新的出口。在非洲国家和社会的形成中，年轻人总是一种至关重要的动力。在殖民时代，年轻人越来越多地参与到各种文化和政治组织中，本书后面将讨论这一点。他们能够接受教育了，并且以流动劳动力的形式捕捉经济机会，这就打开了一些与他们父辈所处环境非常不同的世界。[38]这在许多社会中带来了代际冲突，还有竞争妻子——这是非洲社会史上的一个核心动力，于是，年轻一代对于家庭与亲属、权威、力量，以及社群 220
的含义等，都有了逐渐的重新定义。总之，如同19世纪时坦桑尼亚的贸易变化瓦解了家庭网络一样，年轻人——也包括数量少得多的年轻女性，抵制或至少是修改了父辈的那个世界，或者是让后者去适应这个时候已经变化了的社会政治环境。随着快速的城镇化，这将会进一步加速。

环境与医疗

如同经济变化在19世纪后期和20世纪初期显示出来一样，与广阔世界接触后的环境影响也是引人注目的。很明显，整个非洲大陆都以同样的方式受到了影响，环境和生态变化的主题在整体上揭示了殖民经历中一些最为重要的方面，尤其对理解“殖民统治的多重意味”这个概念至关重要。从19世纪中期到20世纪20年代，东部非洲和中部非洲的大片地区出现了环境危机，这涉及发病率上升，居民灭绝和人口下降，既是人祸又是天灾。要说明它的背景，就必须扼要地回到本书开始时列举的一个主题之上，也就是非洲人持续“移居”，去改造和驯服常常是严峻的自然环境，在大地旷野上，在常常是不欢迎人类前来的生态系统中建立起丰富和复杂的文明。无疑，这是非洲人对大尺度人类历史所做的最大贡献之一，这种与自然的斗争可以回溯几个世纪，甚至是千年之前，到19世纪后半叶时在许多地方尚未完成，尤其是在东非和中非。在这些地方，非洲种植者和牧人面对着一系列挑战，包括贫瘠的土地和量少且不均匀的降雨，还有猛兽的持续威胁，它们也损害庄稼；另外则是一些疾病，如疟疾和锥体虫病或更通俗的“昏睡症”，后者由丛林和林地中的舌蝇传播，而野兽也会携带舌蝇。昏睡症对于家畜是致命的，人也会患这种病，它摧毁了许多社群，持续到20世纪很长时间，我们后面会看到。然而，广义而言，尽管有着这些不时出现的危险，但这一区域的国家和社会到19世纪时还是实现了对环境的一定程度的控制。深入懂得了这片土地和它的能力，农业技能发展起来，对当地疾病环境的一定程度的控制和免疫也出现了。不过，这是人与自然之间一种微妙的平衡，在许多地区到了20世纪早期它就被打破，其原因主要是舌蝇活动地带的扩展（虽然不完全是这个原因）。[39]

在东非各地，从19世纪中期以后，各种危险就开始打乱这种平衡。第一个危险来自奴隶贸易所带来的不安全感。如同我们在第三章中看到的，这一地区出现了武装部队到处掠抢俘虏，出现了犯罪的上升，这反过来就导
221 致了新模式的移居。以前，人们倾向于分散移居，这种模式在大面积内抑制了丛林扩张，所以也阻止了昏睡症。然而，不安全感的上升使得人们放弃了分散居住，聚集为大的社群以求保护。在米拉姆伯和恩扬古耶马韦的时代，这样做在自保上是有用的；就人类对环境的脆弱控制而言，却是灾难性的。

随着人们撤走，丛林复生，野兽前行，舌蝇活动范围的前沿也就推进了。昏睡症的流行——包括家畜和人的感染，使得东非和中非大片地区荒芜。在一些疫情最严重的地区，比如维多利亚湖北岸一带，19 世纪后期和 20 世纪初期有大约 20 万人病死。在赤道非洲，它可能杀死了此地高达 90%的人口。19 世纪 90 年代，它也在低地刚果爆发，溯河而上传播，在 1901 年传播到了坦噶尼喀湖区。然后，此病朝南蔓延，于 1907 年抵达今天的赞比亚，也造成了同样的灾难结果。[40]

19 世纪末，昏睡症又很快与另外一种毁灭性的家畜疾病汇集到一起，这就是致命的牛瘟，于 19 世纪 80 年代末抵达非洲之角，很可能是意大利人携带的染病牛带入的。牛瘟朝南席卷，于 90 年代初期传播至坦桑尼亚、肯尼亚、马拉维和赞比亚，1897 年抵达开普。[41]对于非洲大陆来说，这是一种新疾病，所以就格外灾难性，在东非和中非的一些地方有高达 90%的家畜死掉，在肯尼亚和坦桑尼亚的马赛人这类游牧族群中尤具毁灭力量。牛瘟开始时的影响在一个很小的程度上被抵消，因为它也杀死那些携带着舌蝇的野兽，所以在某种程度上阻止了至少是延缓了舌蝇的推进。然而，野兽恢复得比家畜快，所以野兽数量又增加了，舌蝇也随之而来。这显然就极大地恶化了原先牛瘟的影响，昏睡症与牛瘟发作的时间也属不幸，正逢欧洲人大肆入侵，破坏着许多地方的非洲人的抵御能力。[42]

这些灾难已经够糟的了，但更多的又随之而来，直接的结果就是殖民蚕食。疾病与士兵、商人、传教士、当然还有白人定居者群体一起到来，显示为昏睡症、牛瘟和欧洲入侵本身。撒哈拉以南非洲受的影响稍小一些，沙漠以北的非洲又更小一些，这是因为输入的疾病处于欧洲入侵的时间点，而不像世界其他地方已经到了西方扩张的末期，比如中美洲和澳洲。那些地方在白人及其携带的细菌到来之前，更为“隔绝”于欧亚大陆，而非洲在欧洲抢夺之前已经有了几个世纪的全球联系，所以至少是那些海岸族群就发展出来了对欧洲细菌的一定免疫力。然而，与殖民主义一起到来的是各地人们都暴露在各种新疾病之下，比如殖民主义带来了天花的新的流行。还出现了恙螨的灾难，这种沙蚤是从拉丁美洲传来的，它钻入皮肤底下，尤其是足部，
非常痛苦，常常导致失去肢体，尽管它很少致命，却痛苦地让人丧失活动能 222
力。它从大西洋海岸朝印度洋海岸传播，摧毁着劳作模式，破坏着地方经济体系。除了天花和恙螨外，还有霍乱、黄热病和脑膜炎的流行。有些人相信——这种想法是可以理解的，欧洲人有意传入这些疾病；有些人把这些灾

难视为是神灵抛弃了自己的族群，还有人谴责那些通过性途径传播了疾病的阿拉伯商人。比如，在乌干达，阿拉伯人就被普遍认为要为带入了新的致命的梅毒负责，据说有大量干达人在20世纪初期染上了这种病。本地原来自然也有梅毒，但在19世纪后半叶一种新的性病淋病在赤道非洲出现，导致了不育，尤其是女性。这无疑是使得20世纪初期这一地区出生率很低的一个主要因素。[43]

殖民统治的实施对环境还有其他的不利影响。19世纪80年代和90年代的殖民战争，以及对反殖民起义的残酷镇压，导致了许多地方遭到广泛的毁灭性破坏。在德属东非，受影响地区可能有高达三分之一的人口因镇压“矛矛”起义的战争而死去。由于焦土战术和饥荒，长期而言，女性的生育力也受到了影响，这在20世纪30年代进行的调查研究中得到了揭示。[44]饥荒和环境毁灭常常是殖民战役的结果，而“和平化”则经常涉及对村庄和耕地的整体破坏，将各个社群从它们自然的经济栖息地赶走。意大利人对利比亚的征服，持续了二十年，可能导致了高达人口三分之一的死亡，德国人1904年在西南非洲对赫雷罗起义的镇压，其后果以这样一个事实体现出来：赫雷罗人估计有8万人口，最后只有15 000人活下来，这依据的是1911年的人口普查。[45]

环境崩溃常常以饥荒表现出来，而饥荒在欧洲人眼中又常常视为“懒惰的土著人”的证据，视为落后和无知的结果，如同19世纪看待俄国人和爱尔兰人一样。欧洲对非洲的瓜分时期正逢非洲草原地带在19世纪80年代和90年代遭遇到普遍缺雨，在许多地区直到20世纪20年代降雨量才开始恢复。在80年代后期和90年代初期，埃塞俄比亚出现了重大饥荒——当地称作“可怕时期”，苏丹也是。基库尤人所称的“大饥荒”在东非一些地方从1898年持续到1900年，数千人死去，而可怕的粮食短缺在1896年袭击了德兰士瓦省。[46]所以，饥荒既是气候变化和疾病造成的结果，也是地方经济体系崩溃的恶果，它本身也常常因殖民政策而直接形成。如同我们前面看到的，对劳动力的需求，还有交税的需要，常常迫使人们外出寻找工作，这就损害了家乡的经济能力。在那些已陷饥荒的地区，有时就打出“工作换粮食”来获取廉价劳动力。另外也有着商业压力，农民常常被迫多卖掉一些产品，而且更重视经济作物而非粮食的种植。1913年至1914年，西部草原的一些地方，干旱、交税、经济作物和劳动力流动叠加在一起，简直要了人的
223 命。1918年至1926年，法属赤道非洲饥荒持续，这在很大程度上是因为纳

税和征募劳动力的结果。[47]富有讽刺意味的是，欧洲人自己将此视为“文明使命”的一部分，要将“原始种族”从疾病和饥荒的蹂躏中拯救出来。如同卢迪亚·吉卜林所言：

> 承担起白人的负担，
> 这场为了和平的残忍战争。
> 填满饥荒的大口，
> 喝令疾病住手。[48]

饥饿和疾病变成了殖民者的陈腔滥调，总是将此与非欧洲人的民族联系在一起。早期欧洲人对疾病和饥荒的错误解说在非洲大陆萦绕了几十年，乃至于或许在某些方面继续扭曲着西方对非洲政治、经济和文化环境的理解。如果殖民主义可以靠着对饥荒和疾病的老一套解说来论证其合理性，那么现代粮食援助的供应也就同样可以是有意的政治性的，甚至是“意识形态性”的。

在其他方面，殖民政策对于非洲人经营自己环境的能力也造成了损害。对打猎的禁止，意味着非洲人不能控制野兽对庄稼和家园的破坏。殖民当局想控制更广大的社群，于是想建立更为集中的人口中心，尤其是当他们意识到非洲人常常散居以逃避交税和劳动之后。当局想建立有一定规模的村庄，在19世纪这也带来了一些地区的荒芜，耕地再次变成丛林，从前的耕种区又出现了昏睡症的爆发。新的人口中心本身也成为细菌的滋生之地，南部非洲拥挤棚户区中那些矿工，肺结核患病率比1914年至1918年欧洲西线战壕里的士兵还要高。对这个问题的思考还要与劳动力流动这一现象结合起来，劳动力的流动常常削弱了乡村经济，尽管年轻男性长时间不在家自然也促使这些社群中的女性要支撑起生活。然而，最近几十年中成为非洲典型特征的乡村贫困，在相当的程度上其根源来自早期殖民时期。

在东非和中非各地，这些现象又与第一次世界大战的破坏——前面章节对它已有描述——叠加起来。焦土战术、饥荒和西班牙流感蹂躏着那些已经饱受前面讲到的那些危险的社群。总而言之，在撒哈拉以南非洲大片地区，人口水平在19世纪90年代至20世纪20年代期间的下降是极可能的，从那以后，它开始稳定并恢复起来。殖民时代早期的可靠人口统计数据很难弄到，甚至是不可能。19世纪后半叶的也不多，但人们普遍认可的“推测”是这样:例如比利时的刚果殖民地,其人口在1880年至1920年期间下降了30%到50%,原因是战争、昏睡症及其他疾病加上饥荒。同样的数字
224 很可能也适用于法属赤道非洲,20世纪前半叶这里因女性生育的下降而情况尤其糟糕。其他很可能也出现了人口净下降的地区还包括北部和西部大湖地区、埃塞俄比亚西部和苏丹南部,以及安哥拉北部。[49]

医药也与这样的背景相关联。在19世纪中期之前,非洲大片地区——至少是南北回归线之间,由于气候和疾病环境,欧洲人是难以接近的。比如,西非海岸很长时间来就被称作“白人坟墓”,这是因为疟疾,长期居住此地的欧洲人生存率一直极低。然而,医药的进步颇为显著地改变了这种情况,尤其是奎宁预防药物的开发,就大大降低了死亡率,大大延长了欧洲人在热带区域的居住时间和旅行距离,增加了他们能够从事的活动种类。不过,药物在殖民统治之下甚至起到了更大的作用,非常典型地体现出帝国使命的多重意味。在那些支持欧洲殖民主义的论证中——尤其是20世纪50年代和60年代所作的论证,当时历史学家们倾向于为帝国画出“资产负债表”,有一个就是它为欧洲以外世界的大片地区带来了极大的健康改善。换言之,医疗保健成为殖民体系一个不掺假的“积极面”。依据这种解说,殖民主义根除了一些疾病,带来了较好的公共卫生与健康,尤其是在城镇修建了诊所和医院,基本药物惠及全民。事实上,事情并非这种观点暗示的那样一目了然。殖民主义也带来了传染病、被改变的生态(在许多地方是破坏性的)、易感性和免疫性的模式被改变,还有人口被迫从健康的环境迁往不健康的环境,而最重要的是,在治疗疾病上,殖民当局对自己手上的医疗技术是有选择地使用。[50]

19世纪中期时,欧洲医学知识的进步意味着土著民族的医疗方式应被认为是听天由命和迷信。与欧洲人相比,他们对待人体是野蛮的,欧洲人才是科学与理性的。与此同时,欧洲的习见强化了对“热带地区”的忧虑:那些在温带地区可治愈的一般疾病,在热带地区就很凶险,难以治愈,此外热带地区还有一些完全陌生的疾病。热带非洲被视为一个本质上疾病横行的环境。在欧洲已基本被征服的疾病,尤其如霍乱、疟疾、瘟疫和天花,如同在亚洲一样,也在非洲对欧洲人日渐形成威胁。这似乎就强化了一个观念:世界的这些地区落后得让人难以想象。非洲的疾病和感染让欧洲人想起了自己的中世纪。于是,到19世纪后期,非洲和亚洲在某种意义上就成为医学研究的实验室,成为医学的前沿阵地,疾病在这些地方可以用一种在欧洲已不

再可能的方式来研究。在这个意义上，医药变成了欧洲支配和内在优越的一种有力显示，能够得到医药意味着被奖励和被保护。非洲民族可以用作医学试验和更广义科学研究的“受体”，这也就成为一种强加于非洲人的控 225
制形式，而这在欧洲自身已经做不到了。

医药就是力量。医药的广泛效用使得殖民主义论证了它表面上的仁爱以及优越。传教士医生是殖民统治早期岁月最普遍的行医者，将治愈疾病作为获取灵魂的一种手段。欧洲人可以将他们的知识与本地医生的“魔法”进行对比，这样既强调了所说的西方文明的内在优越，又论证了欧洲的权威。本地医术逐渐被赶入地下，或者被边缘化。[51]如同更广范围的经济体系一样，医学知识无疑也成了文化霸权和政治霸权的一种有力工具。这一点在为清除某种疾病而发起的大规模运动中显示得最为清楚，例如英国人在乌干达对昏睡症的清除。这些运动常常的确很成功，但与它们同来的还有严峻的立法，以及众多的政府干预和社会运作。医学意味着殖民政府对健康和它臣民的身体拥有了空前的权力。

早期的殖民地医疗主要关注殖民士兵和官员的健康，但逐渐也关注起非洲人的身体，尤其是那些与欧洲人接触的非洲人，或者是那些殖民政府依赖的人，如政府雇员、矿工、劳工、妓女等。与此同时，也越来越关注公共卫生，这需要社会管理上的解决方案。疾病和非洲人中的高死亡率被归咎于不健康的生活与工作环境、过分拥挤、食物低劣。殖民政府采取了一些行动来“清洁”城镇这些方面的环境。“细菌理论”则导致在许多城市设立了白人与“土著人”的分别居住区，在那些有着强烈种族主义意识形态的地区，这样做更是顺理成章，比如种族隔离主义者和种族隔离的南非，或者是 20 世纪 30 年代意大利治下的厄立特里亚。的确，城市既是细菌的滋生之地，也是社会紧张的策源地，尤其是当人口增长时。总体而言，在两次世界大战之间这个时期，也就是第一次世界大战停止之后，非洲的人口死亡率有了明显下降，公共卫生有了改进，公共医疗有了扩展。

当昏睡症扩散时，诸如尼亚萨兰和坦噶尼喀等地的殖民地当局就把民众全部迁出感染地区，这些大片空地最终成为野兽出没之地，也就是今天如此吸引旅游者的那些地方。这是一个累积危机的过程，它展现了殖民统治的多重意味。殖民统治的蚕食和最终的全球资本主义，无疑增加了环境风险和疾病的引入，但殖民政体后来却能够逆转这个趋势，这靠的是商品农业、开垦丛林、控制野兽、赶退舌蝇。欧洲人的统治也引入了医药，它们能够治疗那些长期存在的疾病，也能够对付那些欧洲人自己带入非洲的疾病。殖民统治也涉及运输网络的修建，无论如何这至少在理论上可以较快地援
226 助那些陷入饥荒的社群，超过了以往任何时候。在非洲大陆的许多地方，非洲人发现他们自我管理的能力因殖民体系的性质而被削弱，但殖民体系也向非洲人提供了新的商业以及政治机会。当然，非洲人最终在19世纪后期和20世纪初期的那些危险中生存下来，尽管有些社群恢复得快一些，有些则慢一些，还有一些社群尚未完全恢复。不过，有一点很清楚：从20世纪20年代和30年代朝后，非洲大陆的人口为上升曲线，生育能力提升了，降雨量也稳定了。尽管有着——也是因为有着——所谓的“和平殖民”，非洲人恢复过来了。

注释：

① F.D.卢吉《英国在热带非洲的双重使命》(爱丁堡和伦敦，1923)，第7页。

② 理查德J.雷德《乌干达现代史》(剑桥，2017)，第223页。

③ 卢吉《英国在热带非洲的双重使命》，第17页。

④ 迈伦·艾肯伯格《殖民地征兵：1857—1960年法属西非的塞内加尔“法兰西猎兵”》(伦敦，1991)；米歇尔·R.莫德《暴力中介：德属东非的非洲士兵、征服和日常殖民主义》(俄亥俄州雅典，2014)；D.克林格雷和D.奥米西所编《帝国保护者：1700—1964年时殖民地大国的军事力量》(曼彻斯特，1999)；T.帕森斯《非洲兵：1902—1964年“英王非洲长枪队”中非洲人服役的社会意味》(牛津，2000)；詹姆斯·伦特《帝国日落：20世纪的前线从军》(伦敦，1981)。

⑤ 伦特《帝国日落：20世纪的前线从军》，第171—313页；也可参看安东尼·克莱顿和戴维·克林格雷《卡其色与蓝色：英国非洲殖民地的军队与警察》(俄亥俄州雅典，1989)。

⑥ 艾肯伯格《殖民地征兵：1857—1960年法属西非的塞内加尔“法兰西猎兵”》，第3章。

⑦ 亚当·罗斯柴尔德《利奥波德国王的幽灵：殖民地非洲的贪婪、恐怖和英雄气概》(伦敦，1998)。

⑧ 希瑟·斯瑞兹《尚武种族：1857—1914年英帝国文化中的军事、种族与男子气概》(曼彻斯特，2004)。

⑨ 苏珊娜·迈尔斯和理查德·罗伯茨所编《非洲奴隶制的终结》(威斯康星州麦迪逊，1988)对这个问题进行了探讨，接下来的由苏珊娜·迈尔斯和马丁·克莱因所编《非洲的奴隶制与殖民统治》(伦敦，1999)也有探讨。

⑩ 苏珊·佩德森《重返国联》，《美国史学评论》112：4(2007)。

⑪ 奥斯汀《非洲经济史》，第123—125页；也可参看J.福布斯·芒罗《垄断者与投机者：1905—1914年英国在西非橡胶上的投资》，《非洲史学刊》22：2(1981)和J.福布斯·芒罗《第一次世界大战之前东非的英国橡胶公司》，《非洲史学刊》24：3(1983)。

⑫ 约瑟夫·康拉德《黑暗之心》（伦敦，1899）；罗斯柴尔德《利奥波德国王的幽灵：殖民地非洲的贪婪、恐怖和英雄气概》。

⑬ 约翰·托什《热带非洲的经济作物革命：农业角度的重新评价》，《非洲事务》79（1980）。当时的评价可以参看A.麦克菲《英属西非的经济革命》（伦敦，1926）。

⑭ 简·S.霍根顿《经济动机与非洲经济作物种植：殖民地之前的起源与殖民地早期的发展》，收入彼得·杜伊格南和L.H.甘恩所编《1870—1960年非洲的殖民主义》第4卷《殖民主义经济学》（剑桥，1975）；奥斯汀《非洲经济史》，第124—129页。

⑮ 比如见珍·苏里特—卡纳勒《热带非洲的法国殖民主义》（伦敦，1964），第199—204页及其他各处。 227

⑯ 波利·希尔《南加纳的移民可可种植者：农业资本主义研究》（剑桥，1963）；也可参看加雷思·奥斯汀《1916—1933年南阿善提可可种植中资本主义关系的出现》，《非洲史学刊》28：2（1987），以及他在这个问题上的主要著作《加纳的土地、劳动力与资本：1807—1956年阿善提从奴隶制到自由劳动力》（纽约州罗彻斯特，2005）。

⑰ M.A.奥古图《1919—1939年坦桑尼亚查加人的咖啡种植》，《农业史》46：2（1972）。

⑱ 托比昂·恩达尔《棉花交换：1904—1918年乌干达农民、殖民地市场规则和国际棉花交易的组织》（乌普萨拉，1999）。

⑲ 比如参看T.巴西特《象牙海岸北部的棉花发展，1910—1965》，《非洲史学刊》29：2（1988）。

⑳ R.L.蒂格纳《埃及简史》（普林斯顿，2011），第10章。

㉑ T.巴奈特《杰济拉计划：发展幻觉》（伦敦，1977）。

㉒ 保罗·莫斯利《殖民者经济：肯尼亚和南罗得西亚经济史研究》（剑桥，1983）。

㉓ 布雷特·沙德尔《白人之魂：1900年代—1920年代肯尼亚的白人殖民者》（曼彻斯特，2015）。

㉔ 科林·利斯《肯尼亚的欠发达：1964—1971新殖民主义的政治经济》（伦敦，1975），第28—40页。

㉕ R.帕尔默《罗得西亚的土地与种族统治》（伦敦，1977）；I.菲尼斯特《1890—1948津巴布韦经济与社会史：资本积累与阶级斗争》（伦敦，1988）。

㉖ 本杰明·斯托拉《阿尔及利亚法国移民的“南方世界”：关于阿尔及利亚殖民地中的欧洲人及其表现》，收入卡洛琳·埃尔金斯和苏珊·佩德森所编《20世纪的定居者殖民主义：项目、实践、遗产》（纽约和伦敦，2005）。也可参看詹姆斯·麦克杜格尔《阿尔及利亚民族主义的历史与文化》（剑桥，2006），第2章；阿德里亚·K.劳伦斯《帝国统治与民族主义政治学：法属帝国内的反殖民主义抗争》（剑桥，2013），第73—90页。

㉗ T.R.H.达文波特《南非现代史》（伦敦，1991）是一个很好的介绍。也可参看F.威尔逊《1911—1969年南非金矿的劳动力》（伦敦，1972）；F.A.约翰斯通《阶级、种族与黄金》（伦敦，1976）；S.琼斯和A.穆勒《1910—1990南非经济》（贝辛斯托克，1992）。

㉘ 艾伦·吉夫斯《南非矿业经济中的移民劳动力：1890—1920的抢夺金矿劳动力》

(金斯敦和蒙特利尔,1985);查尔斯·冯·昂赛雷恩《“赤巴洛”:1900—1933南罗得西亚的非洲矿工》(伦敦,1976)。

㉙ 劳伦斯·J.巴特勒《铜帝国:约1930年—1964年北罗得西亚的采矿与殖民地国家》(贝辛斯托克,2007);B.朱西维克基《比(利时)属非洲》,收入罗伯茨所编《剑桥非洲史》第5卷,第473页以后。

㉚ 哈维·范伯格《南非1913年的土著人土地法案:20世纪初期的政治学、种族和种族隔离》,《非洲史研究国际学刊》26:1(1993);达文波特《南非现代史》,第280—284页。

㉛ 霍普金斯《西非经济史》,第5—7章;也可参看A.I.恩瓦布古奥古《从富有的企业家到小商人:1900—1950年东尼日利亚的非洲经纪商》,《非洲史学刊》23:3(1982)。

㉜ 弗兰克·富里迪《内罗毕的非洲人群:群众运动与精英政治》,《非洲史学刊》14:2(1973);戴夫·海德《[1950年]内罗毕大罢工:从抗议到暴动》,收入安德鲁·
228 伯顿所编《约1750—2000年东非城市经历》(内罗毕,2002)。

㉝ 布鲁斯·伯曼和约翰·朗斯代尔《不快乐的山谷:肯尼亚和非洲的冲突》第2卷《暴力与种族》(牛津,1992)。

㉞ 比如参看卡罗尔·萨莫斯《教育与有文化》,收入帕克和雷德所编《牛津非洲现代史指南》;P.吉福德和T.C.韦斯克尔《殖民地背景中的非洲教育:法国做法与英国做法》,收入P.吉福德和W.R.路易斯所编《非洲的法国与英国:帝国竞争与殖民统治》(康涅狄格州纽黑文,1971);P.福斯特《加纳的教育与社会变化》(伦敦,1965);S.西文纳《白领或锄把? 1920—1945年英国殖民政策下的非洲教育》(赫尔辛基,1995)。费尔普斯—斯托克斯基金会当时有2篇标志性的报道,参看托马斯·杰西·琼斯《非洲的教育:对西非、南非和赤道非洲的研究》(纽约,1922),以及托马斯·杰西·琼斯《东非的教育:对东非、中非和南非的研究》(纽约,1925)。

㉟ 比如参看L.安德森《1830—1980年突尼斯和利比亚的国家与社会转型》(普林斯顿,1986);M.H.克尔《埃及》,收入詹姆斯·科尔曼所编《教育与政治发展》(普林斯顿,1965)。

㊱ 艾德里安·黑斯廷斯《1450—1950年非洲的教会》(牛津,1994)。

㊲ 一个有用的综述是巴巴拉·库珀《女人与性别》,收入帕克和雷德所编《牛津非洲现代史指南》。也可参看珍·奥尔曼、苏珊·盖勒和纳肯伊克·穆斯西所编《非洲殖民地历史中的女性》(印第安纳州布卢明顿,2002);安德烈·康沃尔《非洲性别读本》(印第安纳州布卢明顿,2005);南希·霍夫金和埃德娜·贝所编《非洲的女性:社会和经济变化中的研究》(加利福尼亚州斯坦福,1976);南希·罗斯·亨特、泰茜·P.苏和珍·奎塔尔特所编《非洲历史中性别化了的殖民主义》(牛津,1997)。

㊳ 尼古拉斯·阿亨蒂和黛博拉·达拉姆《青年》,收入帕克和雷德所编《牛津非洲现代史指南》。也可参看安德鲁·伯顿和海琳·查顿—比戈所编《过去的代代人:东非历史中的青年》(俄亥俄州雅典,2010);理查德·沃勒《殖民地非洲的反抗青年》,《非洲史学刊》47:1(2006)。

㊴ 就区域性研究而言,可参看H.克吉克苏斯《东非历史中的生态控制和经济发展:

以 1850—1950 年的坦噶尼喀为例》（伦敦，1995）。

㊵ 比如参看迈克尔·沃伯伊斯《东非和中非昏睡症比较史：1900—1914》，《科学史》32：1（1994）；玛丽恩兹·莱昂斯《殖民地疾病：1900—1940 北扎伊尔昏睡症的社会史》（剑桥，1992）。

㊶ 查尔斯·冯·昂赛雷恩《1896—1897 对南非牛瘟的反应》，《非洲史学刊》13：3（1972）。

㊷ J.福特《非洲生态中昏睡症所起的作用：舌蝇问题研究》（伦敦，1971）。

㊸ 谢恩·道尔《艾滋病之前：1900—1980 东非的性、生殖与死亡率》（牛津，2013）；M.塔克《梅毒、性和社会控制：乌干达殖民地性病史》，博士学位论文，西北大学，1997。

㊹ A.T.库尔韦克和 G.M.库尔韦克《坦噶尼喀疆域内乌兰加（Ulanga）人口研究》，《社会学评论》30（1938）。

㊺ 奥鲁苏加和埃里克森《德国皇帝的毁灭：被遗忘的德国种族灭绝和纳粹主义的殖民地之根》，第 230 页。

㊻ 理查德·潘克赫斯特和道格拉斯·约翰逊《1888—1892 东北非洲的大旱与饥荒》，收入道格拉斯·约翰逊和戴维·安德森所编《生存生态学：东北非洲史案例研究》（伦敦，1988）；背景方面富有新意的广泛调查，可参看约翰·伊利夫《非洲穷人史》（剑桥，1987）。

㊼ 凯萨琳·库克里—威德洛韦奇《20 世纪上半叶法属赤道非洲的人口和人口统 229
计》，收入克里斯多夫·法伊夫和戴维·麦克马斯特所编《非洲历史人口统计》（爱丁堡，1977）。

㊽ 卢迪亚·吉卜林《白人的重担》（1899），收入 E.勃姆尔所编《帝国写作：1870—1918 殖民文学选集》（牛津，1998），第 273 页。

㊾ 布鲁斯·费特所编《来自不足证据的人口统计：殖民地时代的中非》（科罗拉多州博尔德，1990）。非洲的历史人口统计研究仍然是一个引发争议的课题，比如参看卡尔·伊特曼、丹尼斯·科德尔和格雷戈里·马多克斯所编《帝国的人口统计学：殖民秩序与知识的创造》（俄亥俄州雅典，2010）。

㊿ 戴维·阿诺德所编《帝国医学与本地社会》（纽约，1988）；也可参看 S.费尔曼和 J.M.汉兹所编《非洲的健康与治疗的社会基础》（加利福尼亚州伯克利，1992）。

(51) 就乌干达背景而言，比如可参看麦基《A.M.麦基：英国圣公会传教协会向乌干达传教的先驱》，以及 A.R.库克《乌干达回忆：1897—1940》（坎帕拉，1945）。

230

第十二章

艰难时世：抗议、认同与沮丧

制造部族

界定“身份”从来就不是一个简单的任务。历史学家、政治学家和人类学家一直对非洲的这个问题进行争论。[1]不过，从一开始就有两种意见。一种认为身份在非洲一直处于变化之中，随着时间而无情地改变，有时可能觉察不到，有时则是相当显著。身份依变化的环境而变，身份的根基和自我形象本身，都会随时间而有不同的感知。另一种意见则认为，“身份”极少是一种单一现象，我们谈身份时通常都指同一性，也就是自我形象与一些辨识层面，如某个地方、一群人或一种历史经历的一系列交叠与连锁。殖民地时代之前的非洲人长期以来同时有几个身份，他们同时属于一个家族、一个部族、一个村庄、一个酋长国和一个语系。在某个时间点，或者是因为环境，其中的某个身份可能会得到格外强调，但最终这些身份会在一个复杂的社会政治和文化状态中交叠和互相联系起来。从 19 世纪早期以来，这两种意见都有道理。由于殖民地的经历，一些身份发展了，或者是得到了强化；也有一些身份以某种形式仍然植根于 19 世纪乃至更早。对于殖民统治在这一方面的改变力量，有大量的学术研究，也就是关注殖民统治以不同方式导致了那么多新的种族身份的创造，而此前的非洲人是生活在一种无定形或至少是高度流动的群体之中。[2]殖民地管理的需要，涉及创设种族单位或当代
231 欧洲用语中的“部族”。不过，在这个问题上我们必须非常谨慎。无疑，征服的影响、殖民统治的建立，以及由此激活的政治与社会经济变化，意味着非洲人的身份和类同被投入变化之中。与居住地、区域、“部族”相联系，非洲人形成了多重身份，这又越来越多地与职业相关联。后来，随着民族主义的扎根和“非洲人”意识，与更大的殖民地疆域相联系，又形成了新的身份。不过，也有一些身份是基于群体内聚力，植根于共享的文化、语言、经济、疆域和“传统”，它们远在殖民统治之前就已经形成，可以朝前回溯几个世纪，有

着悠久历史。对于所有这些社群而言，重估和重设持续着，身份一直处在变动之中，在某些时候，这些变化的模式更为剧烈。在19世纪这个激烈而且常常是暴力动荡的时代，由于创造性的经济、政治和军事变化，出现了一些新的群体。这是一个明显的形成期，到欧洲瓜分非洲时仍在进行之中，因殖民统治而形成的那些变化构成了它的最晚近的阶段。同样，欧洲管理体系也常常融入长期的非洲过程之中。换言之，是非洲"漫长"的19世纪的推动力，而不是或不简单地是殖民影响，在根本上驱动着我们所考察的这个时代的创造性。

然而，"部族"在很大程度上是欧洲人的创设，这个概念背后的想法是：非洲人并不生活在诸如民族国家这类高度发展的状态之中。殖民地国家想把"部族"作为一个严格的种类用于非洲人，尤其是用于间接统治，虽然并不是纯然如此。在许多地方，这种部族身份被正式化，人们据此分类，由此而来的群体被给予划分出来的区域去居住。为了管理的目的，殖民国家要求固定的、描绘出来的身份，一些特征和个性常常被赋予这些群体，这种做法在19世纪很流行，比如游牧的或农业的，辅助的或支配的，好战的或和平的，聪明的或驯良的，等等。非洲代理人在这个过程中的作用通常是最重要的。无疑，随着20世纪的推移，各种形式的"同族意识"得到了强化。非洲人自己发现，采用这种部族的观念是有利的，因为它强化了"群体"，使得它能够强健地与殖民体系竞争。部族的团结是一种潜在的政治和经济力量的来源，上层人士也对强化部族身份感兴趣，因为这可以作为一种获取资源与政治力量的手段。换言之，"部族"的建构体现了我们所称的"利益的结合"：殖民政府想通过部族单位的创设来进行管理，非洲人则建立部族以归属于一种创造出来的身份，以供一个界定下来的群体来分享③。这一点也因一个事实进一步促进：在20世纪的头几十年中，非洲人的视野基本上还是本地的，而地方主义越来越采取同族意识的形式。

然而，这个过程并无什么本质上的新东西，它就如同人类社会一样古老。而且，许多"新"结合只是已有群体的改善、延伸或加强。许多"部族"身份如约鲁巴、富拉尼、祖鲁、干达、阿善提，在殖民时代之前就以不同的方式有着自己的根。它们或许不是殖民地国家所设计的那种"部族"，但它们把 232
自己放在了殖民体系之上，并且利用着殖民体系的需要。显然，种族群体在殖民背景中常常变成僵化得多的实体，但其中一些在相对晚近的过去，在19世纪的动荡中有着自己的根。比如，富拉尼人在19世纪曾是一个分散于西非草原的无定形的巨大群体，20 世纪初期在他们被英国人、法国人和德国人界定为一个“部族”的过程中，他们正居住在尼日利亚、喀麦隆和尼日尔的接壤处，“富拉尼人”一词于是就包括了一些自己从未这样想过的较小种族，或者是那些相对较晚才被欧洲人征服的种族。19 世纪开始时，祖鲁人是一个小小的亚群，但在他们国家创建的革命中，他们就融合了一些其他群体，这些群体后来就称自己为“祖鲁”。“做祖鲁人”的意味在 20 世纪得到了强化，这在很大程度上是对白人支配的南非压迫的回应。尼亚姆韦齐人的情况更有意思。这个词本身在 19 世纪之前没什么意义，它只是被用来称呼那些内陆民族（“新月民族”），东非海岸的人这样称呼他们。随着贸易的扩展，所谓的“尼亚姆韦齐”变成了对大商人的称谓，我们在第三章中已有讲述。随着时间推移，他们也开始称呼自己为“尼亚姆韦齐”，于是导致了一个新的种族身份，它也随着殖民统治的建立而正式固定下来。德国人建立了一个酋长的体系，通过它来管理这个巨大的新“部族”，英国人在 20 世纪 20 年代继承了这个体系。关于“部族规模”的扩大，还有其他一些例子。19 世纪时，约鲁巴一词指古老的奥约帝国，现代意义的约鲁巴人在 19 世纪时开始形成。这很大程度上是当时暴力动荡的结果，但也是传教士的工作所致，他们把圣经译为一种公共的地方语，于是通过语言分享人们就“成为”约鲁巴人。黄金海岸的阿肯人（Akan）从 20 世纪早期以后，就是一个很合用的“大群体”单位，但事实上阿肯人却是阿基姆、芳蒂、阿善提等几个民族的合成，它们都有自己的古老之根，仅仅放在几十年之前，它们是不会承认“阿肯人”这个称呼的。[4]

与这些扩大的规模和强化的分界相伴，还出现了强有力而机会主义的对神话和历史的阐述，以论证“部族”意识与身份。殖民地当局和“部族”上层有时在这个过程中合作。例如，在乌干达，英国人就乐意看到布干达越来越基督教化、英国化的政治创设。布干达被阐述为这一地区历史上的支配力量，成为这个保护国“发展”中被偏爱的媒介。干达人使用他们处于英国监护之下的有利位置，于 20 世纪 20 年代和 30 年代在中部和南部乌干达扩展他们的影响，进入了一些从前布干达统治时期从未占有过的地区。干达统治上层将自己视为文明使命的前锋。干达人尤其赢得了对自己历史对手恩约罗的优势。干达人与英国人合作时，恩约罗人却在与英国人作战，所以
233 就发展出了干达人聪明和进步，恩约罗人落后和不进化的殖民论调。根据
1900 年的乌干达协议，和殖民地时代之前相比，布干达的疆域得到了扩展，

而班约罗人的则减少了,这个“土地失去”的问题在整个殖民地时代一直引发深深怨恨。[⑤]在尼日利亚南部,卢吉的管理当局在1912年试图重建18世纪的奥约帝国,设置国王和宫廷来统治一大片地区,它的划分依据对历史的多少是伪造的解读。[⑥]这是卢旺达境内的一种重新创设,导致最为悲惨的长期后果。在这里,从事农耕的主要民族胡图族与饲养家畜的图西族,它们在殖民地之前的关系就相当复杂和多变,的确有过冲突,但也有大量的通婚和经济与文化上的相互依赖。在殖民统治到来之前,他们讲的是同一种语言,在文化和宗教上有很多共享之处,差异主要是与阶级有关,而这些差异到了殖民地时期就被扩大了,德国和比利时当局都支持图西人所要求的对胡图人的社会和政治支配。从20世纪早期开始,关于图西人历史上的霸权和优越的神话被创造出来,殖民地官员和图西人自己都这样做,去找从人的体质(身高和仪态)到行业(游牧的高贵性)和种族来源(图西族是来自北方的文明的携带者)等一切证据。一个单一的、分层级的图西君主政体——在1900年之前它从未以这种形式存在过,就被建立起来,来管理主要的胡图族人。[⑦]

同样,几乎也可以肯定,用“历史真实”的断言来支持一种新的现状,这本身并不是没有过的,这也不是一种简单的“创设”,而是一种选择与换位。即使这样,在干达人、图西人和约鲁巴人的例子中,在20世纪初期就出现了所谓“传统”权威对“部族历史”的书写,对“部族风俗”的定型,它们被赋予了悠久历史和不可亵渎的神圣。本地语言的书写也具有了标准形式。殖民地之前一直流动、讲求实际,持续进化的身份,现在变得僵硬和成文化了,书写出来的言辞被用来形成一种永恒性的印象。这对“部族”身份的固定大有作用,促成了一种支配性叙述的出现,损失的则是历史复杂性和那些小群体,它们现在要被包含在一些大身份之中了,至少是被边缘化了。这多半是一些知识分子所为,他们推进了大压小的身份开发,他们想要一种“部族统一”,索马里就是这种情况。然而,这并非知识分子单独所为,在生活的其他方面,各种社会经济因素也鼓励这种身份,历史学家约翰·朗斯代尔就曾简洁地说过:“现代部族常常是人为的。”[⑧]无疑,如同我们会看到的,迁移和劳动力征募推进了更为广义的身份,以及群体意识的新形式。

伊斯兰教世界中出现的抗议

如同我们在前面背景中看到的,地中海地区伊斯兰教对变化的政治现实的抵抗,以及后来对欧洲北非霸权的抵抗,都有深深的根基,援引着历史

234 先例。在19世纪后期和20世纪初期,伊斯兰教改革派采用了一些新的形式,比如穆斯林领袖们就想开发出一些创新方式,既与欧洲人的统治战斗,同时也创造出有利于这样做的身份,而现代民族主义也由此而形成。广泛而言,这些运动常常是“伊斯兰教主义者”的,他们想在现代的民族国家中建立伊斯兰教法规。在埃及,伊斯兰教主义尤其与萨拉菲亚派联系在一起,这是一个知识分子运动,其中的领导人物是贾马尔·奥·阿富汗尼、穆罕默德·阿布杜和拉希德·里达。萨拉菲亚派特别强调创造由《古兰经》和伊斯兰教教规——先知本人制定的行为和风俗规范——来管理的政体,通过这样做来复兴伊斯兰教,更有效地抵抗西方帝国主义。然而,与18世纪和19世纪那些伊斯兰教复兴运动相比,萨拉菲亚派并不完全拒绝欧洲模式,主要是在民族国家的形成上不拒绝;相反,这个运动可以视为想在伊斯兰教改革派与欧洲“现代性”的隔阂上建起一座桥梁,让整个社群都更广泛地参与到政治进程之中,要追求科学与理性,而不是盲目迷信和对“传统”的信仰,要在埃及这个民族国家的框架内行动。奥·阿富汗尼是这个思路的主要解说者,他将伊斯兰教的现代化视为自治的穆斯林国家的潜在动力。他的弟子穆罕默德·阿布杜与他有所不同,更强调精神复兴,奥·阿富汗尼视穆斯林面临的困局本质上是政治性的,阿布杜则认为是宗教性的。[9]

不管是哪种强调,在阿拉比帕夏失败之后,萨拉菲亚派在19世纪80年代和90年代为埃及的政治复兴创造了一种推动力,如同“青年土耳其人”在原来的奥斯曼国家所做的那样。这个运动的观念会激起新一代的政治活动家,它也推动了1928年穆斯林兄弟会的形成。这个兄弟会坚信伊斯兰教改革的信息,断言《古兰经》应该成为埃及这个民族国家的“宪法”,但它的目标更具政治含义,也就是要唤醒埃及人民反抗欧洲政治和文化霸权的爱国主义。虽然渐进且温和,但这个兄弟会反对一切西方文化影响,认为这已经渗透到埃及统治上层之中。这个兄弟会的力量在增长,越来越受欢迎,到20世纪40年代时宣称已有百万成员,并且与埃及后来的民族主义运动结盟。[10]萨拉菲亚派在阿尔及利亚也有影响,这里的乌拉玛协会宣传它的观念,它既反对与殖民当局的“合作”,也反对苏菲派的异端。然而,苏菲派的地位在阿尔及利亚可以回溯到19世纪,在20世纪30年代和40年代,一些苏菲派——包括拉玛尼兄弟会,已经紧密地参与到新兴的民族主义政党之中。苏菲派与萨拉菲亚派之间的冲突不断损害着民族主义者想建立一个广泛统一战线来反抗法国人的努力。[11]

随着几个世纪的过去，到 20 世纪早期时，开罗已经成为伊斯兰学术和政治思想的中心。在其他地方，对欧洲统治的武装反抗在两次世界大战之间的岁月里持续，比如利比亚，这里的赛努西兄弟会一直对抗意大利人，直至 30 年代早期。靠着暴力压迫，靠着对游牧人口使用集中营，以及逮捕和 235
处决主要领袖，才达到了对赛努西兄弟会的某种形式的控制。20 年代，阿卜杜勒·克里姆在摩洛哥领导了类似的顽强抵抗。不过，在马格里布地区的其他地方，伊斯兰教改革派、现代派和民族主义的结合，如同埃及一样，也导致了一些政治运动，它们旨在创建新的穆斯林以及民族身份。在突尼斯和阿尔及利亚，两次世界大战之间的抗议变得更为激烈、更有说服力，我们后面会谈到。

拯救与抵挡：非洲教会

最早的抗议表达之一，有段时间欧洲人几乎是看不到的，它与基督教在撒哈拉以南非洲大片地区的成长联系在一起。这些地区在 19 世纪 70 年代至第一次世界大战期间进行过武装反抗但失败了，于是导致非洲政治权威的毁灭或至少是大幅度的妥协。这反过来又常常意味着精神权威的受损，因为 19 世纪的国家与社会政治力量与宗教力量是紧密交织的。毁灭和重建的过程帮助了基督教扩散的推进，皈依基督教常常体现着要寻找新答案来回答老问题，也是对 19 世纪的权威及其众多价值观念的拒绝。不过，这些新皈依者也越来越拒绝欧洲人对教会的支配，想要创造一种崇拜形式，要求它与欧洲文化和殖民地当局的制度没有紧密联系。所谓的"埃塞俄比亚教会"运动——因《圣经》中用"埃塞俄比亚"一词指非洲而起了这个名字——在中部和南部非洲就尤其强大，那里有一些独立教会在第一次世界大战前后建立起来，它们将《圣经》视为一部革命性的指南，认为它讲的是正义与平等，而最重要的是包含着"基督再临"的强有力观念，这个观念很容易被解说为殖民统治即将毁灭和白人压迫的结束。这些教会有许多都可视为准民族主义者（或原初民族主义者）抗议的早期表达，无疑属于各地反殖民主义抵抗的一个前锋。[12]

非洲化的基督教常常是激进的，浸透了政治信息，它们因征服的创伤和随之而来的社会与经济变化而来。起初，一些教会以继续一夫多妻制来藐视欧洲习俗，当"非洲教会组织"1901 年从英国圣公会教会分离出去时，它就这样做。在许多地方，非洲女性因一夫一妻的维多利亚式婚姻而感到窒息，特别是在经济方面。由于这些超越了纯粹精神的原因，她们被吸引到这样的教会中。后来，宗教运动变得更为明显地政治化。席卷中南部非洲的“瞭望塔”运动，在一些方面是从“耶和华见证会”运动汲取了灵感，预告殖民统治的结束，以及随之而来的对“上帝选民”的拯救。比如，在尼亚萨兰，埃
236 利奥特·卡姆瓦纳从1908年就开始宣讲基督再临会怎样给非洲带来自由。卡姆瓦纳被抓起来并被流放，但“瞭望塔”运动却在发展，尤其是在尼亚萨兰和邻近的罗得西亚。[13]“瞭望塔”运动的地域传播并非偶然，它所穿越地区的流动劳动力体系供养着南非采矿经济，这带来了相当程度的社会剧变，为抗议身份的创造提供了新的环境。后来，还是在尼亚萨兰，布道者约翰·齐莱布韦创建了自己的教会，并在1915年领导了一次成熟的起义，它因与德国人长期作战的破坏，以及一系列人们感受到的殖民主义不公正而引发。当英国人逼近时，齐莱布韦试图逃跑，结果被杀。然而，他的死去激励着下一代马拉维民族主义者。[14]如同这一时期的许多其他人一样，他也成为了反殖民主义抵抗的一个早期象征，而比利时殖民地刚果的西蒙·金姆班古也是如此。他于1921年宣布自己是先知，建立起自己的教会，宣讲上帝会很快将人民从殖民统治中解救出来。即使在这位具有超凡魅力的创始者被逮捕之后，“金姆班古主义”也仍然在积极传播，那些追随者不时以拒绝交税或拒绝种植经济作物来反抗殖民国家，当乡村地区处于艰难时期时，它在那些地方的影响就尤其强大。比如，旱灾就使这个运动的行列增加新的成员，穷人和被剥夺者面对自然或人为灾难和压迫时，要从中得到精神救助。[15]

这个独立教会运动持续发展，到30年代，随着大萧条的出现，人们对传教士教育及其意识形态越来越不满。比如，在南非，植根于19世纪后期的锡安教会在两次世界大战之间就得到了成长，将本地信仰的一些因素融入基督教信仰之中，让基督教更有效地适应非洲的需要。比如，这些教徒并不反对一夫多妻制，但又为女性提供了突出的地位。[16]传教士学校不再能为非洲的问题提供答案了，尤其是在这样的经济困难时期。皈依教育发布出来的那些信息——“白人基督”的形象，在“拯救”和“平等”上的明显选择性，通过教会而送给殖民国家的无条件忠诚，都越来越与非洲人自己的经历对不上。所以，30年代独立教会运动的发展直接与社会经济苦难相联系，例如1934年一群失业者在南罗得西亚创立的教会。在那些精神性的表达中，常常包含了强有力的政治信息。“瞭望塔”运动也将南部非洲的矿工们组织起来，对某种程度的“工人意识”的创建发挥了作用。工人们积极地参与到这

场运动之中，它为棚户区的严酷生活提供着精神解救，工人们被告知，当“基督再临”时他们会作为“被选者”而得到拯救。[17]

阶层与部族：工业联合体

“瞭望塔”在兴起的工业劳动力大军中找到了底层力量，而经济变化也在其他方面带来了新的抵抗方式，尤其是在南非。在南非，如同我们已经看 237
到的那样，要控制劳动力，要让非洲人待在保留地里，这就导出了招人怨恨和压迫性的通行制度。第一次世界大战前后，这里出现了在伊斯兰教北非之外的一些最早的有组织抗议。在某种程度上，它限定于一个政治上层：1912 年，“南非原住民民族大会”由一些上层成员创建，1923 年它成为“非洲国民大会”(ANC)。此时，它的更大吸引力尚受限制，但这个组织奠定了更广阔政治行动的基础，尤其是当它与印度人和“有色人种”(种族隔离立法中的“混合种族”)群体合作之后。不过，群众抗议的其他表现早已显示出来。1919 年，南非爆发了反对通行证法的大规模示威，显示了群众参与政治行动的潜力。第二年，大约 4 万名矿工举行了罢工。就是这样的力量，促成了“工业和商业工作者联盟”(ICU)在 1919 年成立，这个组织到 20 年代中期时以拥有 10 万成员而自豪。组织问题和内部分裂使得这个联盟在 20 年代末瓦解，但它也同样显示出群众运动的潜力，至少表明了一种正在成长的工人意识。[18]

工人意识缓慢发展，根据一种标准观点，工人意识的出现可分成三个阶段。19 世纪 90 年代至 20 世纪 20 年代这一时期是一个“非正式抗议”阶段，20 年代至 40 年代为“半无产阶级”的抗议，从 40 年代之后，就出现了羽翼丰满的工会和得到了承认的工人阶级，它意识到了自己的集体力量，有了一定程度的集体凝聚力。当然，这样划分有点刻板，一些地方的变化情况也不一定吻合这个模式，但这仍然是一个有用的引导。就早期而言，看不到什么广泛的或集体的工人行动，没有工会，没有能够动员工人的领袖，除了 1920 年南非的罢工是例外，也没有重大的罢工。不过，界定某种形式的工人意识，不一定需要工会和罢工，工人自己常常是非正式地参与抗议，面对野蛮的剥削制度，他们发展出聪明的综合性网络，这个网络首先而且最重要的就是去理解这个制度，然后学会怎样从内部去反抗这种新的经济秩序。逃跑是一种选择——尽管有点极端，更为普遍的是伪造通行记录，当工头看不见时破坏机器，放慢工作节奏。这些共同的经验促进了同一身份感的增长，它以非正式的沟通体系和相互掩护的扩展体现出来。[19]

到20年代结束时，尤其是到了30年代，集体意识开始转变为罢工行动。总体而言，这也与一种具有凝聚力和有组织行动的固定下来的“无产阶级”的出现相联系，因为工业地区已经有了更为固定的工人居住，不再是过去那种临时流动了。比如，南罗得西亚沙姆瓦矿1927年的罢工，就是那些已经在此居住了好几年的尼亚萨兰工人组织的，他们现在能够把自己对这个体系、这个体系运作与管理的理解派上很好的用场了。不过，工业人口也
238 必须在地理上集中，南罗得西亚的问题就在于那些矿分布于广阔地区，使得涉及几个矿的大规模行动较难实行。不过，北罗得西亚的铜矿带是各个矿挨在一起，更广泛的工人就能够组织起来，信息可以较容易地从一个矿传到另一个矿。1935年和1940年，铜矿带都爆发了大罢工，1940年那次尤其让英国人痛苦，当时正是英国皇家空军与纳粹空军激战之时。矿工们对英国战役一无所知，但他们知道英国看来很需要铜。他们这次所赢得的资方让步告诉他们，如果组织起来，他们就会拥有相当的经济力量。重要的是，这些罢工都不是工会组织的，工会后来才出现，而是由一些在矿山和棚户区内发展起来的富有创新活力的协会所组织。“瞭望塔”在动员工人方面常常起到重要作用，另外还有一些文化协会，比如姆比尼舞蹈协会，它最初是为提供娱乐和发泄压抑的精力而组织的。矿工们把自己编成一些竞赛小组，采用了戏仿当局的制服与头衔，而这样做的整体效果就是形成了工人的团结之感。正是姆比尼舞蹈协会的成员，成为铜矿带各次罢工的中介。而且，女性如同男性一样，也作为舞蹈者和组织成员加入进来。[20]

最重要的是，由于在掌握资源上的竞争越来越激烈，种族敌对就形成了，这体现在就业市场上，体现在越来越全域化的经济之中。提供着归属感和保护的群体团结，必然涉及分类和对其他人的贬低，所以殖民地的经济环境也就鼓励着“部族”之间的紧张关系。从一开始就支撑着采矿经济的流动劳动力，涉及来自乡村地区的短期合同的男性劳工，干上三个月或半年，然后回家。这些人被称为“城镇部落男子”，他们闯入工业化的城镇经济挣现金，然后用于“部族”家园。不过，从20年代以后，越来越多的带着家人定居于矿区的长期合同固定工人形成了一个城镇工人阶级。因黄金业而建造起来的约翰内斯堡，就是一个很典型的例子。20年代和30年代非洲大陆各地出现的那些城市，都因乡村出来寻找工作的人们而膨胀。拉各斯、利奥波德维尔、内罗毕、索尔兹伯里，全都在扩展，这样的乡村—城镇流动，可能是

非洲现代社会史上一个最重要的主题。城镇身份从来就不是一下子形成的，早期移民是临时居民，他们的根仍在乡村，人在城里，但常常重新创造出“部族”和乡村文化的一些方面。他们有着很强的“同族意识”，很可能因人在城里而更强烈，因为这里对资源的竞争常常更激烈。不过，城镇也变成了一个文化熔炉，在不同要素构成的环境中，不同种族群体相互碰撞，通婚，经历共享，有着观念、语言和习俗的交换，于是形成了独特的“城镇文化”。在城镇背景中，发展出来了新的习俗与生活方式。城镇为一些新的行为方式提供了机会，这一点也在性别上显示出来。比如女性常常发现在城镇可以逃离家园和村庄的家族权威，可以获得摆脱男性控制的一定的经济独立。[21]

30 年代也出现了非洲大陆各地的工资暴跌，采矿经济、白人种植园，以 239
及在越来越多非洲人漂泊着寻找工作的城镇中心，都出现了工薪劳工的困境。南非第一次出现了非洲人严重失业的局面，这是 19 世纪末以后的工业经济快速扩张中基本没有过的。工资下跌的影响在某种程度上被生活成本的相应下降所抵消，但在实际情况中这却没有太大作用。实际上，30 年代对于千百万非洲人和大批贫穷白人来说，是一段真正的艰难岁月，生活水平的降低直到 40 年代后半期才扭转过来。而且，许多地方的通货膨胀尤其影响到城镇工薪劳工，工资在 40 年代后期之前实际上都没有增长。

还要注意一点，那就是白人工人阶级在这一时期也受苦，而白人好斗性的增强也可以视为对南非政府 20 世纪早期谨慎管理阶级和种族的一种非常真切的威胁。尤其是从 19 世纪末以来因“矿业革命”导致的农业商品化，有成千上万的贫穷白人被逐出了自己的土地，他们常常进入城镇来寻找工作。这些移民构成了一个越来越好斗的下层阶级，其成员不得不到劳动力市场去与非洲人竞争，于是就有了前面章节谈到的在某些职业上的肤色限制。那些留在乡村地区自己土地上的白人，过得也很艰难，尽管政府给他们补贴，以维持他们在政治上的可靠。和肯尼亚或林波波河以北的情况一样，南非的白人并不生产高利润的经济作物，只是向快速发展中的城市供应玉米，所过的生活与 19 世纪那些边疆开拓的前辈没多大差别。[22]城镇和乡村的这些贫穷白人，对南非 30 年代和 40 年代微妙的社会政治平衡构成了一种威胁，越来越激进的南非白人民族主义者领袖会去调动起他们的支持。

经济作物、乡村危机和农民抗议

商品农业并不必然导致农村繁荣，30 年代变化了的情况就说明这一点。非洲人要在维持生存的农业与出口经济作物之间求得平衡，而欧洲工厂生产的布匹和其他商品的进口，又逐渐破坏了非洲自己的经济发展。农民控制不了别人为他们出口物品所付的价格，也控制不了他们必得去买的进口物品的价格。商品的欧洲寡头垄断让非洲生产者陷入潜在的贫困陷阱，他们因国际价格的涨落而受苦。总体而言，在两次世界大战之间，他们为自己的进口付出了更多，而他们的产品得到的却更少。[23] 30 年代的这种情况尤其尖锐，当时非洲人为了交税和弥补出口价格下跌，就不得不用更多土地种植经济作物，这常常是牺牲了粮食作物的种植。这样做的结果就是
240 地力耗尽，甚至带来饥荒，比如 1931 年尼日尔就爆发了饥荒。在非洲农村各地，这种萧条以各种方式显现出来。出口物品的价格崩溃了，国际贸易的条件变得对农业生产者极为不利，对那些白人定居者也是如此。

农村出现的抗议与工业地区不同。[24] 比如在 20 年代大部分时间的好年景时，许多人因经济作物产业而收获颇丰，但国际经济体系本质上的不公平很快就导出了人们的政治意识，这种政治意识以一系列新形式的抗议表现出来。到 20 年代结束时，若干欧洲公司已经支配了西非的进出口贸易，其中就有庞大的联合非洲公司。非洲生产者很快就开始防御，建立了地方层面的农民协会来保护自己的利益。1929 年，在尼日利亚，伊博妇女暴动，袭击了贸易公司的办公室，以抗议出口物品价格的下跌。这就是所谓的“妇女战争”，它导致了数十人死亡。[25] 在黄金海岸，“不卖”可可也是对商品寡头垄断的一种抗议形式，人们认为它应对价格波动负责。这种抗议就是农民拒绝出售可可，直到价格上涨才卖。抗议没有成功，贸易公司可以不理当地人，到别的地方去买可可，而农民自己最终当然还得吃饭和交税。[26] 黄金海岸的情况也揭示了间接统治体系内积累起来的矛盾。所谓的“传统”上层，受殖民地管理当局的供养，只对它们负责，常常不愿意支持“不卖”可可和农民协会，因为他们不能让那些大公司受困，这些公司对这个体系的运作太重要了。随着时间推移，首领与农民发现他们之间的差异无法调和，他们各自的需要相互冲突。一代年轻的、受过西方教育的政治活动人士后来要创建以农民社群为基础的群众运动，他们将间接统治的首领视为实现独立与现代化的障碍。[27]

政治化的农民意识在乌干达也表现得很明显，从 20 世纪早期到 20 年代，棉花生产遍布于这个国家的南部。这里的租佃农民越来越怨恨由在外地主构成的首领阶层向他们索取高租，以至于 1928 年殖民地当局介入，对

首领向佃户索要的租金设置了上限。[28]另外,棉花生产者也变得更受销售安排的损害,这种销售安排偏向于印度商人以及他们后面的少数大公司。在肯尼亚如同在乌干达一样,一个亚洲商业社区也在发展起来,它们充当着欧洲买家在西非的那种角色。乌干达农民越来越恨他们垄断了棉花的销售。在30年代,一些平民主义群体几乎是以工会的性质出现,游说对佃户—地主关系进行更严格的监管,让市场发挥更大的作用。这样一种经济不满就为后来的政治抗议奠定了基础。与此同时,印度人社群仍然保持着经济上的强势,直至伊迪·阿明在70年代初期实施了他对这个"问题"的无情"解决方案"——把乌干达的亚洲人从这个国家驱逐出去。在两次世界大战之间,通过谈论建立一个把乌干达、肯尼亚和坦噶尼喀联结起来的东非联邦,乌干达的政治活动也被激活,乌干达人尤其担心自己的领土会变成另一个 241
肯尼亚。[29]

全球萧条加剧了人们的幻灭感,它使得抗议更加尖锐,农民们认识到了殖民经济的不公平和残酷的反复无常。与各种经济、宗教和意识形态动机相联系,"自助"协会在非洲大陆各地兴起。小规模的工匠政治活动也出现了,这吸引了那些拒绝工资雇用的匠人。这些协会在很底层的层面上表达着反殖民的不满,所以,单独而言,它们对殖民地管理当局只是小小的烦恼,然而作为一种广泛的现象,它却代表了在信任殖民秩序上的一种危机。这种危机尚未用任何具有凝聚力的群众运动来表现,但广泛传播的幻灭感和怨恨却通过一系列不同的经济、文化和宗教性协会表达出来。

许多地方的殖民地政府对此的反应是进行更强的政府干预,尤其是对乡村经济和销售领域进行干预。随着30年代过去,相信市场可以提供一个基本生活标准的观念,已经被另一种信念所取代,那就是殖民地政府应该更紧密地参与出口的市场销售,争取减轻价格波动及社会痛苦的影响。人们希望,这将消弭社会不满和政治抗议。尤其是随着出口价格持续下跌,殖民地当局担心农民会一起退出市场,这就不仅威胁到出口经济,而且损害税 242
源。这样,全球萧条的影响就被视为对整个殖民体系结构的一种威胁。基于这种担心,就建立了一些销售局,目的是稳定付给农民的价格,承担起出口销售的责任。与此同时,还有一种要求国家对生产本身进行干预的动议,尤其是在乡村地区。殖民地的农业部门去确定农业生产技术中哪些被认为是无效的东西,而且也越来越关注一些地区出现环境灾难的危险。[30]越来越多的人生活在经济和社会苦难之中,这就导致了过度放牧和过度耕作,土壤肥力下降，生产难以为继，可能导致1931年尼日尔出现过的那种食物短缺。政府开始在保护土壤和扩大生产两个方面进行更为直接的干预，或者是去改进地方的农业技术以增加产量，或者是制定计划使非洲生产者边缘化，鼓励有着大量资金支持的白人定居，引进北美模式的种植园农业体系。从30年代末以后，这些侵略性的干预激起了未来更大的乡村怨恨。这里面也有着政治意味，随着殖民地国家越来越绕过那些间接统治首领，这就逐渐侵蚀了一个体系的权威，而这种体系早已被非洲人视为与生活的许多方面都不相干了。

其他的声音

在20世纪早期，非洲人的不满也用许多其他方式表达出来。对殖民时代非洲艺术的一种看法认为，欧洲人统治带来了文化退化，无疑摧残了本地艺术创作的"纯正性"；另一种观点则认为，非洲艺术形式被证明是富有弹性和适应力的（同时也是有影响力的，比如毕加索的创作）。到30年代时，非洲艺术家和手工匠人已经在微妙地模仿欧洲人和使得欧洲人高高在上的这个管理体系，尤其是在雕塑方面。如同引入的宗教一样，各种艺术风格的非洲化，也被普遍视为是欧洲人自己提供的一种抗议形式，至少表达着文化弹性。[31]报纸在有些地方是至关重要的，尤其是在南非，一些最早的报纸就出现在这里，时间是20世纪初。在西非，也很快就听到了"非洲声音"，在两次世界大战之间的岁月里，报纸成为辩论和反殖民见解的一个日益重要的论坛。读写能力低下限制了一个受过教育的精英阶层的传播，但到第二次世界大战时，村民们围在一起，听村子里一个有文化的人读报纸，这样的事情已不罕见。这个新的受过教育的精英阶层，越来越意识到殖民社会和经济的不公，越来越不满于自己被排斥在这个体系之外。不过，在40年代早期之前，他们中很少有人想到完全的独立和这个体系的整体摧毁，想的是这个体系内部的改革，第二次世界大战本身改变了这种想法。

243 更为广阔的非洲身份植根于殖民主义和种族主义带给人们的普遍体验，而它的形成也有外部影响的作用。20年代和30年代，泛非运动在北美和加勒比海地区兴起。马库斯·加维本人从未踏上非洲大陆，却成为一位影响日益扩大的人士，他创建了"全球黑人发展协会"宣讲"非洲人的非洲"，要把欧洲人赶走。"加维主义"尽管在某些方面偏执，但对40年代和50年代的年轻的非洲民族主义者有深远影响，它强化了反殖民的热望，形成了一种“非洲骄傲”，这以法语非洲中的一个概念“黑人文化传统自豪感”表达出来。对这个概念的一个卓越说明是塞内加尔诗人、后来成为这个国家第一任总统的利奥波德·桑戈尔，这个概念鼓励着黑人的自尊感，代表着对非洲和古老的非洲文化与文明的赞美。[32]

在两次世界大战之间，由新的受过教育的精英人士阐释的广阔疆域意识也出现了，如果说尚未代替那些更扎根于地方的协会，但至少也形成了与它们的竞争。20 年代和 30 年代，法属西非的城镇精英中出现了热烈的政治辩论，以至于当局逐渐关注调动乡村支持的可能性。两战之间的一位关键人物是政治活动人士——从前的共产党员——迭穆克·加兰·库亚特，他的写作关注无产阶级和非洲民族主义的兴起。他属于法属西非和赤道非洲中一个受过教育的鼓动者阶层，这些男人——当时只能是男人——忙于出版报纸，组织早期的工会，与加维这样的人士通信，也与乔治·帕德莫尔通信——此人是特立尼达岛活动人士，后来在 1927 年成为共产国际非洲分部的领导。所以，他们有着广泛的联系和启发来源。一个具有相同政治意识的阶级也在葡属非洲出现。在这里，“黑人文化传统自豪感”也是一个起着广泛团结作用的主题。不过，这一时期的非洲政治家们并不必然是殖民体系的坚定反对者。1914 年，塞内加尔的布莱兹·迪亚涅被选入法国议会，他获得了乡村穷人的支持。然而，在起初与法国在塞内加尔的商业关注发生冲突之后，他就把自己变成了法国人的支持者，顺从甚至是融入殖民秩序的精神特质中，在第一次世界大战期间成为一系列殖民政策的公开辩护者，包括为征兵辩护。20 年代后期，安德烈·马茨瓦在法属刚果建立了“赤道非洲原住民法兰西友好协会”，他们喋喋不休地要求获得法国公民身份和随之而来的权利与豁免。然而，对于当局而言，他们的这种要求与其他性质的要求是一样的，在 30 年代早期，地方当局起来镇压马茨瓦和他的协会。与这一系列政治活动同时的还有零星的城镇骚乱：1919 年在几内亚的科纳克里爆发了码头工人罢工，1923 年波多诺伏出现了暴动，10 年之后在洛美出现了广泛骚动，铁路工人在 1925 年罢工，到 1938 年再次罢工。[33]

在英属西非，政治图景也在扩展之中，政治活动变得越来越“超越部 244
族”，至少在表述上是这样。一个商务和专业的精英阶层组织了“英属西非国民大会”，在尼日利亚、黄金海岸、塞拉利昂和冈比亚都有分部。在 20 年代，这个大会争取到殖民地当局的一个让步，就是地方立法机构有非洲人代表被选入，尤其是在那些海岸城镇，这里新出现的政治阶级在游说力量和传播信息方面已经快速成熟。这个大会也催生了其他的组织，它们体现着扩展的政治图景，比如西非学生联盟，这个组织鼓励激进的辩论，让那些在伦敦的西非学生接触到泛非观念。这些新的政治运动的领导人现在开始区域性地思考，这很大程度上是因为人们认为单一殖民地不可能挑战英国人。所以，倡导以同一个目标在各个殖民地团结起来的泛非主义，尤其是与尼日利亚的纳姆迪·阿齐克韦这类人物联系起来，其影响就日益扩大。[34]而且，许多人争辩说，严格限于单个殖民地的政治活动其实是不合理的，因为这些单个殖民地本身就是人为划分的。英国人在很大程度上并不关心自己热带非洲殖民地中“民族主义”的增长，仅将殖民地视为地理性的单元。

城镇牧歌：塞拉利昂首都弗里敦，约1960年。
来源：Interfoto/阿拉米图片社。

然而，地域的运动的确开始出现，人们将政治主张放在地域民族主义的
245 框架之内。所以，赫伯特·麦考利就创建了尼日利亚国家民主党，到了1936年，“尼日利亚青年运动”又从它分离出来，其领袖是一个批评麦考利的较年轻者。青年运动呼吁“在大英帝国内完全自治”——注意，这并不是脱离大英帝国的完全独立，倡导建立一个尼日利亚联合国家。在这个运动的短暂寿命中，它赢得颇大的支持，但非洲各地的民族主义政治必然会遭遇的东西却很快到来。1941年，由于约鲁巴人与伊博人之间的种族冲突，这

场运动分裂，这两方都怀疑对方想要支配自己。[35]"民族主义者"领袖能否克服这种"部族"分裂的问题，或者说他们是不是拥有这样做的政治意愿，从30年代后期以来就萦绕着民族主义政治。20年代和30年代在乌干达发生的情况也与此相似。如同指向英国人自身一样，这里的反殖民主义抗议也常常指向干达人的支配地位。围绕着布干达及其国王的持续争论，对乌干达民族主义或乌干达民族团结的未来，并没有带来好预兆，一些最尖刻的"种族民族主义者"也在布干达本身出现。干达人要求把自己作为一个单独的实体，想得到单独的考虑。[36]

然而，这些新的运动尽管分裂，但却标志着年轻人在政治发展中日益增加的重要性。因教育或经济上的流动或两者兼有，获得了力量的非洲年轻人参与到各种政治协会之中，参与到新的基督教组织中，参与到文化运动或团体之中，他们这样做时常常就构成了对父辈的一种挑战。许多年轻人仍然需要依赖自己的父母，顺从父辈的传统，最明显的就是，父亲需要支付儿子娶亲的彩礼。然而，许多年轻人也处于改变的前锋，处于铸造新身份和新的抗议形式的前沿。以这种方式，年轻人也成为了后来非洲大陆各地一系列民族主义政党的骨干。不能够行使暴力——至少不能够像他们的先辈在19世纪所做的那样，这是殖民主义带来的主权丧失的一个关键方面，年轻人就发展出抗议和抵抗的新战略，但需要身份使这些富有活力。不过，在许多地方，他们也继承了先辈的斗争，这在后来随着独立的实现也重新浮现。

这样，到第二次世界大战时，非洲已经有了一系列身份，也已经开始发展新的身份了，就空间而言，这包括本地的、"部族"的、民族的和超民族的；就社会经济而言，有乡村的、短期城镇的和无产阶级。所有这些都涉及各种形式的冲突，包括老一代上层与新的精英阶层之间的冲突，还有"部族"群体之间的冲突。种族沙文主义和代际竞争成为新的政治辩论中心和自我表达的形式。这些冲突对非洲民族主义的发展有着深远影响，可以说民族主义以及广义的反殖民斗争，如果不考虑身份的碰撞和群体意识的竞争显示，是不可能得到理解的。

注释 246

① 比如可参看理查德·沃勒《种族与身份》，收入帕克和雷德所编《牛津非洲现代史指南》。

② 这个问题在克劳福德·扬《比较角度的非洲殖民地国家》(纽黑文和伦敦，1994)中有探讨，还有杰弗里·赫布斯特《非洲的国家与力量：权力与控制比较课程》

(普林斯顿,2000)。

③ J.伊利弗《坦噶尼喀现代史》(剑桥,1979),第324页。

④ 这方面有颇多文献。介绍性的样本可参看R.G.亚伯拉罕斯《坦桑尼亚大尼亚姆韦齐的民族》(伦敦,1967);J.D.Y.皮尔《宗教碰撞与约鲁巴的制造》(布卢明顿和印第安纳波利斯,2000)。也可参看H.切姆亨杜《早期传教士与津巴布韦"部落文化发明"中的民族语言学因素》,《非洲史学刊》33:1(1992)。

⑤ 英国殖民地办公室《乌干达:枢密院顾问委员会关于布干达与班约罗之间争吵的报告》(伦敦,1962)。

⑥ J.A.艾坦达《新奥约帝国:间接统治与1894—1934年西尼日利亚的变化》(伦敦,1973)。

⑦ 珍—皮埃尔·克雷蒂安《非洲的大湖:2000年历史》(纽约,2003),尤其是第4章。

⑧ J.朗斯代尔《非洲历史中的欧洲抢夺与征服》,引自G.N.桑德森所编《剑桥非洲史》第6卷《1870—1905年》(剑桥,1985),758页。

⑨ 拉皮德斯《伊斯兰教社会史》,第516—518页。

⑩ C.D.史密斯《伊斯兰教与现代埃及的寻找社会秩序》(纽约州奥尔巴尼,1983)。

⑪ A.诺希《阿尔及利亚民族主义的诞生》(巴黎,1962);A.梅拉德《1925年至1940年阿尔及利亚的穆斯林改良主义》(海牙,1967)。

⑫ F.B.韦布勃姆《东非反叛:对若干独立教会的研究》(伦敦,1961);戴维·麦克斯韦《历史化的基督教独立:1908—1960的南非灵恩运动(Pentecostal movement)》,《非洲史学刊》40:2(1999)。也可参看约耳·凯伯里塔《南非拿撒勒撒教会(Nazaretha Church)的文本与权威》(剑桥,2014)。

⑬ 约翰·麦克拉肯《1859—1966马拉维史》(伍德布里奇,2012),第112页,第123—124页。

⑭ 谢泼森和普赖斯《教会独立的非洲:约翰·齐莱布韦与尼亚萨兰地方起义》。

⑮ M.L.马丁《金姆班古》(牛津,1975)。

⑯ N.A.埃塞林顿《东南非洲独立教会的历史社会学》,《非洲宗教》10:2(1979)。

⑰ J.R.胡克《罗得西亚和尼亚萨兰的"目击者"和"瞭望塔"》,《非洲史学刊》6:1(1965);K.E.菲尔茨《殖民地中非的复兴与反叛》(普林斯顿,1985)。

⑱ 达文波特《南非现代史》,第238—239页,第270—273页。

⑲ 比如可参看A.P.契特尔《"造型"意识中的矛盾:形成中的津巴布韦无产者》,《南非研究》14:2(1988);R.帕尔默《1930—1953尼亚萨兰茶园中的工作条件与工人反应》,《非洲史学刊》27:1(1986)。

⑳ T.O.兰杰《东非的跳舞与社会:1890—1970》(伦敦,1975);I.亨德森《早期非洲领导阶层:1935年和1940年的铜矿带动荡》,《南非史》2(1975);C.皮林斯《意识、冲突和无产阶级化:1939年北罗得西亚铜矿带矿工罢工评价》,《南非研究》4:1(1977)。

㉑ 比如可参看克莉斯汀·欧帕《非洲女性:她们争取经济独立的斗争》(伦敦,1980)。

247 ㉒ 约翰·伊利夫《非洲穷人史》(剑桥,1987),第8章。

㉓ 一系列范围广泛的研究,可参看伊恩·布朗所编《大战之间大萧条中非洲和亚

洲的经济》（伦敦，1989）。

㉔ 参看苏珊·M.马丁《棕榈油与抗议：1800—1980 年东南尼日利亚恩格瓦地区经济史》（剑桥，1988）；D.梅雷迪思《政府与尼日利亚棕榈油出口业的衰退，1919—1939》，《非洲史学刊》25：3（1984）。

㉕ 马克·马泰拉、米斯蒂·L.巴斯蒂安和苏珊·金斯利·肯特《1929 年的女性之战：尼日利亚殖民地的性别与暴力》（贝辛斯托克，2012）。

㉖ J.米尔本《1938 年黄金海岸可可危机》，《非洲史研究》3（1970）。

㉗ 不过，对间接统治首领也有不同看法，参看迈克尔·克劳德《卡马与反对贝专纳兰保护国的英国管理，1926—1936》，《非洲史学刊》26：2（1985）。

㉘ D.A.洛《现代历史中的布干达》（伦敦，1971），89 页；C.P.尤埃《农民、种植者和棉业资本主义：乌干达的“二元经济”》，《加拿大非洲研究》12：2（1978）。

㉙ 参看《东非联盟建议书：建议英国东非属地结成联盟的备忘录……1927 年 10 月 29 日》，收入 D.A.洛所编《布干达所思：一个非洲王国现代史档案》（伦敦，1971）。

㉚ 比如可参看戴维·安德森《侵蚀公有之物：肯尼亚巴林戈的生态政治学，1890—1963》（牛津，2002）。

㉛ 西德尼·利特菲尔德·卡斯菲尔《视觉文化》，收入帕克和雷德所编《牛津非洲现代史指南》。

㉜ 利奥波德·桑戈尔《黑人文化认同与非洲社会主义》，收入 P.H.库切和 A.P.J.鲁克斯所编《非洲哲学读本》（伦敦，1998）。

㉝ 乔纳森·德里克《非洲的“挑拨者”：1918—1939 年武装反殖民主义与西方》（伦敦，2008）。

㉞ 菲利普·加里格《西非学生联盟：文化接触研究》，《非洲》23：1（1953）。

㉟ 托因·法罗拉和马修·希顿《尼日利亚史》（剑桥，2008），第 6 章。也可参看 A.G.霍普金斯《尼日利亚和黄金海岸政治运动的经济层面，1918—1939》，《非洲史学刊》7：1（1966）。

㊱ 比如 E.M.K.穆里拉《动荡的乌干达》（伦敦，1950）。

248 第十三章

内部与外部的战争:(又一次)全球战争中的非洲

非洲大陆的战争

如同1914—1918年那场冲突时一样,第二次世界大战也把非洲拉入一场基本上是欧洲人的冲突,在整个战争期间,非洲也再次成为那些参战殖民国家——主要是英国、法国和意大利——的重要的人力和物质来源。[1]英国人尤其依赖他们的非洲殖民地,从西非和东非征募兵员,并开始依赖各个殖民地的农产品和工业部门。与此同时,埃及对于英国地缘政治战略的成功也极其重要,苏伊士运河再次成为动脉要道。相应地,埃及民族主义也一直是伦敦的一个忧虑,即使是德国坦克在1942年沿着海岸公路隆隆驶入西部沙漠时,英国的装甲车也在开罗包围着政府建筑,这不是为了保护它们,而是监视它们里面的政治动向。埃及民族主义对英军的再次出现感到愤怒,他们的忠诚可能随时发生变化。[2]在其他地方,英国通常能得到自己非洲臣民的忠诚,或者至少是默许。然而,南非是一个局部例外。依据1931年的威斯敏斯特法令,南非没有宪法义务来加入对德国的战争,而南非白人政治机构中也有一个重要的少数派在游说保持中立,至少是不交战。对纳粹的信念甚至还有某种私下的同情。不过,在这个联盟中还是有足够的帝国忠诚,以及这个自治领在赢得这场战争上的道德和文化义务感。由斯穆茨领
249 导的政府,确保了对议会宣战的支持,但也仅仅如此。如同在一战中一样,斯穆茨自己成为盟军司令部的一个重要成员,成为丘吉尔本人所珍惜的一个密友,战争期间他绝大多数时候都在南非之外。[3]

法国的处境颇为不同。1940年6月与德国人的休战,使得法属非洲帝国处于一种暧昧和危险的境地,他们似乎是处于德国人的怜悯之下,而丘吉尔本人却非常愿意在需要时对法语非洲策动一次攻击。开始时,殖民地当局除了对维希政府表示忠诚外别无选择,但这些殖民地最终宣布忠于戴高

乐的自由法国运动，开始是一些“外围”殖民地，接下来又有塞内加尔和阿尔及利亚(虽然多少更为犹豫)。这样做，它们就为战争结果提供了至关重要的战略和物质支持，尤其是处在地中海和中东地区这种战略要地的背景中。[4]就意大利而言，轴心国中这个唯一有非洲殖民地的国家，如同它一贯的那样，充分利用了殖民地。它从厄立特里亚征兵，并在1935年由此入侵埃塞俄比亚。从这个由厄立特里亚、埃塞俄比亚和意属索马里兰构成的“东非帝国”出发，墨索里尼盯上了苏丹和肯尼亚。意大利军队从利比亚出发入侵埃及，这次冒险让英国人在40年代后期获得了自己首次鼓舞士气的胜利。意大利在东非和北非的入侵都短命，让希特勒非常恼怒，意大利军队在东北非洲都颇快地被击败，比如1941—1942年。[5]

对于非洲人来说，对于北美和加勒比海的非裔美洲人来说，第二次世界大战在许多方面是1935年开始的，这一年意大利从厄立特里亚殖民地入侵埃塞俄比亚。这既不是第一次也不是最后一次这个前线地带成为地区动荡的原因。除了利比里亚这个局部例外——这部分是因为利比里亚在许多方面其实是一个美国附属国。埃塞俄比亚是唯一一个在任何意义上都可以称为真正“独立”的非洲国家，无论是在撒哈拉沙漠以南还是以北。然而，它现在成了墨索里尼扩张野心的目标。这个法西斯国家长期以来的核心目标之一，就要建立一个“新罗马帝国”，这个帝国一部分将从厄立特里亚朝向埃塞俄比亚，其驱动力就是要报复意大利人的一次失败——1896年埃塞俄比亚皇帝迈拿里克在阿德瓦一带山区击败了意大利人。这是意大利荣誉上的一个污点，墨索里尼要擦掉它。于是，在30年代早期，他随便找了个借口来对埃塞俄比亚人进行复仇。尤其是他先于1935年宣称埃塞俄比亚是一个时代错误，是一个野蛮和动荡的国家，它的主权是对文明世界的侮辱，它实行奴隶制，并不比其他任何非洲民族值得国际承认，所以它的命运就必须由意大利掌管，成为意大利的保护国，以此来寻求国际支持。伦敦、巴黎和其他地方的一些人私下里并非不同意，但墨索里尼的公开言论让英国和法国政府不舒服，感觉它是前一时代那种侵略性帝国主义的口吻。“领袖”的讲话似乎属于19世纪80年代，而不是20世纪30年代。讽刺的是，正是意大利帝国主义，而非海尔·塞拉西的帝国，似乎才是令人好奇的时代错误。[6]无论如何，不管人们喜欢还是不喜欢，也不管许多人的怀疑，埃塞俄比亚已经是国联的主权成员国之一了。

然而，在一个即使是欧洲小国也可能因更大安全而被牺牲的时代，埃塞 250
俄比亚从国联是得不到什么支持的。不管怎样，英国和法国已经秘密而且多少不光彩地接受了意大利对埃塞俄比亚的征服。意大利宣称埃塞俄比亚对靠近索马里边境的一些酒吧发动了无缘无故的袭击，并于 1935 年 10 月入侵埃塞俄比亚。这次不再是 1896 年那次的重复。意大利与埃塞俄比亚之间在军事技术和组织上的不对等现已十分巨大，意大利装甲部队由飞机来支持，并且不时(和非法地)使用毒气，席卷面前的一切。海尔·塞拉西的部队基本被打光，士兵的装备差不多是四十年前迈拿里克时代的武器，与现代化的欧洲军队无法相比，尽管做了一些绝望的英勇抵抗。到 1936 年初，埃塞俄比亚军队几乎被粉碎了，墨索里尼的军队攻进了亚的斯亚贝巴。海尔·塞拉西已经逃走流亡，他对英国和法国帮助的希望破灭了，尽管英法进行了一些半心半意的制裁。伦敦和巴黎并不准备因这个相对较小的“危机”而疏远意大利。海尔·塞拉西皇帝向日内瓦的国联大会发表讲话，警告今天是埃塞俄比亚但明天可能就是欧洲，然后他去了英国，一直待在那里，直到很久以后一些他无法控制的事情使他得以复位。事实上，意大利从来没有真正宣称完全控制了埃塞俄比亚，“爱国者”一方的游击队活动在法西斯占领期间一直持续，这个国家的大片领土一直在意大利管辖之外。[7]

在海外，埃塞俄比亚成为一个典型事例，比如英国的自由派舆论就很愤怒。由埃塞俄比亚知识分子组成的一个忠诚群体，在流亡皇帝需要的时候，围绕着他身边聚集起来——或是在非裔美洲人中，或是在非洲大陆，埃塞俄比亚分别变成了“泛非”主张和新生的民族主义的焦点。埃塞俄比亚作为自由和古老“黑人”文明的化身，一直是早期非洲民族主义者和非裔美洲人政治活动人士的启示来源。在非裔美洲人中间，它激励了加勒比海的“拉斯塔法里”运动，这个运动的名称因“拉斯(Ras，王子)塔法里(Tafari)”而来——海尔·塞拉西在继承帝位之前是王子。这些热情的浪漫主义者，认为海尔·塞拉西是圣经系谱中的“犹大之狮”，属于所谓的所罗门王一系，是所罗门王的直接后裔，围绕着这个伟大、古老和“真正”的非洲文明编织了美妙的神话。迈拿里克在欧洲瓜分非洲期间为埃塞俄比亚独立所做的抵抗(这样宣称)被用来强化它作为非洲唯一“伟大国家”的地位。现在，意大利的入侵被视为一种令人不能容忍的侵害，一种可怕的渎圣罪，一代非裔美洲人和非洲民族主义者越来越视埃塞俄比亚为他们反对殖民主义和种族主义斗争的象征，是“黑人骄傲”或“黑人文化传统自豪感”的最终来源。[8]

他们等待埃塞俄比亚“解放”并没有等多久。1941 年年初，盟国军
251 队——英国人，使用来自西非和中非的部队，又有法国和比利时的来自中非

和赤道非洲的殖民地部队配合,挺进意大利占领的厄立特里亚和埃塞俄比亚,意大利人普遍没有太大的抵抗,只有厄立特里亚阿斯马拉西北边的可伦发生了激战。到 1941 年 5 月,埃塞俄比亚和厄立特里亚都被“解放”了,海尔·塞拉西重新掌权,尽管也有英国军事和政治“顾问”的加入。在厄立特里亚,由于资源耗尽和缺少人手,英国的管理很微弱,英国军管当局相当依赖意大利人手来实施这块殖民地的日常管理,当然,它现在已被归为“被占领的敌国领土”。的确,在 40 年代初期,正是法西斯管理当局那些人的继续显赫,激起了厄立特里亚人的那般愤怒,使得至少是一部分厄立特里亚人南望埃塞俄比亚,将它作为自己从外国支配下最终“解放”的行动榜样。如同我们将要看到的,海尔·塞拉西和阿姆哈拉政治机构非常乐意充当这种角色,在意大利人被打败后的数月之内,埃塞俄比亚人就开始游说所谓厄立特里亚“回归”“祖国”。不过,其他厄立特里亚人却避开任何与埃塞俄比亚联合的提议,在后来的岁月中,他们自己的游说也在加强。政治斗争是残酷的,而且很快就变成了暴力战斗。⑨

非洲大陆实际战争的唯一另外一处战场,是面对地中海的一块数英里宽的海岸地带。意大利人于 1940 年夏季后期从利比亚入侵埃及,但一支人数较少的英军却很快让他们转入防守,这支英军接着挺进利比亚。只是靠了德国非洲军团的到来,局势才得以扭转。虽然德国非洲军团在前线有着胜负起伏,但它们很快就进入埃及,指向苏伊士运河,似乎势不可挡。埃及民族主义者变得躁动不安,反英情感高涨了,开罗紧张起来。不过,当英国人于 1942 年 10 月在阿拉曼阻止了德国人之后,风向就变了,对于大英帝国来说苏伊士运河安全了——在这个时期安全了。事实上,来自埃及民族主义者的威胁会比德国陆军元帅隆美尔带来的威胁更持久。英国和澳大利亚军队现在已经把德军赶回利比亚并退向突尼斯,在地中海的另一端,一支美国军队在摩洛哥和阿尔及利亚登陆,以结束因维希政权安排而带来的动荡的政治不确定状态。盟军从东西两端合拢,在突尼斯会师,于 1943 年 5 月从非洲赶走了最后的轴心国军队。

非洲士兵也在非洲大陆以外服役。来自法语非洲和英语非洲的部队在 1943 年至 1945 年期间在意大利服役,英国人在缅甸那场“被忘却的战争”中尤其使用了非洲部队。到战争结束时,已有超过 37 万的非洲人在英国武装部队服役。通过自己的战争经历,许多非洲人在政治上敏锐起来,对殖民体系以及它运作于其中的这个世界,有了更为强烈的感受。一些自豪于自己团队旗帜和“传统”的职业士兵会安静地复员，返回自己的社群，但另外一些人则会在战后的岁月中对这些社群发生重大影响，在这些社群中参与激进的政治活动，甚至是成为其代表，成为政治抗议的鼓动者。复员回来的战争老兵，对这个世界有宽广得多的视野，对欧洲也有了解更多之后的看法。

为了大英帝国？西非部队在缅甸，约 1943 年。帝国战争博物馆 Q53630。
来源：美联社图片许可复制。

军事传统：英王非洲长枪队的官员与士兵，于乌干达。
来源：伦敦国家军事博物馆许可使用。

如同1914—1918年那场大战一样，但规模大得多，非洲人与欧洲的不同阶级一起参战，但他们与白人工人阶级的交往则是一个格外新鲜的经历。他们也打死过欧洲人，近距离地看到了欧洲人的弱点与失败。欧洲优越——在精神或其他方面优势——的神话，最终被破除了。正是非洲人对自己殖民地主人在感知上的这种变化，被证明具有重大和深远的影响。⑩ 252

政治与社会的改变 253

在二战将要结束的那几年，美国、法国和英国的旗帜可以在开罗至卡萨布兰卡之间飘扬，但英—法—美在北非支配权的未来却远不确定，因为摩洛哥、阿尔及利亚、突尼斯、利比亚和埃及的各种民族主义者已经计划要使用他们积累起来的政治资本了，这种资本是通过同盟国在战争中默许或其他方式的支持而获得的。重要的是，在有些情况中，老一代的北非上层发现自己受到了年轻一代民族主义者的威胁，如同老一代的“合作”一样，他们也与欧洲联系起来，形成了一种持续的政治乃至于精神对抗，而它的根可以追溯到19世纪。随着同盟国的胜利，摩洛哥人期待可获得完全的主权，据说他们得到了罗斯福本人的承诺。摩洛哥苏丹西迪·穆罕默德在战争期间一直很忠诚。然而，战争结束之后，法国人却查禁了新的民族主义政党独立党，而苏丹本人是40年代后期民族主义者斗争中的一个关键人物。在邻近的阿尔及利亚，在两次世界大战之间获得了能量的民族主义事业，随着1943年美国人的到来而更受鼓舞。在这一年，一些受过法国教育的民族主义者，包括关键人物费尔哈特·阿巴斯，起草了“阿尔及利亚人民宣言”，它呼吁政治和经济改革。随着戴高乐承诺让阿尔及利亚精英获得完全的法国公民 254
权，阿巴斯创建了“宣言与自由之友社”(AML)，它的要求中包括建立一个与法国结成联邦的共和国。不过，这场运动却在两个方向受到了攻击，一个来自白人定居者，一个来自一些更为激进的政治因素，后者视阿巴斯过于温和，其中就包括艾哈迈德·迈萨利领导的阿尔及利亚人民党(PPN)。1945年的暴力抗议受到了野蛮镇压，阿巴斯被短暂拘留，迈萨利也是同样。当他们第二年被释放后，他们创建了对立的政党，法国人则允许一定限额的阿尔及利亚代表回到立宪会议。但是，随着40年代的推进，民族主义者因法国政府对白人定居社群的持续支持而屡感受挫，尤其是选举上的作弊。突尼斯民族主义领袖哈比比·伊本·阿里·布尔吉巴在战争期间对自由法国事业很忠诚，然而，当国王蒙塞夫·贝伊开始鼓动政治改革时，他却很快被流放，被一个较“顺从”的人所替代。然而，民族主义政党新宪政党却越来越受欢迎，在战后的岁月里，布尔吉巴大量时间是在海外，为突尼斯独立寻求支持。⑪

在利比亚，情况要更为复杂一些，它在理论上属于占领的敌国领土，所以这块前意大利殖民地的命运要由英法美苏这四个战胜国来决定。然而，这却拖延了好几年，直到与意大利人自己签署了一个和平条约。无疑，至少是开始时，独立并没有作为一个选项来考虑。英国人在战争期间因赛努西兄弟会领袖赛义德·穆罕默德·伊德里斯的支持而受益，于是发展出养育和保护昔兰尼加省的一定兴趣。昔兰尼加省的地位在某种程度上与的黎波里塔尼亚的地位形成了对比，后者在意大利人统治下长期来在社会经济上较为“发展”，但自身却有着深深的内部分裂，而且利比亚的绝大多数意大利白人定居者也都住在的黎波里塔尼亚。⑫不过，在埃及，民族主义者组织得更好，无疑也更有声音。1939 年，英国人将埃及变成了他们在中东和东地中海行动的一个主要基地，他们是以 1936 年条约的规定来这样做的。他们能够控制埃及国王，但要监视首相的更替，这些人有的多少亲轴心国，有的谨慎地中立。到 40 年代时，穆斯林兄弟会已经完成了从宗教改革运动到激进民族主义者政党的转变，此外还有一个共产党和艾哈迈德·侯赛因创建的青年埃及党，尽管这两个党在获得广泛支持上都不太成功。对于英国在战争期间战胜德国人的军事成功，绝大多数埃及人顶多是有矛盾心理，但社会经济的困难（包括急剧的通货膨胀和粮食短缺），以及英国人把坦克部署在王宫周围这类横暴行为，不仅激化了反英情绪，而且让人们反感那位看起来无用和优柔寡断的君王法鲁克，也反感华夫脱党。在战后的岁月里，罢工和抗议层出不穷，到了 40 年代后期，埃及政治已经越来越具爆炸性，而英国人最为关心的是保护他们在苏伊士运河的战略与经济投入。⑬

255 在撒哈拉沙漠以南，法国殖民地对夏尔·戴高乐的支持，至关重要的是提供军队，同时它们也是具有战略价值的穿越非洲大陆的陆地与空中供应通道。这样的贡献就使得非洲民族主义者增加了砝码。随着二战深入，戴高乐发现有些要求得满足，有些承认得作出。1944 年在布拉柴维尔，这位自由法国领袖被迫提出了一旦打赢战争就在这些殖民地实行政治改革的“新待遇”——与殖民地军事和经济贡献相连的一系列让步。⑭然而，这个一揽子计划也体现着非洲殖民地对法国战后复兴来说会是多么重要。对民族主义领袖们的温和，常常是为了这些殖民地的稳定和保有。如同英国一样，法国也不能想象放弃自己的殖民地,所以改革的承诺就是战术性的。虽然不谈政治独立,但可以谈非洲人进入高级管理位置,民族主义政治家们面前出现了一定程度的自治政府的可能性。法国提出的这种政治让步,可以视为奠定了最终的力量转移和非殖民地化的基础,但这并不意味着当时有这样的改革意图。

战争带来了社会经济的苦难——通货膨胀、贸易的中断、出口物品价格降低,这又与30年代的那些体验融合在一起。然而,非洲工人也认识到了自己的经济力量,到40年代初期时已经颇为有效地使用罢工行动和初生的工会组织了,尤其是南非和中非的矿业经济。北罗得西亚的铜矿工人在1940年罢工时,英国正在与纳粹空军作生死激战,铜业对于他们的生存是如此重要,所以英国人没有选择,只有在工资和工作条件上向罢工者让步。[15]的确,这就预示了社会动荡和一种在战争之前就已萌生的认识,认识到与一战期间相比这种让殖民地当局更须谨慎的社会组织的脆弱性。无论是英属非洲还是法属非洲,第二次世界大战都是在一个人们关注殖民秩序之性质的时候来到,这种关注因忧虑于日益增长的非洲人抗议而来,而战争则带来了更为精明的"说服"方式,让非洲人参与到这场反对法西斯主义的伟大斗争中。为了这个目的,英国人使用了各种宣传手段:电影、无线广播、报纸和小册子,以"鼓励"和"说服"非洲人与殖民地当局合作,去自愿服务,去"做自己的分内事"。这种做法有着一种预示:殖民国家本质上是好的,英国人和法国人与之作战的那些意识形态是"邪恶"的。在某种程度上,这体现了一种感知到的需要:要以前所未有的程度向非洲人论证和解释殖民主义。赤裸裸的武力不再能接受了,非洲臣民的盲目相信和服从也不再视为是可以保证的了。[16]

非洲人的声音越来越难以忽略,甚至难以安抚。对殖民统治的批评变得更为尖锐和公开,通过新闻报道和我们上一章提到的那些协会来传播。非洲人的新闻报道在40年代尤其传播迅速,抵达了更为广阔的受 256
众,即使里面的那些辩论常常是口头来传播。非洲人的政治化也达到了一个空前程度,意识到了当时的各种议题以及他们在欧战中的作用,也知道了殖民的伪善。许多人讨论欧洲法西斯主义与非洲殖民统治之间有什么差别,尤其是在1941年8月,《大西洋宪章》发表之时。宪章的细节通过当地报纸和同盟国自己的新闻广播而广泛传播。这个宪章是丘吉尔和罗斯福的杰作,宣布所有民族拥有自决、反抗侵略和迫害的基本权利。它在非洲受过教育的人群中引起了不小的动荡:难道这些不适用于自己吗?是的,英国首相这样说,他觉得必须强调大英帝国内的各个民族已经得到了充分的照料。然而,损害已经造成,非洲大陆的政治活动人士已经感觉到了殖民体系的弱点,感觉到了支撑殖民体系的那种哲学的精神破产。罗斯福总统也没有被丘吉尔的强硬抵挡所说服,由于政治本能上的反帝国主义,罗斯福开始给他的英国盟友施加压力,他制定了一个战后非殖民地化的时间表,要求至少也要过渡到某种程度的自治。[17]

随着战争临近结束,一群年轻的受过教育的非洲人出现了,他们中许多人在海外——欧洲或美国——生活过或受过教育,战争的经历和在非洲大陆之外观察殖民主义的经历,给他们以刺激。他们中许多人也是忠实的泛非主义者,这对后殖民地时代的非洲大陆也产生了深远影响。这些年轻男性——当然只能是男性,是非洲民族主义者的第一代,将成为非洲大陆第一波独立运动的领导人。在1945年英国曼彻斯特的第五届泛非大会上,他们不再谈论单是修改这个体系,或者是向自己的殖民地主人提交政治请愿。大会的中心议题是殖民帝国的无条件拆除,即使细节计划和战略尚未制定出来。现在的要求是完全独立。[18]

然而,如果说这是战时经验的一个重要结果,那么,殖民地国家的复苏和加强也是一个结果。对于留下来的那些主要殖民国家——英国、法国、葡萄牙、比利时——而言,它们的非洲殖民地比以往任何时候都重要。干涉主义的政策带着新的劲头在1945年以后的岁月里得到实施。如同我们在前面章节中看到的,对一种本质上为放任主义的经济的信心在30年代初期之前曾占优势,但30年代大萧条的蹂躏却让英法尤其感觉到更大程度的政府管控是必要的。第二次世界大战让一点很清楚,那就是这种干涉主义做法必须继续,而且要强化。非洲对欧洲战后经济恢复的贡献被认为是至关重要的,所以欧洲政府自己就必须更为密切地参与到对殖民地经济的管理当中,比如农作物生产的扩展。[19]至少是在英属地区,这种做法达到了所谓的“第二次殖民占领”的地步,从1945年前后持续到
257 50年代初期。[20]这样,战后的战线就划出来了,非洲民族主义者的抗议成为一种必须认真对付的力量,而殖民国家则比以往更为坚定地要投入和发展它们的非洲领地,而最重要的是保住它们。这场战争要持续多长时间,它会怎样结束,当德国人和日本人投降时尚不得而知,但有一点很清楚:这场战争自身将释放出改变的强大力量。

注释：

① 这方面的典型文献包括《非洲史学刊》特刊《第二次世界大战与非洲》,《非洲史研究》26：4(1985)；R.拉思伯恩和D.克林格雷所编《非洲与第二次世界大战》(伦敦,1986)；K.杰弗里《第二次世界大战》,收入J.布朗和W.R.路易斯所编《牛津英帝国史第4卷：20世纪》(牛津,1999)；朱迪思・A.拜菲尔德、卡洛琳・A.布朗、蒂莫西・帕森斯和阿哈默德・阿拉瓦德・西卡恩加所编《非洲与第二次世界大战》(剑桥,2015)。

② 杰弗里《第二次世界大战》,第318页。

③ J.C.斯穆茨《简・克里斯蒂安・斯穆茨》(伦敦,1952),第393—487页。

④ 苏里特—卡纳勒《热带非洲的法国殖民主义》,第463—477页。

⑤ A.J.巴克《1941年厄立特里亚》(伦敦,1966)。

⑥ 埃斯蒙德・M.罗伯逊《作为帝国建造者的墨索里尼：欧洲与非洲,1932—1936》(伦敦,1977)。

⑦ 安东尼・莫克勒《海尔・塞拉西的战争：意大利—埃塞俄比亚之战,1935—1941》(纽约,1984)。也可参看那个时代的一系列令人着迷却又非常不同的材料,如伊夫林・沃《沃在阿比西尼亚》(伦敦,1936)；爱德华・乌伦多夫翻译和编辑《海尔・塞拉西皇帝一世自传："我的生平与埃塞俄比亚的进步",1892—1937》(伦敦,1976),第34—50章；安德鲁・希尔顿《埃塞俄比亚爱国者：1935—1941意大利—阿比西尼亚战争的被遗忘声音》(斯特劳德,2007)。

⑧ 约翰・索伦森《想象埃塞俄比亚：非洲之角的历史与身份之争》(新泽西州新布伦瑞克,1993),第26—27页。

⑨ 莱迪・布莱克蒂布《厄立特里亚：一个国家的制造,1890—1941》(新泽西州特伦顿,2007),第5章。当时有一个很聪明的英国评价：G.K.N.特里瓦斯基斯《厄立特里亚：一个转变中的殖民地,1941—1952》(伦敦,1960)。

⑩ 戴维・克林格雷《为英国而战：第二次世界大战中的非洲士兵》(伍德布里奇,2010)；瓦鲁休・伊图特(中国将军)《"矛矛"将军》(内罗毕,1967),第1和第3章。

⑪ 比如劳伦斯《帝国统治与民族主义政治学：法属帝国内的反殖民主义抗争》,第4章和第5章。

⑫ 约翰・赖特《利比亚史》(伦敦,2012),第16章。

⑬ 阿耳特弥斯・库珀《二战中的开罗,1939—1945》(伦敦,1989)；A.L.艾尔赛义德・马尔索《现代埃及简史》(剑桥,1985),第5章。

⑭ 苏里特—卡纳勒《热带非洲的法国殖民主义》,第484—487页。

⑮ 安德鲁・罗伯茨《赞比亚史》(纽约,1976),第186、193、203页。

⑯ 温德尔・P.霍尔布鲁克《英国宣传与黄金海岸战争努力的动员,1939—1945》,《非洲史学刊》26：4(1985)；但也可参看戴维・克林格雷《第二次世界大战中黄金海岸的兵员和劳工征召》,《非洲史学刊》23：1(1982)。

⑰ R.D.皮尔斯《非洲的转折点：1938—1948英国殖民政策》(伦敦,1982)；戴维・雷诺兹《不列颠尼亚被推翻：英国政策与20世纪的世界力量》(哈洛,2000)。

⑱ 哈基姆・阿迪和马里卡・舍伍德《1945年曼彻斯特泛非大会再论》(伦敦,1995)。 258

⑲ I.斯宾塞《肯尼亚的殖民者支配、农业生产和第二次世界大战》,《非洲史学刊》21:4(1980);D.梅雷迪思《殖民地办公室、英国商业利益和西非可可推销的改革,1937—1945》,《非洲史学刊》29:2(1988)。

⑳ D.A.洛和J.M.朗斯代尔《绪论:朝向新秩序,1945—1963》,收入D.A.洛和艾利森·史密斯所编《东非史》第3卷(牛津,1976),第12—16页。

第五部分

帝国的解体

从1945年至60年代末这一时期，在非洲绝大部分地方“殖民时刻”都将结束，即使在那些相当顽强对抗变革的地方，也没有持续多久。在一些地方，殖民统治的经历只持续了两代人多一点，它的影响在某些方面肯定是深远的，但在其他方面，接之而来的却是一种较早的、19世纪时的非洲与欧洲关系模式的回归。这可能是、也可能不是殖民地管理者的最终目的，要看我们在多大程度上相信罗马、伦敦、巴黎、里斯本或布鲁塞尔的确有一个“大计划”，但殖民统治自身结束的速度却肯定是没有预料到的。19世纪90年代和20世纪初建立的那些帝国曾设想要比它们的实际存在长得多，但结果它们却因两种因素结束，一是不可预见的外部事件，一是体现于非洲抗议和非洲身份战斗性强力的压力——暴力或非暴力的。

如果用一些单独的日期来表示一些“转折点”或“分水岭”的话，常常难免武断，但1945年的确预告了一个新时代，是一种新世界秩序的开始，在这种新世界秩序中，19世纪后期的帝国主义将越来越过时。20世纪40年代，对于殖民国家和非洲民族主义者都是深远改变的十年。在前者之中，英国和法国想要更有效率地开发它们的殖民疆域(相信能这样)，要超过以往；对于非洲民族主义者来说，在创建群众运动和政治党派上，在创造改革力量上，既有要抓住的机会，也有要克服的障碍。当泛非大会1945年在英国曼彻斯特举行，并要求无条件结束殖民统治时，殖民主义战略家们已经设计好
260 怎样确保他们疆域看得见的未来。对于葡萄牙和比利时来说，这意味着在有限的政治让步之外拒绝走得更远，深信自己的非洲殖民地对于自己在战后的经济和地缘政治生存至关重要。英国和法国也感觉殖民地对于自己战后恢复极为重要，在40年代后期和50年代初期发展出了旨在推动殖民地商业发展的政策，但与之相伴的是将非洲人逐渐纳入管理结构，以安抚民族主义者。不过，50年代伦敦和巴黎的一届届政府认识到了民族主义运动的力量，认识到了一个事实，在没有政治管理麻烦的情况下它们能够继续行使经济(也包括文化)影响。在宗主国的头脑中，非洲主权就常常视为是各种利益的一个快乐联合，尽管实际过程事实上总是要可怕一些。

比利时和葡萄牙最终失去了对事态的控制，莫桑比克、安哥拉和几内亚比绍都发生了暴力冲突，而混乱看来也要在刚果出现。不过英国人和法国人也被暴力所震动，肯尼亚和阿尔及利亚也都分别出现了暴力冲突。这些地方出现的事态——它们在很大程度上因大批白人定居者而引发，最终使得伦敦和巴黎明白了与反叛者和民族主义者暴力对抗的危险和不利。法国人直接承认败于阿尔及利亚反叛者，而英国人则是先镇压了“矛矛”起义，然后把权力移交给一个温和的上层阶层。其他地方基本上是和平的，有时与非洲政治家们就撒哈拉以南英语和法语非洲的大部分地方进行拜占庭式的复杂谈判，导致了这些地方权力的一种宪法转移。1956 年，19 世纪后期帝国主义那种横暴在埃及孤注一掷：英国和法国军队侵入苏伊士运河地区，以回应纳赛尔对运河公司的国有化。但这种孤注一掷肯定要面对国际谴责，英国和法国被迫耻辱地快速撤退。到 1957 年到来时，帝国的时代看来确实结束了。然而，白人定居者群体的权利却受到格外的保护，而不顾已经刮到其他地方的任何“变革之风”，比如南非和罗得西亚的政府就成为民族主义者为“内部”非殖民地化而斗争的特别困难的障碍。白人定居者建立了自己的政治和文化框架，其中暴力冲突的可能性也在快速增长。

非洲抗议自身怎么样了？在 40 年代之前，它在不同的地方以不同的方式表现出来，尽管普遍而言有着相似的轨道和行动方式。然而，现在的民族主义者则要发展出政治党派，通过它来表达这种抗议，还要发展出更为开阔的疆域意识。许多地方殖民当局组织的选举就提供了一个平台，这样的政治党派可以通过它来提出民族主义的议题。然而，这些种族、地域、宗教群体之间出现的冲突却常常是 19 世纪斗争的延续，绝大多数时候都因殖民统治的经历而激化，殖民统治给这种竞争增加了新的因素，包括规定“国家的”空间，这些竞争现在就是在这种空间中释放出来。非洲人之间的区分是“国家”身份的障碍，但也是争取未来的斗争的机会，那些低于国家的群体为将 261
要到来的国家的政治和物质资源而竞争。

在热带非洲的绝大部分地方，真正的民族主义运动在战后最初几年还是罕见的，只是在北非和南非联邦，有着民族主义的较深根基。在阿尔及利亚、突尼斯和埃及，政治活动人士汲取了一系列先例和启示，包括伊斯兰教 262
思想、欧洲民族主义和阿拉伯身份。在南非，一个受过教育的精英阶层为更广阔的地域奠定了一个先例，这就是创建了“南非原住民民族大会”，以此作为政治游说的载体。当然，政治运动采用的形式要受它们必须去克服的

政治边界(1):1914年。引自A.D.罗伯特所编《剑桥非洲史》第7卷《1905—1940年》(剑桥,1986),地图1,1986年版权属剑桥大学出版社,剑桥大学出版社许可复制。

263 那些挑战的极大影响。在黄金海岸、塞内加尔或坦桑尼亚,这是一个形象创造的问题,也是一个与撤退的殖民当局打交道时将谈判和隐藏的威胁谨慎结合起来的问题。在乌干达或尼日利亚,不同观点的民族主义者在50年代与殖民主义的邪恶战斗的同时,相互之间也用了很多时间来争论这片疆域的未来。在这些事例中,殖民官员变成了交易和谈判的掮客。这代人在导致非洲大部地区获得独立上的成就很多,其中相当重要的就是政治创造性,但他们面临的问题也同样多。他们未必就是一个稳定和持久的政治秩序——

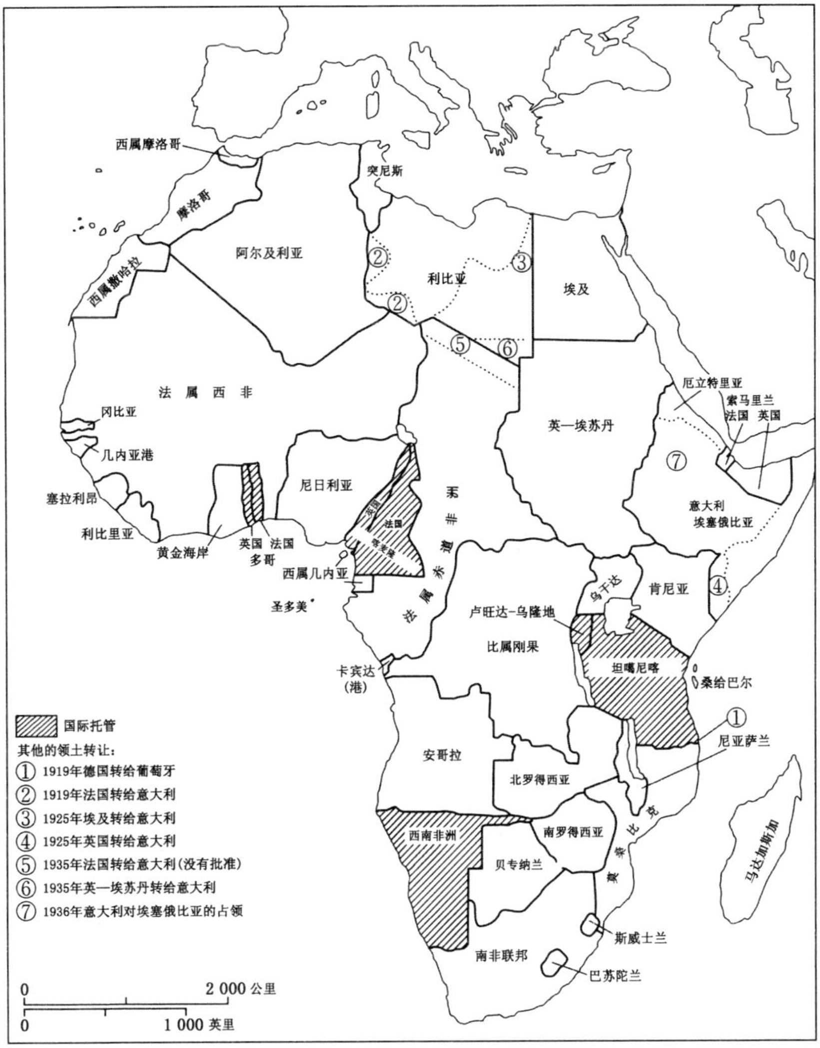

政治边界(2):1939 年。引自 A.D.罗伯特所编《剑桥非洲史》第 7 卷《1905—1940 年》(剑桥,1986),地图 2,1986 年版权属剑桥大学出版社,剑桥大学出版社许可复制。

非殖民地化应是这样的性质——的创建者。如同对非洲大陆起初的瓜分一样,非殖民地化显然也是相当匆促和没有计划的。民族主义领导人面临两个最大的问题,第一,他们是在一片并不熟悉的疆域内运作,是殖民统治把他们投进了这个独特的 20 世纪情况之中;第二,大量的紧张关系和分裂体现着殖民地时代之前——尤其是 19 世纪——没有完成的事业。他们的问题是新问题,但他们人却老了。

那些要与殖民体系谈判的非洲政治家还面临进一步挑战:除了想要维

持现状外，那些殖民政体显然没有认真对待谈判。在50年代和60年代，其结果就是在南非、罗得西亚、阿尔及利亚、莫桑比克和安哥拉爆发了武装斗争。这些民族主义运动的政治变成了暴力的政治，而跟着发生的暴力冲突又在一些最基本的方面改变了这些疆域和它们的人民。对于游击队来说，挑战不仅是要推翻不妥协的种族主义和外国资本，而且要从鲜血牺牲中重建新的秩序，在破碎社群的死亡中创造生活。

靠着妥协和冲突、谈判与暴力，有时是两者同时，有时是使用其一，最终非洲独立了，至少是在政治上。民族主义者可以宣布对殖民地主人的胜利，可以宣布民族命运的实现。他们不得不这样做。宗主国政府也可以宣布使命完成了，把权力移交给非洲政府只是卸下帝国托管的最后阶段。这两种立场都是难以证明的。民族主义运动偶尔会以纯粹的武力来征服殖民军队，但这样的胜利很少代表着现存政治体系的完全摧毁，也不怎么代表整个人口的意愿。更为普遍的“民族主义胜利”事实上是谈判出来的安排，而且同样值得注意。撤走的殖民当局偶尔会在身后留下“友好”的政权，政府由那些在这个体系中受到教育的人们自己来管理，在意识形态上和文化上都是“和谐”的；但它们更会留下只因其不平等和不稳定而值得注意的社会和政治结构，这种结构长期而言是不可持续的。然而，要强调的一点是：并没有单纯的非殖民地化的失败这个问题，这是一个多方面因素的问题，19世
264 纪的各种动力在非洲政治文化和经济发展中的苏醒就是证明，尤其是要去掌握稀缺的政治和物质资源的斗争，这种斗争的特征常常是暴力冲突和动荡，是新的社群的形成和原有社群的巩固。对于原来的殖民地统治者和新的非洲政府来说，非殖民地化最终只代表着持续之中的政治、经济乃至文化斗争的一个最新阶段，这些斗争并未结束。

第十四章 265

搁浅之鲸：战后世界的殖民战略

1939年9月，当英国和法国与德国交战时，殖民统治显得固若金汤。在战争之前当然有对殖民地当局的挑战：一些政治运动看来预示着现代民族主义的出现，种植经济作物的农民也出现了乡村抗议，城镇工人的组织和罢工行动，甚至有了工会组织的苗头；伊斯兰教和基督教运动基于不同的理由也反对作为殖民统治基础的那些假定；总体而言，一个更响亮更有进攻性的非洲声音通过一系列的媒介——从匠人的自助协会到报纸，正在浮现。然而，威胁要彻底推翻殖民体系的东西却很少，尽管一些考虑深远的殖民官员已有了一些深忧。不过，没有一个欧洲国家认真考虑过从自己的非洲帝国撤退，顶多是用一些最抽象的方式，而且放在一个最长的时间框架内来想。在20年的时间内，所有这些都改变了。当50年代将要结束时，深远的政治改变已经发生，英国和法国已经开始不可逆转的非殖民地化计划，比利时则在边缘犹豫不决。只有葡萄牙，以及南罗得西亚和南非这样的白人定居者政体，保持着不妥协，潜伏着毁灭性的后果。如同欧洲争抢着进入非洲一样，它也是争抢着撤出来。差不多在同样长的时间内。如同19世纪对非洲大陆的瓜分一样，非殖民地化的过程也是既受外部因素的驱动——它们属于欧洲的国内或对外政策的考虑，也受内部动力的影响，也就是非洲政治运动的活动和它们所带来的改变中的现实。

然而，如同其他问题一样，重要的也是不要滥用事后聪明，即使是1945 266
年时，这一切也还显得是一条遥远的路。战后最初的岁月，对形成非洲最终非殖民地化的性质至关重要，对形成那些领导各处殖民地走向独立的政治运动的性质至关重要。广泛的觉醒，因反抗殖民地痛苦而出现的众多协会和组织，因30年代和第二次世界大战本身的经历而培育出来的政治意识的提高，都集中体现在1945年后的岁月中，它们促进了基础广泛和组织良好的政治党派的发展，形成了对殖民体系更严肃更为协调的挑战。不过，与此同时，殖民地当局在高低不一的程度上也发展出来了新的战略与政策，或者是在已有之物上建构，普遍而言它们的最高目标就是要稳定殖民帝国，将能够由它们来获取的物质利益最大化。

战后非洲与国际气候

与前六年相比，1945 年的世界已经大为不同。国际政治气候改变了，非洲的地位必须从好几个因素来看，而如同我们将要看到的那样，这些因素中的每一个都必须加以正确的辨析。首先，亚洲发生的事情在某些方面对非洲以及广义的非欧洲世界相当重要。比如，印度民族主义运动在战后马上就取得的进展，看来是指向着一个撤退中的帝国，对于撒哈拉沙漠南北的非洲民族主义运动来说提供了启示。在二战本身中，日本也树立了一个重要的榜样。日本曾经被许多人——至少是开始时——视为一个成功的非欧洲、反殖民的国家模式，作为对西方帝国主义的积极挑战而出现。在 40 年代初期，它在南亚和东南亚挫败了荷兰人、英国人和法国人。日本军队以令人吃惊的轻松拿下了新加坡这个英国帝国主义在东南亚的中心，甚至还威胁到了印度。（非洲部队自己就在缅甸丛林中亲眼看见，我们前面已经提到。）所以，日本也成了某种启示，在这一点上或许可与埃塞俄比亚相比。不过，这一点需要分辨清楚。显然，日本的影响在亚洲和太平洋地区感受更强，而不是非洲，而且它作为“解放性”的反殖民力量的名声，因它自己对占领地区民众的所作所为而基本被毁。[1]

美国作为一个真正的全球大国的出现，也是一个巨大的影响，在本书后面的内容中这一点会变得很明显。在战争岁月，罗斯福总统本人的政治活动非常重要，他对欧洲帝国主义深深反感，这部分是因为他自己的背景，部分是因为他坚信两次世界大战就是欧洲帝国主义导致的。罗斯福对英国政治圈影响深远，即便是那位极端的帝国主义者丘吉尔也是如此，丘吉尔太明白英国战时对美国的依赖了。罗斯福使用这种关系来推进非殖民地化的时
267 间表，或者至少是引入改革，这些改革将导出较为“人道”和具有代表性的政府。然而，在 1945 年之后，反帝国主义从美国对外政策议程中某种程度退缩了，在罗斯福去世和轴心国被击败后，先是杜鲁门后是艾森豪威尔治下的美国，不再那么关注欧洲帝国的拆除，而更关注冷战带来的紧急状况。主要的关切是所谓“第三次世界大战”，保持非洲、亚洲和拉丁美洲远离共产主义，当时相信共产主义会损害这些脆弱和贫困地区。如同欧洲本身通过马

歇尔计划得到了援助一样,欧洲帝国主义也被解说为对欠发展的原始民族的一种防护,它们倾向于激进左派的掠夺行为。美国继续信奉一种反殖民的学说,但对共产主义的憎恶要强烈得多,它愿意进行干预,来支持那些受到共产主义暴动威胁的殖民地政体,比如在 60 年代,军事援助就提供给安哥拉和莫桑比克的葡萄牙法西斯政权,帮助它们与游击队作战。②

美国并非世界舞台上唯一的"新"角色,因为苏联到 40 年代后期时在许多方面也成年了。从冷战一开始,苏联就极力表现自己的反殖民立场。如同美国人可以把自己的反帝国主义追溯到 18 世纪一样,苏联人也把自己的学说定位于列宁的一个观点(多少有点转义)——帝国主义是资本主义的最高阶段,因此它支持全世界被压迫民族的解放。③不过,不必把苏联对非洲的影响说得过早,在非殖民地化的早期阶段,这种影响很小。只是在斯大林死后,赫鲁晓夫对在世界其他角落进行斗争又重新有了兴趣,苏联才在这方面变得重要起来。无疑,到 60 年代时,莫斯科已经准备好对非洲那些寻求独立运动,或者是那些需要"保护"以免受西方侵略的政府提供外交和军事支持。最重要的是,苏联将作为一种意识形态的选项而出现,并提供了因此而获得军事装备的可能。

1945—1950 年前后的政治经济图景

1945 年,欧洲在经济上已经耗尽,在这个新的两极世界中,欧洲已经失去了自己四个世纪左右一直享有的卓越,在经济上和政治上都已被美国和苏联的力量边缘化了。这种局势使得欧洲殖民国家与它们的非洲殖民地形成一种新关系。就经济而言,在战后时期,殖民地变得越发重要。比如,英国人尤疑就比从前更为依赖自己的非洲殖民地,所以就出现了所谓的"第二次殖民占领",它涉及努力去开辟新的贸易、投资和生产地区,以新的热情去开发那些现在被认为是未被开发和闲置过久的地区。尤其是东非和中非的大片地区被视为新的原材料的重要来源,对于资源饥渴的英国至关重要;而且,它们处于"美元控制"之外,所以这一点对英国的恢复也极其重要——如 268
果英国不打算完全依赖美国的话,而伦敦早已是对美国依赖太多了。不过,有一点要注意:长期而言,殖民地政体在经济上的这种相对弱势并不必然意味着它们的崩溃;广义而言倒是相反。所有殖民帝国中经济最弱的葡萄牙,殖民地持续的时间最长,直至 70 年代。正是由于这种经济上的劣势,使得里斯本紧紧抓住它的海外帝国这个至关重要的商业和工业支撑,抓得极牢。

相比之下，英国恢复得相对较快，在50年代成为欧洲殖民国家中的最强者，而它的非殖民地化也是最快的。也正是由于英国经济上的活力和政治影响，它就能够承受非殖民地化，同时保持在后殖民时代的影响。④

战后最初几年中，出现了殖民地国家干涉主义的增长，这种政策可以回溯到30年代，而现在以新的紧迫性来实施。随着欧洲对非洲物质需求的增长，政府就越来越参与其中，比如1945年后农作物生产的扩展，通常都靠政府运作的销售局来推动。在英属西非，“西非生产销售局”致力于管理和尽量扩大生产，创建更大的经济稳定。乌干达也在这样做。从40年代中期开始，政府一直提供充实的资金——在很多地方这是头一次，用于殖民开发。在法国殖民地，战后恢复用的时间较长，因为战争使得对外贸易的各个层面都崩溃了，法国经济自身也被严重破坏。但即使这样，到40年代结束时，创建的贸易委员会也充分利用了农业繁荣，获得利润来用于发展项目。即使是在据称是独立的利比里亚，也有“费尔斯通”橡胶公司投资于大型种植园，这是现代非洲主权国家因外国商业利益而妥协的一个早期例证。⑤投资和发展的过程也因一个事实而受益，这就是国际贸易的条件在某种程度上也转向有利于非洲生产者，这是全球大萧条爆发以后的第一次。一些出口农产品的价格上涨，对一些人来说意味着一种战后的繁荣。不过，也要注意到资本集中机制的引入，这是一种新的殖民经济，非洲农民在其中基本上会被边缘化，取而代之的是大规模的农业机械和白人移民专家的引入。这方面一个引人注意的例子就是坦噶尼喀的花生生产体系。创建大型种植园的想法在这里发展起来，建立北美那种大草原风格的农业，这就需要使用更多的机械，清理出大片土地，雇用更多的欧洲人而不是非洲人。坦噶尼喀的花生生产，预示了一个资本与国家合作的新时代的开始。

这是一场大规模和高代价的灾难。在坦噶尼喀，人们很快就发现土地太干土壤太薄，不适于发展这种农业。在这样的气候中，机械也被证明很脆弱。这个体系的崩溃在英国激起了政治愤怒——尤其是对它还曾有过大肆宣传，它耗费了纳税人数百万英镑。⑥在50年代初期的沮丧之中，人们对这
269 种资本集中机制在非洲的适用性产生了怀疑。同样的幻灭也出现在法属苏丹，这里在尼日尔河修建水坝上大规模投资，想形成大片可灌溉的耕地来种棉花。这个项目事实上可以追溯到30年代，但在第二次世界大战后大大地扩展了。不过，结果远远不是预料的那样，当地农民使用这土地种植甘蔗和水稻供应国内市场，棉花生产在这一地区从来都没形成重要分量。⑦

与此同时,非洲生产者认识到销售局并不利于他们。在非洲各地,这样的销售局要确保经济作物价格的稳定,不管全球经济的情况而将价格固定下来,委员会为的是避免 20 世纪 30 年代那种社会经济问题。这就意味着——在理论上好年景时出口产品的价格高于支付给农民的,于是销售局就能够积累盈余,在坏年景价格低时再分配给生产者。然而,实际上,这种强加的控制意味着好年景时非洲人只得到了自己劳动价值的一小部分,政府却能够积累盈余,这种盈余并没有用于它的原本目的,而是常常进入到一些大体系中做进一步的资本运作。而且,这些销售局对于这些地区的长期经济发展而言其实是破坏性的,建立政府控制的交易体系,它为政府积聚了资金,却压低了付给农民的报酬。在后来的岁月中,独立后的政府保留了交易体系,常常为了政治目的而使用由此而来的外汇收益。

干涉主义的政策也在其他地方实施,尤其是为了改变农业经济和提高生产率,这样的政策常常被非洲农民所深恶痛绝。“发展”的观念也可以回溯到两次世界大战之间那段时间,但在 40 年代后期却以新的劲头来实施。比如,采用各种措施来防止土地侵蚀,强迫农民雨季时在自己的田地中挖沟渠,以防止表层土流失。这是很费劲的事情,在乡村社群中激起了敌意。还实行轮作,以及牲畜剔选,后者使用于那些被认为有“太多”牲畜的社群。对于许多人来说,这又是一个证明,表明欧洲人不懂得牲畜在非洲的文化和经济价值。所有这些政策都被感知为扰民和冷漠,结果使得非洲大陆的农民政治化,为反殖民的愤怒做了铺垫,民族主义者领袖们从 40 年代后期以来就想激活它。所以,殖民国家实施旨在保持和最大化殖民地价值的政策,事实上却种下了自己毁灭的种子。

葡萄牙的殖民地也是如此。这里的白人工人阶级移民越来越多,他们既缺乏技能也短缺资金,在第二次世界大战结束后的岁月里到来。殖民地被视为葡萄牙自身的延伸,法国人也这样看阿尔及利亚。对于里斯本的萨拉查政府来说,殖民地是多余人口的一个重要出路——当年的法西斯意大利也曾这样看厄立特里亚和埃塞俄比亚,同时也是市场和原材料来源地,基本上仍是 19 世纪的那种看法。葡萄牙的法西斯体系被输出到安哥拉、莫桑比克和几内亚比绍,这些地方不容忍反对派,也不期待改革。[8] 比属刚果也是如此。在战后的头几年中,这里出现了某种经济繁荣,刚果的铜、橡胶、黄 270
金和锡在战争中支撑了同盟国军队,如同刚果的铀对扔到广岛和长崎的原子弹至关重要一样。战后,这些工业继续扩展。这样的经济刺激对此地非洲中产阶级的出现是有好处的,但最重要的是刚果对比利时战后经济恢复发挥了作用。[9]与西欧绝大部分相比,葡萄牙和比利时在经济上要弱得多,选择也少。当英国和法国最终能够退出影响经济的非洲时,较比利时在经济上更为依赖自己殖民地的葡萄牙,担心非殖民地化甚至是改革都会使葡语非洲置于英法的干涉之下。对于里斯本来说,经济控制就等同于政治控制;对于英国和法国来说,没有政治控制也能维持经济控制。它们不同的殖民地前景的这种对比,也就是19世纪后期与20世纪中期之间的对比。

1945—1950年前后的政治设计

欧洲对于殖民地的政治思考也有变化,它至少部分反映了欧洲内部政治的变化。战争经历在广义上使得主流政府更具有社会意识和政治敏感。比如,在英国,克雷芒·艾德礼的工党政府就体现了对20年代和30年代社会和政治价值观念中许多东西的抛弃。它对于帝国的看法,在一些相当重要的方面,不再是战前那些政府的看法了。然而,对殖民地想法的改变,在某种程度上,其根源是在30年代的萧条岁月。那十年的社会经济创伤迫使对殖民统治的性质进行再评价。战后的重新思考也体现了战争时期关于改革的那些承诺,反映了战争期间对殖民地欠下的政治债务,法国对布拉柴维尔的认识就是一个例子。同样,在战争期间,英国殖民部也试图通过教育和医疗改革来为殖民主义辩护,通过推进经济发展来加以证明。这在1945年后更加强了。[10]

所以,大约从1947年起,英国政府就强调脱离从19世纪90年代开始的间接统治的必要,走向与新兴的受过教育的精英人士的结合,从30年代开始,这个阶层已经在敲政治机构的门了。法国人也开始考虑权力的逐渐过渡,把责任移交给非洲人,但他们对宗主国与最终会脱离的殖民地之间的关系,设想了一种稍有不同的模式,其特点是有着较强的联系,基本上是保护者(法国)与被保护者(前殖民地)的关系,所以这是一种有所限定的"自治",而非无条件独立。[11]关于白人定居者的领地,政治思考也颇为不同。对英国人来说,这指的是肯尼亚和南罗得西亚,它们都有人数不多但在政治和经济上都很重要的白人群体;对于法国人来说,这指的是阿尔及利亚,视它颇异于撒哈拉以南的任何疆域(黑非洲)。在伦敦,殖民地部在考虑自己各
271 个殖民地的长远发展时,设想为白人定居者创造一些特别的权力,保证他们的特权地位和持续的经济优势。它肯定没有想到比如肯尼亚的"权力转移"

会意味着一种“一人一票”的体系——这是非洲民族主义政治家的最终渴望,这意味着白人少数群体的摧毁。相反,它设想的顶多是非洲人社会与欧洲人(在有的地方是亚洲人)社会某种程度的权力分享,而欧洲人拥有最终的否决权。这样一种政策的实际应用,被证明比起初设想的要复杂得多,在阿尔及利亚,在肯尼亚,在南罗得西亚都是这样。[12]

然而,“非殖民地化”对伦敦和巴黎事实上意味着什么? 40 年代后期进行设计的那些人,毫不怀疑那些前殖民地将留在全面的宗主国影响之下,某些联系的最终切断对于欧洲人和非洲人都是不可想象的。有一点需要记住,在这一阶段,普遍而言提倡的只是一种非常渐进的权力转移,尽管当开始之后这个过程会是相当之快。政治思考发生变化的时间,也是殖民地在经济上变得更为重要的时间。在某种意义上这看起来是矛盾的,但事实上这些政治和经济考虑构成了同一个过程的部分,也就是要确保殖民地长期而言在经济上更有利可图,在政治上更为稳定。同样,这样的目标也适于葡萄牙和比利时人,但里斯本和布鲁塞尔设想的只是最表面的政治改革:本地精英可以进一步纳入立法机构,但不要期待选举权会有重要的扩大,独立甚至地方自治就更不可能了。它们的这种不妥协将使得它们各自的殖民地长期而言更为动荡,超过了绝大多数其他殖民地。意大利发现自己处在一个颇为不同的位置上。作为一个战败国,它已经失去了由利比亚、索马里兰、厄立特里亚和一个颇为短暂的获得——埃塞俄比亚——构成的非洲帝国。埃塞俄比亚已经多少恢复了它以前的主权国地位,其他殖民地的地位,在战后数年中,则由胜利的同盟国——最终是美国来考虑。意大利有些人游说以至少保留对这些殖民地的某种程度的影响。然而,这未能做到:意大利的殖民时期结束了,除了在索马里人中它还可以有十年的托管,这随着索马里在 1960 年独立而结束。厄立特里亚与埃塞俄比亚结成联邦,利比亚由联合国管理,在 1951 年获得独立,由赛努西派君主伊德里斯国王治理,但 50 年代和 60 年代的绝大部分时间它还是严重依赖英国和美国的经济支持。

最终,英国人和法国人以他们不同的方式设想了和平合法的宪法变革,它将使受过教育的温和的易驾驭的非洲领导人兴起,他们会愿意妥协,他们将保护撤走的殖民国家的利益。这里的公民社会和政治体系都将映照宗主国,然而,拙劣的殖民地当局自身却想为这样一种真诚的模仿提出他们的要价,这一点我们下面会看到。没有极端分子或激进分子的空间,在越来越冷的冷战背景中无疑也不会有共产主义者的空间。的确,冷战的危机不能忽

272 视，强硬的意识形态两极构成了思考殖民地未来的国际背景，它将会蚕食非洲的政治进程，很多情况中都是很激烈的。在40年代后期，这一点在非洲之角看得最清晰。在这一区域，埃塞俄比亚成功地将自己设定为反对共产主义（后来是反对好战的穆斯林）的西方利益的前驱，于是，在美国的压力之下，前意大利殖民地厄立特里亚一个可能独立的早期机会就被否决了，它作为埃塞俄比亚联邦的一个部分，成为一个巨大的美国军事基地（有一段时间是美国本土之外最大的军事基地）的所在地，直至70年代。[13]不过，普遍而言，有一点很清楚：尽管殖民地政体想要谨慎地掌控某个疆域内的权力转移，但非洲民族主义现在已经成为一支改变的力量，常常迫使这些地方的变化步伐不由白人群体来支配，在那些白人要支配变化步伐的地方，则形成了一种潜在的暴力挑战。

注释：

① 比如可参看利·奈拉古和罗伯特·克里布所编《帝国日本和亚洲的国家身份，1895—1945》（伦敦，2003）。

② 亚瑟·加夫森《非洲危机：东方与西方的战场》（伦敦，1981），第19页。

③ V.I.列宁《帝国主义是资本主义的最高阶段》（纽约，1939；1916年第1版）很大程度上来源于J.A.霍布森《帝国主义研究》（伦敦，1938；1902年第1版）。

④ 皮尔斯《非洲的转折点：1938—1948英国殖民政策》；R.F.霍兰德《1918—1981欧洲的非殖民地化：介绍性纵览》（伦敦，1985）。

⑤ 霍普金斯《西非经济史》，第212页，第267—288页；更为宽广的综述可参看D.K.菲尔德豪斯《西方与第三世界：贸易、殖民主义、依赖与发展》（马萨诸塞州莫尔登，1999）。

⑥ 艾伦·伍德《花生之事》（伦敦，1950）。

⑦ 曼宁《撒哈拉沙漠以南法属非洲：1880—1995》，第114—115页。

⑧ 参看帕特里克·沙巴尔等人《殖民地之后的葡属非洲史》（印第安纳州布卢明顿，2002）。

⑨ 霍兰德《1918—1981欧洲的非殖民地化：介绍性纵览》，175—190页；曼宁《撒哈拉沙漠以南法属非洲：1880—1995》，第114—115页。

⑩ 罗纳德·海厄姆《英国的衰落帝国：通向非殖民地化之路，1918—1968》（剑桥，2006），第2章。黑利《非洲纵览》（1957年版）也记录了这些发展。

⑪ 弗雷德里克·库珀《帝国与民族国家之间的公民身份：重造法国和法属非洲，1945—1960》（普林斯顿，2014）。

⑫ 卡洛琳·埃尔金斯《种族、公民身份和管理：殖民者暴政和帝国的结束》，收入埃尔金斯和佩德森所编《20世纪的定居者殖民主义：项目、实践、遗产》。

⑬ 奥卡巴扎·约翰尼斯《厄立特里亚：世界政治中的一个人质》（佛罗里达州盖恩斯维尔，1991），第7页。

第十五章 273

国家的构想与产生

放在非洲的背景中，“民族主义”或“国家”常常是一些有问题的术语。[1]绝大多数非洲疆域都经历了从殖民地当局的管辖范围到民族国家的一个困难而且常常是暴力的转变。考虑到非殖民地化最终发生的速度，这种转变还期待在一个颇短的时间中完成。事实上，在许多地方，差不多都可以说这种转变并没有完成。在殖民地时代，要确定什么时候反殖民抗议变成了“民族主义”，这并不很容易，而且常常是前者被误认为后者，有时公开宣布的“民族主义”运动实际上却基本是为了保护某个地区或群体的利益，它们既与殖民地当局离开之后的疆域形成有关，也对殖民地当局的驱赶有关。所以，要寻找非洲“民族主义”——在殖民地边界内的共享意识这个意义上来寻找，常常是不切题的。这种思路基本上是以欧洲领土民族主义的模式来测量，但事实上大量的殖民地疆域都完全是人为划分的，只是地理上的单位，缺乏种族和语言学上的逻辑，也没有深厚的历史根基。非洲背景中的“民族主义”常常意味着新兴群体与已存群体——种族的、宗教的、区域的或社会经济的群体——之间的激化斗争，这些竞争者中一些是殖民统治造成的或加以激化的，其他则有较为长远的历史。尤其是一系列的政体，无论是国家还是松散的种族和文化的联合体，它们在 19 世纪处于支配地位，于是常常就追求自己的“民族主义”议程，或者是在地域更为广阔的反殖民斗争中争取自己的优势，或者是更进一步想求得由此而来的自治。然而，有一点很清楚：前面章节中谈到的那些反殖民主义的显示——政治团体、工会组织、好战的基督教和伊斯兰教、赞美黑人文化传统的自豪感、泛非主义，有许 274
多都代表了一种抗议的基础，那些有着鲜明民族主义志向的政治家可以使用它来动员非洲各地更为宽广得多的支持者。在二战后的这一时期，新一代的非洲领导人需要这样做，以创建可以生存的民族主义运动，让它具有加快非殖民地化步伐的能力，接下来就是民族国家了。

亲密关系的扩展前景

“非洲”，如同“欧洲”或“亚洲”一样，是一个抽象概念，它很大程度上是在西方的想象中形成——通过旅行记述、艺术和文学，还有政治与文化谈论。[2]“非洲”这个概念被赋予物质形式，是在19世纪末——通过瓜分及其各种暗示意味。我们仍然生活在这种强加的结果之中，因为非洲是今天这个样子，在若干层面上其根源就在那个时代。不过，我们需要简短地考虑一下“非洲身份”的进化这个概念。在欧洲的想象中，“非洲”持续被创造和再创造，比如在19世纪。于是，在现实层面它就被“发明”了——通过征服，结果这个大陆就成为了被制图、被知晓和被统治的一个东西。不过，如同我们已经看到的，这并不是一种单向的关系。非洲人自己也形成了对欧洲人声称之物的感知和理解，做出相应的回应——以自己的术语，依据自己的政治和文化参照点。的确，在许多情况中，他们都能够以自己的想象力来影响欧洲人，不管后者对此是如何没有意识到。而且，从20世纪早期以后，非洲也被非洲人自己发明着。非洲人塑造了新的政治现实，发展出对那些统治着他们的人的更为清晰的理解，更敏锐地觉察到自己是怎样被欧洲“观看”的。[3]随着时间推移，非洲人对欧洲政治理念的知晓就导致他们去信奉这些新的政治观念和形式，最终也包括了植根于宽广地域感的“国家”和“民族主义”，以此作为武器来与欧洲统治权战斗。当然，所有这些就涉及一个非洲化的过程，那些输入的观念，如同绝大多数其他类型的输入一样，通过本土改造，而且常常是颠覆，对本土社群就具有了意义。这既是一个建构过程，也是一个摧毁过程。

这样，我们就在谈论一种内部的非洲身份的成长，我们或许可称为“有机”的成长。然而，还有一个外部发明的过程，这最清晰地体现于非洲大陆之外一个泛非运动的出现。欧洲对非洲的征服，点燃的不仅仅是欧洲人的想象，也点燃了非裔美洲人的想象，他们开始以一种清晰得多的术语来寻找这种祖先身份。在1900年的第一次泛非大会上，只有五六个代表是真正的非洲人，这就表明北美的“非洲意识”已是如何深深地扎根于美国和加勒比海地区。泛非运动在20世纪前半叶孕育了大量知识分子和同样多的偏执
275 者，它将自己界定为反抗所意识到的历史性白人统治、残忍和不公，这样，早期泛非主义就成为白人世界中的种族主义，奴隶制的罪恶和殖民地经历本身，都被界定为剥削与压迫的最终显示。[4]

总之，“非洲”这个概念被这个大陆内外的那些人所采用，一种地理、政治和文化的“现实”被接受被发展。当然，如同我们前面章节中看到的，开始时

许多人适应了殖民体系，工作于其中，从中受益，比如在20年代，非洲社会中的一些群体的确相信“文明使命”的公正和适用。然而，在这个体系中同样也会发展出抵抗的“传统”和方式，并最终反对这个体系。非洲化的过程已经开始了，它在某种意义上以民族主义者身份的出现作为顶点。在这样做的过程中，非洲人要采用一些观念——无论是欧洲的或非洲的，或者是这两种传统的混合，比如自由主义、社会主义，甚至是基督教信仰的核心原则，还有伊斯兰教的信仰——长期以来已有千百万非洲人信奉它，让这些观念起颠覆作用，改造它们来建构新的政治和文化共同体。这个过程仍在快速进行之中。

紧张与转变：从政治意识到政党

因殖民主义而诞生在这些新的疆域的内部非洲民族主义，它的成长有一个关键障碍，那就是非洲存在着众多更有力量的其他身份——语言上的、文化上的、种族划分上的、王国的，以及后来出现的阶级上的。这些身份都在妨碍着民族主义。[5]然而，可以辨认出来的“民族主义”运动在第二次世界大战之前已经开始显示。在这一点上，北非要比撒哈拉以南非洲快，北非的精英阶层有一些植根于殖民地之前的时代，他们对自己的疆域有较为清晰的意识。埃及的现代化者对以欧洲方式来创建民族国家有想法，而那些抵制阴险的西方影响的人则把疆域身份的概念与伊斯兰教复兴结合起来。然而，在埃及还存在着一种内部的民族身份，它赞美这片疆域的古老、它的历史和文化成就与一致性，20世纪早期的活动人士就可以利用这些。埃塞俄比亚在这方面或许有可比性，但即使那样也需要一个程度大得多的神话创造。在埃及，20年代时起领导作用的民族主义政党是“华夫脱”，它抵制1922年英国人的宣言。英国人单方面给予埃及主权地位，部分是因为伦敦要保持它对国防、外交和苏丹的控制。但“华夫脱”也反对自由主义的立宪派，它现在已经取代了直接的帝国管理，所以在两次世界大战之间它就一直与拥护君主制度者相冲突。扎格鲁尔领导下的“华夫脱”想建立联盟来反对国王福阿德，挑战他的宪法权力，但这是通过议会斗争来进行的。在“华夫 276
脱”于1929年大选中赢得对议会的控制后不久，国王就把立宪政府搁置起来，从而导致了30年代初期进一步的政治冲突。只有当福阿德在1936年去世，法鲁克继位后，议会才恢复。“华夫脱”以它为平台，又一次赢得了议会中的多数。在这一年，《英埃条约》缩减了英国对这片疆域的影响，但苏伊士运河和苏丹的问题仍未解决。

在埃及，议会成为民族主义政治的主要舞台，尽管拥护君主制度者（在英国支持下）论证独裁主义对国家团结和稳定的好处。在第二次世界大战期间，面对君主制的优柔寡断和英国军事力量在开罗的存在，因与无用的议会相联系，“华夫脱”的可信性被破坏。穆斯林兄弟会取代它，成为普遍政治抗议的主要途径，另外还有青年埃及党。二战之后的岁月里，社会经济困境点燃了民族主义，靠着兄弟会的支持，1952 年出现了一场由阿卜杜勒·纳赛尔上校领导的军事政变，除掉了非常不受欢迎和腐败的法鲁克朝廷，推动了一系列社会、经济和政治改革。[6]埃及民族主义在 50 年代成年了，尽管在苏丹和苏伊士运河问题上与英国的对抗悬而未决。在北非其他地方，改革的力量也获得动力。由苏丹西迪·穆罕默德领导的摩洛哥人抗议劲头很足，这片疆域中西班牙人控制的那一部分暴力斗争也日趋激烈，这些迫使法国人在 1956 年撤退。突尼斯民族主义在这十年中也到了无法压制的程度，尽管在 50 年代早期“新宪政”因派别斗争而瘫痪，这种斗争发生于相对温和的布尔吉巴与更为激进的本·优素福之间；而法国人曾短暂地试图把抗议和使用暴力的突尼斯政治家导入较为温和的状态。布尔吉巴一派胜利了，突尼斯在“新宪政”的领导下于 1956 年获得完全独立。[7]

北非民族主义在伊斯兰抗议的原有模式和政治思考中发现了力量，也越来越因这种更易于接受的历史与疆域身份而得到促进。处在创建之中的北非国家可以求助于正在出现的泛非主义，它已超越了非洲大陆本身而进入中东。南边的民族主义者在自己的道路上则有着更大的障碍。撒哈拉以南非洲可以辨识为“民族主义”的最早运动，出现在非洲大陆的另一端——南非。这里的“南非原住民民族大会”在 1912 年成立，于 1923 年成为“非洲人国民大会”（ANC）。[8]在前面的背景中我们提到了 1920 年一些专业人士和商业精英组织了“英属西非国民大会”，它在尼日利亚、黄金海岸、塞拉利昂和冈比亚都有分部。在那之后不久，由赫伯特·麦考利领导的“尼日利亚国家民主党”也显示出全域行动和动员广泛支持的能力。短命的“尼日利亚青年运动”——之所以短命是因为这个组织内部有种族冲突，在 30 年代后期又在一个疆域团结的平台上组织起来。[9]不过，在第二次世界大战之前，全域性的政治行动仍然相对较少。这在那些与殖民地之前一些国家有相似之处的较小疆域是可能的，比如在卢旺达和布隆迪，尽管它们也有着深深的
277 种族分裂；或者是在巴苏陀兰（莱索托）。在坦噶尼喀，它的推进靠的是索马里语的广泛使用，这种语言上的统一提供了全域政治行动的机会。这里的

“坦噶尼喀非洲协会”于1929年成立，并在各地建立了分部。[10]

尽管全域性的民族主义还不多，但到第二次世界大战及其以后岁月，展望“国家”的这类运动和领导人就出现了，而且，战争本身的经历也推进着民族主义，尤其是处在社会经济困难的背景中，又有对外面世界的进一步政治知晓。不管西方教育多么限制人，但它培育了新的政治精英，他们现在要在非洲重新创造欧洲和北美的那种民族国家。他们也必须在自身与广大民众之间的鸿沟上搭建桥梁，这些领导人面临的关键任务就是利用普遍的城镇和乡村动荡，创造一个广阔的政治平台。[11]许多民族主义政党都想扩大自己的社会基础，女性在这些政党中找到了位置，可以作为组织者，也可以作为活动分子，为“解放”和一系列问题上的改革而奋斗。独立之后，性别平等的承诺并非总能实现，但在非洲大陆各地的解放斗争中，女性成为了民族主义和改革主张的积极战士。[12]至关重要的是，长期而言，民族主义需要超越仅仅是欧洲殖民主义的对立面，这样才能在一片疆域中团结一系列的群体；民族主义不能仅仅只是一种否定的力量，仅仅表达自己反对什么，它也要成为一种肯定的力量，团结和创造这片疆域中各个民族的共同身份。它最终常常未能做到这一点，但殖民主义的经历本身在某种程度上却培育了一种共同身份感，民族主义领袖面临的挑战就是去发展它，这样才能去创建一个真正大众、基础广泛的运动，来挑战欧洲帝国。

民族主义的一个重要刺激就是殖民地国家组织的地方选举，比如在英属和法属西非。选战意味着需要组建那种更清晰地提出了“全国”议题的政党，需要这样的运动来说服当地民众，告诉他们民族主义政党会在广阔的国家层面来保护他们的利益。1944年，种植可可和咖啡的农民在科特迪瓦成立了“非洲农业工会”，它的主要目标就是要废除强迫劳役。第二年，在议会选举中，就出现了这个工会为自己的领导人动员了广泛的支持，费利克斯·霍弗埃-博瓦尼自然地被选入巴黎的议会，他在那里成功地保证了令人憎恶的强迫劳役的废除。在巴黎时，他与一些西非代表结盟，一起组建了一个新党“非洲民主联盟”(RDA)，它构成了主要的民族主义阵营，在法属非洲帝国推动激进改革。同样，在塞内加尔，选举权的扩大也使得诗人兼活动人士利奥波德·桑戈尔能够凭乡村地区的巨大支持组织一个民族主义政党。他接下来对政治进程和话语上的城镇垄断发动了攻击。1945年至1951年期间，法属西非的管理有了重大改革，同时也导致了一种复杂的选举体系和一系列复杂的选举。从40年代中期到50年代中期，法语西非选民们参与了

278 一系列投票，选举前往巴黎国民议会的代表、法国联邦（它因1946年的新宪法而建立）议会的代表、现在位于布拉柴维尔和达喀尔的“大议会”代表，以及（较为地方层面的）全域议会的代表。另外还有几次公民投票和两次新宪法表决。然而，这种投票的纷至沓来，是否会导致一种参与和有责任感的政治文化的兴起——而不仅仅是选选而已，还有待观察。[13]

与法国人相比，比利时人的做法截然不同。比利时开始时想阻止任何重要的改革运动，想把民族主义者与非洲大陆其他地方的发展分隔开。在战后最初的岁月中，刚果或卢旺达—乌隆迪的统治方式没有什么像样的变化，对持异见者有着严格的约束。然而，其他地方已很明显的改革压力在比利时殖民地也积聚起来。1957—1958年的地方选举，主要是想安抚改革的要求，但事实上却鼓励了一系列民族主义政党的快速出现，包括由富有个人魅力和意识形态激情的帕特里斯·卢蒙巴领导的广泛运动。卢蒙巴在许多方面看来是唯一一个对创建真正全国性组织感兴趣的刚果人。1958年和1959年的政治集会导致了骚乱，暴力席卷全域。于是，比利时人基于现实考虑开始失去对刚果的控制，选举被延误太长时间了，比利时把它搁置得太久，已经不能掌控对其有利的转变，甚至不能以一种相对有序的方式来转变了。[14]

在黄金海岸这个据说的“模范殖民地”，尽管可可产业遇到的严重困难相对较少，但民族主义领导人同样也寻求利用城镇和乡村正在增长的社会动荡。随着时间推移，这片疆域也变得激进起来。可可种植者们对“西非生产销售局”有怨恨，这个销售局控制着付给他们产品的价钱。在1946—1947年，当暴发了肿枝病疫情后，当局下令毁掉大约250万棵可可树，这被认为又是一个证据，表明这个冷漠残忍的体系一定要在地方层面进行干预。在城镇，因战后的萧条出现了一些进口物品的短缺，导致它们价格上涨，而且还对它们实施了限制，而欧洲人显然占便宜。当价格的上涨超过了工资，城镇中心也出现了失业，这就使得年轻的学校毕业生与返回的退伍军人结成了原本不太可能的政治联盟，退伍军人尤其因自己的战时忠诚没得到什么回报而愤怒。社会各个阶层都出现了不满：商人、农民、学校毕业生、退伍兵，这些不满以许多方式表现出来。1948年对欧洲公司的普遍抵制迫使这些公司降低价格和放松限制。与此同时，退伍兵们在主要城镇的政府建筑前游行示威。在整个40年代后期，骚乱不断出现，一些相关的欧洲工商业官员被袭击。合而观之，这些事件看来预示着一个激进政治的新时代。尽管与其他殖民地相比，这里的骚乱事实上规模相对较小，但英国人已足以去重新考虑他们怎样与民族主义政治家们打交道了。

黄金海岸1942年和1946年的新宪法，导致直接选举立法委员会，通过它，数量有限的非洲人参与到内部政治事务中去。关键是，如同在法属西非一样，这样的选举提供了组织政治党派的机会，所以“黄金海岸联合大会”(UGCC)在1947年成立，领导人是J.B.丹卡。如同绝大多数领导者一样，279 他也属于一个小小的中产阶级专业精英阶层。UGCC态度温和，不愿打破法律，是那种英国人喜欢的政党，他们欣赏丹卡使用雄辩来说服殖民地政府懂得改革必要的策略。然而，对于那些愤怒好斗的年轻活动分子来说，这种策略没有什么吸引力。1947年，年轻的泛非主义者克瓦米·恩克鲁玛从

克瓦米·恩克鲁玛，独立加纳的第一位领导者。来源：Akg图片/乌尔斯坦图片报。

海斯廷斯·班达，独立马拉维的第一位领导者。来源：中央新闻社/格蒂图片。

美国回来——他在美国呆了好几年，在 UGCC 中得到了一个位置。然而，在骚乱和日益增长的社会紧张中，他很快就对丹卡的这个政党感到幻灭。他于 1949 年从它分裂出来，组建了“大会人民党”(CPP)。部分是受印度甘地的启发，CPP 提倡“积极行动”的政治，它非暴力，避免武力对抗，但它愿意冲破法律，组织罢工和抵制。英国人对这个运动失去了耐心，恩克鲁玛 1950 年被逮捕，另外几个突出的领导人也被捕了。[15]

280 事实上，CPP 成为了非洲大陆一系列政党的样板，而黄金海岸也是地区紧张关系逐渐升温的一个例证，这种紧张关系存在于基督教和欧洲影响很大的南方与穆斯林的北方之间，在北方，穿越撒哈拉沙漠的各种联结至少如同与大西洋世界的那些联结一样重要。在尼日利亚这个面积更大、人口有着更深分歧的地方，这类问题就更难处理。在 1946 年之前，它的南方与北方事实上是各自治理的，北方主要是穆斯林，与北非有着历史联结；南方则以基督徒居多，与欧洲有着长期的互动历史。在南方，两个主要种族群体之间有着剧烈的竞争，一个是西南部的约鲁巴人，一个是东南部的伊博人；在北方，紧张关系则因社会等级中的“贵族”因素起支配作用而引起。如同我们已经看到的，“尼日利亚青年运动”未能创建一个团结的平台，但这个运动宣布 281
的目标却奠定了一个先例，从1944年开始，民族主义渴望通过“尼日利亚和喀麦隆全国委员会”(NCNC)来表达。它最重要的创建成员之一就是报纸编辑纳姆迪·阿齐克韦，他是广阔的地区政治活动的一个早期倡导者，他想让NCNC成为一个真正的全国范围的组织。不过，一个事实阻碍着他：这个运动的主要支持基础是在伊博人中，NCNC未能做到把尼日利亚人团结在它的民族主义旗帜之下。到50年代开始时，由于担心伊博人在英国人组织的选举中占优势，于是就出现了一些竞争性运动，主要是“北方人民大会”，它的成员绝大部分是北方的豪萨人和富拉尼人，以及“约鲁巴行动团体”。[16]

在法属西非，民族主义运动也同样受到内部分裂的损害。尽管非洲民主联盟声称代表这片疆域的所有非洲人，但全域和地区的紧张关系还是很快就损害了团结。比如，1948年在桑戈尔领导下塞内加尔人就分裂出去，组建了“塞内加尔民主阵线”(BDS)。尤其是那些较富裕的疆域如科特迪瓦和加蓬，都不愿意在未来去补贴较贫穷的北方地区。于是，对于最终的非殖民地化采取什么样的行动路线，与法国人的谈判采用怎样的方式，民族主义领导人中间就产生了争论。[17]乌干达的分裂也很明显，这里的怨恨指向了布干达王国的特殊地位。干达人长期来享有超越这片疆域中其他民族的特权，这是因为他们协助英国人建立最初的殖民统治而得到的。1953年，布干达头领“卡巴卡”(Kabaka，国王)坚决抗议英国人要把他这个王国完全并入乌干达的计划，于是殖民当局驱逐了他。这件事进一步点燃了干达的种族—民族主义。长期而言，英国人已经准备对布干达做出让步：依据1961年宪法，这个王国获得内部自治，脱离中央政府。广而言之，还有一些地理上的区分：北方人怀疑受过教育的民族主义者，而他们绝大部分是南方基督徒。而在这个国家的南方，新教徒与天主教徒在获取政治权力上也有竞争，这种竞争可以回溯到19世纪后期。所以，争取独立的斗争既是反抗英国人的斗争，也是各个群体对非殖民地化后权力分配的竞争，那些主要的政党反映了这一点。1952年成立的“乌干达国民大会”(它于1960年变为“乌干达人民大会”)，主要的支持来自北方和新教徒，成立于1956年的民主党，支持它的主要是南方的天主教徒。在1953年危机之后，干达人组织了一个自己的政党——“只要国王”运动。[18]

在有些地方，由于没有几个大的支配性种族群体，或没有被加固的殖民地之前那种国家结构，没有它们在政治舞台上竞争来损害那些较小群体，反而就促进了更具凝聚力的国家身份。[19]这种情况在坦噶尼喀可以看到。这里的“坦噶尼喀非洲协会”从1929年开始运作，但只是到了50年代初期这
282 个组织才回归自身，去动员那些被迫给白人定居者腾地方的非洲人，比如梅鲁地区的非洲人。当时的这个政策是与本书前一章提到的坦噶尼喀又引起人们新的经济兴趣相关联的。对白人定居的担心是若干地方议题中的一个，它激发了广泛的政治活动，推动着早期阶段的民族主义运动。非洲人协会积极地四处组建广泛基础，它导致了1945年“坦噶尼喀非洲民族联盟”(TANU)的创立，由具有超凡魅力的朱利叶斯·尼雷尔领导。如同恩克鲁玛一样，尼雷尔也在海外度过了几年，他的确受到了恩克鲁玛和黄金海岸的大会人民党活动的启发，在50年代中期，他一直在扩展TANU的感召力，发展它的组织结构，将它扩展为一个真正全国性的运动。TANU利用了乡村的普遍动荡，这是因担心白人定居和殖民地政府对非洲农事活动的粗暴干涉而引发，比如1955年爆发的骚乱就是因强迫修筑梯田而引起。也如同恩克鲁玛一样，尼雷尔熟练地利用伪装的暴力威胁来达到进一步的民族主义目的。重要的是，TANU的成功在很大程度上是因这里的语言相对统一而来。斯瓦希里语随着19世纪长途贸易的扩展在这一地区形成，在殖民统治下为教育和管理的方便而进一步发展为“全国语言”。现在，通过斯瓦希里语的使用，TANU就能够培育一种国家身份感；而且，由于相对没有尼日利亚和乌干达那种分裂的种族政治的问题，这种国家身份感可以进一步发展。[20]

不可抵挡的力量与不会移易的主题：民族主义者与白人定居者

白人定居疆域的民族主义者面临一种完全不同的挑战，这颇不同于创建一个富有凝聚力的政治运动。与上文提到的许多非洲民族主义者不同——那些人“只要”与殖民地当局谈判，殖民地当局就早晚会离开它们宣称有管辖权的这些疆域，而这里的民族主义者却必须与已经确立的白人群体打交道，这个群体既不打算撤走，也不打算与占多数的非洲人分享权力。在肯尼亚、南罗得西亚、南非和阿尔及利亚，非洲民族主义者与不妥协的政府发生冲突，常常导致了暴力冲突。在肯尼亚，由于土地转让而导致了社会

危机的增长，导致保留地和城镇中的下层阶级越来越激进，这就为民族主义政治家提供了机会，尽管他们如同肯尼亚白人一样，也与这些乡村和城镇穷人几乎完全不一样。如同坦噶尼喀的情况，普遍的不满也因对农业的干预政策而进一步燃起，这种政策旨在防止土壤侵蚀。由于认为非洲人的农业技术效率低，于是采取一系列措施，如修筑梯田和水坝，等高线耕作法，以防止环境退化。像非洲其他地方一样，这在40年代和50年代导致了深深的怨恨，敌意指向了殖民地当局、白人定居者，乃至于较为富裕的基库尤人。 283
与此同时，那些漂到内罗毕去寻找工作和逃出过分拥挤的保留地的人们，加入到日趋庞大的临时劳工行列中、犯罪率高和政治情绪高的城镇穷人中。就是在这种爆炸性氛围之中，“矛矛”起义最终爆发，它的开始就是40年代末的零星乡村流血事件，接下来是1951年和1952年更为严峻与持久的暴力冲突。

基库尤人中产阶级自身也因白人定居者对农业政策和计划越来越强的控制而感到警惕。1947年，“肯尼亚非洲人联盟”(KAU)由约默·肯雅塔领导创建，它很快就扩展为一个基础广泛的运动。它由一些富裕的温和人士领导，但也吸引了穷人和非洲社会中更为激进的成员，这些人利用KAU作为一个保护性组织，同时又策划更为暴力的手段来达到自己的目的。肯尼亚非洲民族主义的事业也通过内罗毕和蒙巴萨的工会得到了推进，工会在这些地方成为政治动荡的关键焦点。与此同时，在海外待了许多年，包括在伦敦一段时间的学习之后，肯雅塔本人也回到了肯尼亚来领导KAU。他的立场显得矛盾，因为尽管他代表着非洲民族主义的温和派，但他的公开信息却用暴力的语言来表达。随着“矛矛”逐步增强，他被囚禁起来，KAU也被取缔，但肯雅塔本人却与这块所谓的“白人高原”上暴力的高涨并无什么关系。到50年代初期，民族主义已经作为一种强大力量出现，但基库尤人本身却分裂成两派：一派是肯雅塔这样的温和派，他们希望看到“合法”与和平的改革；另一派则是无地穷人的领导人，他们想使用暴力来达到自己所宣布的“土地与自由”的目标。[21]

肯尼亚的白人定居者拥有权力，而南罗得西亚的白人定居者则更有权力，从1923年开始他们就获得了自治。在1953年之前，一系列的白人政府，在某种程度上从南非得到提示，都在追求政治、社会和经济上的种族隔离。1953年，这块疆域成为“中非联邦”的一部分，这个联邦还包括北罗得西亚和尼亚萨兰，这两处都有数量少得多的白人定居者。这个联邦的目标就是融合这一区域的经济资源，包括处于白人控制之下的北罗得西亚的铜矿带，但激烈反对这个联邦的非洲民族主义者没有忽略它，看到这个项目在看得见的将来已完全把非洲人排除在政治和经济权力之外，南罗得西亚已经有了迅速发展的有组织的抗议。在40年代后期，出现了一些工人运动，它们在例如1948年那次未能成功的大罢工的组织上就发挥了作用。劳工抗议于是就成为政治斗争的前锋。与此同时，这一时期也出现了乡村地区激进的农民意识的高涨，这是因40年代后期以来白人农场的大规模扩展而来。如同肯尼亚，由于失去土地，广泛的民族主义就被点燃，领导者就利用这种愤怒。1957年，在工会领导人约书亚·恩科莫领导下，“非洲人国民大会”建立，它在1962年变成了“津巴布韦非洲人民联盟”(ZAPU)。不过，随着白人定居者政府变得更为顽固，非洲民族主义阵营中也出现了分裂。恩科莫不太想支持更为激烈的做法，在1963年，一些ZAPU的重要人物——
284 包括恩达班宁基·西托莱和罗伯特·穆加贝——分裂出去，组织了“津巴布韦非洲民族联盟”(ZANU)。这种分裂部分反映了种族上的冲突，恩科莫的支持主要来自恩德贝勒人，而ZANU则扎根于修纳人之中。ZANU愿意考虑一种整体上更为进攻性的途径，但只是在1965年索尔兹伯里的白人政府单方面宣布脱离英国而独立之后，它才决定使用暴力，在第二年发动了第一波游击队袭击。[22]

在其他地方，白人定居者的存在也同样推动那些地方残酷无情地走向暴力。在葡属安哥拉、莫桑比克和几内亚—比绍，民族主义领导人被迫走向暴力对抗，他们面对的是当局的不妥协和越来越种族主义的政策。在安哥拉，成立于1956年的“安哥拉人民解放运动”(MPLA)，在60年代初期就能够利用四处蔓延的农民起义，这些起义因反抗强迫劳作和棉花种植而爆发，而这些做法在英国殖民地和法国殖民地早就放弃了。MPLA把斗争引入城镇中心，开始了一场此后持续了数年的战争。在莫桑比克，成立于1962年的“莫桑比克解放阵线”(FRELIMO)是一个各种运动的联盟，它也发动了一场解放战争，同样既漫长又残酷。[23]不过，流血最多的民族主义解放战争发生在阿尔及利亚，这里的白人定居者如同撒哈拉沙漠以南的那些白人一样顽固。在法国，人们认为阿尔及利亚不是一个殖民地而是法国的一个省，是祖国在海外的延伸，所以就必然与法国国家和国内经济联结起来。在阿尔及利亚进行宪法改革的安排是半心半意的，在整个50年代一直被殖民地当局所破坏。最终，这样的安排被阿尔及利亚民族主义者视为必定是一场空，甚至那些一直抱有希望的政治家也完全失望，要转用暴力来实现自己的目标。在50年代初期，迈萨利和阿巴斯这样的领导人的影响——迈萨利本人当时流亡在法国——正在减小，早在1948年就有出自迈萨利的“自由民主凯旋运动”的一群年轻民族主义者组建了“秘密组织”，想要进行反抗看来很顽固的白人定居者政权及其宗主国支持者的武装斗争。这个组织在50年代初期崩溃，但其中一些人在1954年又组织了“革命委员会联合行动”，这个团体与其他团体联合，变成了“民族解放阵线”(FLN)。正是FLN在1954年发动了争取阿尔及利亚独立的战争。这场战争在两条战线打响：在阿尔及利亚，游击战术被用来打击法国军队；在阿尔及利亚之外，FLN开展国际外交来争取对自己事业的支持。FLN把自己的努力带到了联合国，向正在成长的不结盟运动求助，通过泛阿拉伯民族主义向自己的北美和中东兄弟呼吁。[24]

然而，或许还是在南非，民族主义者要走的路最长，这里的白人政权有着雄厚资金支持，在意识形态上很狂热，从1910年开始就将这个联邦作为帝国领地来统治。创造了这个联邦的立法，体现着两个竞争白人群体之间的一种历史妥协，也就是英国定居者与布尔人即荷兰人后裔之间的竞争。
不过，根本而言，白人作为一个整体，在政治和经济上要保护自己的特权地 285
位。从第一次世界大战到40年代，一届届政府都在发展旨在种族隔离的立法。所有的主流白人政党，以及像圣公会传教士这类有影响的游说群体，都奉行种族隔离的观念。对于某些人，尤其是极端的布尔人来说，这是一种控制和剥削非洲劳动力的关键手段，与此同时也强化了固有的白人霸权；对于其他人来说，种族隔离对于“黑人发展”的过程至关重要，是一种实际“保护”土著民族(以及延伸而言的白人自己)的方式，避免人种混杂的危险，避开了经济、文化和政治的“现代性”。然而，不管是哪种看法，人们公认种族隔离是一件“好事”，在经济上和道德上都很重要。[25]

南非经济的扩展，尤其是第二次世界大战期间及随后几年中的发展，为快速增长的非洲人口提供了就业机会，成千上万的非洲人来到城市寻找工作。这种乡村—城镇的流动，再加上非洲人口的增长，就促使南非白人的“南非国民党”这个从20世纪初期起就倡导极端种族主义政策的政党，利用白人的担心，编织一种未来的可怕局面：如果没有合适控制的话，黑人将淹没城镇地区，控制工业经济。40年代后期，白人政治辩论就集中于经济和人口的改变，对“黑人危险”的担心使得白人人口中一个足够大的比例在

1948年的大选中，投了D.F.马兰领导的国民党的票。这个政党一直以“隔离”来竞选，这涉及把以前的隔离主义者政策强化到一个新的更为极端的阶段，它现在以多数支持组建了政府，并一直执政到1994年。[26]

我们在前面已经看到，有着各种其他的抗议形式，正式的或非正式的，它们随着时间发展起来，基本上都是在工作场所。“民族主义”本身成为一支改变的力量，是数年之后的事情。工业经济，尤其是非洲劳动力的好战组织，妨碍了一种广泛的非洲身份的出现，无疑也阻碍了一种“民族主义者”身份的生长。在其早期岁月中，非洲国民大会（ANC）只代表着非常狭窄的利益，主要是那些中产阶级温和派——非洲专业人员的一个小小群体，他们更倾向于请愿而不是街头抗议。到40年代时，ANC也不是一个激进运动，它避开“非法”活动，使用谨慎的策略，但基本上无效，无法阻止种族隔离立法的发展。然而，ANC的活动为更为广泛的政治行动奠定了基础，尤其是它与那些大型的印度人和“有色人种”（“混合种族”）运动的合作，由此展现了进行大规模和更有力的政治抗议的潜力。与此同时，工会组织——比如20年代的“工业和商业工作者联盟”（ICU），表明了一种工人意识的潜在力量，对此，白人政治领袖和商界领袖都想通过非洲劳动力的好战组织来加以阻止。种族隔离旨在强化“部族”身份，目
286 的是保持非洲人口的分裂。在1948年之前，一个种族隔离的体系已把非洲人限定在某些经济领域、生存区域和社会活动之中，南非国民党政府依据这个体系，将种族隔离提升到国家意识形态的高度。在其早期阶段，种族隔离的基本目标是将非洲人限制在早已十分拥挤的保留地中，处于“白人”区域之外，当然他们被白人雇用是例外。最终，种族隔离的远大目标之一——也是这个政策非常可笑和悲剧性的显示之一，就是要把所有未被采矿业雇用的非洲人运往白人社会边缘的一些自我管理的共和国内，在种族上“净化”南非。随着时间推移，尤其是从60年代开始，为非洲人居住设立的保留地变成了自治的“祖国”或“班图斯坦”（bantustan），这种缺乏诚意的“非殖民地化”旨在解决“土著人问题”。这些“班图斯坦”被认为腐败、暴力和治国无方。

种族隔离依靠对民众体系化的分类，将他们归入鲜明区分的种族范畴。1950年的“人口登记法案”将人口分为白人与非白人，后者又分为“有色人种”、印度人和“班图人”或非洲人（所以，“班图”一词是滥用，它本来只是一个语言学术语）。班图人又再细分为不同的部族，比如祖鲁族、科萨族、索托

族等等。这个立法的核心点与“族群住区法案”紧密相联，它也是1950年出台的，规定了各个“部族”住在什么地方，目的就是隔开和分离“土著”人口。这样做是要破坏一种非洲团结感，阻挡民族主义情感的生长。还有一些进一步的法律，限制非洲人的流动，对社会活动进行规定，公共场所、公共交通和教育都实施种族隔离，白人与黑人“种族”之间的性关系被宣布为非法。在许多方面，这个体系的目的是经济上的，要把黑人人口保持为一个从属的、没有一技之长的劳工阶级。非洲人工会被禁止，推行低工资制度。而且，1953年的“班图人教育法案”将非洲人置于指定的政府学校中，其课程强调种族区别，只提供一些基本技能的教育。种族隔离体系最招人憎恨的支柱之一，是它强化了社会控制，将此构成了一种社会管理。

不过，至关重要的是，一个幸运的精英阶层可以越过这个体系，将走到组织和领导民众抗议的位置之上。50年代，非洲民族主义领袖面对一个新的攻击性的政体，认识到需要进行更为强有力的反抗。南非各地爆发了反对新立法的民众示威，而传统上温和与谨慎的非国大在新一代年轻的、富有天赋的领袖如纳尔逊·曼德拉、奥利弗·坦博和沃尔特·西苏鲁的领导下，也恢复了活力。比如，在1952年至1953年，一场“蔑视运动”就形成了反对通行证法的广泛抗议，导致了大规模的逮捕。到50年代中期，各种“非白人”群体已经团结起来，呼吁一个民主的、非种族主义的南非。不过，这个联盟很脆弱，因为非洲人与亚洲人之间一直存有敌意，这最明显地表现于1949年德班出现的祖鲁人反对印度人的骚乱。而且，非国大领导人之间也有紧张关系，他们中有些人憎恶非非洲人的影响，尤其是那些白人自由派人士和那些加入了共产党运动的人。到50年代结束时，一个分裂出去的派别 287
组织了“泛非主义者大会”(PAC)，但民族主义斗争仍然在获取力量，冲突将变得更加激烈。[27]

一个对比的时代

盘点一下，有一点很明显，那就是40年代后期和50年代是一个对比的时代。这是一个内部冲突与竞争高涨的时代，那些种族的、文化的和地区的群体得到了巩固，要在自己的疆域内去支配民族主义的斗争。这些政治战斗的前线，有些可以回溯到19世纪，乌干达就显示了这个过程，这里的一种干达民族主义被用来与其他民族主义的联合进行竞争，这根本上就代表着19世纪敌对的一种延续。在尼日利亚也是这样，一条竞争轴线乃至于直接的暴力，发生于豪萨人—富拉尼人的北方与海岸一带森林居民之间，这至少从19世纪早期就开始了。在几乎所有这些情况中，这种敌对都转变为新的竞争形式，以图控制由殖民政体留下的政治空间。50年代出现了一些地方角色想要利用外来政治基本建构以加强自己的优势，而在这样做时常常就创造了——或者是试图创造——新的或强化了的种族或地区身份层，法属西非一带就是这样。越来越残酷的竞争和这些人所建立的愤世嫉俗的同盟，预示了不祥的未来，至少是在各个单独疆域的内部事务的层面上。

不过，50年代也是一个极为乐观和充满活力的时代，对于泛非主义和非洲大陆内在团结的观念——无论它们常常是多么含糊，对于更为普遍的非洲人斗争，对这些都有越来越自我肯定的自信。这在这一时代的知识分子和艺术复兴中反映出来。就是在这些年中，"非洲史"作为一门独特的、得到了承认的学科诞生，西方学者中的研究者人数不多，但在增长；更有一批热情投入的非洲学者。后者通常接受了西方大学的教育，1950年伦敦国王学院授予尼日利亚的坎尼斯·O.代克博士学位，他是用口述传统来进行历史研究而获得这一荣誉的第一人。[28]这些学者作为开拓者，继续去领导非洲大学中的历史系科进行研究——代克在伊巴丹就是这样做的。对于非洲历史学术研究来说，这被证明是一个黄金时期，尽管是一个短暂的时期。[29]在艺术领域，非洲的成就越来越被承认，非洲的绘画与雕塑超越了"部族制品"的平庸界定——尽管不那么确定，进入到具有内在美学价值的高度，即使欧洲市场对非洲木制和铜制艺术品的口味一直以一种最为基础的方式影响着非洲的产出。在文学方面也是如此，50年代是一个丰收季节，法属几内亚的卡马拉·莱耶的《黑孩子》(1954年)，英属尼日利亚的齐诺瓦·阿契贝的《分崩离析》(1956年)，都描写了一个失落的或濒临消亡的前殖民时代的浪漫过去，它与殖民地现代化相对立，这体现了对西方霸权观念的新的文化抵抗。[30]

从许多方面说，再也不会有这样一个时代了。在殖民统治的暮色中，许多事情似乎都是可能的，即使政治斗争在变革的发动机中留下了泥垢。
288 然而，还有许多障碍要克服，在这个大陆的其他地方，非洲人面对着更大也更为复杂的斗争。代克获得博士学位的时代，阿契贝出版第一部小说的时代，也是南非强化种族法律和暴力的时代，是葡属非洲和比属刚果越来越混乱，出现反叛的时代，也是阿尔及利亚与肯尼亚爆发残酷战争的时代。随着50年代的过去,非洲大陆上发展的内部冲突与拙劣的非殖民地化合在一起,将推动军事化的管理文化的苏醒和对各种物质和政治资源的激烈竞争,而这正是非洲19世纪的特征。殖民地之前的那些动力将再次走向前台。

注释:

① 将非洲置于更宽广的背景中,这方面的规范介绍有恩斯特·盖尔纳《国家与民族主义》(牛津,1983);埃里克·霍布斯鲍姆《1780年以来的国家和民族主义:神话、节目与真实》(剑桥,1992);安东尼·D.史密斯《第三世界的国家与民族:英国的国家与非洲的民族主义》(纽约,1983)。

② 比如见第1章的注释㉑。

③ A.阿杜·波亨《非洲视角看殖民主义》(巴尔的摩和伦敦,1987)。

④ 伊曼努尔·盖斯《泛非运动:泛非主义在美国、欧洲和非洲的历史》(纽约,1974)。

⑤ 托马斯·霍奇金《殖民地非洲的民族主义》(纽约,1957);J.S.科尔曼和C.G.罗斯伯格所编《热带非洲的政治党派和民族融合》(伦敦,1964);巴兹尔·戴维森《黑人的重担:非洲与民族—国家之路》(纽约,1992)。

⑥ 当时的观点可参看约阿希姆·乔斯顿《纳赛尔:走向权力之路》(伦敦,1960);也可参看J.J.特里《华夫脱》(伦敦,1982)。

⑦ 珀金斯《突尼斯现代史》,第4章。

⑧ 彼得·利姆《非国大的早期岁月:1940年之前在南非的民族国家、阶级和位置》(比勒陀利亚,2010);P.沃尔什《民族主义在南非的兴起:非国大,1912—1952》(加利福尼亚州伯克利,1971)。

⑨ 罗伯特·斯克拉《尼日利亚的政治党派:一个新兴非洲国家中的力量》(普林斯顿,1963),第48—55页。

⑩ 伊利弗《坦噶尼喀现代史》,第13章。

⑪ 约翰·朗斯代尔《非洲国家的出现》,收入兰杰所编《非洲历史中浮现的主题》;约翰·朗斯代尔《东非民族主义的若干起源》,《非洲史学刊》9:1(1968);伊恩·亨德森《东非和中非民族主义的起源:赞比亚案例》,《非洲史学刊》11:4(1970)。对这些主题一个富有新意的考查是弗雷德里克·库珀《"我们的罢工":平等、反殖民主义政治和1947—1948法属西非铁路罢工》,《非洲史学刊》37:1(1996)。晚近评价可参看迈尔斯·拉莫和巴兹·雷高克《历史化的非洲民族主义》,《民族国家与民族主义》24:4(2018)。

⑫ 参看苏珊·盖革《女性与非洲民族主义》,《女性史》2:1(1990)。

⑬ 托尼·蔡弗《法属西非一个民族——殖民政治精英阶层的教育与政治社会化,1936—1947》,《帝国史与英联邦史》35:3(2007);詹姆斯·E.吉诺瓦《殖民地矛盾心理、文化真实性和法属西非的模仿局限,1914—1956》(纽约,2004);库珀《帝国与民族国家之间的公民身份:重造法国和法属非洲,1945—1960》。

⑭ 勒内·勒马尔尚《比属刚果的政治觉醒》(加利福尼亚州伯克利,1964)。 289

⑮ D.奥斯汀《加纳的政治,1946—1960》(伦敦,1970)。

⑯ J.S.科尔曼《尼日利亚:民族主义的背景》(伦敦,1971);以及纳姆迪·阿齐克韦《火花:纳姆迪·阿齐克韦演说精选》(剑桥,1961)。

⑰ 库珀《帝国与民族国家之间的公民身份:重造法国和法属非洲,1945—1960》。

⑱ D.A.洛《现代历史中的布干达》(伦敦,1971)。

⑲ 这是马姆德·马姆达尼《公民与主题:当代非洲与后期殖民主义遗赠》(新泽西州普林斯顿,1996)中的主题之一。

⑳ 见尼雷尔自己的叙述和解说,收入《自由与团结:文章与演讲精选,1952—1965》(伦敦,1967)。

㉑ 布鲁斯·伯曼和约翰·朗斯代尔《不快乐的山谷:肯尼亚和非洲的冲突》第2卷《暴力与种族》(牛津,1992)。

㉒ 乔斯林·亚历山大、乔安·麦格雷戈和特伦斯·兰杰《暴力与记忆:马塔贝莱兰"黑暗森林"中的100年》(牛津,2000),第5章。

㉓ 安东尼·克莱顿《拓荒者:1950年以来非洲的战争》(伦敦,1999),第42—51页。

㉔ 阿利斯泰尔·霍恩《一场野蛮的和平战争:阿尔及利亚1954—1962》(伦敦,1977)。

㉕ 索尔·杜勃《种族隔离与南非种族隔离制度的起源,1919—1936》(贝辛斯托克,1989)。

㉖ 比如参看丹·奥米拉《大众资本主义:南非白人民族主义发展中的阶级、资本和意识形态,1934—1948》(纽约,1983)。

㉗ 纳尔逊·曼德拉《走向自由的漫长之路:纳尔逊·曼德拉自传》(伦敦,1995),第3部分和第4部分;埃莉诺·西苏鲁《沃尔特·西苏鲁和阿尔贝蒂娜·西苏鲁:我们的一生》(伦敦,2003),第2部分;汤姆·洛奇《1945年以来南非的黑人政治》(伦敦,1983);S.马克斯和S.特拉皮杜所编《20世纪南非的种族政治、阶级和民族主义》(哈洛,1987)。

㉘ 这项工作后来出版,标题为《1830—1885尼日尔三角洲的贸易与政治:尼日尔经济与政治史简介》(牛津,1956)。

㉙ 兰杰《非洲历史中浮现的主题》;托因·法罗拉《民族主义与非洲知识分子》(纽约州罗彻斯特,2001);托因·法罗拉和塞赫德·艾德因图《尼日利亚、民族主义与书写历史》(纽约州罗彻斯特,2010)。

㉚ 丹·伊扎夫巴耶《英语西非文学:从开始到1970年代中期》,米尔德里德·莫蒂默《法属非洲文学:殖民地时代的次撒哈拉》,均收入F.阿比奥拉·伊莱勒和西蒙·吉肯迪所编《剑桥非洲与加勒比地区文学史》第2卷(剑桥,2004)。

第十六章 290

妥协的冲突:独立之路

在1945年到50年代这一时期,欧洲殖民国家中有着很大的差异,经济状况和政治影响上是这样,与这两者相联系的宗主国与殖民地的意识形态和法律关系也很不相同。这就意味着在非洲大陆上,非洲人在二战之后的岁月中面对各种经历,既有障碍也有机会。这种差异就解释了不同殖民地获得“解放”过程的复杂性。一端是和平的、合乎宪法的政党,在这个框架内努力,与正在撤走的殖民地当局连接,获取独立,这种情况在英属和法属殖民地中多见;另一端则是武装游击战,人们被迫采用暴力作为手段来结束殖民统治,葡萄牙殖民地就是这样。二战之后的岁月,对于非洲反殖民运动、民族主义政党和解放的意识形态的性质,起到了决定作用。

争论与溃裂:权力的“宪法”转移

我们先谈权力的“和平”转移——当然这只是相对而言,它们集中出现在50年代中期到60年代中期这一时期。有重要的一点从一开始就要注意:暴力的幽灵笼罩着乃至于驱动了许多相对“平静”和“非暴力”的非殖民地化过程。我们后面会谈到武装反叛,但其他地方怒吼着的武装冲突的声音,在关于权力有序交接的谈判的沉默期,也常常被听到。对于法国来说,
阿尔及利亚的战争(1954—1962)就投下了深长阴影,构成了与撒哈拉以南 291
殖民地打交道时一种严肃的背景。对出现阿尔及利亚那种暴力的担忧,是宗主国对撒哈拉沙漠以南进行决策时的一个主要影响因素。1945年以后,不管是通过什么途径,巴黎设想自己那些殖民地将广义地保持为一个“大法国”的一部分,这样一个基本概念在一段时间内的确得到了法属非洲精英阶层的原则支持,这个精英阶层已经同化到法国文化之中。由于法属西非人没有被给予充分的公民权利,人们的幻想破灭了。而且,在40年代中期的立法改革之后,西非和赤道非洲殖民地虽被允许派代表到法国国民议会去,

但只有不到3%的席位，非洲人长期得不到代表。一些民族主义领袖对此的回应是组织两个分开的同盟集团——西非集团和赤道集团，这将使这些殖民地在与法国谈判时在政治上和经济上具有集体力量。然而，其他人反对这个主意，尤其是象牙海岸的民族主义者，他们认为自己疆域因经济作物而来的富裕会被用来补贴这一区域的穷困地方。①

受到阿尔及利亚暴力冲突的刺激，法国人在50年代中期引入了进一步的改革，这导致了1956年的内部自治。不过，宗主国政府仍然保留对军事、外交和经济计划的控制。随着阿尔及利亚局势的恶化，戴高乐总统想消除发生冲突的任何可能性，在1958年给殖民地提供了一种直接选择：或是保持与法国的联系，这会有经济上的好处；或是完全的独立，宗主国提供的所
292 有"援助"和保护都将中断。在这一阶段，绝大多数非洲领导人都投票赞同保持与宗主国的联系，同时又希望在未来有进一步的改革。只有塞古·杜尔领导下的几内亚，投票选择完全的主权。戴高乐于是想让几内亚成为一个例子，以说明殖民地如何依赖法国。对几内亚的所有经济援助取消了，法国人员撤走了，设备拆走了。几内亚看来要残废了，然而它活了下来，这在很大程度上是靠来自苏联和新独立的加纳的援助。②法属非洲的民族主义者很快就追随几内亚的榜样，迫切要求独立，但无疑也在观看英属西非事态的速度。在确保法国与其非洲殖民地持续的经济联系之后，戴高乐在1960年勉强同意法属西非和赤道非洲殖民地独立，这一年常常被称作"非洲之

暴力的代价：阿尔及利亚菲利普维尔屠杀牺牲者的葬礼，1955年。
来源：版权归查尔斯·库里尔莱/巴黎《竞赛画报》/《掘铲》。

年”。结果，如同英属西非绝大多数地方一样，非殖民地化通过宗主国中心与民族主义运动之间的持续对话而实现了，形成了一种妥协，双方的利益都得到了承认。只有在喀麦隆出现了严重的麻烦，这里的共产主义鼓动导致1956年成立了一个法国支持的温和联盟，它反过来又激发了一场左翼起义，这场起义持续了好几年，甚至持续到1960年喀麦隆获得独立之后，最终是一支法国军官指挥的军队粉碎了它，但造成大量伤亡。[3]

卢旺达也出现了麻烦，这里在独立之前的斗争主要是图西族与胡图族之间紧张关系的激化。1959年一场胡图族反对图西族君主的起义导致了大量的流血，是比利时当局控制住局面，比利时当局现在想把权力移交给人数多的胡图族统治了。在1960年举行的地方选举中，主要的胡图族政党“胡图解放运动”几乎全胜，第二年图西君主就被废除，“胡图解放运动”带领卢旺达在1962年实现独立，但种族之间的紧张关系在此后的岁月中仍然持续着。[4]正是图西族想要再次夺取权力的明显威胁，导致了1994年那场对图西人和被认为是他们朋友的胡图人的大屠杀。在邻近的布隆迪，图西人在独立后就保持着掌权，直至1993年。

英国也想通过与民族主义者自身打交道来保持对事态的控制，但依据不同的情况采取了不同的战略。[5]在40年代末，为了应对黄金海岸正在激化的社会问题和政治挑战，英国人设立了一个质询委员会“库西委员会”(Coussey Commission)，以查明在他们这个据说的“模范殖民地”哪里出了问题。在自己的报告中，这个委员会提倡让非洲政治家们有更大的代表权和进一步的宪法改革。与此同时，它也让当局抱有希望，这些改革会推动温和派政治精英的纳入，他们的代表是“黄金海岸联合大会”(UGCC)的领导人J.B.丹卡。相应地，当局就有意要搞臭“大会人民党”(CPP)的领导人克瓦米·恩克鲁玛，1950年他被逮捕和拘禁，他被形容为“左派野人”，一个危险的激进分子，而丹卡作为安全的合作者、黄金海岸非洲政治的未来得到了积极的推介。然而，在1951年举行的选举中，事情发展不像英国人计划的那样，恩克鲁玛和联合人民党赢得压倒性胜利，取得了关键性的政治突破。当局很快决定别无选择，
只有释放恩克鲁玛，并试图与大会人民党合作。开始时，作为政府运作的领 293
导，恩克鲁玛温和地推进非殖民地化的步伐，他这样做时利用了他与总督建立的良好工作关系，但他也把外交与一种能力结合起来，这就是以大规模内部动乱的风险来取得政治资本。1954年的内部自治政府很快就变成1957年
的完全独立。“加纳”是撒哈拉以南非洲国家中第一个获得独立的。[6] 294

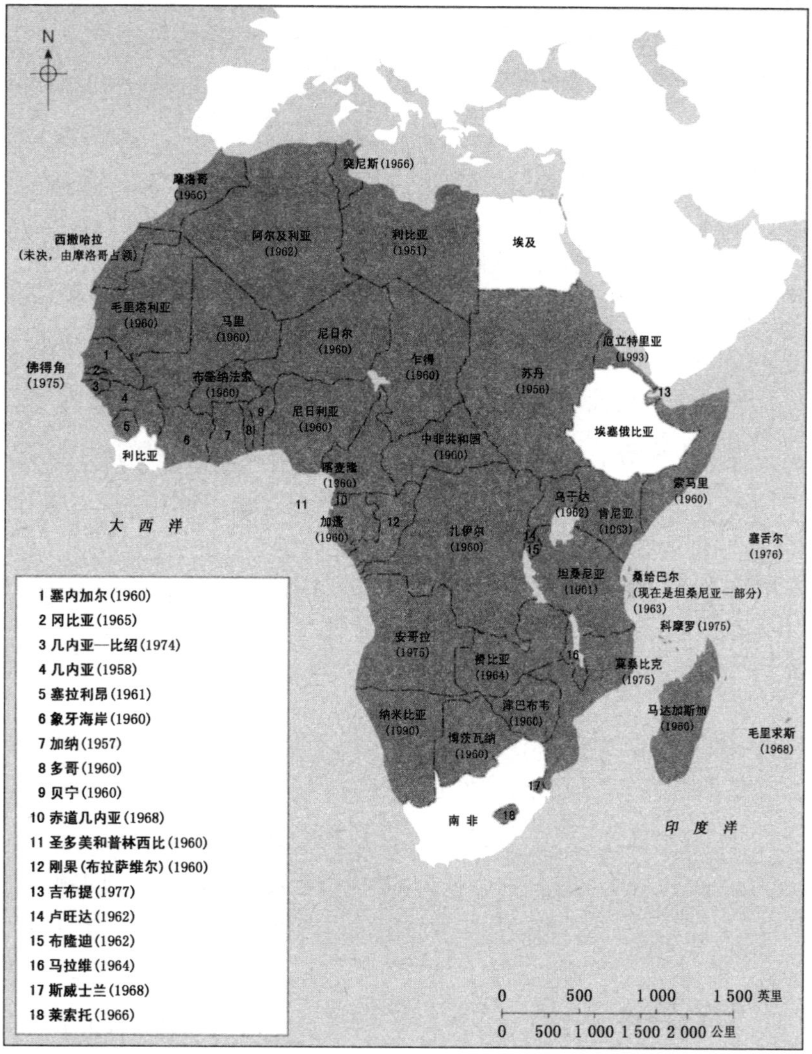

非殖民地化。引自 G.阿诺德《非洲：一部现代历史》(伦敦：大西洋书局,2005),第 xxii 页,2005 年版权属盖伊·阿诺德,大西洋书局有限公司和作者许可复制。

加纳获得独立,是两种关键动力连接的结果。普遍的民族主义,显然通过骚动、示威、罢工和抵制等形式的广泛抗议而清晰表达出来,这对于迫使英国人考虑宪法变革和做出让步无疑是至关重要的。大会人民党自身在使用挑战殖民秩序的战略上起到了核心作用,它倡导“积极行动”,但避开直接的暴力,这样做很明智。大会人民党看到了英国人使用极端武力在肯尼亚镇压“矛矛”起义,在马拉维的丛林中镇压游击队——这都发生在 50 年代,它就避免直接的军事对抗,而是应用相当的政治压力,使得殖民地当局难以进行政府运作。动员广泛的支持,以赢得 50 年代的那些选举,这个政党在这方面做得也很成功,相比之下,“黄金海岸联合大会”显然就未能做到。总之,如果没有大会人民党的话,加纳是不可能在那个时间就获得独立的。对于恩克鲁玛本人而言,他是一位伟大的演说家,面对公众使用激进主义的雄辩,但私下与殖民地官员打交道时却颇温和。他被关押时谴责“库西委员会”,然而却准备好利用随后的选举,抓住宪法变革所提供的机会来推进大会人民党领导之下的独立事业。从 1951 年到 1957 年,恩克鲁玛愿意与英国人一起工作,在这方面颇为灵活。作为独立加纳的领导人,他很快地从他原来的反英立场撤回,加入了英联邦,为这个过程中那些未来的撒哈拉以南国家树立了一个先例。恩克鲁玛是一个综合体,既是激进的人民党领袖,也是愿意妥协、注重实效的外交家,他在加纳获得独立上的个人作用显然是巨大的。确实,一个贯穿于 50 年代和 60 年代非洲解放的主题,就是那些具有超凡个人魅力的领袖所起的作用,他们在许多层面上支配着他们的运动。他们是非洲大陆第一代独立领导人中的“巨人”,这对独立国家的政治结构产生了重要影响。也必须说,同样重要的还有英国人的持续宪法变革的战略使得独立成为可能,而这也帮助英国能够保持主动,至少是在某种程度上。当局在 1951 年决定与恩克鲁玛合作,而不是如其他地方那样拒绝选举结果,继续关押他。当局选择与他们自己创建的这个体系一道稳步前进,与那些因这个体系获益的人合作,不管这些人有多么令人不快(至少是开始时)。

在坦噶尼喀也是这样。这里的朱利叶斯·尼雷尔用 50 年代后期和 60 年代初期的时间,建立了殖民地当局对他的信任,同时他又组建了“坦噶尼喀非洲民族联盟”(TANU),以非洲大陆上最有效的草根动员之一,建立了这个全域性的组织。权力转移在开始时是制定了一部多民族的宪法,这在某种程度上增加了非洲人的代表,但它根本上还是给人数少的欧洲人和亚洲人群体提供了过大的权力声音,这种政策受到了邻近肯尼亚做法的影响。295
然而,尼雷尔却巧妙地说服一些白人定居者代表来支持“坦噶尼喀非洲民族联盟”,在 1958 年的议会选举中它赢得了多数。1961 年,坦噶尼喀获得独立。[7]英国人控制桑给巴尔岛至 1963 年,但就在坦噶尼喀获得独立的几周后,这个岛爆发了一场暴力革命,非洲反叛者把“阿拉伯”政府推翻了。这是一种复仇愤怒的爆发,这种愤怒在许多方面根植于种族之间的紧张关系,可以回溯到 19 世纪。[8]1964 年年初,尼雷尔指导坦噶尼喀和桑给巴尔合并为坦桑尼亚共和国,但桑给巴尔在接下来的数十年中还是有不算严重的政治动荡，这在很大程度上是因它与大陆关系的性质而引起。

在其他地方，非殖民地化是那样经常地濒临溃裂。在加纳，大会人民党至少还能够保住全国团结的形象，只是在独立之后这座大厦才出现了裂缝。然而，在乌干达，这种裂缝在降下英国旗代之以乌干达旗之前就已经非常明显。乌干达人民大会（北方，新教徒），民主党（天主教徒）和“只要国王”运动（干达人），在独立之前的倒计时期间相互竞争，那些重大分歧一直没有解决。部分是靠了英国人的居间安排，乌干达人民大会和“只要国王”运动形成过短期联盟，在1962年使乌干达获得独立，由北方的米尔顿·奥博特担任首相。第二年，当国王被安排为这个新国家的执行总统时，布干达人的特殊地位就得到了强调。不过，奥博特本身的支持在独立之后得到增长，以至于他认为不再需要干达联盟了，这个联盟在损害他的计划。他在1966年推动的新宪法，涉及要将他自己提升为执行总统，于是他命令军队攻击国王宫殿，那位干达君主逃走流亡，布干达的特殊地位被废除了。[9]然而，奥博特得面对这种裂缝，乌干达社会的紧张与分裂在持续，最终造成了悲剧性后果。这类深深的社会政治分裂在尼日利亚也颇明显。这里的非殖民地化进程因“北方人民大会”的无能而缓慢，“约鲁巴行动团体”和“尼日利亚和喀麦隆全国委员会”在宪法上达成了一致。尼日利亚民族主义者面临的基本选择有：一个统一的单一国家，有着高度中央集权的政府；尼日利亚疆域内一些高度自治国家的联邦；把这片疆域彻底分成三个或更多的主权国家。事实上，最后这个选择基本不在英国人的考虑之中，因为这会是一个危险的先例，会导致各个殖民地的肢解，但这种事后来被“非洲统一组织”所承认。然而，关键的挑战就是要解决穆斯林北方与基督教徒南方之间的紧张关系，北方人担心“欧洲化”的南方人来支配，在殖民地之后的宪法安排中南方人可能会获益。另外还有南部地区中约鲁巴人与伊博人之间的紧张关系。“部族主义”纠缠着尼日利亚的非殖民地化。最终尼日利亚选择了联邦制，于1960年获得了独立，阿布巴卡尔·塔法瓦·巴勒瓦成为它的总理。60年代，紧张更
296 为加剧，北方控制着第一届联邦议会，而所有三个地区——北部、西南部和东南部——都在考虑自治，于是导致了这样一种局势：每个地区都是多数人群体支配少数人群体。[10]

法属和英属热带非洲的绝大部分地区，都以最低程度的实际暴力走向了独立，但肯尼亚不是这样。在肯尼亚，社会问题的积累到50年代开始时已经导致了一种燃烧性的政治气候。这里的非殖民地化进程可以视为在三

个阶段发生。1945—1952 年前后这一时期是一个危机出现的阶段,导致了紧急状态的宣布。“矛矛”起义的主要阶段是从 1952 年至 1956 年,当这场起义被粉碎之后,它迫使英国重新考虑自己的位置和白人定居者的位置。接下来,从 50 年代中期直至 60 年代初期,包括 1959 年的解除紧急状态,肯尼亚又经历了重建和白人定居者政权的解体。这个过程的顶点是获得了独立。

不同于西非的情况——那里宪法改革的发生有利于非洲人代表,在肯尼亚,40 年代后期和 50 年代初期时,白人定居者被视为是这片疆域政治未来和经济未来的中心,1947 年后达成的妥协使得一个多种族议会建立,它把非洲温和派与白人定居者带到了一起,但必须保证白人定居者的多数席位。就是在这种有限宪法改革的背景下,乡村暴力冲突的第一波行动发生于 40 年代后期。到 50 年代初期时,这样的暴力冲突已经蔓延,出现了对白人定居者和富裕的基库尤人的暗杀。“矛矛”战士们自身绝大部分是基库尤人,也有一些伊姆巴人和迈鲁人,他们因立誓而团结起来,从原来的擅自占地农民和城镇穷人中吸收成员,在肯尼亚中南部的森林和山丘活动。“矛矛”一词本身的来源不清楚,这些战士自己实际上从来不用这个词,它可能是来自欧洲人对一个基库尤词“乌矛”(uma,“滚”的意思)的有误发音,“乌矛,乌矛”(uma, uma,“滚,滚”)是对白人定居者喊出的;或者是对“姆矛”(muma,“立誓”之义)的误发音。1952 年,英国人宣布肯尼亚进入紧急状态,逮捕了“肯尼亚非洲人联盟”的领导人,包括约默·肯雅塔,并且派来了军队。这一区域的村庄成为了目标,不分青红皂白的搜捕导致了成千上万的基库尤人被关进集中营。英国人镇压起义的这种冷酷和暴力,反而使得许多年轻人加入到“矛矛”行列,与此同时,英国人利用基库尤人中的“忠诚者”组成“家园保卫”团体,组织了相反的团体来对抗“矛矛”。[11] 二战之后,在萎缩的英帝国境内的所有战争之中,这场战争最为惨烈,也无疑最应受谴责。到 1955—1956 年这场起义被有效镇压下去时,肯尼亚已经被永远地改变了。

英国强大得多的火力,对于击败“矛矛”无疑发挥了作用,但这场起义之所以失败,也是因为它未能建立起一个更宽广更普遍的基础。在许多方面,它一直孤立在肯尼亚高原,因在肯尼亚内外都没有提出富有凝聚力的意识形态,明显缺乏富有感染力的诉求而受阻。比如,它就未能做到阿尔及利亚的“民族解放阵线”那样,阿尔及利亚人把自己的诉求传播到境外,与遍布北非和中东的激进的阿拉伯民族主义结合起来。“矛矛”没有肯尼亚境外的外

对肯尼亚叛乱的回应。来源:Popperfoto/格蒂图片。

交联系,所以在某种程度上全世界就是通过英国的眼睛来看这场起义:部族
297 的、嗜杀的、返祖性的,除了可怕的誓词和伤害无辜平民外,没有清晰的纲要。然而,在那场实际战斗之后,它留下了深远的影响,导致了英国在这块殖民地及其未来的根本态度改变。在50年代中期,殖民地官员开始质疑让白人定居者处于肯尼亚政治和经济中心是否明智,尤其是那些想更好地理解这场起义及其社会根源的人。在战争中,"矛矛"基本上被视为病害,但现在许多人认为它事实上是一种征兆,表明了一种大规模的社会性的流离失所,所以军事行动并不是解决问题的最终办法,因为导致这场起义的根本问题还会再次出现。[12]到1955年时,必须进行社会经济改革,这样才能保证安全,这种观点已被人们接受。于是"重建"开始了,这涉及强化非洲人的土地所有权,尤其是财产权的保障。一种对基库尤人的新的土地安置启动了,这付出了相当的代价。不过,英国人没有回应"矛矛"起义的一个最大的根本问题,也就是无地穷人的存在。在这个重新安置中,许多肯尼亚人吃了亏,尤其是那些因"矛矛"而被拘者,而那些被认为是"忠诚"的人则得到了好处。短期而言,重建似乎起了作用,农业生产力增加了,一个繁荣的非洲农民阶层——他们的价值现在得到了承认,得到了支持。然而,那些无地者的不满还是没
298 有得到回应。与此同时,对欧洲人控制着"白人高原"上最好土地的怨恨仍在持续,还有对白人定居者支配出口经济的愤恨。最终,殖民地当局放松了限

制，允许非洲人进入到有利可图的出口市场，而这又等于是对白人定居者经济的袭击。[13]

随着50年代结束，白人定居者中间出现了裂缝。许多人仍然拒绝与非洲人打交道，想要维持那些特权。这些特权持续了几代人，他们已经习惯了。然而，“新肯尼亚团体”——它里面有一些商业经理和种植园主，则表明他们愿意做出经济和政治让步，想尽力去防止“矛矛”的再次爆发。变革就这样启动了，将导致废除白人特权的宪法改革也开始了。而且，这些变革的发生还有一个背景，那就是英国政府对“矛矛”事件中胡拉集中营的暴行提出了质询。在胡拉集中营，随着殖民地当局宣布“矛矛”事实上是一种病害，被拘者就受到了相当残忍的对待，包括洗脑和强迫劳动，目的是清理这些“病人”的身体和头脑。许多被拘者拒绝劳动，于是遭受了肉体虐待，其中有些人被毒打致死。[14]50年代后期，胡拉集中营的细节被披露，当时英国正是哈罗德·麦克米兰首相领导的政府，这激起了广泛的愤怒，人们谴责使用这样的暴力来解决殖民地“问题”。而且，肯尼亚出现的事情，让许多人去质疑英帝国本身。麦克米兰本人当时也对殖民地的经济优势持怀疑态度，在他看来，殖民统治现在已经是一种政治困窘，是国内选举的一种债务了。如果说是“矛矛”最终使得英帝国屈服，那夸张了，但50年代的这场暴力——也包括英国人自己对深刻社会问题的残忍回应，它又在苏伊士运河那场灾难之后发生，就迫使许多人去质疑帝国使命的道德性乃至于它的存在理由了。

多种族主义被放弃，转为非洲多数人的统治。随着紧急状态的解除，民族主义政党再次创建，包括“肯尼亚非洲民主联盟”(KADU)和“肯尼亚非洲民族联盟”(KANU)。肯雅塔从监狱被释放后，就担任了“肯尼亚非洲民族联盟”的主席，并且通过选举，带领肯尼亚于1963年获得独立。[15]在殖民统治的最后几个月里，英国人确定了“土地购买安排”，通过它，他们从那些撤离的欧洲农民手中购买了超过100万英亩的土地，想在非洲农民中重新分配。本质而言，这是想要帮助将要到来的政府，让它有一些东西可以提供给无地穷人。然而，与此同时，一种“愿买—愿卖”的体系建立起来，这样，那些有钱来购买的非洲人就可以获得土地。这种体系的好处显然不归那些无地穷人，而是那些已经相当繁荣富足的非洲地主。要撤走的英国人决定要创造一个稳定的中产阶级来确保财产权的维持，它认为只有这样才能保证社会秩序与安全。[16]所以，在创造一个独立的非洲政府的过程中，英国也把权力转交给了一个愿意和能够保障英国利益的中产阶级。或许可以说，在

某种意义上这并不是完全的非殖民地化，而是一种新形式的间接统治，它类
299 似于原来的法属西非和赤道非洲。无疑，60 年代初出现的这种政治现实，在接下来的岁月中，将导致对原来这些帝国力量的“新殖民主义”谴责。[17]

最终，这样的权力转移尽管是用一种有序方式来进行——至少表面上是这样，而且获得了预期的法制炫耀，但是有着深深缺陷的。后期的殖民地国家没有产生出一种公民社会，要保证政治稳定，或者是提供适当的制约与平衡，就需要这样的公民社会。殖民地的“现代化”计划最终搞得很拙劣，这也包括教育。只是到了殖民统治的最后几年，教育才对一小部分非洲人开放，这就意味着未来的公民中文盲比例仍然很高，对领导人实行制约的意愿和能力都缺乏，所以从一开始就易于受到无情或摇摆的精英分子的操纵和利用。而且，这些作为统治阶级出现的精英群体自身，也常常对即将到来的任务并没有充分准备，只是独立之前和独立本身中一种匆忙培训的产物。由此导致的政治轻浮，并不简单就是殖民破产和构想有问题的非殖民地化的必然结果，除了这些短期因素外，还有国家形成的长期动力和必然涉及的政治和经济冲突，它们可以回溯到 19 世纪。无疑，后期殖民地国家的失败与这些长期因素混合在一起，但独立的“新时代”却见证了这些长期的、具有鲜明非洲特色的各种动力的再次凸显。

暴力：生长、形成与影响

所以，许多地方的非殖民地化都是相对和平的权力转移，即使像肯尼亚这种出现过一段暴力时期的地方，也推进着这个过程。在这些殖民地，这个过程的宪法和法律的性质，意味着所达成的妥协常常就塑造了未来的政治关系，前殖民国家的经济乃至于文化影响在独立之后仍然持续，某种程度上的肯尼亚，还有加纳，以及原来的法属殖民地，都属于这种情况。原来的宗主国在商业领域，在某些领导人身上都有大量的投资。此外，欧洲的“卷入”也常常涉及实实在在的军事存在。这些被一些人称为“新殖民主义”，我们将在后面章节来谈论，这里只要注意到一点就够了：和平的非殖民地化，对于原来的殖民地变成什么样的民族国家，常常有着重大的影响。

不过，有些疆域则是通过暴力得到独立的。[18]阿尔及利亚就经历了 1954 年到 1962 年的流血冲突，它导致了数十万平民的死亡，其中既有阿尔及利亚人也有白人定居者。当戴高乐最终下令撤退时，白人定居者的主体也离开了。葡萄牙殖民地也是通过 60 年代初期到 70 年代中期的战斗而得

到解放的：莫桑比克、安哥拉和几内亚—比绍最终都在 1974 年获得独立，是在葡萄牙自身发生了政变之后。的确，内战又在这些新的主权国家中持续了许多年，不可磨灭地、悲剧性地与冷战的图谋纠缠在一起。在苏丹，内战 300 持续了数十年，这里的南北深深分裂，是这块辽阔疆域在空间上的不合逻辑的一种最鲜明的显示。在南罗得西亚——1965 年后只称“罗得西亚”了，一场反抗白人少数统治，争取“内部”非殖民地化的解放战争从 1966 年打响，到了 1979—1980 年才告结束，建立了非洲多数人的统治。在南非也是这样。这里的反对种族隔离政权的艰苦的政治和军事斗争，从 60 年代初期开始，持续到 90 年代之初。非洲大陆还有许多其他例子，比如厄立特里亚，这里的游击队为反抗埃塞俄比亚人的统治战斗了 30 年，从 60 年代初期（埃塞俄比亚在 1962 年废除了联邦，强迫厄立特里亚并入它这个帝国）一直到 1991 年。纳米比亚也是这样。这里的起义者与南非占领战斗，直至 1990 年获得胜利。这些冲突在起因和形式上都颇为不同，进行解放斗争所采用的手段也差异很大；这些武装斗争自身的社会特点，暴力对社会和政体的广泛影响——在冲突之中和冲突之后，也都很有差别。那些诞生于暴力的民族国家，是否在某些方面要比那些因和平妥协而来的国家“更为独立”？这或许是一个开放的问题，在根本上可能是一个无意义的命题。不过，暴力的非殖民地化过程，非常不同于那种有序的、宪法性的权力转移，这一点没有疑问。对于那些被暴力碰撞的社群来说，死亡的意味超越了单纯的政治。暴力的长期背景，也需要反复重申，因为这一时期见证了政治事务中一种进化了的暴力文化的重现，其根源可追溯到 19 世纪的那些剧变。同样，尽管 50 年代和 60 年代武装冲突的短期原因是操作极坏的非殖民地化，但理解这些冲突也需要考虑到非洲政体和社会长期黩武主义的背景。在许多方面，20 世纪中期的“解放战争”是非洲 19 世纪“军事变革”的晚近显示。

北非殖民地以各种方式获得了独立，但基本上是和平的，或者至少是没有大规模的流血。埃及获得主权的过程分成几个阶段。它的开始是 1922 年的宣布主权和 1936 年的英埃条约，但直到 1952 年纳赛尔发动政变才算实现，而他接下来于 1956—1957 年在苏伊士运河问题上与英国人和法国人摊牌，埃及的国家主权这才可以说巩固了。民族主义者的压力迫使法国人撤出了突尼斯和摩洛哥，这基本上使用的是和平手段。然而，阿尔及利亚的情况就大为不同了。战争在 50 年代初期升级，随着 1956 年“民族解放阵线”在阿尔及尔放置炸弹，它就进入了一个残酷的新阶段；就在这一年，法国政府把驻阿兵力增加了一倍,达到了50万人左右。“民族解放阵线”在海外组织得很成功,开始时是通过艾哈迈德·本·贝拉的积极努力,他从监狱中逃了出去,负责向解放阵线提供稳定的武器供应。“民族解放战线”在海外也有重要的盟友,这也包括纳赛尔的埃及。1956—1957年,阿尔及尔的战斗相当残酷,接下来就是巴黎与“民族解放战线”之间的两次失败谈判,法国定居者还有一次流产的行动,想取代殖民地政府,自己来控制局势。在50年代后期,戴高乐积极打击解放阵线,尽管造成了巨大破坏,付出了金钱与人员上的极大代价,
301 但最终还是不成功,而在法国内部,公众对这场战争的批评越来越强烈。到1960年,联合国正式承认阿尔及利亚的自决权,法国统治的时间看来就屈指可数了。又有过一些反复,包括失败的谈判和进一步的暴行,但在1962年7月,法国人最终撤走,阿尔及利亚的独立被承认了。高达100万法国定居者随殖民地当局一起撤走,也有1万定居者伤亡,但与另一个数字相比就苍白了:100万或者更多的阿尔及利亚人在这场非洲最为血腥的解放战争之中死去。[19]

60年代初期,葡萄牙人对安哥拉民众造反的反应很残忍,而且,这里的解放斗争有着外来干预。葡萄牙开始时接受来自美国的支持,而自认马克思主义的“安哥拉人民解放运动”(MPLA)则接受苏联援助。与此同时,其他的组织也很快在丛林中出现,也都有着外来支持,其中包括“争取安哥拉彻底独立民族同盟”(UNITA),南非支持它,认为它是一个比“安哥拉人民解放运动”要友好一些的选择;还有“安哥拉民族解放阵线”(FNLA),美国人支持它——美国人后来决定,通过一个竞争的组织来制止叛乱,这是控制安哥拉事态较为有效的方式,超过支持葡萄牙人自身。结果,当安哥拉最终获得独立时,它已经被内战毁灭。苏联人支持的“安哥拉人民解放运动”在1976年年初获得了部分的“胜利”,但UNITA在这个国家的东南部并没有被击败。外界插手显然激化了冲突,而各种政党也依据种族亲和力组织起来,从而代表着一系列正在生长的内部对抗。“安哥拉人民解放运动”也想扩大自己的支持基础,但它基本上是姆邦杜人的组织,而“争取安哥拉彻底独立民族同盟”的支持者主要是奥韦姆邦杜人,而它持有的南部倾向至少部分就是对北方人的“安哥拉人民解放运动”统治的一种反弹。

在莫桑比克,“莫桑比克解放阵线”(FRELIMO)在取得较大的团结上比较成功,它通过社会主义革命使这片疆域走向独立。但在后来的岁月中,随着一个反对派组织“莫桑比克民族抵抗组织”(RENAMO)的出现,也导

致了一场流血内战。RENAMO有南非和其他方面的支持,这场冲突使得这个国家陷入绝望的境地。[20]暴力是如此经常地造成破坏和分裂,暴露了19世纪后期殖民地这种创造物的极度脆弱。在比属刚果,这显示得最为鲜明。由于害怕法律和秩序的全盘崩溃,担心出现“另一个阿尔及利亚”——阿尔及利亚成为一个可怕的参照,许多殖民国家都以它来衡量自己殖民地的状态,比利时人于1960年事实上已经逃走,接下来几年中是越来越激烈的动荡,混乱随之发生。民族主义者自己惊呆了,几个月内政治团体遍地开花,它们之中许多都有强烈的种族地区倾向,在刚果的主权能够建立之前,似乎就要将它摧毁。帕特里斯·卢蒙巴开始时试图拢住一个全国性的联盟,但他周围的事态却在崩溃,再加上军队兵变,还有因铜矿而富裕的卡丹加省在南方要退出。卡塞地区的种族之间的暴力在加剧。同样,外国利益也为内战火上浇油,美国人、苏联人,甚至还有比利时人自己,都或明或暗地卷入进来。所以,刚果就使得联合国实施了它的第一次——但决不是最后一次——重大的非洲行动(这次行动使得联合国秘书长达格·哈马舍尔德丧生,在斡旋一系列谈判期间,他的飞机于1961年9月在赞比亚失事)。 302
1962年,一支联合国维和部队使得卡丹加省置于控制之下,但与此同时,卢蒙巴却被绑架并被杀害,美国人很可能对此知情,而且肯定因此而感到轻松,他们担心卢蒙巴的左倾倾向和个人魅力。现在变成了美国人支持的刚果军队指挥官约瑟夫·蒙博托将军来进行控制了,他最终于1965年掌握政权。伴随着军队的改革,蒙博托重建了中央集权的、异常残暴的政府,成功地让自己成为西方在非洲最重要的冷战盟友之一。蒙博托后来把这个国家重新命名为“扎伊尔”,他自己也改称“蒙博托·塞塞·塞科”,这是一种多少有点古怪的非洲化。如同20世纪初期的利奥波德时代,这个国家又变成了一个腐败猖獗、长期治国无方的笑柄,成为了“任何事情一到非洲就变坏”的最明显表现。然而,蒙博托自己继续享用西方的支持,直至冷战结束。[21]

如同刚果经历了这些伤害一样,在南边一点的英属中非,另一场危机出现,如同葡属殖民地的情况一样,这也将带来一个漫长的冲突时期。英国早就对“中非联邦”感到不安了,担心南非局势和白人定居者侵占的重演。无论如何,英国人最近才“解决”了肯尼亚的问题,普遍而言英国的政策是不再支持白人定居者政体,而是推进权力移交,让非洲多数人统治。几年之前,哈罗德·麦克米兰已经徒劳地警告过南非议会:“变革之风”正在席卷非洲大陆,现在罗得西亚和尼亚萨兰也不能例外。英国人希望这个联邦会逐渐在政治上融合非洲人，但却被证明没有希望，这个联邦政府已经表明它无意与人分享权力，这种态度体现了南罗得西亚在合作关系中的支配地位。1963—1964年，由于英国强有力的干预和非洲人反抗的加剧，这个联邦崩溃了。非洲人的抗争由一些具有个人魅力的领袖来领导，如尼亚萨兰的黑斯廷斯·班达和北罗得西亚的肯尼思·昆达。这些疆域中的两个，它们的权力移交相对直截了当：北罗得西亚作为赞比亚获得独立，由昆达的“联合民族独立党”领导，尼亚萨兰作为马拉维独立，由班达的“马拉维大会党”领导。[22]但南罗得西亚的问题没有解决，它的白人少数越来越强硬。

从60年代初期开始，这个殖民地中支配性的白人定居者政党就是“罗得西亚阵线”，它是一个越来越极端的运动，是南非白人的“南非国民党”的翻版。在“种族”问题上，与50年代一些较温和的白人定居者政党不同，它采取强硬路线，坚信白人应拥有特权。这个阵线的支持不限于大工商业，还代表了白人农民和白人城镇工人阶级，这是白人定居者社会中一个正在扩大的部分。他们更为担心非洲多数人统治，因为他们会因此而失去最多，所以他们就代表了白人定居者中的极端右翼，坚决反对妥协和宪法改革，而且也越来越猜疑和憎恨英国人本身，怀疑英国人想在“黑人民族主义”的祭坛
303 上牺牲他们。“罗得西亚阵线”的领导人伊安·史密斯在1964年成为国内总理，在第二年，他拒绝就这个国家的未来进行谈判，无视英国施压，史密斯的政府单方面宣布了独立。从哈罗德·威尔逊到玛格丽特·撒切尔，一届届英国政府的对外政策中，“罗得西亚问题”都占不小分量，他们在与史密斯打交道时颇有顾虑，如果使用武力来迫使罗得西亚就范，这在政治上过于敏感，无论如何，罗得西亚白人是“朋友和亲属”。所以，这就从来没有成为一种现实的选择。[23]

由于在刚果使用了维和部队，联合国现在就可以对罗得西亚实施制裁了，想以此来推翻“非法”的史密斯政权。不过，在一段时间内效果恰恰与预
304 想的相反：由于史密斯成功地找到了这一区域中的商业和战略合作伙伴，也就是安哥拉和莫桑比克的葡萄牙政权以及南非，它们在这一阶段结成了关键性的同盟，罗得西亚的经济得到了刺激。在单方面宣布独立后的头几年中，实际上出现了生活水平的上升，白人和非洲人都是这样。这就意味着从1966年开始，当“津巴布韦非洲民族联盟”游击队首次与安全部队冲突时，这个运动从一开始就必须努力去赢取民众支持，尤其是在乡村地区，在一个经济相对繁荣的时期，这个运动无法去说服许多人相信武装斗争的必要。

与此同时,民族主义事业也因"津巴布韦非洲民族联盟"与"津巴布韦非洲人民联盟"之间的分裂而受阻。"津巴布韦非洲人民联盟"只是在70年代后半期才对武装斗争做出了重要贡献。如同其他地方一样,这种分裂既是种族上的,又是意识形态上的,还是战术上的。"津巴布韦非洲民族联盟"的根基在修纳人中,而"津巴布韦非洲人民联盟"的支持则主要来自恩德贝勒人。这样的"种族主义"被白人定居者政权的辩护者所利用,说它表明罗得西亚如果实行非洲多数人统治,一定会出现流血动荡。

不过,到70年代初期,军事斗争的前景变得明朗了。作为一个游击战运动,"津巴布韦非洲民族联盟"越来越成熟和有经验,在军事上和政治上组织得更好了,在变得专业化的同时,它也能够更好地开发出动员民众的意识形态,把强压、诱惑和"人民战争"的说辞结合起来使用,深入乡村社群,以得到兵员和援助。[24]而且,"民族联盟"还与邻国莫桑比克的"莫桑比克解放阵线"紧密合作,从1972年后,它的人可以使用国境那边"莫桑比克解放阵线"的基地作为补给和恢复之用。"莫桑比克解放阵线"在1974—1975年的"胜利"给"津巴布韦非洲民族联盟"带来了更多的物质和精神支持。与此同时,在60年代后期那个挑战性的"繁荣年代"之后,罗得西亚经济出现了急剧的衰退,这就是孤立它的结果。由于缺乏出口市场,导致了普遍的失业和贫穷,尤其是在非洲人中,他们中许多人被迫走进了游击队的行列。白人农民也不再能够把自己的烟草卖到海外,只好到国内玉米市场去竞争,这也使得非洲人进一步滑到国内经济的边缘。非洲人保留地的状况糟糕得多,因此"津巴布韦非洲民族联盟"就能够获得较从前广泛得多的支持基础。到70年代中期,即使南非这位以前的保护者也变得不那么友好了,不再相信这是一场史密斯能够打赢的战争(当然,与它自己形成了鲜明对比)。相应地,比勒陀利亚开始迫使史密斯与"民族联盟"进行谈判。一直对激进的穆加贝深深猜疑的英国和美国,也想促进一个温和的非洲政府的出现,它们原想把"罗得西亚阵线"和一个由温和的艾贝尔·穆佐雷瓦率领的非洲代表团拢到一起,成立一个妥协的"联合政府",但失败了。1980年,随着白人定居者在军事上被击败,游击队控制了这个国家除主要城市之外的绝大部分地区,史密斯被迫接受多数人统治,在接下来的选举中,罗伯特·穆加贝赢取权力,成为改名为津巴布韦的这个国家的领导人,但那些重大的内部紧张——尤其是围绕着土地分配和种族关系,仍然没有解决。在20年的时间后,穆加贝将以一种灾难性的想法来处理这个土地问题:把白人农民从他们的土地上驱逐出去。[25]

305 从苏伊士到沙佩维尔及其他:高强度帝国主义的结束

在埃及,纳赛尔的政府决定根除所有危及这个国家主权的西方影响,这种不可避免的冲突就集中在苏伊士运河上。自从它1869年启用以来,就一直是埃及民族主义者的耻辱。事实上,英国人在1954年下半年就同意把自己的军队从苏伊士地区撤出,但两年多后,运河又成为了一场国际和局的中心,这标志着一种相当程度的政治转变。几个因素促使英国和法国政府把军队派往苏伊士,这得到了以色列的帮助。纳赛尔逐渐被视为对英国中东利益的一个威胁,想要重申自身帝国权威的伦敦保守党政府尤其这样看。由于纳赛尔支持阿尔及利亚的“全国解放阵线”,法国人也想给他点教训。然而,从表面来看,英法入侵却是因为纳赛尔决定对苏伊士运河公司实行国有化,这个行动本身又是因英国人、美国人和世界银行对阿斯旺南边的水力发电大坝取消资金而引发的。这次入侵是一场十足的灾难,它被全世界所谴责,尤其是美国政府最为起劲,眩晕的伦敦和巴黎政府被威吓得放弃这次行动,以色列也很快照办。英国首相安东尼·艾登不久就辞职,表面的原因是健康不佳。纳赛尔的得胜主要是泛阿拉伯主义的胜利,但非洲人也能够庆贺他的成就,因为这象征着殖民地之后的新国家压倒了老牌帝国。的确,如同我们已经看到的,几年时间内,英国和法国就完全撤出了非洲大陆。从1896年的阿德瓦战役之后,还没有一个欧洲国家在非洲的土地上如此丢脸,它的结果影响深远。[26]

苏伊士运河事件标志着欧洲帝国主义时代的一个分水岭,而在非洲大陆的另一端,在南非,另外一场斗争也正在展开,它标明了非洲解放战争的一个新阶段,它如同苏伊士运河事件一样重要,但比它更残酷。随着50年代非殖民地化席卷非洲大陆,南非种族隔离政权变得强硬了,压迫加剧,非国大和“泛非主义者大会”的非洲政治活动人士,都被迫在暴力反抗的路上走得更远。早期反种族隔离斗争的转折点是1960年的沙佩维尔,这里的警察对一群手无寸铁的示威者开枪,绝大多数死者是逃离时背后中枪的。在这次大屠杀之后,南非受到国际谴责,而政府则取缔了非国大和“泛非主义者大会”,使得斗争转入地下。与此同时,几个新近独立的非洲和亚洲国家试图让联合国制裁南非,但这些提议一再被英国和美国否决——它们一直这样做,直至80年代。这表明了英美在南非的利益程度,尽管否决的官方理由是制裁只会“损害非洲人口”(不过,罗得西亚是一个软一点的柿子)。出于挑衅和愤怒,南非于1961年退出英联邦,宣布成立共和国。随着反种

族隔离斗争进入一个新阶段,非国大创建了军事力量“民族之矛”,它的许多 306
领导人流亡到国外,非常有效地组织海外支持。然而,非国大在1963年遭受一次重大挫折,它的几个关键领导人包括曼德拉被捕获,曼德拉在法庭上做了激励人心的辩护,但他和另外几个人最终还是被判处终身监禁。[27]

这对于非国大是一个打击。然而,到了70年代,反抗变得多样化起来,变得更为普遍,尤其是工人的抗议。“黑人意识”(BC)运动也出现了,它旨在重新发现非洲人的自尊,这个运动偶像般的年轻领导人之一是史蒂夫·比科。随着葡萄牙殖民帝国的崩溃,反种族隔离斗争逐渐在70年代中期获得了推动,非国大游击队现在在莫桑比克、在赞比亚、在罗得西亚那些由“津巴布韦非洲民族联盟”控制的区域都有了基地。南非安全部队强化了对这一地区非国大的打击,在国内则加剧了压迫。他们作出的反应总是很残忍的:1976年,在约翰内斯堡一个贫穷的郊区索韦托,15 000名学童和平示威,抗议黑人教育的低劣层次,警察开火,这激起了全国各地巨大的暴力浪潮,有些地方已经相当于内战,成千上万的人被逮捕,许多人在与警察的冲突中被杀或受伤。比如,比科就在警察的拘监中死去,成为这场斗争中最重要的殉难者之一。这场战火在70年代后期和80年代一直持续,有些地方处于长久
的动荡之中。与此同时,非洲人自己的政治和军事斗争也出现了分裂,非国 307
大与“黑人意识”发生了冲突,黑人郊区城镇由一些敌对的派系瓜分,它们都想利用这种政治和社会混乱,发展自己那种常常理解得很独特的“革命”。

正是这种混乱,这种从未有过的社会完全崩溃的巨大威胁,迫使白人政府来考虑一些有限的改革。1984年,一部新的宪法给予印度人和“有色人种”表面的议会代表权,但这完全是半心半意的,而且非洲多数人在政治上仍然被边缘化,仍然得不到代表。80年代中期对白人各种事务和政府学校的普遍抵制,迫使政府建立“镇区”——由非洲人主持的政务会进行管理的非洲人居住区。然而,它们很快就沦落下去,地方领导人通常都腐败,得不到城镇穷人的任何支持,也没有什么政治意识,“镇区”陷入暴力混乱,许多很快就控制不住了。作为回应,1985年南非总统P.W.博萨宣布进入紧急状态,取缔抗议,管制对这些抗议的国际报道,大规模的逮捕和政府支持的杀戮达到了令人震惊的新程度。国际谴责增加了,甚至那些原来对种族隔离保持沉默,或者因经济和意识形态原因而软化自己批评的国家(主要如英国和美国政府),再也不认为这种态度有道理了。尽管许多南非白人领导人还在抵赖事实,但整个南非白人群体,尤其是国民党,已经失去可信性。然

而，这是一种失控的局势，需要采取紧急行动。1989 年，F.W.德克勒克成为南非总统，启动了对种族隔离的根本性重新评估。尽管德克勒克以前以强硬派著称，但他根本上是讲求实际的，他采取了取消“人口登记法案”和“族群住区法案”的大胆步骤，1990 年初，又撤销了对非国大和“泛非主义者大会”的禁令，曼德拉被释放。种族隔离制度基本结束了。在这些巨大的发展之后，进行了关于这个国家未来的激烈谈判，此时又出现了“镇区”中竞争团体之间暴力的升级，抗议者与安全部队之间暴力的升级，还有非国大与一些竞争团体之间暴力的升级。右翼非洲白人威胁要叛乱，而新成立的英卡塔自由党——由曼戈苏图·布特莱齐领导的纳塔尔祖鲁人运动，又试图破坏这一地区对非国大的支持。[28]

1960 年刚果的动荡：帕特里斯·卢蒙巴被蒙博托的士兵逮捕。
来源：版权属贝特曼/CORBIS。

情况已是如此糟糕，如果不是曼德拉本人对这个濒死政权采取宽宏大量立场的话，它还会更加恶化。作为一个有那么多非洲人会团结在自己身旁的年长政治家，曼德拉有一种明显的放松。漫长的谈判在 1994 年终于导致了南非现代历史上第一次自由和非种族主义的选举，曼德拉当选总统，非国大以压倒多数票执政。然而，严重的不平等和暴力冲突阻碍了社会和政治发展，对未来的一些重大问题形成威胁。然而，曼德拉对“彩虹国家”的信念，非国大基本务实和胜任的管理，对稳定的形成起了关键作用，考虑到过去几十年中发生的那些事情，这种稳定是引人注目的。许多人曾经预言的内战没有发生，也没有想象中的针对南非白人的报复。的确，随后成立的

“真相与和解委员会”，是要疗治种族隔离制度造成的深深创伤，尽管对这个 308
委员会做到了什么，人们有不同的看法。[29]总之，对于非国大能够做到什么，南非大多数人抱有异常高的期待，这也是可以理解的。但至少就短期而言，它只带来了失望。

注释：

① 曼宁《撒哈拉沙漠以南法属非洲：1880—1995》，第139—140页；库珀《帝国与民族国家之间的公民身份：重造法国和法属非洲，1945—1960》，散见各处。

② 伊丽莎白·施密特《动员大众：几内亚民族主义运动中的性别、种族划分与阶级，1939—1958》（新罕布什尔州朴茨茅斯，2005）；梅丽·麦克唐纳《争取独立的召唤：20世纪50年代几内亚民族主义》，收入托尼·蔡弗和亚历山大·基赛所编《法属非洲50年》（曼彻斯特，2013）。

③ 斯蒂芬·L.威格特《现代非洲的传统宗教与游击战争》（伦敦，1996），第36—48页。

④ 当时的情况记录，见A.L.莱瑟姆—凯尼格《独立开始时的卢旺达—乌隆迪》，《今日世界》8：7（1962）。

⑤ 韦姆·罗杰·路易斯《英帝国的解体》，收入J.布朗和韦姆·罗杰·路易斯所编《牛津英帝国史第4卷：20世纪》（牛津，1999）。

⑥ 巴兹尔·戴维森《黑色之星：克瓦米·恩克鲁玛的生平与时代》（伦敦，1973）；奥斯汀《加纳的政治，1946—1960》；以及恩克鲁玛自己的叙述《加纳：克瓦米·恩克鲁玛自传》（纽约，1957）。也可参看理查德·拉思伯恩《恩克鲁玛与酋长们：加纳酋长制中的政治学，1951—1960》（牛津，2000）；R.克鲁克《黄金海岸的非殖民地化、殖民地国家和酋长制》，《非洲事务》85：338（1986）；珍·奥尔曼《年轻人与豪猪：阶级、民族主义与阿善提争取自决权的斗争，1954—1957》，《非洲史学刊》31：2（1990）。

⑦ 伊利弗《坦噶尼喀现代史》，第14—16章；也可参看苏珊·盖革《坦噶尼喀非洲人全国联盟的女性：坦噶尼喀民族主义形成中的性别与文化，1955—1965》（新罕布什尔州朴茨茅斯，1997），以及詹姆斯·R.布伦南《泰发（Taifa）：创制民族国家与坦桑尼亚城镇中的种族》（俄亥俄州雅典，2012），尤其是第4章和第5章。

⑧ 迈克尔·F.洛夫切《桑给巴尔：革命背景》（普林斯顿，1965）；乔纳森·格拉斯曼《词语战争，石块战争：桑给巴尔殖民地的种族思想与暴力》（伊利诺伊州印第安纳，2011）。

⑨ 国王自己的叙述，见布干达国王《我的王国被亵渎》（伦敦，1967）。也可参看加德纳·汤普森《统治乌干达》（坎帕拉，2003）。

⑩ 科尔曼《尼日利亚：民族主义的背景》；托因·法罗拉和马修·希顿《尼日利亚史》（剑桥，2008），第6章。

⑪ 丹·布兰奇《内部敌人：肯尼亚的效忠派与反对“矛矛”的战争》，《非洲史学刊》48：2（2007）；休·班尼特《与“矛矛”战斗：肯尼亚紧急情况中英国军队与镇压叛乱》（剑桥，2012）。也可参看肯尼亚视角的看法：伊图特《“矛矛”将军》。

⑫ 约翰·朗斯代尔《心中的“矛矛”:制造“矛矛”与重造肯尼亚》,《非洲史学刊》31:3(1990);戴恩·肯尼迪《构造“矛矛”的殖民地神话》,《非洲史研究国际学刊》25:2(1992)。当时的一个精神病学评估参看J.C.卡罗瑟斯《“矛矛”心理学》(内罗毕,1954)。

309 ⑬ 独立前夕的情况,在恩古齐·瓦·提安戈那部小说《一粒麦子》(内罗毕,1967)中得到了精彩描绘。也可参看丹·布兰奇《击败“矛矛”,创造肯尼亚:镇压叛乱,内战和非殖民地化》(剑桥,2009)。

⑭ 戴维·安德森《被绞死者的历史:英国在肯尼亚的肮脏战争与帝国的终结》(伦敦,2005);卡洛琳·埃尔金斯《英国的古拉格:帝国在肯尼亚的野蛮结束》(伦敦,2005)。

⑮ 对这些重大事件,约默·肯雅塔有自己的叙述《没有怨恨的忍受苦难:肯尼亚国家的创建》(内罗毕,1968)。

⑯ 盖理·瓦舍曼《持续性与对抗叛乱:1962—1970肯尼亚非殖民地化中土地改革的作用》,《加拿大非洲研究》7:1(1973)。

⑰ 经典陈述是克瓦米·恩克鲁玛《新殖民主义:帝国主义的最后阶段》(伦敦,1965);也可参看科林·利斯《肯尼亚的欠发达:1964—1971新殖民主义的政治经济》(伦敦,1975)。

⑱ 弗朗兹·法农《大地上的不幸者》(纽约,1963)谈阿尔及利亚,但很快就获得了广阔得多的承认,被视为反殖民主义暴力的经典论述。克莱顿《拓荒者:1950年以来非洲的战争》可作为一个基础性的综述。

⑲ 霍恩《一场野蛮的和平战争:阿尔及利亚1954—1962》;D.林格《法属阿尔及利亚的逝去》(伦敦,1966);D.奥图韦和M.奥图韦《阿尔及利亚:一场社会主义革命的政治学》(加利福尼亚州伯克利,1970)。

⑳ A.艾萨克曼《莫桑比克:从殖民主义到革命,1900—1982》(科罗拉多州博尔德,1983);D.伯明翰《安哥拉和莫桑比克的前线民族主义》(伦敦,1992)。

㉑ 乔治斯·恩佐古拉—恩塔拉贾《从利奥波德到卡比拉:一部人民的历史》(伦敦和纽约,2002),第2章和第3章。当时的分析可参看凯瑟琳·希金斯《独立以来的刚果:1960年1月—1961年12月》(伦敦,1965);勒内·勒马尔尚《刚果的政治觉醒:分裂政治学》(洛杉矶,1965);克劳福德·扬《刚果的政治:非殖民地化与独立》(普林斯顿,1965)。

㉒ 帕特里克·科特利《合作关系的政治学:罗得西亚与尼亚萨兰联邦》(伦敦,1963);还可参看肯尼思·卡翁达自己的叙述《赞比亚终将自由:我的自传》(伦敦,1962)。

㉓ 罗伯特·C.古德《U.D.I.:罗得西亚起义的国际政治学》(伦敦,1973)。

㉔ 诺尔玛·克里盖尔《津巴布韦的游击战争:农民的声音》(剑桥,1991)。

㉕ 由独立运动而来一个精彩记述见W.H.莫里斯—琼斯所编《从罗得西亚到津巴布韦:兰卡斯特宫背后与之外》(伦敦,1980)。

㉖ 巴里·特纳《苏伊士1956:第一次石油战争内幕》(伦敦,2006);韦姆·罗杰·路易斯《英国帝国主义的结束:帝国的抢夺、苏伊士和非殖民地化》(伦敦,2006)。

㉗ 索尔·杜勃《1960年南非沙佩维尔—兰加暴力之中有政治选择吗?》,《非洲史学刊》56:1(2015)。

㉘ R.普赖斯《处在危机中的种族隔离国家：1975—1990 南非的政治转换》(剑桥，1991)；汤姆·洛奇《抵挡与改革，1973—1994》，收入罗伯特·罗斯、安妮·科利康·马杰和比尔·内森所编《剑桥南非史》第 2 卷《1885—1994》(剑桥，2011)。

㉙ 比如这在简·泰勒和威廉·肯特里奇的剧作《乌布(Ubu)与真相委员会》(1997 年于约翰内斯堡首演)中表现得很明显。

第六部分

遗赠、新的开始与未结束之事

殖民统治的结束，带来了新的问题，另外还有一些老问题的持续与变化。非洲国家接受了外国统治的遗赠，在经济上、文化上和社会结构上都是如此。那些从殖民统治一开始就后退或被迫转入地下的社会关系、贸易关系和政治关系的模式，现在又重新出现了。无疑，当代非洲人面临的许多问题和挑战，在根源上属于殖民地时代之前。尤其是19世纪非洲各地政治变革和政体及社会的军事化，现在再次走上前台。那个时代的暴力动荡，在实施了“和平殖民”之后——这种“和平殖民”通过非洲人的代理而成为可能，在某种程度上中止；但政治敌意——在有些地方是直接的武装冲突，在50年代和60年代却又实实在在地重新露面，各种新老群体都想在民族国家的舞台上建立自己具有竞争性乃至于支配性的圈子。非洲这些新国家面临的许多经济动力，也植根于19世纪，19世纪出现了全球经济体系的巩固，对此非洲人没有什么直接影响。非洲人种出来的东西，挖出来的东西，这个经济体系有需求，但即使这些也常常受到外界控制，事实上他们创造的东西没有得到回报，获得利润的机会完全要看其他地方的发展而定。无疑，这些新出现的问题因殖民地经历而加剧。随着新国家的诞生，有些国家应该有新的开始，而民族主义的宣传无疑集中于新生这个概念。然而，更常见的却是这些新国家的轨道因它们问题多多的遗赠而变得复杂，这些遗赠既来自远久的历史，也来自不久之前。

312 当然，非洲首先得应对由全球局势而带来的一种挑战。冷战造成的意识形态两极化，千百万非洲人并不关心，即使他们的政府中有许多得意于利用它，但冷战在许多方面却削弱、激化或创造了冲突，这些冲突有许多持续多年，并导致西方有理由去支持地球上一些最可憎恶的政权。在某种程度上，冷战的出现使得已经存在的长期问题进一步复杂化。非洲经济的不发达，植根于19世纪“合法贸易”内在的不平等，而且可以追溯到更早，也就是大西洋奴隶贸易体系。进一步的不发达，则是殖民经济的结果。尽管非洲统治精英在政策导向上并非每每做出了最好的选择，但他们也受到他们所继承的这个脆弱而不平衡的体系的很大制约，受到不利的与外部世界贸易联系的很大制约，他们陷入了这个外部世界的圈套。同样，就政治领域而言，19 世纪这个暴力创造性时代的遗赠，也是一种富有进攻性的企业家精神和社会流动性，加强了扩张主义的中心和武装前线之间在控制人口、物质和观念上的竞争。欧洲在 19 世纪末收拾住了这种混乱，而反过来殖民主义又使得非洲体系或明或暗地坐落在尚武倾向和暴力之上，坐落在压迫和没有责任感之上。非洲统治者很快就发展出了这些东西的自己版本，恩赐态度和个人统治盛行，同时又采用了殖民地之前时代的那种方式，有时还歪曲了殖民地之前时代的例证。近些年来，对于那些压迫性的政权，出现了更为一致也更为暴力的挑战，非殖民地化之后几十年中非洲大陆的政治文化几乎就由它们界定，在这个意义上，有理由希望这些群体和个人会找到方式来确保更多地掌握资源和权力，而不必让他人作为牺牲。无论是由于纯粹的公众压力，或是经历了一阵小小的武力进攻，旧体系崩溃了，或者是化为新的形式而继续。选举遍地开花，政治意识增长了，对压迫也更不能容忍了。然而，当这些意识变得配上了武器，其结果就只能是流血性的。武装斗争和公众激奋肯定可以影响各种各样的改变，但政治化也可以显示为愤怒偏见的爆发，比如卢旺达的例子。与此同时，真正的民主却使得非洲大陆的进步中止，政治改革常常是表面的，独裁却被证明相当管用，并且有了新的伪装——也包括用“民众”“革命”或“民主”解放组织的形式，它们统治着政治空间，比如南非、纳米比亚、莫桑比克和埃塞俄比亚的情况。

在某种意义上，非洲与外部世界的联系继续在发展，从 90 年代初和冷战结束之后，这在姿态上有了显而易见的变化。但在另外一种意义上，在本书所讲述的这个时期中，又可以看到它相当程度的持续性。这个大陆仍然被“发达”世界的政府和其他“利益相关”的团体和机构主观化，在一个“麻烦区域”并不少的星球上，只要人类事务出了问题，非洲就被认为是所发生之 313
事的一个最清晰的代表。如同废奴主义者在 18 世纪后期和 19 世纪初期拿非洲来说事一样，也如同利文斯通和其他传教士在高强度殖民主义时代绝望于非洲大陆人类社会的状况一样，非洲成了一种被关注的状况——但并不一定被理解，人们认为它需要被“改善”，被“拯救”。无疑，20 世纪后期出现了 18 世纪后期一些价值观和方法的回归。越来越“伦理性”的西方干涉，目的是为了经济方面的重建，这是 19 世纪早期以来一直持续的要在经济上对非洲进行“现代化”建设的那种努力的最新显示。由于政治变革，出现了一种对传播自由主义（选举和人权）学说的关注，人们想比 20 世纪中期更有效地传播它。作为一种普遍情况，非洲躲过了2001年“9·11”事件后在其他地方出现的“政权改变”，这在很大程度上是因为这个大陆在美国对外政策中仍然相对不太重要，尽管利比亚人、苏丹人和索马里人从80年代以来，在不同的时间里都已经挨过美国的轰炸。不过，随着恐怖主义的蔓延，这种情况可能会改变。另一方面，美国和其他国家也对那些“友好政权”给予了支持，这些政权被认为在反对恐怖主义的斗争中站到了正确的一方，即使这些政权对政治异议管控很严——它们也常常就依靠这种严酷管控，比如埃塞俄比亚的情况。只要西方国家继续这样做，它们就面临一种被严重损害的风险——因这些政权在内部被推翻而带来的后果所致，最近埃及的事态就是证明——穆巴拉克是西方的一个长期盟友。

21世纪之初，就一些冲突的解决而言取得了进展——比如达尔富尔或科特迪瓦的冲突，但其他的冲突仍在持续，新的冲突也出现了。随着南方的脱离，苏丹的长期内战终于结束。南苏丹于2011年成为非洲最年轻的国家，然而仅仅两年之后，它又陷入了内战。在邻近地区，厄立特里亚与埃塞俄比亚之间一直是“不战不和”的不稳定局面，直到2018年才达成了和平协议，但导致这场冲突的根深蒂固的紧张关系能否得到彻底解决，仍有待观察。在索马里，非洲联盟的部队在平定青年党的叛乱上取得了一些进展，但摩加迪沙和全国各地的暴力仍在持续，这个国家距离公认的稳定还颇有一段距离。与此同时，为什么国际社会一直不承认基本上发挥着功能的索马里兰，而承认南苏丹的主权倒成了一个可以讨论的问题。索马里兰行使功能肯定比利比亚有效，后者在2011年卡扎菲被推翻后，紧接着就陷入了内战，那些对立的派系为争夺疆域和石油而战。利比亚的派系中有恐怖主义武装人员，类似的组织也活跃于马里北部和尼日尔，而尼日利亚北部的恐怖组织“博科圣地”的反叛在规模和影响上持续扩大。东刚果长期以来就是暴力前沿，其局势仍然具有爆炸性，这在很大程度上是因为那些邻国的入侵造成的——主要是乌干达和卢旺达。对于像达尔富尔或南苏丹这样的地方，有着很是丰富的意图、动力和资金来寻求停火，但像西撒哈拉这样的地方，在很大程度上却被世界遗忘，这里的萨拉威人为得到承认而进行着反对摩洛哥占领的斗争。

要想搞清楚为什么一场战争会值得外部世界关注，而其他的战争却基本上无人关注，这并不总是很容易。为什么这个军事首领得到了纵容，而另一个无人理睬或是被责骂？为什么这个可憎政权被广泛谴责，而另一个每天从事压迫但却很少被新闻或外交界的备忘录所关注？这样的选择性被证明很难克服，而且会不可避免地导致指责联合国、西方政府和非政府组织等的伪善。更为普遍地，体现着在控制人和物质资源，以及社会和文化凝聚力上的持续争斗的战争，它在非洲的长期历史重要性，常常是被误解或忽略的。 314

考虑到人类事务的本质，冲突是不可避免的，但不可怀疑的是非洲各地的暴力冲突却因干旱、债务和不发达这些持续的问题而大大加剧，尽管冲突与这些问题之间的关系当然也可以朝相反方向运作。非洲政府被60年代以来一直在增加的债务所拖累，在社会和经济基础设施方面，他们的活动空间被严重压缩。作为一种普遍情况，外国援助在更为革新的同时，却永远不过是一种权宜之计，在有些情况中还可能被视为起了反作用。总之，许多冲突都是因不能拥有基本资源而产生，经济发展——以及对历史背景的理解，对于解决非洲大陆各个国家和群体之间的冲突，无疑是至关重要的。

在近些年中，非洲已经开始了许多未完成的事业，在可以预见的将来，这还会持续。当然，历史学家现在也在处理未完成的事业，也正因此而使得我们的任务更为困难——如果不是不可能的话。历史学家不与未来打交道，那是其他人的事情，但历史研究本身也许会指向未来可能的发展，并且为未来的人类关系模式提供诊断预测。90年代初期以来的那些事情和趋势，已足以让乐天派和悲观派对我们这个时代的"非洲状态"都有把握了。这种状态的双重含义也许由1994年的事情最好地显示出来。这一年出现了非洲大陆上最压迫最种族主义的政权之一被民主推翻和南非"彩虹之国"的诞生，然而，这一年也出现了卢旺达骇人听闻的种族灭绝，在十二周多一点的时间内竟有近100万人被杀。1994年的这些事情是一堂有益的课，告诉人们如果以牺牲可以清晰地看到的渐变来追求所谓"转折点"和"新开始"的话，那会是多么危险。2005年，来自"发达"世界的各国政府对免除债务和帮助非洲的新方向说了很多话，但在我写作的此时，具有实际价值的事却没做多少，尽管象征性的姿态（和讲话）很多。与此同时，这又是一个"非洲崛起"的时代，非洲大陆多处地方都有超高的GDP增长率，这部分是因为中国、印度和海湾国家对非洲的投资，以及非洲原材料出口情况的大幅度好转所导致。非洲上层集团在政治和经济上获利，但贫富差距仍然巨大，在许多国家，贫富差距仍在扩大当中。

非洲观察家已经很熟悉种种"新提案"了——关于债务免除、提高文化

315 和治疗疾病，每几年就来一次，各国政府、非政府组织和某个小却活跃的西方慈善家组织（或用当下的术语，叫“慈善资本主义”）交替提出。无疑，这些提案有时会起一些好作用，但它们常常掩盖了一些更深的东西，比如非洲历史发展的动力、非洲与世界其他地方历史联系的本质。考虑到“发达”世界在接触和理解非洲历史上的极为浅薄，有一点看来就很清楚，使用近来的另一句套话，那就是：解决当前的危机要靠非洲人自己，而不是其他人。也许，需要更大的自信，才能以切实的方式实现这一点。

在这个21世纪之初，如果不能历史性地看待非洲，就会导致对它相当阴沉的诊断预测，这些诊断预测本身建立在对所得到证据的浅薄解说之上。要理解非洲的政治、社会和经济发展，一种长期的思路是至关重要的。如同本书已充满希望地显示的那样，过去两个世纪的非洲历史，其特点就是它各个民族不同寻常的活力与创造性，单是这一点就足以表明会有更多的创新与发展——由非洲人自己来驱动，这不仅仅是可能的，而且是必然的。在这条道路上既会有破坏也会有建设，这个故事将继续下去。

第十七章 317

不稳固的基础:独立后的挑战

建设国家(1):经济与社会

无疑,非洲问题多多的遗赠,最为确凿的表现就是60年代以后这个大陆绝大多数地方的经济状态。非洲现代政治和社会的危机,有许多根源就在于经济,无论是缺乏资源,或者是更为常见的在掌握和分配这些资源上的不平衡。普遍而言,是贫穷和不发达点燃了内部动荡,内在地导致了民主政治和公民社会的失败,激化了种族紧张。独立非洲继承了经济作物产业的负荷,也就是殖民地国家所创造的生产体系,它围绕着几种主要商品来组织,靠这些商品的出口,而不是内部消费和内部市场的发展来调整。相应地,非洲国家就要与不利的国际贸易条件斗争,因无力控制价格而穷于应付。殖民主义的核心是不关心发展非洲内部经济基础设施的,也不关心促进生产自足,主要目的是通过出口利润、通过对贸易和农业生产征税来创建可以养活自己的殖民领地。到50年代时,非洲大陆生产粮食供自身消费的能力在减退,而供应海外市场的经济作物的生产一直在增加。由此导致了许多地方的乡村贫困状态,尤其是那些出口生产破坏着粮食农业的地方。非洲生产者也一直因重税而苦,这在获得独立之后也没有得到缓解;30年代和40年代殖民地政府设置的农业市场销售局,对他们也是负担,现在的 318
独立国家也保留了它们。[1]如同前面提到的,这些销售局付给农民固定的低价,但农民的产品却以高得多的价格卖到国外;根据殖民理论的解说,这种差别是用于内部发展的,但事实上却等于是政府的收入。作为一种模式,它于50年代后期在加纳出现,随后非洲大陆各地都仿效。这在本质上是不发展:农民生产者是国际市场销售体系的一个部分,而且是关键的一个部分,但在这个体系内部却是边缘化的,没有得到与这个体系相关的任何好处。而且,对于非洲的内部发展而言,运输和信息交流的基础设施也很缺乏,它们的出现只是为了便利殖民主义对农产品和原材料的剥削，整个体系同样也为出口而调整，如同它在19世纪最初进来时那样。公路和铁路将生产地区与海岸连接起来，这种经济联系的方式我们可以回溯到19世纪初期。非洲经济喂养了外部消费和外部经济成长，这就是“原始生产”的出口，从19世纪的奴隶、象牙和棕榈油，到20世纪的棉花、可可和黄金。②

然而，在50年代和60年代，在那些新独立的政府和外国观察者中，出现过对可观经济增长的有理由期待。在很大程度上，这是因第二次世界大战后的经济繁荣所带来：从40年代中期起，一些经济作物的价格就很高，而非洲农民尽管可能相对较穷（比如与欧洲相比），但他们并不是世界上最穷的。比如，西非本地生产经济作物的农民，在1950年前后就比南亚那些农民要富裕得多。除了繁荣的乡村经济外，非洲各地的采矿业在战后也出现了扩展，这在南非有着最为稳定的基础，而在其他许多地方，从40年代后期开始，石油和天然气以及其他矿产也得到了成功的开发。这反过来又带动了制造业的增长，50年代在某些地方至少是已经有了工业“起飞”的苗头。

然而，到70年代时，非洲大陆却陷入了经济危机。这种实实在在的崩溃，其中的一些原因事实上与政府的决策并无直接关系，政府常常不能控制事态。50年代以来，非洲大陆大部分地区的快速人口增长，给现有的资源和社会经济基础设施带来了巨大压力，政府发现把经济盈余投入发展项目以与人口增长相适应，自己这样的能力受到严重缩减。在这个意义上，在过去的这半个世纪中，非洲的人口统计学值得仔细研究，人口变化对经济发展的影响，对供给足够的社会基础设施和社会服务——医疗、教育、土地分配——的影响，以及最终对城镇和乡村贫困水平的影响，这些都是巨大的。这是一种非洲政治家们未曾预料到的内部变化，它也可能是无法预见的。然而，就外部因素而言，非洲大陆仍然是全球市场变化的牺牲品，它面对这种变化的脆弱，其根源可以追溯到殖民时代乃至更早。依赖数量很少的关
319 键出口产品的国家，面对全球需求和价格的变化，更是易受影响。比如，在70年代，农产品出口的价格崩溃了，在80年代的大部分时间里都一直很低，到了90年代开始时才回升，那些依赖经济作物的国家就大为受伤。同样，全球市场上一些工业产品的价格崩溃，也蹂躏着那些从殖民地时代以来就一直依赖着一两种产品的国家。70年代中期至80年代中期，铜价的急
320 剧下跌重创了那些产铜国的经济，比如扎伊尔和赞比亚。③非洲领导人可能

的确常常短视，或者是自满，未能使本国的经济多样化，从而避免它们遭受如此长期的全球波动之害；许多领导人也未能提升国内的粮食生产，以此作为抵御全球出口市场崩溃所带来的社会苦难的保险。然而，那么多世纪以来一直依赖若干有限出口产品的殖民地经济，是它这种遗赠的不稳定，在缺 321
乏强有力的国内市场上雪上加霜。进口品价格的上涨，也会带来同样的危机。当70年代初期和中期石油价格盘旋而上时，那些没有替代来源的非洲进口国就惨了。也正是在这个时候，运输系统尤其是公路网开始快速恶化，这并不是巧合，很大程度上正是因废弃所致。撒哈拉以南非洲面对石油价 322
格变化尤其脆弱，因为70年代时这里主要依赖汽车运输，而不是水运或铁路运输。

这些就是独立国家继承下来的普遍现象和状况，它们或者处于这些国家政府的控制之外。不过，与此同时，非洲政治家所做的经济政策选择，至少是损害了经济成长的潜力，而最糟的则是事实上毁掉了贸易活动的一些重要区域。比如，人们相信，从独立一开始，为了经济发展，非洲就必须仿效欧洲和北美的城市化和工业化模式。无论是潜意识还是其他层面，北美提供了无与伦比的“进步”和富足与力量的典范，快速的工业化被视为达到经济自足的途径，为新国家提供了全球竞争的手段。然而，在有些情况中，这种战略超越了单纯的经济考虑，它部分上也是一种文化选择。也有一些重要的例外，但非洲大陆各地的建国精英基本上属于一个城市的、受过教育的中产阶级，他们倾向于将农民和农村环境视为非洲落后的一种象征，农村生活代表着非洲的过去，而农民则是无知、保守、游手好闲，本质上抵御“进步”的——他们之前的殖民地当局也这样看。想一想农民生产者设法使这个大陆过渡到20世纪全球经济之中的方式，就知道这样一种看法并无什么证据，然而却在许多地方导致对农业投入的忽略。这种政策基本上是灾难性的。早期要搞工业化的计划常常极为雄心勃勃，但在可得到的资源上和国家需要上却考虑不周。比如，在加纳，政府发起了昂贵的工业化“声望”项目，尤其是沃尔特湖南端的一座水力发电站大坝，它主要由欧洲顾问指导，在这个过程中，加纳的决策者忽略了这个国家主要的经济来源，也就是可可农业。对于可可农业，没有新的想法，没有新的投入，恩克鲁玛政府实施的政策最终在70年代导致了可可生产的崩溃，到此时，恩克鲁玛本人已经被一场军事政变赶下台，这场政变部分就是因为对经济政策的担心。④

现代非洲民族国家。

而且，实施这些政策在财政上也很昂贵，导致了巨大的债务，非洲大陆许多地方直至今天还受困于这些债务。工业项目需要外国技术、专家和贷款，这就形成了盘旋而上的债务，极具讽刺意味的是，这反过来又导致了对经济作物和矿产出口的进一步依赖——这是许多国家得到硬通货的唯一途径，以此来偿还搞工业化带来的债务。这意味着能够投入到社会经济发展上的资金比以前更少了，而人口却在增长。⑤总体而言，这就意味着整体的贫困，而非洲国家在贸易上的条件又更糟了。到 70 年代结束时，许多非洲国家的经济都崩溃了。60年代和70年代相当流行的“新殖民主义”一词，就刻画了对政治上独立的非洲仍在持续的经济控制，成为“非洲统一组织”(OAU)的成员国非常警惕的一种现象。然而，许多成员国也看到自己就被 323
这种情况所陷。新殖民关系在各个地方都可以看到，而显示最为清晰的或许是原来的法国殖民地。在这些地方，法国曾对矿业投入很大，所以就对几个据说是主权国家的经济和财政有相当的控制。不过，事实上“新殖民主义”并无什么特别的“新”处，它其实是早先19世纪经济关系的返祖，在许多方面都是殖民经济的持续，在本质上就是它，只是没有了政治负担。[6]

部分是为了抵消这样的外国依赖，也有一些国家试图以“本土”的方式来推进经济，常常使用意识形态来论证自己的经济想法。如果说恩克鲁玛因忽视和破坏了农业领域而错，那么坦桑尼亚的尼雷尔犯的就是相反的错误，但后果事实上差不多。为了阻止外国资金——尼雷尔认为长远来看它并不能帮助坦桑尼亚的发展——和资本主义两极分化的罪恶，坦桑尼亚政府建立了乡村合作社，打算以此增加生产，为社会和经济基础设施提供补给。[7]这种战略被认为是非洲问题的非洲解决方案，是非洲人拯救自己的一个闪光例证。然而，这样的乡村组织常常是强迫的，用枪口迫使整个社群迁移，最终，这种政策成为一场灾难，埃塞俄比亚和莫桑比克的类似计划也是如此。70年代，坦桑尼亚的农业生产崩溃了，而快速城市化事实上就是不再留恋乡村的农民漂到城市去寻找工作和较好的未来。

70年代和80年代也出现了环境和气候灾难，这在一些国家中又激化了经济危机。萨赫勒地区从70年代初期至80年代的持续干旱，所影响的国家包括从西边的毛里塔尼亚和马里到东边的苏丹和埃塞俄比亚。干旱和由此而来的饥荒又与苏丹和莫桑比克的内战合在一起，而80年代初期和中期门格斯图治下的埃塞俄比亚还有着内部冲突和强迫乡村组织的政策。[8]总体而言，正是农村的衰败成为80年代非洲经济危机的核心，好几个国家都不得不依赖外国援助，成了粮食净进口国。政府维持着从殖民地时代继承下来的机制，比如农产品销售局，它们压低付给生产者的价格。由殖民地时代继承下来的一个更为普遍的东西，就是国家对经济的高度干预，这在相当的程度上由中央主导，而绝大多数非洲国家的公共领域也同样如此。人口一直在增长，但分布不平衡，许多地方的人口快速增长，超过了所能得到的可耕土地。人口的压力和良田的缺乏，导致了激化的冲突和社会紧张。农业社群，尤其是那些遭受干旱的，就常常朝牧场扩张，或者是进入对健康有害的区域，绝望地试图生产够吃的粮食。[9] 与此同时，城市的扩展很快，许多非洲年轻人觉得没有理由要留在乡村，这里土地缺乏，要想过上不错的生活是越来越不可能，于是就到城里去。本书写作之时，这仍在继续，它又往
324 往与乡村危机合在一起，因为迁往城市就带走了农业劳动力。城市本身并没有为这种人口的快速流入做好准备，普遍的模式就是围绕原来的殖民地城镇中心，棚户区蔓延开来，失业率明显上升，犯罪率随之增加，或者至少是所谓的“黑色经济”的发展。拉各斯、亚的斯亚贝巴、内罗毕和达累斯萨拉姆都是这方面的例证。[10]

当然，城市扩张也促生了抗议和动员的新形式。有一点要记住：许多早期反殖民抗议，其实有着经济根源。农民和城镇工人被一系列的经济痛苦驱动，成了 20 世纪 20 年代以来那些政治抗议的前锋。换言之，20 世纪丰富的政治抗议传统，产生于那些在经济上被边缘化、被压迫的人们之中，它延伸至 21 世纪之初。独立之后会得到什么，人们对此的期待很高，然而他们不久就失望了。除了上面提到的那些挑战外，千百万非洲人还感觉到了自己那些统治精英明显的管理不善、腐败和无能，于是许多人开始拥抱那些更为动荡而且常常是暴力的挑战。如同殖民地时期一样，经济上的痛苦带来了暴动，经济失败成为从南非到突尼斯的一些国家公众骚乱的根源，南非工人们在 20 世纪 70 年代和 20 世纪 80 年代处于反种族隔离抗议的最前线，2010 年到 2011 年的突尼斯则因穆罕默德·布瓦吉吉的自焚而点燃了公众反抗，此人的绝望行动折射着人们对普遍失业、通货膨胀和腐败的普遍不满。[11]

所以，从许多方面讲，非洲的经济独立已经流产，政治主权的获得没有经济主权来跟上。相反，依赖和贸易从属，成为 20 世纪 50 年代以来这个大陆经济史的基本特征，这是跛足的殖民遗赠和本土失败二者合一的产物。不过，这也是很长时期一系列动力的必然结果，因为在 19 世纪的过程中——无疑还可以追溯到更早，非洲就被圈入一种本质上是榨取甚至是掠夺的经济体系之中，殖民统治是这种体系的晚近显示。后殖民地时期的这种失败，导致一种新的正统见解被强加给非洲。20 世纪 80 年代和 20 世纪 90 年代，处在国际货币基金组织和世界银行压力之下的非洲国家政府，被迫认同整体经济改革的必要性。这通常采取所称的“SAP”——“结构性调整计划”(structural adjustment programs)，它涉及缩减臃肿政府，让留下的政府机构更有效率，放松对贸易、货币和内部市场的中央控制。[12] 这方面最早的一个例子是加纳。

1983 年，在国际货币基金组织的指导下，杰瑞·罗林斯的军事政府实施了严格的经济控制措施。[13] 这种重建的影响及其后果，我们会在本书最后一章来讨论。

建设国家(2)：政体

非洲新的民族国家面临各种政治挑战：内部团结和稳定的问题，民主和责任的失败问题，还有军事在政治和统治中的突出——这一点我们后面会详细谈论，它们相互联结，互为因果。同样，这里的一个中心议题还是涉及 325
殖民遗赠，也就是新的非洲独立国家面临的这些问题，在何种程度上可以作为殖民地经历的阻碍来理解。就控制和管理的方式而言，殖民地国家建立了地方竞争和支配的模式，这常常通过种族划分或“部族主义”、地区或宗教来进行，另外还留下了不负责任以及使用或威胁使用武力的先例，所有这些都被独立后的政府所使用。同时，非殖民地化过程的各种模式，也对 20 世纪中出现的那些独立国家的性质有着深刻影响。所以，在尼日利亚和乌干达这样的地方，在 50 年代的权力转移中，长期的内部问题浮现出来，导致了政治精英乃至普遍社会中巨大分裂的出现。非殖民地化过程中的那些观点，既涉及怎样最好地获得“民族解放”，又涉及权力的平衡和独立之后的国家性质。然而，同样也有一些深层的动力在起作用，把这些内部问题单纯解说为殖民暴政的直接产物，既是赋予“殖民时刻”过分的重要性，也是忽略了 19 世纪的影响发展。20 世纪中期对控制政治空间的残酷竞争，有许多是 19 世纪进化斗争的持续，一些地区——黄金海岸、尼日利亚、科特迪瓦、刚果、乌干达、肯尼亚——中某些关键群体之间的争斗，可以追溯到 19 世纪，回溯到殖民时代的大部分时间，作为 20 世纪中期新的政治化的复活来理解。19 世纪是一个快速而动荡的政治变革时代，新的政体出现，旧的也有变革(而且都是武装的)，这个转变过程一直持续到 20 世纪。在 50 年代和 60 年代，“巨人”——富有超凡魅力的领袖，领导着越来越占优势和成熟的政党——的出现，是 19 世纪那种政治和军事创业者在新的政治环境中以新的格式的再现，是那种通过自己的能力向民众去分配(或者承诺)政治和物质好处从而吸引他们的冒险家的再现。走掉的殖民地国家，无论是存心还是无意，常常大大加剧了这些内部的紧张、冲突和不一致。

显然，关于殖民地遗赠的讨论就不能降低为把独立非洲“搞糟”的一切事情都简单地责备欧洲统治，因为这样就不能深入理解现代非洲的那些独特挑战，也包括成就。在50年代和60年代，当“非洲史”作为一门学科诞生时，学者、观察者和政治家都常常试图把观点压缩成一种对殖民统治“赞同和反对”的图解。一些业已建立的为殖民主义辩护的学派认为，总体而言殖民统治在非洲的作为是“好”多于“坏”，另外的较为激进的见解则试图摧毁在他们看来是殖民主义神话的东西，要揭示这个体系内在的残忍、破坏以及种族和文化上的傲慢。[14]在70年代，随着非洲大陆陷入政治混乱和经济灾难之中，随着许多人开始用内战、饥荒和政变来定义非洲，就出现了大量的灾难预言者等在
326 旁边指出，殖民统治实际上对这个愚昧的大陆是多么“好”，19世纪后期的那种非洲人没有能力来管理自己的想法归根到底是多么正确。然而，对于许多其他人来说，非洲的问题要归结于殖民遗赠，正是由于殖民暴政，这个大陆在独立之后的几年内就处于这样的可怕的痛苦之中。显然，需要有一种辩证态度。在写作本书的此时，比以往任何时候都更需要去评估这些遗赠的性质和独立之后的统治模式。有一点很明显：在相当的程度上，正在持续的危机，其根源可以定位于殖民时代；然而，非洲统治精英中也有足够的腐败、任性的管理不善和无能的证据，表明了严重的自身失败。与此同时，19世纪那种剧烈变革的模式，也常常被那些想去找到直接“谴责”的人所忽略。

总之，20世纪中期非洲大陆上殖民旗帜的降下，它在某些方面标志着非洲现代历史的分水岭，但就这些疆域的内部历史而言，并不实际代表着与过去的“决裂”，也不是“新的开始”；相反，就政治力量斗争、种族、地区和宗教紧张以及资源的分配与获取上的竞争而言，都可以看到清晰的延续性。非洲国家面临的那些更为基本性的政治问题，有一个是这些疆域划分本身的人为性。从19世纪80年代到20世纪初，非洲大陆上各条人为的殖民地边境建立起来，它们并不考虑殖民地时代之前的国家、社会或种族范围。那些由历史、文化、语言、贸易联结起来的社群和人口，被这种边境切开。也是以这样的边境，为了欧洲人的方便，这些民族被挤压在这些疆域之中。在独立之后，又期待这些民族依据这种欧洲人的模式，将单纯的地理单位转变成可行的、能够运作的民族国家，并把自己的政治、经济和智力能量投入其中。欧洲的民族国家本身，从17世纪到19世纪，其现代成形是一再重新界定，经历了巨大的政治动荡、暴力和革命，有那么多的血洒在从大西洋到乌拉尔山脉之间，才获得表现为国家形式的某种稳定。而人们期待非洲人事实上在“一夜之中”来做这同样的事情，那些划定的疆域绝大多数不过是两代人左右的历史，而且没有什么准备，在这样的背景下，独立之后与非洲政治进

程相伴的暴力,实在是可以预料的。[15]

直接与此相联系的,就是民族团结的问题,我们在谈论“民族主义”自身出现时谈到过。在独立之前,反殖民主义可以是一个起团结作用的因素——不过,即使是这一点,如同我们看到的那样,也得小心验证。而怎样创建一种真正的“民族”感,这仍然是一个问题。对于那些将成为国家创建者的新一代人来说,这是最大的一个政治问题。半个世纪左右的殖民统治,某种带点世界性的城镇身份的发展,这些基本没改变一个事实:在非洲大陆上,非洲人还是倾向于忠诚或认同于他们的种族群体,甚至是其中的分支,认同于他们的地区或直接的居住地,而不是“民族”。做一个“尼日利亚人”或“刚果人”,在 60 年代是显得很陌生的,至少开始时是这样。当然也有例 327
外,虽然有时是局部的。在那些具有超凡魅力的领袖领导一个支配性的政党的国家,同时又相对缺乏“部族”政治,比如尼雷尔领导的坦桑尼亚或桑戈尔领导下的塞内加尔,就可以发现某种程度的真正的“民族”身份。塞内加尔因语言和伊斯兰教信仰而形成一种团结,从 80 年代初期开始(桑戈尔从公共生活中退休之后),民主政治发展起来。在北非,政治和宗教精英们也能够培育现代民族身份,这靠的是强调他们疆域的基本史实以及伊斯兰教统一,比如埃及。然而,非洲大陆上更为常见的是政治党派倾向于区域性、种族性或宗教性,它们的领导人更关心推进这个部分的利益,而不是作为一个整体的“民族”的利益。如同在其他方面一样,加纳也在这个方面奠定了一个早期先例。50 年代后期时,选民中一个颇大的比例投票反对大会人民党(CPP),尤其是在以穆斯林为主的北方,他们憎恨这个政党集聚某种精神特质以及其中的种族和地区不平衡。这样的政党,尽管通过非殖民地化过程中的政治动员,可以在全国占支配地位,却不能也常常不愿意创建宽广的全国性基础,去赢得它们天然选民之外的其他人。所以,全国性的不统一常常就是自成组织的,处于政治变革前锋的那些运动未能代表广泛的全国民众。在一些较为稳定的政体中,这可以视为是基本正常的,就政府和健康的反对派的创建而言,甚至是想要得到的;然而,在非洲它却导致了种族和地区上的偏袒,以一些群体和地区的牺牲作为代价,另外的群体和地区得到了提升,这引发了大量的怨恨、反对,以及对国家的强烈敌意,感觉到国家被某个政党所“攫取”和垄断。这样的敌意常常就带来了直接的暴力、国内冲突,甚至是一些区域的退出——尽管这种情况相对较少,比如尼日利亚和刚果的情况。领土收复主义出现得更少一些,但在埃塞俄比亚的索马里族人中也存在。这些斗争对于独立的民族国家的多数都产生了深远影响:国家成了竞争群体要去争夺的一种奖赏,结果就是赢者排除所有其他人来支配它;国家不再是一种中性的、非政治的实体,所有公民在其中都有一份平等与合法的份额。[16]

对于那些经历了军事争斗的疆域来说,也是这样,也许更甚。游击队活动往往存在着种族或地区上的不平衡,而这同样对战争结束之后的国家和社会具有重大影响。[17]在这样的情况中,战争胜利者和原来的战友中那种排外感,就会破坏政治多元化的可能。胜利的游击队领袖常常感觉他们——也只有他们——通过流血和牺牲才赢得政权,可以去塑造和支配这个曾被如此暴力蹂躏的国家。比起那些通过和平的“宪法”手段获得独立的国家来,这样的政治强硬常常更加刺眼,那种军事傲慢和意识形态教条——后者常常是广义的“社会主义”——就造成了一种政治上自以为是的文化。这反过来就繁育了金钱上的腐败、种族上的沙文主义和猖獗的裙带关系,所有这些都可以被见证,比如在津巴布韦,厄立特里亚在某种程度上也是如此。

328 独立国家也会继承一些类型的政治体制。在绝大多数地方,以西方风格的议会制度为代表的“外国模式”被施加给了一些被指定来运作它们的人,而这些人在整体上是不熟悉它们的。所以,议会模式就安放在撤走的殖民国家所奠定的立法机构之上,或者是模仿英国的议院,或者是法国的国民议会,而这些是欧洲几个世纪的政治和社会变革的特定产物。在非洲这样一个在政治史和文化上都有着丰富差别的大陆,而且非洲人自己对于这些体制实际上怎样运行毫无经验,因此对它们来说并不适宜。殖民统治是通过军事征服以及随后的使用或威胁使用暴力建立起来,所以,在最基本的意义上,非洲领导人继承的并不是一种多数人的、民主的、包容性辩论的传统,而恰恰是独裁的、政治压迫的、隐藏或直接的军事统治。[18]反对意见被镇压,或者至少是被严密控制,只是到了40年代,在某些地方才把一个受过教育的精英阶层有限地纳入管理结构之中,非洲代表开始出现在立法委员会。在绝大多数地方,既没有一个有经验的政治阶层也没有一种行政机构来支撑议会体系——在这个问题上,倒是可以与英属印度做一个对比。只有在撒哈拉沙漠以北,比如在埃及或突尼斯,有着本地人的愿望,想要仿效西方这种可以回溯到19世纪的议会模式。在撒哈拉以南非洲,这种古老体系只出现在那些白人定居者社会,比如南非。所以,这个殖民遗赠在政治过程中是排斥性的、压迫性和霸权性的。

所有这些结合在一起,交叉起来的问题,其结果就是长期的不稳定。这种不稳定常常以暴力的地方分权主义加中央政府对某些地区的迫害表现出来，如同我们已经注意到的，有时还会出现地方直接退出，1960—1962 年期间，卡丹加省就试图退出刚果；在尼日利亚，1967—1970 年的“比夫拉”战争也涉及这个国家东南部的伊博省想退出去，自己成立“比夫拉”共和国；在苏丹，尽管不是那么典型，从 20 世纪 50 年代到 21 世纪初年，也出现了一种断断续续的南北冲突。[19]颇具讽刺意味的是，非洲这些边境和这些国家本身确实是人为的，且这种人为划分确实很不切实际，人们却非常害怕非洲国家分裂，避开任何改变边境的建议。在非洲统一组织的创建中——这是 20 世纪初期泛非主义的后代，1963 年它的成员国在其宪章中写入了一项条款，强调殖民地边境的绝对神圣和永恒不变。有些领导人有着迫切的国内理由而赞同这个，比如埃塞俄比亚的海尔·塞拉西就面对着北部（厄立特里亚）和东部（奥加登的索马里人）的严峻地区动荡，用埃塞俄比亚的术语来说，它们都是“分离主义者”，所以这位皇帝就急于看到自己的边境得到其他国家领导人的保障。[20]更为普遍的是，人们认识到，如果就边境问题进行谈判，比如依据殖民地之前的种族国家来调整边境，就会导致真正的屠杀，导致一代人或者更长时间的政治混乱。非洲统一组织决定，尽管这种殖民遗赠 329 不令人满意，但非洲国家必须接受它们所得到的东西，没有其他可能使用的模式。

而且，非洲领导人很快就开始反对那种多党议会制度，认为这在非洲背景中行不通。一些西方观察家也得出了同样的结论，认为这个大陆在政治上还不够成熟，不能维持这样的体系，首先需要“强人领导”——常常就是血腥独裁统治的委婉说法——来引导这个大陆走向稳定。在种族上相对同质，以钻石为基础的经济也较为稳定的博茨瓦纳，算是一个例外，有着正常的民主选举。[21]然而，从 70 年代开始，一党制的国家已经成为规范。这些国家并不一定就是绝对的独裁政治，有些一党制国家，比如坦桑尼亚和赞比亚，有限的地方民主也发展起来，健康的批评舆论也存在，政治领导人在一定程度上要承担责任。坦桑尼亚的“坦噶尼喀非洲民族联盟”有着相当广泛的群众基础，在乡村社会有着众多草根力量，形成了一种团结和参与的意识，这就防止了暴力起义的发生（尽管随着时间推移，桑给巴尔岛会成为一个较棘手的问题）。不过，这样的情况不多，更为普遍的是一党制国家导致了权力的滥用，导致了压迫性的、恶行猖獗、任人唯亲的独裁主义，而这样的政府只有用暴力才能推翻。在这样的背景下，如同我们后面将会详细看到的，军队就越来越干预政治，推翻那些被认为是不胜任的文官政府，结果有个时期非洲军队被认为是纯朴的，动机高尚的，超越了文官政治的那些污秽卑鄙。尤其是因为非洲大陆缺乏根基深厚的公民社会，也就是缺乏其他的公共机构和公众团体来制约政治家们的权力。

后殖民时代政治体系的这种地区性不安全，导致领导人名副其实地囤积权力，为了家族，或者是为了地区、种族或宗教上的伙伴而垄断权力，不能容忍反对派，在根本上就仇视多元化。还是那些“巨人”支配着政治，他们既不对“人民”负责，也不对法律系统负责，而是以自己为中心发展出庇护网，把立法权和行政权都垄断起来。从 60 年代到 70 年代，这样的国家可以列出一个长长的名单，其中包括蒙博托治下的扎伊尔、伊迪·阿明治下的乌干达、让—贝德尔·博卡萨治下的中非共和国(他把这个国家改名为“中非帝国”)、约默·肯雅塔和随后的丹尼尔·阿拉普·莫伊治下的肯尼亚、杰瑞·罗林斯治下的加纳、海斯廷斯·班达治下的马拉维。他们中许多人都得到了这种或那种外国支持，比如阿明和让—贝德尔·博卡萨至少是开始时分别被英国和法国视为稳定政权而看好。阿明被视为是有左翼倾向的米尔顿·奥博特的有吸引力的替代者，他于 1971 年推翻了奥博特。[22] 在马拉维，班达想实施严格的长老制——他在苏格兰当医生时曾深浸其中，在社会、文化和政治生活的各个方面来实施。[23] 如同我们已经看到的那样，在某些情况中，意识形态和社会政治“革命”被用来论证政治上的独裁和为了
330 更大好处的专政，尤其如埃塞俄比亚，海尔·塞拉西的社会及政治制度于 1974 年被推翻，出现了门格斯图·海尔·马里亚姆的所谓革命。门格斯图被人们多少有点不妥地称为“黑人斯大林”，他实行政治恐怖的统治，实施了非洲大陆社会管理上最为残忍的政策之一。于是，他的称为“执政委员会”(Dergue，阿姆哈拉语中“委员会”的意思)的政权，就激发了内部反抗，包括厄立特里亚爆发的反抗，再加上这一地区百年未遇的最大旱灾所带来的后果。[24]

从 80 年代开始，尤其是随着冷战的结束，出现了可宽泛定义为“人民力量”的增长，以及对这种独裁统治的更强有力的各种挑战——从独立以来，非洲简直就成了这种独裁统治的同义词。这些挑战来自内部，因为人们变得越来越有政治意识，越来越不能容忍国家层面的弊端；而政府自身也因经济灾难而削弱，不再那么能够实施绝对控制。此外，如同我们下面会看到的，武装叛乱者也更容易获得现代装备来对抗政治系统。不过，局势仍然不

明朗，因为尽管从90年代初起，国际上对“老的”独裁政权的政治、人道主义和经济压力在增加，但许多这样的体系被证明可以适应，相当顽强。与此同时，那些关键性的国际角色（美国、英国和法国）或是继续支持它们——习惯性地或是其他心态，以提供“地区稳定”；或者像中国那样，只是希望与它们做生意，并不附带任何政治改革的要求，而西方则将这种改革视为非洲“发展”的必要。

政治稳定性与伊斯兰教

本书从头到尾一直强调非洲各地伊斯兰教的古老。在几个世纪里，伊斯兰教的传播——在马格里布地区，在西非草原，在尼罗河流域和非洲之角，都涉及与其他精神信仰的冲突与合作，这包括各种本地宗教和正统（科普特人的）基督教以及后来的欧洲和美国的基督教。穆斯林长期以来是商人，沿着他们连接各个国家和社会的众多商道，和平地传播他们的贸易和信仰，以这种方式，伊斯兰教逐渐被王室宫廷所接受（但至少埃塞俄比亚高原例外），被吸收到城镇环境之中，然后又缓慢地传入乡村人口。然而，穆斯林也有暴力的政治—宗教革命的领导者和国家创建者，对于那些追随一种政治领域与精神领域融合无间之信仰的人来说，是很适宜的。比如，在18世纪和19世纪的西非，圣战常常被认为是让伊斯兰教得到复兴和纯净所必需的，也是创造一种体现着穆罕默德在麦地那所创公社的政体所必需的。如同伊斯兰世界的其他地方一样，在19世纪80年代的苏丹，救世派就想重建质朴的乌玛（umma）即穆斯林公社，它将预告一种新的世界精神秩序的开始。从19世纪后期开始，在诸如埃及这样的地方，就有了穆斯林兄弟会，它 331
们在一种两难选择中斗争，一方面是要复兴伊斯兰教，另一方面则是需要接受现代民族国家，它们要去包容或影响世俗政府。在这个意义上，穆斯林长期以来一方面是国家构成的一部分，而当国家看来未走上或偏离了正确的道路时，又要与之斗争。

这种模式持续到后殖民地时代。从20世纪50年代和60年代开始，在那些独立国家中，关于伊斯兰教的适用性及其在政府中的作用就一直有争论，有时甚至是暴力对抗。不过，比起撒哈拉沙漠以北来，在撒哈拉以南非洲，严格的伊斯兰教主义不那么流行。在撒哈拉以南非洲，一些地方在殖民地时代之前虽然也有圣战历史，但伊斯兰教主义者在后殖民地时代的主要关注，则是那些人口差不多由穆斯林和基督徒平均构成的国家中穆斯林的

后殖民时代国家中的权力:扎伊尔(刚果民主共和国)总统蒙博托,1984 年。来源:版权属法新社/格蒂图片。

332 "权利"。这方面的一个例子是尼日利亚,伊斯兰教法规应用于它的北部,但更广泛地则是后殖民地时代的政治舞台上穆斯林和基督徒在权力和资源问题上的争辩。撒哈拉以南非洲的伊斯兰教也逐渐高度地方化,伊斯兰教本身在适应地方情况,穆斯林社群关注地方问题,注重地方身份。传统的苏菲派也支配着西非和东非,而那种折衷的、非正统的、受到地方践行和标准影响的苏菲派,常常被视为那些要恢复“纯净”、正统伊斯兰教者的敌人。撒哈拉以南非洲的穆斯林中也有着种族区分,而这种分裂也一直影响着一种好战的泛伊斯兰教身份的成长,直至今天,我们最后还会对此加以讨论。

在其他那些穆斯林为人口少数的地方,他们就能够将自己组织成为较有效率的政治游说者,甚至是政治团体,与他们所认为的政府中的基督徒或温和伊斯兰教的控制进行斗争。这或许在肯尼亚体现得最为鲜明。它人口的大约10%为穆斯林,在90年代初期有着相对的政治自由。它北部和海岸地区的穆斯林因一种共同的痛苦而组织起来,这就是处在“肯尼亚非洲民族联盟”之下他们经济上的边缘化,而其他群体(绝大部分都是非穆斯林)则因此受益。[25]在坦桑尼亚,也出现了政治化的伊斯兰教反对派,这也是因经济上受到排除而组织起来。[26]然而,尽管这里的紧张关系(主要是政治性的)围绕着桑给巴尔的地位与权利而形成,那里人口的绝大多数是穆斯林,但坦桑尼亚仍然拥有相对的宗教和谐,在某些方面这是尼雷尔所留下来的团结所赐。

国家与信仰之间的对抗在西非各地相当尖锐,穆斯林反对派常常动员起来反对政府的压迫。同样,在北非,要实施伊斯兰教法规的推动,要恢复正统伊斯兰教的要求,以及随之而来的对政教分离制度的反对,常常就使得伊斯兰教主义团体与实施较为世俗和温和路线的政府发生冲突。比如,在摩洛哥和突尼斯,伊斯兰教主义者通常会接受以选举方式来进行自己的政治和精神战斗。然而在埃及和阿尔及利亚,伊斯兰教主义团体则提倡用暴力斗争来改变现状。70年代和80年代的摩洛哥,是与华盛顿有着一定友好关系的国王哈桑二世的铁腕统治,他发现自己的权威一再受到伊斯兰教主义者的挑战,这些人认为伊斯兰教中没有君主制的位置。然而,哈桑却广泛地被西方以及以色列视为这个国家中的一种稳定力量,没有他就可能陷入极端主义者的政治混乱。[27]突尼斯那位现代的、基本上是世俗的总统布尔吉巴,想走一条把伊斯兰教与欧洲传统结合起来的道路,他在位超过三十
年,直至1988年被军人统治取代。[28]尽管2011年的公众起义推翻了本·阿 333
里政权,点燃了北非和中东各地的所谓“阿拉伯之春”,但突尼斯基本上还是设法稳定了局势,尽管恐怖主义事件已经成为这一区域几乎随时可见的严峻挑战。

不过,埃及却有着比恐怖主义顽强得多的威胁,纳赛尔的继任者安瓦尔·萨达特和霍斯尼·穆巴拉克那些世俗化的混合经济的政策,很长时间

以来就被这些人视为一种冒犯。部分是因为萨达特与以色列缔结了和平协定,它使得埃及被开除出阿拉伯联盟,他本人也于1981年被军队中的恐怖主义者暗杀。接下来,穆巴拉克就要面对来自穆斯林兄弟会的日益增长的威胁,这些人憎恨他的自由主义、他对世俗主义的鼓励,以及想要控制连续上升的出生率。而且,穆斯林兄弟会还认为穆巴拉克的政权过于民主,但他政治上的一些反对派则会怀疑这个标签。从80年代以后,恐怖主义者的暴力行为就在增加。穆巴拉克于2011年年初被推翻,穆斯林兄弟会的成员们迎来了新的机会,一些伊斯兰教活动人士和学者也是如此,尤其是参与到宪法起草过程之中,同时也要更为广泛地重塑埃及。穆罕默德·穆尔西得到了穆斯林兄弟会的支持,作为2011年起义的直接结果,他短暂地担任了总统。但是,一些人对他想让埃及成为一个伊斯兰教民主国家的展望感到担忧。反对穆斯林兄弟会之影响的民众抗议,导致他在2013年7月被军事政变推翻。从那以后,阿卜杜勒·法塔赫·塞西将军就以一种越来越独裁的方式掌管这个国家。[29]与此同时,在阿尔及利亚,“伊斯兰教拯救阵线”——它受到埃及穆斯林兄弟会的影响,在开罗有办事处和各种联系,开始来挑战全国解放阵线的温和派政权,导致了90年代初期流血内战的爆发。这十年中的死亡人数很高,1999年得到军队支持的阿卜杜拉扎·布特弗利卡的上台,才看到了结束暴力的希望。[30]

穆埃玛·卡扎菲上校于1969年推翻了亲西方的赛努西君主——年迈的伊德里斯国王,在他的领导之下,利比亚开始了一场引人注目的社会、政治和宗教试验。这场试验的成功有着起伏,但卡扎菲的政治天赋却很少受到怀疑。他将伊斯兰教作为一种团结利比亚民众的力量,但又将宗教热情与响亮的民族主义结合起来,作为抵制不成功的东方和西方意识形态的手段。在这个意义上,他起码是向邻居纳赛尔学了很多,但他进一步发展出一种重新分配的社会主义,而这种社会主义憎恨无神论,扎根于古兰经之中。卡扎菲使用所谓的“古兰经社会主义”来大幅度削弱原来统治上层的权力,而这场“革命”——它由一些向绝对中央控制负责的低效率委员会来运作——却是一场灾难,到80年代末,已将利比亚经济带到了深渊。卡扎菲长于重新发明,他放弃了这场“革命”,恢复了一定程度的私人企业,也对政治上的独裁主义做了相当的缓和。石油收入也帮助了这个国家的恢复。卡扎菲被西方,尤其是被美国视为魔鬼,他着迷于阿拉伯的联合,比如曾想与埃及、突尼斯和苏丹搞不同形式的联盟,但都没成功。他又再一次地重塑自

己，成为某种形式的泛非主义者，在 90 年代程度很深地卷入了撒哈拉沙漠 334
以南的事务。然而，来自他自己那些长期遭受苦难的民众的更大挑战，摆在了这位超凡魅力的利比亚“领导弟兄”——他这样界定自己——面前。2011 年年初，利比亚东部开始了叛乱，最终压垮了这个已被挖空的国家，卡扎菲自身也迎来了一个耻辱而残忍的结局。从那以后，利比亚基本上就不作为一个统一国家行使功能了，激进主义者与较为温和派别之间的内战一直在持续，蹂躏着这个国家的未来，它将长期与卡扎菲的遗赠相搏斗。[31]

在苏丹，南北分裂因北部一种进攻性的阿拉伯化的伊斯兰教而激化，它想把自己强加给南方，这就带来了灾难性后果：1955 年至 1972 年，内战在这里燃烧，1983 年又再次爆发。当“伊斯兰民族阵线”于 1989 年在喀土穆夺取政权之后，冲突又激化了。到这场苦难的内战于 2002 年结束时，估计已有 150 万人左右死去。[32]邻近的乍得也有类似的南北分裂，南部是基督徒，北部则是阿拉伯人和穆斯林，这也导致了一场毁灭性的内战，从 60 年代中期持续到 80 年代中期，南北两方不同的人口和宗教之间一直存在着紧张关系。[33]苏丹很快就引起了美国的关注，它将巴希尔总统治下的苏丹视为这一区域的破坏稳定因素，是“恐怖主义”的输出者。这一区域的一些国家也警惕于此，其中包括埃塞俄比亚和厄立特里亚，两者在 90 年代初期的变革之前和之后都由基督徒统治，所以都有理由来关注自己不算少的穆斯林人口。基督徒与穆斯林在这两个国家基本上和平共处，但也有过宗教冲突的历史。比如，在厄立特里亚，西部低地的穆斯林以“厄立特里亚解放阵线”（ELF）的形式主导了早期岁月的解放斗争，它在某种程度上仿效阿尔及利亚的“民族解放阵线”，向阿拉伯世界寻求援助。在后期岁月中，主要由基督徒构成的“厄立特里亚人民解放阵线”（EPLF）支配着民族主义斗争，接下来就是内战，“解放阵线”（ELF）被击败。[34]不过，相当世俗化的“人民解放阵线”却在厄立特里亚的基督徒与穆斯林之间维持了基本和谐的关系。但近年来紧张局势无疑增加，这主要是由没有尽头的兵役和政府对穆斯林生活的粗暴入侵而导致。同样，在埃塞俄比亚，近年来穆斯林与安全部队之间也一直有冲突爆发。[35]然而，21 世纪之初，在非洲之角，在伊斯兰非洲的其他地方，又出现了激进伊斯兰教带来的新的、或者说复活了的紧张。索马里的青年党崛起，联合国所支持的对这个被战争蹂躏之国的管理，遭到了这个极端组织的顽强对抗。[36]利比亚卡扎菲政权的崩溃，为萨赫勒地带各地的宗教极端组织的活动带来了新的推动力。比如在马里，那些曾经为卡扎菲而战

的图阿雷格族雇佣兵全副武装地回来了，他们于2012年在马里北部为宗教
335 极端组织和恐怖势力而战。在法国的军事干预之下，他们的推进被遏止了，但这种挑战仍然存在。

尼日利亚也是类似的情况。"博科圣地"组织让北方一片恐怖，其所作所为似乎在多少年内都不会受到惩罚。[37]无论是基于真正的信仰，或者是因为流离失所、生活艰难要得到补偿，这样的组织在繁衍，它们代表着正在增长的对政治秩序的暴力挑战。

拥挤之处：非洲与冷战

非殖民地化的过程，非洲大陆独立后头十年中的许多政治和经济发展，都必须放在由冷战来界定的国际秩序的背景中加以理解。我们需要往回看一看，在这个广阔的全球背景中考查非洲，考查冷战时期的政治和冲突怎样影响了这个大陆，怎样在这个大陆上体现出来。在这个意义上，如同非欧洲世界的一些其他地方——尤其是东南亚和中美洲，非洲也有着成了超级大国之间许多场"代理人战争"爆发之地的经历。非洲成了冷战的一个"外围"，所以它就见证了一系列意识形态前线和战略前线的开设，它变成了美国与苏联的全球战略家关注的焦点，而非洲的政府和政治运动都寻求利用冷战竞争，而它们自己也成为这种竞争的牺牲品。[38]

在某些方面，早在严格意义的"冷战"很久之前，非洲就得到了革命的马克思主义者的关注。列宁认为帝国主义是资本主义的"最高阶段"，而殖民主义是它最弱的链环，这会带来资本主义—帝国主义国家之间的生死搏斗，而最高点就是它们的共同毁灭。所以，通过20世纪20年代共产国际的早期活动，年轻的苏联就在鼓励非欧洲的马克思主义革命运动，作为带动全球革命的手段，不过那时它的注意力更多地放在亚洲而非非洲。到了斯大林时期，苏联的对外政策就变得孤立主义得多，斯大林本人基本忽略共产国际，忽视由共产主义激励的反殖民斗争以及随后的民族主义斗争，这种趋向在斯大林于1953年去世之前一直是苏联政策的特点，尽管苏联的确赞同反对帝国主义，宣称支持被压迫的殖民地民族争取民族自决的权利。对于新兴的非洲抗议运动来说，与西方的欧洲相比，苏联多少代表了另外一种意识形态参照点，但事实上共产主义在40年代后期之前很长时间在非洲政治中的影响都很有限。在撒哈拉沙漠以南，只是在南非有着非洲大陆最早的共产党之一，它在两次世界大战之间的岁月里兴旺起来，另外在中南非洲的城

镇采矿地区也有少量存在,在这些地方,共产主义思想有些影响。在北非,比如在埃及,它也有一些影响。[39]然而,从50年代中期以后,开始是尼基塔·赫鲁晓夫然后是列昂尼德·勃列日涅夫治下的苏联,在非洲大陆就变得活跃得多——如同在亚洲和拉丁美洲一样,推动和鼓励共产主义运动或 336
左翼运动,有时是给予物质援助。60年代和70年代,实际的干预变得越来越普遍。美国和原来那些殖民国家也是同样回应。

冷战对非洲的影响是多种多样的。首先,而且多少有点讽刺意味的是,冷战在其早期岁月实际上是为那些非洲帝国的加强和保留提供了一种论证,而不是它们的解体。从美国宣布的对欧洲殖民主义的反感来看,从世界上新的超级大国苏联所说的反帝国主义的革命来看,都颇具讽刺意味。比如,在1945年后新的世界秩序中,得到美国默许或其他方式支持的英国,就把这个帝国描绘为阻止共产主义扩散的全球防波堤;英国政府认为,一个强化的、意识形态相同的帝国集团,是对苏联扩张主义的最好阻挡,而匆匆忙忙的非殖民地化将使全球大片地区暴露在苏联威胁之下。出于同样原因,英国在1945年后对非洲殖民地的兴趣复活,这就是所谓"第二次殖民占领",它涉及资金的投入,这在某种程度上与西欧的马歇尔计划相同,旨在稳定这些殖民地,使非洲人抵制共产主义,人们相信,由于贫穷和苦难,会发生这种事情。

然而,非洲民族主义领导人很快就意识到了冷战的政治结果,意识到了由这种东西方争斗而出现的现实和长远机会。在50年代,一些领导人的确被共产主义意识形态在群众动员和革命性政治行动上所提供的机会所吸引,很自然地向左倾斜以发起民族主义运动;其他人则聪明地使用民众革命的语言来制造出现大规模暴力的威胁。比如,在黄金海岸,克瓦米·恩克鲁玛就把这两者融合起来。他在左派意识形态中寻找灵感,同时也知道"群众革命"的不切实际,但这并没有阻止他使用左派语言来进行群众动员。他做得如此逼真,以至于英国人认为他是危险的激进分子。作为独立加纳的领袖,恩克鲁玛表明了要与英国保持"亲近"的意愿,加入了英联邦,但同时也发展与苏联的关系,50年代后期从苏联那里接受物质援助。在这同一时期,伴随着法国与它那些撒哈拉以南殖民地之间在非殖民地化问题上的复杂谈判,几内亚选择了完全的独立,法国曾试图以撤走所有援助来使这个前殖民地屈服,几内亚能够生存下来靠的是苏联支持的及时到来。[40]

不过，也许是在北非，苏联首先让自己的出现产生了相当的效果。莫斯科向艾哈迈德·本·贝拉这样的民族主义人士提供了保护和物质援助——贝拉在被捕之前是阿尔及利亚境外“全国解放阵线”的卓越组织者，此外还有埃及的迦玛尔·阿卜杜勒·纳赛尔。对于一代非洲民族主义者来说，阿尔及利亚战争有一种号召力，许多人由此而疏远了西方。苏联对“民族解放阵线”的支持显然突出了一条鸿沟，西方与东方在非洲各地争取自决上的不
337 同态度凸显出来。苏联也飞快地支持纳赛尔对苏伊士运河的国有化，谴责英法1956年在苏伊士的行动——但从不顾及美国也同样愤慨于伦敦和巴黎这种横暴的帝国主义。纳赛尔与赫鲁晓夫的“友谊”从来都是表面的，纳赛尔对社会主义并无喜好，他的继任者也是如此，安瓦尔·萨达特后来还赶走了苏联军事顾问。不过，在反帝国主义，尤其是反西方的宣传上，他们颇有共同之处。[41]如同阿尔及利亚的例子，比起任何西方政府来，莫斯科都显得更为同情非洲民族主义。

还有一些独立国家的政府，它们赞同并试图实行可广义称呼的“非洲社会主义”，这涉及在社会、经济和政治发展中拒绝西方的资金和西方价值观念。这种“社会主义”被理解为源自非洲，依据一种浪漫化的文化价值观念，尤其是模糊的过去年代中所说的公社主义。60年代和70年代在坦桑尼亚，尼雷尔实行“村有化”，作为一种社会主义的自足途径，但结果很糟糕。不过，与此同时，他也发展了与中国的友谊，中国赞助了将坦桑尼亚与赞比亚连接的铁路修建。在埃塞俄比亚，从70年代中期开始了门格斯图·海尔·马里亚姆的军事独裁，对外政策从亲近美国转向——长时间来美国一
338 直是它的天然盟友——亲近苏联；同时又实施一种激进的社会主义，其中包括各个社群整体的重新安置。[42]这样一些领导人，多多少少都希望通过某种意识形态立场来获取外国援助和支持。出于同样的原因，也有一些其他领导人坚定地与西方结盟，他们勤勉地培植来自英国人、美国人和法国人的支持，而后者也愿意常常对这些国家不管多么严重的人权侵犯视而不见，以换取经济特权和军事基地。在扎伊尔，尽管蒙博托·塞塞·塞科的统治长期腐败，治国无方，但从60年代中期接受西方支持，直至90年代初期。肯尼亚也是同样。尽管极权独裁，有着体制化的恶行，但冷战期间英国一直视它为坚定盟友。[43]

从非洲各地的内部冲突和军事斗争中，也可以感觉到冷战的影响。第二次世界大战刚刚结束，英国人和法国人就把自己的殖民帝国描绘为抵御

共产主义渗透的必要屏障。不过,从 50 年代中期开始,随着非殖民地化的进展,苏联开始对非洲大陆有了大得多的兴趣,将它视为一个有用的“第二战线”。从 60 年代起,一方面是美国及其盟友,另一方面是苏联及其欧洲卫星国,很积极地卷入了一系列冲突,这个大陆上几乎没有哪一场战争不以某种形式受到冷战政治的牵制,尤其是美国总统肯尼迪在 60 年代初期宣布了在“第三世界”冲突中反对叛乱的战略之后。比如,比利时从刚果撤走,导致了它的内部混乱,各种力量卷入进来。美国中央情报局积极参与了扶植蒙博托上台,将他作为一个亲西方强人的典范,形成了在中非的超级大国竞争,在 1973 年的全球能源危机后,这一点就被视为尤其紧迫,因为刚果/扎 339
伊尔就其自然资源而言,可以提供可观的回报。[44]同样,安哥拉和莫桑比克也出现了不同外部力量支持的游击队军事对抗。南非视自己为这一地区的超级力量,但也卷入这类冲突之中,这很大程度上是因为它受到葡萄牙帝国各种事态的直接影响。南非人对国际事务中的结盟以谨慎著称,但他们从西方接受大量的军火,广义而言采取一种反共产主义的姿态,尤其是面对非国大的左倾转向。[45]非洲各地的游击队和反叛,常常吸收社会主义的东西,无论这是真正受到了它那些原则的启发,还是想通过与莫斯科结盟而得到军事支持。社会主义——至少是武装的理论家们所解说的社会主义,比起别种手段来,在各种运动和广大民众中可以获得更大程度的政治控制。普遍而言,冷战干预使得非洲的内部冲突延长了,强化了,在很多时候进一步复杂化了。

70 年代初期的非洲一瞥,就可看到这个大陆分裂于两个世界阵营,尽管也有一些国家有过努力,想与一些亚洲国家一起发展“不结盟运动”;也有一些国家是脚踏两只船。美国与肯尼亚、扎伊尔、加纳、利比里亚和塞内加尔签订了安全协助条约,在 70 年代中期之前还与埃塞俄比亚有着长期的军事关系。英国在几个西非国家有军事使团,与绝大多数原来的殖民地有着军事培训和供应的协定,只有坦桑尼亚除外。法国也同样与中非共和国、加蓬、尼日尔、布基纳法索(70 年代初期称为上沃尔特)、科特迪瓦、塞内加尔、喀麦隆和吉布提有着防御与合作协定。苏联则给几内亚、马里、尼日利亚和乌干达提供援助,到 70 年代末时,莫斯科还与新转向马克思主义的埃塞俄比亚、安哥拉和莫桑比克签订了“友好条约”,其中包括提供军事援助。中国与喀麦隆、几内亚、马里和坦桑尼亚有军事援助的协议。古巴与刚果(布)、几内亚、安哥拉、莫桑比克和埃塞俄比亚也有类似的军事援助

新联盟：加纳的克瓦米·恩克鲁玛与埃及的迦玛尔·阿卜杜勒·纳赛尔。
来源：斯坦·韦曼/时代与生活图片/格蒂图片。

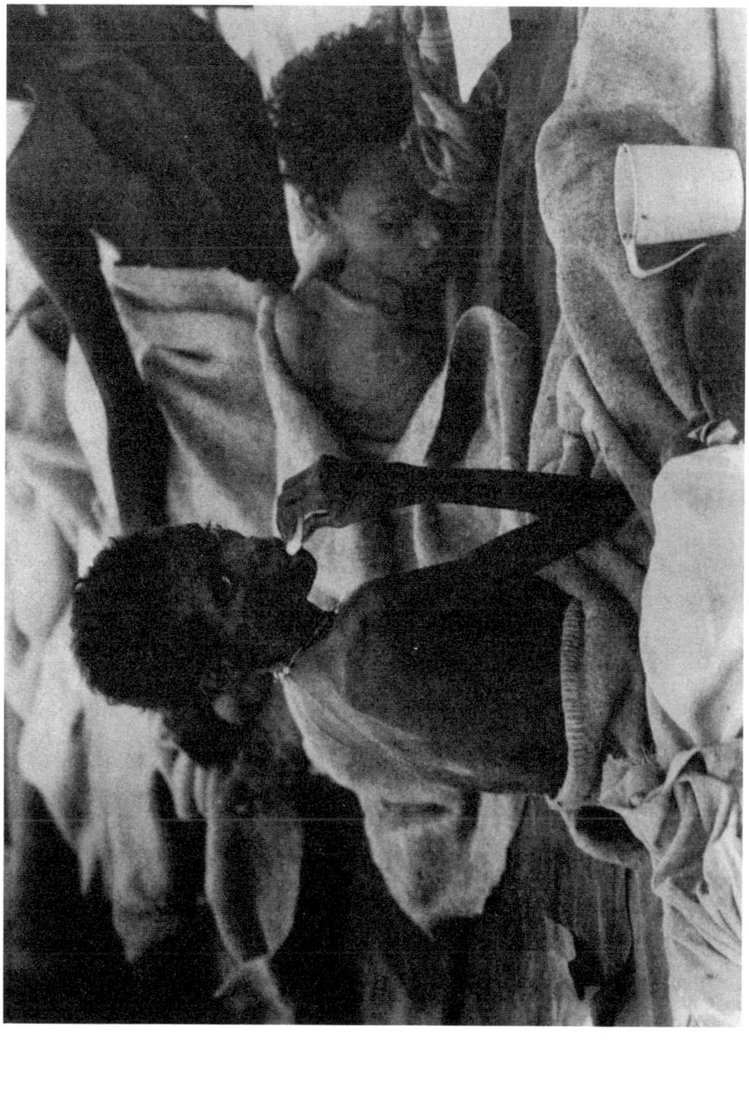

受害者：埃塞俄比亚北部的饥荒，20 世纪 80 年代中期。来源：芬·弗兰德森/法新社/格蒂图片。

协定。这些绝大部分导致了一种强化的军备竞赛，各种武器被直接或间接运往相关国家。[46]

总之，冷战使得外部力量看不到新生的非洲民族国家所面临的问题。全球战略和意识形态竞争的急迫，意味着极权主义——很多时候是残忍和血腥的独裁，不仅仅被作为非洲政治生活的一种现实而接受，甚至还得到了两大阵营的鼓励，以一系列的援助和协助来积极支持。非洲国家的政治滞后，适应了 50 年代末至 90 年代初外部力量的要求，这一时期的许多政治和人道灾难至少是非直接地因外国干预而恶化。然而，一种让人去滥用的局势还会要求人们去滥用它，冷战让一些非洲领导人能够为自己的目标而利用外国支持，他们殷勤地培植这种关系，以支撑要破产的政权和镇压内部反
340 对派。一些非洲政府借用马克思主义革命言辞和社会经济变革的实施，与其说是"解决问题"，不如说更是为了达到完全的政治控制。同样，真诚程度不一的各种游击队运动，也利用社会主义宣传来动员民众，发动"人民战争"。无论如何，1989—1990 年间冷战的结束，导致了一些政权的外部支持的撤走，这些政权在自己国民的眼中早已名誉扫地。不过，冷战在何种程度上"劫持"或如何扭曲了非洲自己的政治和经济发展道路，如何煽动了原本可以避免或解决的冲突火焰，在某种程度上依靠我们对非洲正在进行中的军事化进程的评估——我们下面将讨论这一点，依靠对 90 年代初期以来非洲大陆那些事情的评估。我们将在最后一章加以谈论。

注释：

① R.H.贝茨《热带非洲的市场与国家：农业政策的政治基础》（加利福尼亚州伯克利，2005；1981 年第 1 版）。

② I.罗克斯伯勒《关于欠发达的种种理论》（伦敦，1979）；D.K.菲尔德豪斯《黑非洲 1945—1980 年：经济非殖民地化与受阻的发展》（伦敦，1986）；G.基钦《历史视角中的发达与欠发达：民粹主义、民族主义和工业化》（伦敦，1989）。

③ 菲尔德豪斯《西方与第三世界：贸易、殖民主义、依赖与发展》，第 289—298 页。

④ 斯蒂芬·F.米歇尔《恩克鲁玛的孩子：阿科松博水坝和加纳的发展梦想，1952—1966》，《水历史》6：4（2014）。

⑤ 特雷弗·W.帕费特和斯蒂芬·P.莱利《非洲债务危机》（伦敦和纽约，1989）。

⑥ 恩克鲁玛《新殖民主义：帝国主义的最后阶段》；亚历克斯·汤姆森《非洲政治学简介》（纽约，2000），第 179—181 页。

⑦ 朱利叶斯·K.尼雷尔《"乌贾马"（Ujamaa，合作经济）：非洲社会主义的基础》（达累斯萨拉姆，1962）；A.库尔森所编《实践中的非洲社会主义：坦桑尼亚经验》（诺丁汉，1979）。

⑧ 比如参看迈克尔·莫蒂默《适应干旱：西非的农民、饥荒和荒漠化》（剑桥，1989）。

⑨ 经典研究是埃斯特尔·博塞拉普《农业增长的条件：人口压力之下农业变化的经济学》（伦敦，1965）。

⑩ 比尔·弗罗因德《非洲城市史》（剑桥和纽约，2007），第5章。

⑪ 罗伯特·F.沃思《一根火柴怎能点燃一场革命?》，《纽约时报》2011年1月21日。

⑫ 克里斯多夫·克拉珀姆《非洲与国际体系：国家生存政治学》（剑桥，1996），第169—181页。

⑬ 阿萨莫阿·科诺杜—阿吉姆冈《最好的时代与最坏的时代：非洲的结构调整项目与不平衡发展——以加纳为例》，《专业地理学家》52：3（2000）。

⑭ 戴恩·肯尼迪《帝国主义史战争：关于英帝国的争论》（伦敦，2018）提供了一些吸引人的背景。

⑮ 戴维森《黑人的重担：非洲与民族—国家之路》。

⑯ 霍奇金《殖民地非洲的民族主义》；J.—F.巴亚尔《非洲的国家》（伦敦，1993）；科尔曼《非洲的民族主义与发展》；克拉珀姆《非洲与国际体系：国家生存政治学》，散见各处。对民族国家和公民身份的晚近研究，比如可参看詹姆斯·R.布伦南《泰发（Taifa）：创制民族国家与坦桑尼亚城镇中的种族》（俄亥俄州雅典，2012）；以及艾玛·亨特所编《非洲的公民身份、归属和政治共同体：历史与今天的对话》（俄亥俄州雅典，2016）。就北非背景而言，可参看J.P.恩特利斯所编《北非的伊斯兰教、民主和国家》（印第安纳州布卢明顿，1997）。

⑰ 克拉珀姆所编《非洲游击战争》。 341

⑱ 马姆达尼《公民与主题：当代非洲与后期殖民主义遗赠》。

⑲ P.安博尔《现代化与解体：尼日利亚与伊博人》，《现代非洲研究》5：2（1967）；弗雷德里克·福赛斯《一个非洲传奇的制造：比夫拉故事》（伦敦，1977）；迈克尔·古尔德《比夫拉战争：为现代尼日利亚而战》（伦敦，2013）；道格拉斯·约翰逊《苏丹内战的根本原因》（牛津，2003）。

⑳ 约翰·H.斯宾塞《陷入困境的埃塞俄比亚：关于海尔·塞拉西年代的个人记述》（密歇根州阿尔戈纳克，1984），第307—308页。

㉑ 帕特里克·P.莫卢特西和约翰·D.霍尔姆《公民社会弱时的发展民主：博茨瓦纳案例》，《非洲事务》89：356（1990）。

㉒ 亨利·金巴《血腥国家：伊迪·阿明恐怖统治内幕》（伦敦，1977），第238页。

㉓ 麦克拉肯《1859—1966马拉维史》，第16章。

㉔ 安达加契·特尔尼《1974—1987埃塞俄比亚革命：从贵族独裁转变到极权独裁》（剑桥，1993）；C.克拉珀姆《埃塞俄比亚变革中的转化与持续性》（剑桥，1988）。

㉕ 多纳尔·B.克鲁斯·奥布里安《应对基督徒：肯尼亚的穆斯林困境》，收入霍尔格·伯恩特·汉森和迈克尔·特沃德尔所编《东非的宗教与政治：独立以来》（牛津，1995）。

㉖ 布鲁斯·E.海尔曼和保罗·J.凯撒《坦桑尼亚的宗教、身份与政治》，《第三世界季刊》23：4（2002）。

㉗ 米勒《摩洛哥现代史》，第7章。

㉘ 珀金斯《突尼斯现代史》,第 5 章和第 6 章。

㉙ 尼尔·凯切利《革命之时的埃及:引起争论的政治与阿拉伯之春》(剑桥,2017)。

㉚ "国际危机小组"(International Crisis Group)《阿尔及利亚的伊斯兰教、暴力和改革:翻过这一页》,报告 29 号,2004 年 7 月 30 日。

㉛ 参看卡扎菲自己在《绿书》(The Green Book)(伦敦,1976)中的政治沉思——常常很奇特。也可参看乌尔夫·拉辛《理解卡扎菲以来的利比亚》(伦敦,2018)。

㉜ 约翰逊《苏丹内战的根本原因》;较好理解的纵览可参看罗伯特·O.柯林斯《现代苏丹史》(剑桥,2008)。

㉝ "国际危机小组"《乍得:东边的炸药桶》,报告 149 号,2009 年 4 月 15 日。

㉞ 盖姆·卡比瑞比《厄立特里亚独立战争的批判性反思:社会资本、社群生活、宗教、种族划分和独裁种子的播种》(新泽西州特伦顿,2008)。

㉟ "国际危机小组"《埃塞俄比亚:管理虔诚信徒》,简报 117 号,2016 年 2 月 22 日。

㊱ 斯蒂格·雅勒·汉森《索马里青年党:一个武装伊斯兰教团体的历史与意识形态,2005—2012》(牛津,2013);也可参看亚历克斯·代·瓦尔所编《非洲之角的伊斯兰教及其敌人》(伦敦,2004)。

㊲ 亚历山大·瑟斯顿《博科圣地:一个非洲圣战主义者运动的历史》(普林斯顿和牛津,2018)。

㊳ J.梅奥尔《非洲:冷战及其后》(伦敦,1971);A.加夫森《非洲危机:东方与西方的战场》(伦敦,1981);B.D.波特《第三世界冲突中的苏联:1945—1980 地方战争中的苏联武器和外交》(剑桥,1984);Z.拉伊迪《超级大国与非洲:竞争的掣肘,1960—1990》(芝加哥,1990);P.J.施雷德《美国对非洲的外交政策:渐进主义、危机和改变》(剑桥,1994);伊丽莎白·施密特《非洲的外部干预:从冷战到反恐战争》(剑桥,2013)。

342 ㊴ 比如参看伊丽娜·费拉托娃和阿波罗·戴维森《隐藏之线:苏联时代俄国与南非》(罗杰巴伊,2013),尤其是第 4 章。

㊵ 梅丽·麦克唐纳《争取独立的召唤:1950 年代几内亚民族主义》,收入托尼·蔡弗和亚历山大·基赛所编《法属非洲 50 年》(曼彻斯特,2013)。

㊶ 凯伦·达维沙《苏联对埃及的外交政策》(伦敦和贝辛斯托克,1979),第 2 章。

㊷ 马丁·贝利《坦桑尼亚与中国》,《非洲事务》74:294(1975);M.奥塔韦和 D.奥塔韦《非洲共产主义》(纽约,1986);M.奥塔韦《苏联和美国在非洲之角的影响》(纽约,1982)。

㊸ 加夫森《非洲危机:东方与西方的战场》,174 页;塞缪尔·M.迈金达《从悄悄的外交到冷战政治:肯尼亚的外交政策》,《第三世界季刊》5:2(1983)。

㊹ 加夫森《非洲危机:东方与西方的战场》,第 180 页。

㊺ 比如参看约翰·丹尼尔《种族主义、冷战和南非的地区安全战略,1948—1990》,收入休·昂斯洛所编《南非的冷战:白人权力、黑人解放》(阿宾顿,2009)。

㊻ 施密特《非洲的外部干预:从冷战到反恐战争》和加夫森《非洲危机:东方与西方的战场》,散见两书各处。

第十八章 343

暴力与政治文化的军事化

非洲政治中的军事力量

在独立后的数年之内，政治不稳定和经济脆弱使得非洲大片地区出现了军事干预。后殖民时代非洲轨迹最显著的特点之一，就是暴力冲突的增生和政治文化的军事化。在许多方面，这的确是一系列后殖民地时代动力的产物。不过，也需要再次重申：这个过程有着深根，可以回溯到19世纪的暴力剧变，当时战争作为政治和经济战略的一种延伸变得越来越重要，无论旧新的各个国家和社会都变得越来越军事化。在某些方面，殖民地时代涉及非洲政治和社会的非军事化，这最明显地体现于除了为殖民地国家服役之外，非洲人不能携带武器。然而，这只是一种暂时的安排，而且涉及一些内部压力的形成，这些内部压力在非殖民地化过程之中和之后会浮现出来。的确，在这个背景中殖民主义的持久遗赠，就是认为所谓非洲“部族”暴力在根本上是违法的，是这个大陆天生野蛮的一种表现；而这种观念也可以追溯到19世纪。新的疆域界限的建立——它被称作“民族国家的诅咒”，激化的冲突就可能在它们里面出现。20世纪中期数十年中出现的冲突，有一些可以视为19世纪战争的延续，有些则是殖民状态的必然产物，尤其是那些抵抗意味深长的非殖民地化的顽固政权，比如葡属非洲或那些白人定居者国家中的冲突。其他的情况则是军官们很快卷入政治之中，政府落入军方之 344
手，后来则是落入游击队力量之手。然而，这些情况中的每一种，都需要作为一个长期的军事化过程的部分来理解，这个过程在本书讲述的这两个世纪中贯穿于非洲的政治文化。

思考民主在非洲的失败——假定这个政治概念具有世界普适性，政治学家和其他观察家倾向于指出它缺乏构成公民社会的那些制度和行为，比如缺乏立法机构与执行机构的分离，缺乏政党与国家的分离，缺乏公平的公共服务和不卷入政治的行政系统，以及独立的司法部门。[①] 撤走的殖民地当局常常试图创造公民社会，但它既肤浅也太迟，而且也肯定没有得到两个关键因素的支持，也就是非洲信仰和非洲经验。不过，一个稳定而且确定不关心政治的机构看来是军队，它很快就来填补了失败了的平民精英留下的真空。到 20 世纪 70 年代初期，为数不少的非洲国家已经落入军人统治，军队的干预成为非洲政治的一个典型特征。当然，军事政变绝非非洲独有，或许与拉丁美洲的联系更为紧密，在现代欧洲历史上也并非全无，但在最近这 40 多年的时间里，非洲则以它那政治化的军事而出名。从 1957 年——加纳独立的那一年——以来，有过 70 次以上的成功的军事夺权，另有许多这样的尝试被阻挡住了。有些国家面对军事政变尤为脆弱，这是因为它们的军事机构格外有力、野心勃勃，而种族或地区的鸿沟又格外深，共享性的政治文化很不发达。比如西非就是典型情况，尤其是尼日利亚、加纳、塞拉利昂和达荷美共和国（如今的贝宁）。达荷美在 60 年代有过四次军事政变，从 1963 年到 1969 年有过 12 届政府和 6 部宪法。在全世界引起最大反响的军事政变，或许是 1966 年将克瓦米·恩克鲁玛推翻的加纳政变，他是非洲民族主义创建者之一，是这个大陆的偶像。在本书写作时，非洲 54 个国家中，只有不多的几个没有遭受过由军方参与的推翻政府，它们中有坦桑尼亚和肯尼亚，而即使是肯尼亚也在 1982 年经历过一次军方夺权企图。较为晚近的政变国家有科特迪瓦——它尤其值得注意，因为这个国家有过几十年相对稳定的平民政府，还有多哥、尼日尔、几内亚和毛里塔尼亚。[②]

与非洲军事的历史性作用相关联，有三个基本主题要指出。首先，要记住 19 世纪非洲国家和社会中军队和军事的重要性。在西欧，随着时间推移，军队已视为基本上与政治无关了，它是职业化的（程度不同），整体上已经与政策制定和政府的事情脱离了关系；然而，在后殖民地时代的非洲，绝大多数国家却是军事与政治紧密交织，甚至是区分不开的。政治领导人常常就是军人，或者需要被视为军人——即使事实上不是，政治与军队指挥并肩而行，成功的统治者常常必须在战斗中证明自己，或者是由忠心的军官来
345 传播他们如何英雄如何勇猛的故事。19 世纪见证了非洲军队的日益职业化，这是非洲大陆军事变革的核心特征之一：班约罗和布干达创建了军事团队，约鲁巴有“战争男孩”，埃塞俄比亚的军事机构在扩展，以及祖鲁人或马赛人或奥罗莫人一些分支中的人丁年龄管理。不过，非洲绝大多数社会中的军队都类似于业余的民兵，有事时才召集起来。然而，这两种情况都有一个关键点：军队常常是“私人的”而非“公共的”，它们追随某个本地领袖、氏

族首领，或者是有钱的富人。军队独立于政治之上，它的存在只是为了保卫“国家”，这样的观念基本上是陌生的，殖民地时代那种分开的职业化军队组织的经历，对于绝大多数非洲人来说完全是新奇的。然而，如同我们下面会看到的，殖民地军队却又悖论性地用于内部控制，所以也就可能很快地政治化。无论如何，这样的殖民地军队职业化很快被颠覆，转入新出现的非洲军事形式之中——换言之，非洲的政治之中早已有了军事参与的悠久传统，它至少可以回溯到 19 世纪。对于我们的论说而言，这一点在 19 世纪下半叶尤其明显，当时在政治力量中心的形成上，以及这种力量的性质上，对武器的控制或获取起着越来越重要的作用。在某种程度上，这种局势在后来的 20 世纪中也表现出来，非洲政府发现自己要与那些能够获得枪炮的力量进行斗争。

另外两个主题，与殖民地经历在军队中形成的文化和气质相关联。那些获得独立的非洲国家，其军队是直接从殖民地军队演变过来的，所以它们的根子是 19 世纪 90 年代和 20 世纪初以后所使用的那些征服力量。所以它们的历史就是征服或者控制非洲人自己，而这样的军事要素当然就是殖民地国家自身的支柱之一。而且，与此直接相联，非洲军队就有着用于内部或国内的历史，而且通常只用在内部控制之上，显著的例外是两次世界大战，除此之外这些军队没有与“外部”事务有过关系，比如保卫边境之类，这就意味着非洲士兵更多地倾向于干预政治。具有讽刺意味的是，普遍而言，尽管有着上述历史，但独立后的非洲军队的确被认为是职业化、与政治相分离和遵守纪律的，许多国家的军队在 60 年代还保留着欧洲军官，承担着转换时期的顾问和训练功能。在 60 年代和 70 年代，随着军队越来越经常地参与反对所认为的无能和腐败的文官政权，军事政变就常常受到欢迎，至少开始时是这样。建立在已有职业化名声之上的军队，将自己突出为国家和全体公民的保卫者，没有腐败，不受政治污染。事实上，军事政变的文化构成了非洲军事力量在那些新政权核心的再次重申。

由于这种情况，军事指挥官们被视为救星，克服政治混乱来恢复秩序，
为那些虚弱和爆炸性的国家提供了至关重要的“坚强领导”。比如，1964 年 346
和 1965 年的刚果，当蒙博托将军在种族暴力和叛乱的背景中恢复了中央政府的权力时，他被许多人作为英雄而欢呼。的确，考虑到两三年之前军队自身还分裂为几个竞争的部分，他取得的成就是很大的。从 1967 年到 1970 年，由戈翁将军指挥的尼日利亚军队，面对着比夫拉反叛，将国家拢到了一

起；而比夫拉反叛本身也由一群伊博军官所领导。在1979年之前尼日利亚一直处于军人统治之下，军队稳定着国家这艘船，为转回文官统治作了准备。然而，这却是短命的。接下来的文官统治阶段腐败猖獗，军队于1983年再次回来掌权。如同60年代和70年代也经历了多次军人干政的刚果一样，尼日利亚发生的军事政变提供了人们所渴望的摆脱贪婪的文官政客，而军官在处理基本的经济和社会问题上也显得决断得多。在加纳，人们普遍认为军队统治——当时是空军军官杰瑞·罗林斯指挥军队——是需要的，这样才能铺平道路，回到较为稳定和民主的文官政府。[3]

然而，普遍而言，没有多长时间，这样的纯朴想象就消失了。军队因各种原因而夺取权力，并不仅仅是为公众利益来扳倒腐败的文官政客。士兵们因对政府政策的不同看法而干政，但更常见的则是因军人自己的不满而起事，最明显的就是因为报酬和生活条件。如同政治团体一样，他们也深受种族紧张关系的影响。有时，仅仅是由于指挥官的个人野心，军队就杀入了政府。在许多殖民地，兵员都来自社会中的"边缘"种族，这些少数族群基本上都在乡村，生活在殖民地国家的偏远地区，被视为较质朴，更听话。就如同在欧洲人眼中一样，在主体人口眼中，他们常常是很陌生的，他们也常常被界定为"尚武"民族，我们在前面章节中已经看到了这一点。这些被征来的士兵本身，也将服役视为晋升、获得社会地位和相对安全的一条途径。于是，由独立国家继承下来的军队的种族倾斜产生了重要的政治后果。由某个种族占主导地位的军队将干预政治视为推进狭隘界定的种族或地区利益的手段。这方面的一个典型例子就是乌干达，伊迪·阿明这位来自相对较小的卡夸族(Kakwa)的北方人，残忍地迫害其他少数族群，包括他自己军队中的那些人，视他们为潜在反对派的来源。[4]

军队夺权之后常常出现极其残酷的军人暴政，乌干达是这方面的一个例证，而让—贝德尔·博卡萨统治下的中非共和国是另一个例证。在70年代，这样的统治者变成了非洲大陆外所嘲讽的那种腐败、贪婪权力、很可能是精神病患者的非洲军事独裁者。博卡萨的极度自负、令人哭笑不得的追求宏伟的荒唐妄念，使得他把自己那个内陆赤道国家重新命名为"中非帝国"，于是也就自然地让自己成为皇帝，搞了一场拿破仑风格的加冕仪式(法国人真的赞同，法国总统瓦雷利·吉斯卡·德斯坦与博卡萨有着亲密关系，
347 这对双方都有利：博卡萨得到法国的军事和财政支持，法国人则得到铀)[5]。在19世纪非洲见闻录那种效果的持续之中，西方读者被食人的故事(据说

博卡萨把自己的政治对手吃掉了)、性丑闻(托罗的伊丽莎白公主,曾担任过阿明的外交部长)和残忍谋杀内阁部长们(由于礼节,阿明和博卡萨还需要他们)的故事所刺激。[6]毫无疑问,他们的残忍,他们对反对派(真实的和怀疑的)使用的暴力确有其事,但这只是一些极端个例,并非普遍情况。更为常见的是,军事政权并不比它们取而代之的那些文官更腐败、更无能或更残忍。立法机构被严密控制,司法独立被破坏,逮捕和囚禁的权力被放纵扩大。然而,可怕的混乱和流血却也常常与这类政权的崩溃相伴,在它们之后到来。被视为滥用权力,于是也就失去了它们进行统治的"道德权利"的军队,自己也常常导致极端的暴力,比如 80 年代初期以后的利比里亚。1980 年这里爆发政变,随后军方的暴行激起了内战,最终导致社会自身的崩溃。而且,长期的军事政权常常压制着上升的社会、政治或种族紧张关系,一旦政权解体或者被推翻,混乱就会爆发,90 年代的索马里在西亚德·巴雷下台之后就出现了这种情况。[7]

军人干政的倾向仍在持续,尤其是在西非。非洲大陆对此的态度——至少是正式的态度,有了小小的变化。非洲统一组织大会中穿军装者不少,但它的继任者非洲联盟(AU)对军队夺权就不那么容忍了,发生这种事情时通常会谴责,并寻求制裁这种军方政权。然而,非洲联盟中仍有相当程度的军方存在,军人们还在代表国家,比如尼日尔、毛里塔尼亚、几内亚,在其他一些地方,军人们在政府中仍享有大权,例如多哥和几内亚比绍。当然,更为普遍的是,军队对待现任政府的态度,常常决定着一场民众抗议运动是成功还是被暴力镇压下去,比如最近突尼斯和埃及的情况(这两个国家的军队基本上是取消了对总统制现任政府的支持),又如津巴布韦的情况,这里军队对爱国阵线的支持是决定性的。不过,现在出席非洲联盟首脑会议的许多军人,已不再是原来后殖民地时代军事机构中那种军官了,他们代表着非洲政治文化中另一种长期发展,也就是丛林的军事化,许多地方都是由游击战走向掌权。

政治与叛乱文化

近年来,政治的军事化出现了一些新形式,对于本书写作时的政治稳定发展有着深远影响。广泛而言,60 年代和 70 年代的那些国家士兵是殖民
统治本土代理人的直接后裔,军官们似乎仍在为殖民地服役,横跨于从殖民 348
地军队到国家军队这种非洲军事力量的转变。基本而言,与他们的欧洲前

任一样，他们垄断着至关重要的实际武力，在某个既定的疆域内，他们几乎完全控制着可以得到的武器；至少是在一段时间内，还独一无二地享有道德清廉的美名。60年代和70年代的军营，是道德和实际秩序的唯一可信赖之地。然而，从80年代开始，这些就大幅度地改变了。殖民地留下的职业军队发现自己面临装备精良的游击队的挑战，它在某种程度上构成了非洲政治中军事干预的"第二波"。[8]军方政府发现自己处于军事化的反对势力或军事化的欲取代者的攻击之下，后者声称代表着被压迫民众，它不仅要战胜现存体系，而且要完全摧毁它来重建——至少这些势力的宣传是这样承诺的。在70年代和80年代，这体现着冷战的影响与介入，它最明显地表现为自动武器大量流入非洲大陆，尤其是AK-47步枪越来越多、无处不在。这类武器使得各种民众团体都可以挑战政府，其效果远远超过了从前。冷战以来，小型武器流入非洲的数量一直在增加，前东方集团那些国家要在"第三世界"寻找新的市场来倾销它们的剩余产品。那些边缘化的不满团体在60年代是使用第二次世界大战的步枪来与政府作战，在边远的乡村地区甚至是使用长矛；但到了80年代就弄到了机关枪和火箭发射器。从19世纪90年代以来，先是殖民地政权，后是后殖民地时代的政府，它们所拥有并小心保护的对武力的垄断，已经一去不复返了。

这一点，在20世纪60年代和70年代后来那些反殖民起义中就表现出来，比如安哥拉、莫桑比克、几内亚比绍、罗得西亚，以及这些年中各地的那些反叛。这些是游击战争，它们首先要夺取挑战国家所必需的武器，其次是用民众革命的意识形态来占领道义高地，第三就是夺取政治权力本身。[9]在苏丹南部，一场反对北部统治的起义在50年代后期和60年代前期蔓延开来，尽管从1972年到1983年有十一年的断裂，但这场战争仍然成为非洲时间最长的悬而未决的问题。在这一区域别的地方，厄立特里亚从1961年就开始反抗埃塞俄比亚占领，打一场持久的独立战争，直至1991年"厄立特里亚人民解放阵线"(EPLF)赢得胜利，而在这场武装斗争胜利之前，它就发生了一些痛苦的内部冲突，包括70年代的一场断断续续的内战。内战基本上是各个竞争武装派别之间的冲突，它成为武装斗争的一个普遍特征，尤其是在葡属地区，我们已经看到了。单是在埃塞俄比亚，就有不少武装势力在60年代至80年代期间出现，它们为夺取这个国家的未来，既与一届届政府战斗，也常常相互之间战斗。厄立特里亚人就不说了——他们想从埃塞俄比亚独立出去，说对埃塞俄比亚本身不感兴趣。提格雷地区出现了叛乱，奥罗莫人反叛，索马里奥加登人起事，还有边界地区的苏丹人。这些不同的力量，有些结成了联盟——“埃塞俄比亚人民革命民主阵线”(EPRDF)，它与北部的“厄立特里亚人民解放阵线”联合，最终于1991年推翻了独裁。在其他地方，“西南非洲人民组织”(SWAPO)从60年代开始就在纳米比亚进行反对南非占领的战斗，到了1990年种族隔离制度崩溃后才赢得独立。与此同时，在津巴布韦，由穆加贝领导的“津巴布韦非洲民族联盟”和很后才出现的恩科莫领导的“津巴布韦非洲人民联盟”组成的“爱国阵线”，这两个组织都调整自己的立场，从而能够通过反抗白人少数统治的长期军事行动来挑战政治权力，然后在1980年通过选举胜利获得实际权力。其他一些也很成功的运动——它们的成功体现在维持内部政治凝聚力和走向中心来夺取权力上，随后也相继出现，尤其是在乌干达，这里由约韦里·穆塞韦尼领导的“国民抵抗军”(NRA)，在80年代初期反抗米尔顿·奥博特政权(奥博特在1980年重新掌权)，于1986年攻陷坎帕拉。“卢旺达爱国阵线”(RPF)在90年代初期从卢旺达北部稳步推进，于1994年在种族灭绝的罪行中夺取政权。⑩ 349

“解放战争”如何常常沿着老的错误路线爆发——20世纪后期的大量暴力可以追溯到19世纪，这样的冲突如何在冷战背景中犬牙交错地展开，非洲之角是一个很能说明问题的例证。在海尔·塞拉西皇帝统治之下，埃塞俄比亚使自己成为西方的一个坚定盟友，既反共也抵御伊斯兰教。这对于华盛顿有很大益处，尤其是因为埃塞俄比亚在红海的关键地理位置——横跨非洲与中东。在50年代，美国与海尔·塞拉西签订了一系列军事协定(这位感激的皇帝甚至派出了一支埃塞俄比亚军队去参加朝鲜战争)，而且通过联合国，安排埃塞俄比亚获得了原来的意大利殖民地厄立特里亚，以换取在厄立特里亚首都阿斯马拉的卡格纽发展军事基地。在许多年中，卡格纽基地是美国在本土之外单一的最大军事基地，高峰时驻扎数千人员，发展成为对印度洋、北非和中东的一个监听哨。然而，这种互利的安排却受到了摧毁。1974年，年迈的海尔·塞拉西被一个军政府推翻。在70年代中期，埃塞俄比亚进一步与莫斯科结盟，美国人被赶了出去。苏联原来是埃塞俄比亚邻国索马里的支持者，而索马里与埃塞俄比亚一直有着断断续续的战争，此时苏联转而支持埃塞俄比亚，大量的军事援助流入埃塞俄比亚，其中包括“军事顾问”和重武器。1977年，埃塞俄比亚终于有胆量与西亚德·巴雷统治的索马里开战，这场战争是1964年这两个国家之间那场冲突的再现。[11]

然而，埃塞俄比亚这次装备的主要目的，是为了粉碎厄立特里亚和提格雷正在加剧的叛乱。那些主要的北方游击队力量本身——厄立特里亚的
350 “厄立特里亚人民解放阵线”，它由原来的70年代初期的“厄立特里亚解放阵线”以及成立于1975年的“提格雷人民解放阵线”（TPLF）发展而来，提出了马克思主义的计划，但莫斯科的援助显然没有来临，而美国人现在是隔山观虎斗了。“提格雷人民解放阵线”寻找另外的榜样，将阿尔巴尼亚视为一个现实的不结盟的马克思主义范例——同时也是完全的斯大林式控制。厄立特里亚人则是长期把自己的游击队员派到国外受训，在60年代武装斗争的较早阶段还在叙利亚受训。然而，在70年代，“厄立特里亚人民解放阵线”发展了一种孤立主义的战略，因为苏联的“帝国主义”而拒绝其援助，也对被视为由外国利益的“走狗”来领导的所有非洲运动大加谴责。到1976—1977年时，“厄立特里亚人民解放阵线”已经相当接近于胜利了，占领了主要城市之外的绝大部分疆域，但苏联站在埃塞俄比亚一方进行干预，极大地增强了打击厄立特里亚人的力量，面对着一系列压倒性的反击，厄立特里亚人被迫撤退到遥远的北方。随着时间推移，“厄立特里亚人民解放阵线”降低了它的马克思主义调子——在军事上和政治上，它其实是一个相当务实的运动，发展出来了自己更为强调的社会改革和民族主义的目标。在80年代，这个运动与埃塞俄比亚人及苏联的全副武装的战争取得越来越多的胜利，缴获对方的装备，用它来作战。到80年代后期，随着苏联的开放和改革，苏联首脑米哈伊尔·戈尔巴乔夫就已经警告埃塞俄比亚政府，军事援助将大幅削减。“厄立特里亚人民解放阵线”主要是靠自己成功的，但无疑苏联的撤退也削弱了埃塞俄比亚。1991年厄立特里亚赢得独立，包括厄立特里亚人和提格雷人在内的武装反叛者的联合，推翻了亚的斯亚贝巴的政权。[12]

如果说，“非洲之角”的情况显示出冷战与地方战争相交织的一些方式，那么，冷战之后的20世纪90年代前期，非洲冲突的蔓延就很是明显了。在卢旺达，图西族与胡图族长期以来的种族对峙于1994年爆发，导致大约80万图西族人和所称“温和”的胡图族人死亡。在邻近的布隆迪，也有类似的脆弱，这里的图西族与胡图族关系也一直紧张，导致了1988年的反胡图族大屠杀，而胡图族在1993年通过选举又执掌了权力。这场中非大战蔓延到刚果，乌干达和卢旺达军队帮助推翻了蒙博托，但很快又因目标不同而发生

受害者：一位父亲抱着他受伤的女儿前往厄立特里亚的"厄立特里亚人民解放阵线"医院，20 世纪 80 年代初期。来源：麦克·戈德华特摄影。

争吵，东刚果迅速成为不同身份、各种断层和暴力争夺天下的泥沼。刚果民主共和国东部和大湖地区陷入两场灾难之间——卢旺达种族灭绝和刚果政府自身的崩溃，出现了遍地蔓延的军阀和军事组织，它们常常得到邻国政府的隐蔽支持，主要是乌干达政府和卢旺达政府的支持。这里变成了非洲最为暴力的地区之一，因要确保对各种资源的获取而出现了多重外部干预。用一位学者的话来说，刚果民主共和国已经成为"非洲的世界大战"的战场。[13]

人道主义还是新帝国主义？索马里摩加迪沙街上的一个美国士兵，1992年。来源：版权属彼得·特恩利/CORBIS。

与此同时，20 世纪 80 年代后期和 20 世纪 90 年代前期，索马里发生内 351
部爆裂，这一地区又出现了新的动乱涡流。美国主导的干预行动——“恢复
希望行动”，以灾难而结束。除了埃塞俄比亚之外，很长时间内都不会有其
他人想直接卷入索马里越来越复杂的局势了。[14]塞拉利昂政府和利比里亚
政府的崩溃，都与军阀的兴起相关，他们带领那些遭受创伤、愤愤不平、衣衫 352
褴褛的年轻人起事，用珍贵的矿物换得武器。显而易见，他们显示着现代非洲国家的经济失败和政治失败，同时又给无辜民众造成了巨大痛苦。[15]乌干达军队在这个国家的北部有自己的事要做，“圣主抵抗军”（the Lord's Resistance Army）在这里以一种《旧约》与本地神灵奇特混合的名义，残害当地民众。[16]很多外部观察者绝望于“新野蛮”的蔓延，[17]那些认为冷战结束会带来一个全球稳定新时代的人，对此不可理解。这种“新野蛮”的许多形式和做法，的确与 19 世纪的暴力颇有相似之处。21 世纪初期的许多冲突有着鲜明的地方特征，不再如同冷战时期那样由外部利益引导（至少是不再那么多地由外部利益引导），许多非洲国家政府的外交政策变得更为好战和冒险，远远甚于冷战时期。对此，我们将在下面讨论。

与此同时，从 20 世纪 70 年代后期到 20 世纪 90 年代前期，一些政治上和军事上颇为成熟的反叛，夺取了非洲大陆上一些地方的权力。到本书写作之时，它们全都以某种形态或形式继续掌权，基本上都没有什么重建。这些“民众武装反抗”——它们基本上由民兵构成，但证明自己转变为职业军队极为成功，是否会信服于多元和包容的理念，至少是一个有待观察的问题。业已显示出来的迹象，并不怎么给人以希望。比如，在乌干达，后殖民地时期血腥历史的持续，表明“全国抵抗运动”（the National Resistance Movement）对政治空间的绝对控制。在一种“无党派”政治的体系下，穆塞韦尼赢得了 20 世纪 90 年代中期以来的一系列选举，这些选举的特征就是对反对派越来越多的恐吓与压制。在卢旺达也是一样，保罗·卡加梅领导的图西族控制的“爱国阵线”，在 1994 年使用种族灭绝的恐怖，以此证明它随后禁止政治争议的合理性。在莫桑比克，“莫桑比克解放阵线”（FRELIMO）与“莫桑比克全国抵抗组织”（RENAMO）之间的毁灭性内战，在 20 世纪 90 年代中期以选举而告终，从那以后一直维持着脆弱的和平。尽管莫桑比克被广泛认为是这一区域的成功故事之一，但事实上“解放阵线”居支配地位——如同南非的非国大和埃塞俄比亚的人民革命民主阵线一样。近年来，“津巴布韦非洲民族同盟—爱国阵线”（ZANU-PF）的政治控制遇到了压

力，有一段时间被迫与反对派“民主改革运动”分享权力。然而，穆加贝脱离权力（不情愿地）之后，“津巴布韦非洲民族同盟—爱国阵线”的老战士埃默森·穆南加格瓦取代了他，解放阵线仍然处于支配地位。[18] 在上述这些地方，不管怎样问题多多，毕竟举行了选举，但厄立特里亚没有选举。从 20 世纪 90 年代初期以来，“厄立特里亚人民解放阵线”（EPLF）建立了一个高度独裁的政府，它是非洲联盟中最厚颜好战（最不得人心）的成员之一。尽管有着不同的方式，总体而言，用军队武力“解放”的社会接踵而至，由游击队而来的政府更为军事化，控制得更严密，原来的战士把他们武装斗争的那一套专业化和制度化了。如同我们前面谈到的，这些组织觉得是它们、唯有它们，才赢得了政治控制的权利。而且，这些组织还常常有一种政治使命感和
353 正确之感，这种感觉因那些鲜血牺牲的记忆和颂扬而强化，这些记忆和颂扬在某些方面将他们描绘为在政治上比他们的前辈更坚定。长期而言，这些组织是否会遣散自己，将权力延伸至那些没有在一开始就参加或直接参加它们武装斗争的人手中，还有待于观察。然而，这并不简单是一个游击队员是否会变成民主党人的问题——尽管这个问题已是够复杂的了，而是一个可以追溯到 19 世纪的地方武装化过程，能否融入相对晚近的“民主权利”观念的问题——不管这种观念在实际运用中有多么不完善。

在某些地方——索马里、利比里亚以及一定程度上的塞拉利昂，武装反叛导致了流血的无政府状态，那些武装派别并非被意识形态驱使的革命分子，而是不满、残忍和无政府主义的年轻人。事实上，在利比里亚和塞拉利昂，使用 AK-47 步枪的同时，还让老式大砍刀发挥可怕威力，在 1994 年卢旺达种族灭绝期间，正是砍刀而非自动步枪成了屠杀的象征工具。[19] 然而，这里的关键点是那些极端派别在政治和军事上的掌权。从 90 年代初期起，这些格外残忍和“私人化”的暴力成了所谓的“低水平”非洲冲突的特征，西非丛林、索马里低地平原，或者是毗邻大湖地区的森林，都是如此。

354 **新战争，老问题，军事前景在扩展**

在过去的 20 年中，暴力冲突在一些地方一直持续，在其他地方也重新燃起。对于民主发展来说，战争不起什么作用，尽管它的确常常导致了政治和社会组织一些创造性的、残忍的形式，就如同 19 世纪的情况一样。这些暴力，有一些可以多多少少视为近来一些变化的直接结果，尤其如长期独裁结束，所以就有了压力的爆炸性释放；但大部分还是要超越直接的后殖民地

时代去朝前追溯。与此同时，一些战争可能是“新”的，但那些问题却都不是，包括政治、种族和文化方面的压迫，经济上的边缘化，以及赤裸裸的贪欲，或者至少是好大喜功的折腾。尽管在某些地区这是一个令人反感的事实，但事实就是 20 世纪 90 年代和 21 世纪头十年的非洲一些部分成了 19 世纪的再现，军阀加民兵，在全球快速变化的背景下，为争夺物质和政治权力而战。[20]

21 世纪的头几年见证了安哥拉、刚果和索马里的持续冲突。索马里事实上已经不复存在，它被几个部落军阀和“伊斯兰教法庭联盟”所瓜分，我们已经提到，后来美国—埃塞俄比亚的干预才把后者赶走。而这又反过来点燃了索马里青年党的恐怖主义反叛，本书写作之时这场反叛仍在持续，尽管已经在某种程度上被压制住。与此同时，埃塞俄比亚和厄立特里亚也使用索马里来继续它们自己的代理人战争，厄立特里亚人也在支持埃塞俄比亚南部奥罗莫人持续的底层反叛。与此同时，苏丹西部达尔富尔地区的冲突涉及一系列反叛运动，它们为求得自治和权利与喀土穆支持的军队进行战斗。喀土穆支持的针对当地民众的暴力，常常被称为种族屠杀，这场战争很快就溢出，进入邻近的乍得。这场冲突已经有所减缓，但苏丹总统巴希尔仍然因达尔富尔的反人类罪被国际法庭通缉。经过几年的艰难谈判，苏丹的南北内战于 2005 年结束，签署了和平协议，南苏丹于 2011 年成为一个独立国家。然而，2013 年 12 月，南苏丹又爆发了内战，种族之间出现了暴力，总统基尔所属的丁卡族与副总统马查尔所属的努尔族反对派发生冲突，这场冲突比起通常的推测来更加难以处理。与此同时，在经历了许多年的非洲大陆最为可怕的暴力之后，塞拉利昂和利比里亚开始了一个恢复的过程，而且利比里亚还有了唯一的选举荣誉：2006 年选举选出了非洲第一位女性国家首脑。她必须去清除的幽灵之一就是查尔斯·泰勒这位原来的叛军领袖和总统，他因战争罪行在海牙国际法庭受审并定罪。

联合国在这些事态中的无能——常常是无动于衷，有时是那般令人痛苦地突显出来，尽管在卢旺达种族屠杀之后，联合国已经准备就非洲大陆的一系列冲突投入较多的人力和资源进行干预。维和部队已经部署在刚果以及埃塞俄比亚—厄立特里亚边界，联合国还在坦桑尼亚的阿鲁沙设立了一个战争罪行特别法庭，对卢旺达种族屠杀的罪犯进行审判。不过，它越来越 355
多地使用更为常规的外交压力和制裁，来对付那些任性的政权和暴力主角。在那些已经部署了维和部队的地区，联合国部队会得到观察员和非洲联盟部队的补充，有时会由后者替代，比如在索马里和刚果民主共和国。在其他情况中，用国际武装干预去创造和平，这常常有着高度的选择性。20 世纪 90 年代，美国总统乔治·布什派特使前往索马里，英国首相托尼·布莱尔也因一种“自由干预主义”实施了在塞拉利昂的军事介入——这种“自由干预主义”会得到 19 世纪后期许多议院外游说者的赞同。然而，在其他地方，近些年来介入者相对较少，尤其是在索马里，这里的恐怖主义反叛一直在持续。除了一直感兴趣的埃塞俄比亚人以外(还有厄立特里亚人，他们是基于一些不同的原因)，这里的国际使命掌管在非洲联盟的手中，由数千乌干达人、布隆迪人和肯尼亚人来代表，还有一支国际海军力量来对付海盗，而海盗问题本身就是陆地上经济问题的延伸。近年来国际干预的其他例证，还包括法国在尼日尔和科特迪瓦进行的干预。2011 年几个北约成员国决定对利比亚进行空袭，这赢得了一些称赞“强力人道主义”的喝彩，但也有人马上就怀疑是不是动机并不纯正——为了石油，视此为西方的新帝国主义在行动，哪怕是半心半意的。一种更为经常的干预是外国军火商的介入。20 世纪 90 年代以来，非洲大陆很多地方充斥着廉价武器和装备，它们是意识形态冲突的残骸，还可以从俄国和前苏联集团国家廉价地买到更多，这些国家急于出售自己的国有资产。比如，非洲之角进行的战争，基本上使用的轻武器、坦克、火炮和高射炮，都是从东欧的兵工厂买来的。无论人道主义干预是对是错，无论是军事还是外交，有一点可以肯定：那些想要和能够发动所谓新战争的人，总会弄到军事装备来处理一些相当老旧的问题。

20 世纪大部分时间中，非洲军事多为内部争斗，但这种特质正在改变。后殖民地时代非洲的战争基本上是内部战争，国家之间的战争很少。国家之间的战争，最大的一场是埃塞俄比亚与索马里因埃塞俄比亚的奥加登省——这里居住着索马里人——而开战，这首先是在 1963—1964 年，然后又在 1977—1978 年。这些冲突的规模是惊人的，给“非洲统一组织”带来的困窘也很大，这个组织无疑对殖民地边境之间发生冲突很感忧虑。埃塞俄比亚是“非洲统一组织”和后来的“非洲联盟”的永久驻地，当然赢得了这个组织的支持，索马里在这个问题上没有得到关键的国际承认。1979 年，坦桑尼亚军队(加上一些乌干达流亡者)进攻乌干达(作为对阿明挑起边境入侵的回应)，对推翻阿明本身起到了作用。阿尔及利亚与摩洛哥因西撒哈拉的问题也发生了冲突，它原是西班牙殖民地，摩洛哥人入侵，而阿尔及利亚人则支持它的武装抵抗运动“西撒哈拉独立阵线”。[21]

这些属于90年代之前一些为数不多的跨越边界的冲突。不过,从20世纪90年代到21世纪10年代,外国军事冒险主义、代理人战争和国家之间的冲突就增加了[22],这导致一个问题:在何种程度上,非洲的战争会再一次变得如同19世纪一样——如同欧洲几个世纪的历史一样,成为国家政策的一种延伸?安哥拉和刚果在90年代变成了非洲国家的混战战场,好几个地区国家都卷入其中,用暴力来保护自己的利益,它们既想得到自己所喜欢政权在政治上的倾斜,又想获得这两个国家的矿产财富——这两片苦难的辽阔之地都有着丰富的资源。1998年和2000年爆发的埃塞俄比亚与厄立特里亚之间的战争,是当时世界上最大的此类战争,涉及人员和国家资源的大规模调用,以及一系列常规地面战斗和对复杂战壕体系的空袭。这场战争部分是因边界问题而爆发,但更重要的是与身份和地区霸权有关,它在2000年年中打成了僵局,交战双方的边界地区保持着高度的军事化,而这场冲突本身又演变成了这一地区其他地方的代理人战争。[23]和平协议最终于2018年签订。与此同时,西非维和部队驻扎到这一区域的动荡地区,比如塞拉利昂,这同样也体现着一种新现象,如同非洲联盟的部队也驻扎在非洲大陆的一些爆炸性地区一样。近年来,非洲维和部队已经派遣到埃塞俄比亚—厄立特里亚边界、达尔富尔和索马里。非洲联盟也想在南苏丹促成一个和平协议,那里又是一场涉及邻国(包括乌干达)军事干预的冲突。[24]非洲联盟"和平与安全委员会"起到的实际作用可能会有争议,但这个委员会的存在本身就代表着一种颇有干劲的干预主义文化,这超过了"非洲统一组织"的做法。在新千年的开篇岁月中,"维和"变成了政治上的一件大事。 356

维和使命可能是新的,但外国冒险主义在非洲政治中却不是新现象。在殖民地时代之前,国家之间的战争普遍因政治和经济方面的原因而爆发,对邻近国家和社会的军事干预作为一种普遍策略,旨在创造友好政权与血族关系和朝代的延伸或形成。然而,近些年来,这看来采取了一些新的、更为危险的方式,尤其是在冷战结束之后,非洲政府能够对自己的对外政策更为自主,有更大的控制了。代理人战争增生了,那些地区角色暗地里或者是不那么掩饰地对邻国的武装反叛提供支持,比如刚果的卢旺达人和乌干达人,又如达尔富尔的乍得人和厄立特里亚人,以及索马里的厄立特里亚人——这还导致了对厄立特里亚实施制裁,而厄立特里亚对此进行了激烈的辩解。换言之,它们不是一些封闭的、独立的冲突,而是涉及一系列地区角色的地区战争。与此同时,跨国恐怖主义威胁,那种似乎不可阻挡的扩大，在尼日利亚、索马里、肯尼亚、尼日尔和其他地方表现得很明显，这意味着地方政权的安全需要与西方伙伴——尤其是美国——的安全需要结合起来了。非洲大陆各地的军队因此获益，在资金、训练和装备方面都是如此，因为外部伙伴关系急于确保现在的一些政权继续掌权，害怕它们的替代者
357 会不那么让人愉悦。军事与政治体系之间的历史性紧密关系，会以新的形式表现出来，军队已经朝边界之外看了，如同作为对内的工具一样，它也已经成了对外政策的工具。

注释：

① 关于这些问题的探究，可参看克劳福德·扬《比较角度的非洲殖民地国家》(纽黑文和伦敦，1994)；以及马姆达尼《公民与主题：当代非洲与后期殖民主义遗赠》。

② J.M.李《非洲军队与社会秩序》(伦敦，1969)；W.F.特里奇《非洲的军事政权》(伦敦，1975)；塞缪尔·戴凯罗《非洲的政变和军方统治：动机与掣肘》(纽黑文和伦敦，1990)。

③ 戴凯罗《非洲的政变和军方统治：动机与掣肘》，第2章；法罗拉和希顿《尼日利亚史》，第7章和第8章；伊曼纽尔·汉森和保罗·柯林斯《军队、国家和加纳的"罗林斯革命"》，《非洲事务》79:314(1980)。

④ 金巴《血腥国家：伊迪·阿明恐怖统治内幕》，第46—47页。

⑤ 这种关系在布莱恩·蒂特利《黑暗年代：博卡萨皇帝的政治"奥德赛"》(蒙特利尔和金斯敦，1997)中得到了探讨，第5章。

⑥ 就乌干达而言，除了金巴《血腥国家：伊迪·阿明恐怖统治内幕》外，还可参看托罗伊丽莎白公主所著《非洲公主：托罗·伊丽莎白公主的故事》(伦敦，1983)。

⑦ 克拉珀姆《非洲与国际体系：国家生存政治学》，第52页，第156—157页；路易斯《索马里人现代史》，第11章。

⑧ 威廉·雷诺《独立非洲的战争》(剑桥，2011)对此有精彩的综述。

⑨ 克拉珀姆所编《非洲游击战争》；但也可参看对一些在配置和动机上都有所不同的运动的考查：莫滕·博厄斯和凯文·C.邓恩所编《非洲游击战争：反抗现代军事机器的怒火》(科罗拉多州博尔德，2007)。

⑩ 谈论这些不同事例的文献很多，典型的有约翰逊《苏丹内战的根本原因》；戴维·普尔《从游击队到政府：厄立特里亚人民解放阵线》(牛津，2001)；理查德·J.雷德《东北非洲的暴力前沿：1800年以来冲突系谱》(牛津，2011)，第7章；吉布鲁·塔莱克《埃塞俄比亚革命：非洲之角的战争》(纽黑文和伦敦，2009)；P.恩古加《乌干达：民族抵抗军》，收入克拉珀姆所编《非洲游击战争》；杰拉德·普诺尼《卢旺达危机：种族灭绝史》(伦敦，1996)。

⑪ 吉布鲁·塔莱克《1977年埃塞俄比亚—索马里战争再探》，《非洲史研究国际学刊》33:3(2000)；路易斯《索马里人现代史》，第231—248页。

⑫ 普尔《从游击队到政府：厄立特里亚人民解放阵线》；丹·康奈尔《突破万难：厄立特里亚革命编年史》(新泽西州劳伦斯维尔，1997)。

⑬ 杰拉德·普诺尼《非洲的世界大战：卢旺达种族灭绝与一场大陆大灾难的制造》

(牛津,2009)。也可参看 F.雷恩特金斯《非洲大战:刚果与地区地缘政治学,1996—2006》(剑桥,2009)。

⑭ 侯赛因·M.亚当《索马里内战》,收入台西尔·M.阿里和罗伯特·O.马修斯所编《非洲的内战:根源与解决办法》(蒙特利尔和金斯敦,1999)。

⑮ 保罗·理查兹《为热带雨林而战:塞拉利昂的战争、青年和资源》(牛津,1996);斯蒂芬·埃利斯《无政府状态的面具:利比里亚的毁灭和一场非洲内战的宗教维度》(伦敦,1999)。

⑯ T.艾伦和 K.沃拉森鲁特所编《圣主抵抗军:神话与真实》(伦敦,2010)。 358

⑰ R.D.卡普兰《正在到来的无政府状态》,《大西洋月刊》1994 年 2 月号。

⑱ 比如参看阿里和马修斯所编《非洲的内战:根源与解决办法》第 2 部分中的案例研究。

⑲ 菲利普·古勒维奇《我们想告诉你:明天我们将与家人一起被杀:来自卢旺达的故事》(伦敦,1998)。

⑳ 一系列的视角可参看 R.H.贝茨《当一切分崩离析:20 世纪后期非洲的国家失败》(剑桥,2008);P.科利尔《底层十亿:为什么那些最贫困国家正在衰落,能做什么》(牛津,2008);C.克莱默《内战并非愚蠢之事》(伦敦,2006);雷诺《独立非洲的战争》;保罗·D.威廉斯《非洲的战争与冲突》(剑桥,2016)。

㉑ 彼得·伍德沃德《非洲之角:政治与国际关系》(伦敦,2003),126—130;T.阿夫尔岗和 M.霍尼《乌干达的战争:伊迪·阿明的遗赠》(康涅狄格州韦斯特波特和伦敦,1982);爱丽丝·威尔逊《流放的主权:一个撒哈拉解放运动的统治》(费城,2016)。

㉒ 威廉斯《非洲的战争与冲突》,散见各处。

㉓ 台克斯特·内盖西和谢蒂尔·特伦沃尔《兄弟相战:理解厄立特里亚—埃塞俄比亚战争》(牛津,2000);莎莉·希利和马丁·普劳特《埃塞俄比亚和厄立特里亚:对说服过敏》(伦敦,2007);理查德·雷德所编《厄立特里亚的对外关系:对它地区角色和外交政策的理解》(伦敦,2009)。

㉔ "国际危机小组"《南苏丹:信守"东非政府间发展组织"(IGAD)和平进程的承诺》,非洲报告 228 号,2015 年 7 月 27 日。一系列案例研究和理论探讨,参看帕特里克·沙巴尔、乌尔夫·恩格尔和安娜—玛丽亚·珍蒂利所编《非洲的暴力不可避免吗?冲突理论和防止冲突的探讨》(莱顿,2005);阿尔弗雷德·恩赫玛和保罗·蒂亚姆比·泽勒扎所编《非洲冲突的解决:冲突解决的管理与冲突之后的重建》(亚的斯亚贝巴和牛津,2008)。

359 第十九章

校正、赎回与现实：当代非洲的主题与趋势

非洲与当代世界

对当代非洲的理解——也就是说，对过去二十年中这个大陆的理解，必须以对各种“旧”与“新”动力交织的评价来开始。在许多方面，非洲大陆目前轨道——政治和经济方面的轨道，也即本书的中心焦点，其根源可以朝前追溯好几十年，它目前的情况必须作为一个累积过程的结果来理解。然而，也可以分辨出一些相对较新的动力，这不仅仅是国际政治方面的变化——尽管对此总是需要警惕的，而且仔细的考察常常揭示出所谓“新”事实上是一些相当旧的模式或态度的回返或修正。在非常宽广的意义上，在不同的方面，冷战的结束对非洲有重大影响，而“发达世界”在柏林墙倒塌之后也就用不同的眼光来看这个大陆。从字面上看，西方变得更加关注人权、政治制度、“好的管理”和民主，以及坚实的经济和贸易系统与运作。90 年代初期后的这个时期变成了一个危机和解决方案的时期，一系列的角色——包括非洲政府自身，都想实现现代化，寻求对债务和发展之挑战的解决方案。通过非政府组织(NGO)、慈善机构和援助组织，通过世界银行和国际货币基金组织，欧洲和北美已经变得更为干预非洲，超过了它们在东西方对立时期的作为，至少在非洲一些新的地区是这样。它们已经更想对非洲政府施加压力，以改变其政治与经济运作，更为热心地参与非洲的经济“现代化”——
360 事实上是一场可以追溯到 19 世纪初期的“争夺”，以及非洲人自己的社会和政治福利之中。然而，在过去 20 年左右的时间里，非洲经济自身出现了异乎寻常的发展，这在很大程度上由一些相对较“新”的角色如中国、印度所做的工业和金融援助而推动。一些非洲国家因此而能够选择性和战略性地考虑如何与它们那些西方的老合作者和前帝国主义国家打交道。[1]

对于非洲政府而言，它们发现自己处于自己那些民族的更强监督之下，

无疑超过了获得独立以来的任何时候。有一点已被普遍接受：一场“人民权力”的浪潮，一个“第二波解放”在 20 世纪 90 年代和 21 世纪初席卷了这个大陆。[2]“政治恐龙”——这个术语用于解放“第一波”的那代民族主义政治家——的数量，已经有所减少，部分是由于年迈，但部分也是因为他们不能够抵挡普遍的反对，尤其是一些地方所出现的社会政治崩溃。比如，近年来，这一代最后之人中的两位——利比亚的穆埃玛·卡扎菲和津巴布韦的罗伯特·穆加贝，就被夺去了权力。不过，较之卡扎菲，穆加贝的结局要平和得多。关键点在于：越来越少的非洲国家没发生原有统治者的下台，出现了某种形式的选举进程或至少是有限的民主化。在 2011 年年初的民众游行示威后，突尼斯总统本·阿里和埃及总统穆巴拉克的突然被惩处，提醒我 361
们所谓“永久”只是一种幻想——厄立特里亚和其他人得到了警告，当改变在几十年的壅滞郁积之后到来时，现任者甚至连体面的离去也求而不得。然而，独裁或半独裁的政权不仅生存下来，而且继续活跃——有时以一些新的方式。有一些仍享有西方后台或明或暗的支持。

2011 年 4 月 1 日，聚集在开罗解放广场上的抗议者。成千上万的示威者聚集在解放广场，呼吁埃及前总统霍斯尼·穆巴拉克下台，以满足革命的要求。来源：路透社/穆罕默德·阿卜杜·加尼。

不过，从 90 年代初期以来，西方与非洲的关系在某些方面已经变得更为复杂了：现实政治未必改变，但道德政治更多地走到西方与非洲打交道的前方。西方态度的这种变化，可以视为有几个方面的来源。部分而言，它来自一种内疚感，这常常以微妙的方式变成了一种重要的影响，作用于政策制定和民众对非洲大陆的感知。当然，所谓内疚常常是由媒体驱动的，由于媒体的作用，比起 30 年前，现在就更难对人类灾难视而不见了。比如，60 年代后期，在比夫拉战争之后，尼日利亚东部出现了饥荒，媒体对此做了相当多的报道，然后是 1973 年埃塞俄比亚的饥荒，而 80 年代中期埃塞俄比亚的饥馑更成为整个世界对非洲的一种标准“理解”。数百万饥民得到了前所未有的电视报道，这就促进了前所未有的公众运动来募集资金，在许多方面给非洲大陆以外的许多人留下了一种深远的责任感。从那以后，“捐赠界”有了多得多的共同努力来阻止饥荒，尽早尽快地抗击它，同时也参与一些更普遍的发展计划，帮助非洲人享有世界其他地方民众拥有的安全与权利。换言之，富裕世界有责任来确保贫穷世界不挨饿。

负罪感也来自面对政治灾难时的那种无所作为。1994 年的卢旺达种族灭绝，大约有一百万图西人和相当数量的胡图人在三个月的时间内被杀——从 4 月到 7 月，而这个世界，包括联合国在内——联合国在卢旺达有小股力量，但却不能或不愿意采取行动，而是远远地观望。事实上，对于正在积聚的种族紧张关系，联合国已经知道得很清楚。③ 事后，当对无动于衷的谴责开始时，“发达世界”再一次地感到了悔恨与罪责，④ 许多人把对卢旺达的袖手旁观与对巴尔干半岛种族灭绝所采取的积极人道主义干预进行对比，看来是皮肤颜色决定了对外政策。人们越来越相信，由政治色谱分为两边的这个世界，尽管有时是由于不同的原因，但必然更为紧密地影响到非洲。随着冷战紧急状态的消失，世界各地相当程度的残骸进入人们眼帘，比如在非洲、东南亚、中美洲。至少是对左翼而言，这是一种羞愧的景象。人们现在相信，后殖民地时代第一代人的那些苦难，其实是每个人都有责任的。

然而，在许多方面，这样的态度转变之所以到来，最重要的是因为冷战的结束，非洲大陆不再是过去那种意识形态或战略的战场了。如果说从 60 年代到 80 年代这一时期是西方军事反共和镇压叛乱的时代，那么 90 年代就被认为是一个民主化和人道主义解救的时代。不过，这样一个转变过程
362 如同其他事情一样，起初是不自觉地开始的。随着苏联的崩溃，以及它对一些非洲国家如埃塞俄比亚和安哥拉卷入的相应结束，西方也撤走了它对那些“防波堤”反共独裁政权的支持，这些政权现在已经无用于它们的目的了，比如扎伊尔的蒙博托。⑤ 如今，是要对这些领导人施加压力，让他们来改变了，比如举行选举，开放经济体系，让自由贸易和外国投资进入，以这些做法

来让国家恢复正常。出现了一种坚定的信念:民主化、经济发展和缓解贫困是相互联系的,所以,西方的干预必须是多方面的——如同它所做的那样。非洲政权面临的选择就是接受SAP——“结构性调整”,它涉及政治和经济两方面的自由化,这会带来大量的内向投资和世界银行为发展项目提供的资金。要有新的努力来刺激农业和工业生产,通过使用本地原材料和劳动力来减少非洲大陆对外国进口的依赖。于是,一种看起来“新”的经济教义诞生了,一直指导着面对“第三世界”的政策,直至今天。事实上,这种战略背后的基本原则——为了“现代化”而进行干预,它并不那么新,如同我们已经看到的,可以追溯到19世纪初期和奴隶贸易的废除。然而,人们感觉到的一些非洲国家这样做取得的成功,就刺激美国总统比尔·克林顿在1998年一次里程碑式的撒哈拉以南非洲之行中谈论“非洲复兴”,尽管事实上他是从南非副总统塔博·姆贝基那里借来了这个概念,而姆贝基又是从20世纪50年代的谢赫·安塔·迪奥普处受到了启发。[⑥]不管怎样,这个概念是指一个好的管理和经济增长的新时代,一种对未来的新出现的信心,这种信心在2006年至2010年塞内加尔首都达喀尔建造的庞大(也引发了一些争议)的纪念碑上体现出来。显然,如果说冷战导致了一种特定的意识形态斗争,那么90年代初期以后的时代则见证了一种很老的议题的苏醒,拂去了它的灰尘,加以重新包装。非洲再次成为一个要去关注的环境,一个巨大的产业,在这个大陆内外都会使用很多人,一个外交/人道主义/发展的情结现在要施用于非洲了。与此同时,那些以解决问题为导向的议程,却总是令人吃惊地不考虑历史,里面几乎没有历史意识的提示,这就意味着对非洲长期的(不)发展没有透彻的理解,却又意味着那些关键的外部角色可以再一次地轻松地重新塑造它们自己。还有一点值得注意:“非洲崛起”(“Africa Rising”)的讲述已经替代了“非洲复兴”,这被非洲大陆各地异常之高的GDP增长率所强调。西方的发展议程因此而多多少少变得复杂了。反过来,这更鼓励了在理解现代非洲上一种与历史无关的、现代主义的框架,因为快速的经济增长倾向于做这样的理解。

与此同时,全球政治的变化,意味着近年来对待非洲国家的一些微妙改变。1998年在内罗毕和达累斯萨拉姆发生的对美国使馆的袭击,以及影响大得多的2001年9月11日对美国的直接袭击——无论是好是坏,它现在已经成为国际事务中的一个标准参照点,导致了这些变化。各个西方国家,包括美国,已经显示出准备好去忽略一些非洲国家的问题,以换取它们对所

363 谓“反恐战争”的支持，布什政府就是这样做的。反对共产主义的斗争让他们对非洲政府内部事务上一些令人不快方面的某种视而不见，对恐怖分子的战争也带来了在吸引全球盟友上的实用主义。那些独裁政权或“混合”（半民主或准民主）政权都得到了支持，以换取它们的军事合作。不少非洲政府自身也忧虑于恐怖主义，想让自己的国家安全得到美国或欧洲伙伴的支撑，而这必然就要通过国内政治手段，尤其是那些现任政权的加强。这一点在乌干达和埃塞俄比亚体现得很鲜明。就埃塞俄比亚而言，美国长期以来一直支持它在索马里的军事干预——20 世纪 90 年代美国自身的干预失败得那样引人注目，尤其是 2006 年到 2007 年之后，美国—埃塞俄比亚的合作，导致了索马里大部分地区的伊斯兰教当局被推翻，此外还试图摧毁这里的基地组织分支。⑦然而，如同本书第十七章中谈到的，这是一种广阔现象的一部分，在尼日利亚、利比亚和马里，类似的组织都在聚集力量。当然，对于非洲发生的事情，西方在何种程度上真正感兴趣，这从来都不能肯定，而且绝不能估计过高。非洲，或者说至少是它的大片地方，在大多数国家的外交议程上都排位靠后，即使近年来的反恐战争提高了人们的关注，担心这个大陆会成为恐怖分子和经济移民的温床。

民主与独裁：统治趋势

20 世纪 90 年代和 21 世纪头十年发生的变化，有许多是由内部逼出来的，或者是越来越激烈的民众抗议的结果，或者是一些宣称代表着广大民众的“先锋”运动的驱动。近年来对非洲政治史的一种解说认为民主发展了——尽管战战兢兢，很不确定，但毕竟发展了。⑧在一些国家，反对派自身既得到了很好的发展，也得到了法律的保护，它们的活动被那些掌权者认为是合法的。公民自由在非洲大陆也变得较有保障。言论自由和信仰自由的权利，批评性的独立媒体的存在，不受随意逮捕和接受公正审理的权利，所有这些从 80 年代结束以来在非洲都越来越明显。非洲统一组织早在 1981 年就可以采纳“人权和人民权利非洲宪章”，但只是到了近年对这些权利所宣布的关注才有了实际意义。这种变化也必须放在全球背景中看待：类似的民主化进程出现在拉美，90 年代初又出现在东欧，这些地方给非洲各地提供了激励，非洲政治活动人士越来越厌恶、越来越不能容忍非殖民地化出现的那些政权。非洲所称的“第二波独立”的最早例证，其中一个是贝宁。
364 它长期处于马蒂厄·克雷库的独裁之下，他在 1991 年承认了选举的失败；

然而，在一些引人注目的事态变化中——这些事情似乎是加强了新建立的贝宁民主，1996 年的选举却导致了克雷库重掌权力，而他原来的竞争对手尼塞福尔·索格洛在他下面担任总理。在马里，一场民众起义推翻了穆萨·特拉奥雷的军事独裁，随后举行了选举，90 年代中的民主化和建设性辩论的文化在马里很好地建立起来，尽管这个国家是极度贫困的。赞比亚的稳定民主化之路较为动荡。90 年代初期，建国总统肯尼思·卡翁达完成了朝向多党制的转变，此后他的继任者弗雷德里克·切卢巴却求助于熟悉的独裁手段来确保自己的位置和反对派的不起作用。不过，2002 年他在任期结束时平静下台，事实上他后来受到腐败指控被调查，但被宣告无罪。[9]与此同时，博茨瓦纳拥有时间颇长的民主谱系，从它 1966 年独立以来，有过几次争夺激烈的选举，而掌权者任期结束后也平静下台。就民主文化而言，博茨瓦纳总以非洲的一个成功故事而自豪，更不必提它引人注目的低腐败程度。[10]加纳在 1992 年实行了多党政治，2008 年出现了罕见的选举结果的接近。如果是在邻近的科特迪瓦或尼日利亚，这会导致暴力反对，但在加纳却是现任约翰·库弗尔让位于约翰·阿塔·米尔斯——他在选举中仅仅赢了半个百分点。这种合法的权力转移发生在石油资源开发的前夕，这就更使它引人注目，看来证实了加纳作为这一地区稳定民主化的“到达”。[11]

在其他地方，民主化的前景被一系列武装阵线所掌握，它们代表着——或人们这样认为——所谓的“丛林民主”，即在人民解放名义下的武装边疆的拓展。尤其是激发克林顿 1998 年讲话的几个来源——埃塞俄比亚的梅莱斯·泽纳维、厄立特里亚的伊塞尔斯·阿法沃基、乌干达的约韦里·穆塞韦尼、卢旺达的保罗·卡加梅，全都是原来的游击队战士。非洲大陆各地都出现了对政府的挑战，它们越来越装备精良，组织良好，外边的世界必须考虑这些变化。在非洲之角，游击队无疑因苏联的崩溃而受益，但更重要的是它们通过许多年的战斗已经获得了政治上的强势地位，一旦莫斯科宣布撤退，它们就可以让这种优势获得最终成功了。埃塞俄比亚就很好地说明了这一点。到 1990 年时，门格斯图政权已经快要取得对北部的提格雷游击队和厄立特里亚游击队的巨大军事成功。门格斯图的支持者苏联撤出之后，美国人则在最后一刻介入，迫使门格斯图于 1991 年逃出埃塞俄比亚(津巴布韦容许他避难)，美国人还想利用自己的影响阻止厄立特里亚脱离埃塞俄比亚宣布独立，尽管“厄立特里亚人民解放阵线”取得了军事胜利。厄立特里亚对美国人的回答礼貌而又坚定：已经赢得了主权，再多的外交压力也不能改变这片土地上新的军事和政治现实。与此同时，“埃塞俄比亚人民革命民主阵线”也夺取了对亚的斯亚贝巴的控制，声称代表所有埃塞俄比亚
365 人——包括长期遭受阿姆哈拉帝国主义的千百万被剥夺被边缘化的人。所以，在90年代初期，埃塞俄比亚和厄立特里亚就以新的治理而自豪：自信，鲜明的政治意识，拥有巨大活力。[12]

同样的模式在其他地方也可以看到。在南非，越来越大的外部压力无疑削弱了种族隔离政府，但还是内部民众起义和社会政治混乱作为基本因素，迫使德克勒克释放了曼德拉，让非国大合法化，推动了政治转变，最终导致了这个国家历史上第一次真正的民主选举。在乌干达，穆塞韦尼领导的“国民抵抗军”经过许多年的“丛林生涯”后于1986年夺取政权，随之开始了一个政治和经济转变的过程。[13]“人民力量”或它的各种表现，在非洲各处都可以感觉到了，如同后殖民地时代爆发的反对“政治恐龙”的民众抗议。索马里的西亚德·巴雷和扎伊尔的蒙博托被赶下台了，但这些地方的结果并没有导致多少庆祝。西亚德·巴雷1991年下台的数月内，索马里就被部落暴力所分裂，从那以后，它几乎没有作为一个主权政体运作过，尽管后来出现了一些进展，一个全国政府现在不再以内罗毕而是以摩加迪沙为首都，开始了漫长的重建之路。[14]扎伊尔——它很快就改名为“刚果民主共和国”——也在1997年蒙博托被推翻期间和紧接之后就陷入了暴力混乱，不过刚果基本上作为一个可以运作的政体留存下来。导致蒙博托下台的这个国家东部的反叛，其领袖洛朗·卡比拉并没有维持多久，他在2001年被暗杀，但他的儿子和总统继任者约瑟夫·卡比拉从此执掌权力。直至本书写作之时，他仍一直面对着要他下台的压力。

在肯尼亚，巨大的内部压力最终导致莫伊于2003年卸任和姆瓦伊·齐贝吉的被选上。具有讽刺意味的是，齐贝吉自己就属于并不比莫伊那一代年轻多少的一代。然而，仅仅数年以后，齐贝吉自己就面临蔓延开来的抗议、贪污腐败的指控，以及种族暴力。2007年的大选产生了争议，齐贝吉宣布自己当选，随后暴力爆发，卡伦津族和卢阿族袭击生活在家乡地区之外的基库尤族（齐贝吉属于基库尤族）。死去数百人之后，出现了一个分享权力的联盟，反对派的关键领导人进入其中。齐贝吉没有参加2013年的再一次大选，肯尼亚第一任总统之子乌呼鲁·肯雅塔赢得了这次选举，但这个结果的有效性又受到了奥廷加（他也是独立时期一位关键人物的儿子）领导的反对派挑战。奥廷加又参加了2017年的总统选举，同样，肯雅塔被宣布为获

胜者——至少是临时的，因为这次最高法庭下令进行重新选举。肯雅塔又赢了重新选举，但这在很大程度上是因为明显的投票冷漠，以及反对派决定抵制选举。不过，2018 年年初，奥廷加和肯雅塔宣布，他们决心放弃分歧，共同为国家利益工作。肯尼亚的选举已经成为紧张而引人注目的事情，但 2007 年到 2008 年的暴力没有重现。在某种意义上，肯尼亚已经被视为非洲民主的力量（或脆弱性）的一个测试案例，就此而言，似乎有理由持谨慎的 366
乐观，至少在本书写作期间是这样。[15] 接下来是尼日利亚。在军队于 1998—1999 年期间放弃了对权力的把控之后，尼日利亚出现了一种民主的复苏。1999 年选举是 16 年来的第一次，奥卢塞贡·奥巴桑乔获胜，这位原来的军事统治者作为一位民主派，而且是一位基督徒重新掌权。[16] 乐观的意见认为，尼日利亚尽管出现了选举时的暴力，对反对派的侵扰，以及反对派在其政治进程中缺乏信念，但它还是蹒跚地朝着对基本民主权利的承认而前进。这是一条崎岖之路——腐败和政治上的不守信用成为奥巴桑乔之后任总统者的印记，如奥马鲁·亚拉杜瓦（2007—2010）和古德勒克·乔纳森（2010—2015），尽管 2015 年穆罕马杜·布哈里以反腐败号召当选——他曾是军事强人，曾在 1980 年代中期短暂地领导过尼日利亚，但仍似乎显示了一些进展。

如同肯尼亚，尼日利亚继续受困于腐败和选举舞弊；但也如同肯尼亚，尼日利亚民众在选举中可以投票了，侵犯人权遇到了来自内部和外部的前所未有过的审视。然而，对非洲近来政治史也可以做出不那么乐观的解说。首先，临时的选举，甚至是业已建立的选举循环，就标志着一种深深扎根的民主文化吗？答案看来是否定的，至少并不必然肯定。那些喧闹的选举可以得到来自国际观察家的赞同声音（当然，这要依据选举结果而定），但对政治文化之实质与方向评估——尤其是问责制和多元化——这种严肃之事，反而可能形成严重干扰。比如，尼日利亚的那些选举，一直被那些能弄到最多金钱的人所操纵，关注的是各种交易和竞争者之间的交换，而且总是被暴力所损害。在科特迪瓦，2010 年的选举被认为是数年内战之后脆弱和平进程的最大收获，然而现任者也是显然的失败者洛朗·巴博，就是拒绝下台，最终是法国和联合国表明支持反对派力量后才被迫走人。肯尼亚和津巴布韦的分享权力的试验，被证明是不稳定和不能实行的。外部压力拼命追求“稳定性”，迫使不相容的各方聚在一起，这会发生什么，它们就是例子。不过，最大的罪恶看来却是被人视为什么都没做。

与此同时，2010 年至 2012 年北非的事态，无疑显示着民众抗议的力量，民众抗议现在部分由社交媒体来推动了。突尼斯和埃及那种年迈和呆滞的王朝体系，已经被民众行动推翻，尽管这两个结果都是由于安全部队从根本上同情抗议者所致。在这两个地方以及北非各地，一代年轻人——他们失业、贫穷、但常常受过相当的教育，感觉可以前所未有地展示自己的可观力量了。基于完全的绝望和对高高在上的政治精英们的厌倦，他们走上了街头。然而，那些兴奋日子的收获并不容易辨认出来，尤其是在埃及，这里的独裁主义再一次出现。利比亚也是如此。卡扎菲被除去，却引出了一个被暴力深深分裂的国家。[17]

367 本书前一章讲述了政治文化的军事化，注意到这些运动的民主记录到现在为止并不怎么好。在埃塞俄比亚这个非洲大陆上看起来议会民主最稳定的国家之一，梅莱斯·泽纳维的政府对真正反对派的容忍，尤其是与中部和南部种族相联系的那些反对派，一直有着问题。而且，埃塞俄比亚安全部队对待民众抗议，也常常与津巴布韦的军人一样。[18]在 2005 年的选举之后——这场选举被反对派强烈质疑，反对派赢得了一些议席，而且执管了亚的斯亚贝巴市，但它们还是被暴力镇压，街头示威也被野蛮粉碎。“埃塞俄比亚人民革命民主阵线”短暂的“民主”试验结束了——民主的用处就是用来让人民选出“正确的政党”，埃塞俄比亚反对派的主要领袖不是被逮捕，就是逃走流亡。[19]从那以后，反对派就一直溃不成军。2010 年，在一场精心控制的选举中，“埃塞俄比亚人民革命民主阵线”大获全胜，赢得了不可能的 99%的议席。即使是梅莱斯·泽纳维的崇拜者和支持者——尤其是美国和英国，也对这种难以置信的结果表示不快，但权衡利弊还是接受了它。在乌干达，最近的选举可能遇到了超过其他选举的最为强烈的质疑，但穆塞韦尼
368 还是轻松获胜，这也是因为“全国抵抗运动”能够弄到大量的财政资源用于竞选和拉票。[20]在卢旺达，保罗·卡加梅的“卢旺达爱国阵线”政府，不能容忍与政府立场不同的意见，种族灭绝的幽灵就潜藏于需要全国团结的宣传之中。[21]2017 年，穆加贝去职，津巴布韦人希望通过 2018 年的选举取得进步的变化，然而他们失望了，至少短期而言是失望的：军队对反对派支持者在选举后的抗议活动进行严厉打击，看来是下定决心要维持“津巴布韦非洲民族同盟—爱国阵线”的掌权了。在苏丹，奥马尔·巴希尔被除去之后，抗议者与军方的紧张对峙一直持续到本书写作之时。不过，在厄立特里亚，也许就是一种完全不同的语言了。90 年代中期，这里新成立的国民大会通过

不可抗拒的潮流：南非的纳尔逊·曼德拉与 F.W.德克勒克。来源：RASHID LOMBARD/法新社/格蒂图片。

了一部自由的宪法，但它从来就没有实施；1993 年独立以来，从未举行选举，近些年来政治自由已被大大压缩，大量的政治权力和委任权已经集中于总统办公室。[22]不过，90 年代和 21 世纪初的非洲大陆是既有成功也有失败，许多新近发生的变化往好里说也是多种意味并存。南非的事态可能最好地说明了这种复杂意味。南非在 90 年代及其以后，被许多人认为是非洲大陆其他地方的一个指路灯塔，曼德拉本人理所当然地在世界舞台上受到了赞美，他关于和解与宽容的信息，他对一个多种族和多文化的“彩虹之国”的展望，在 90 年代中期之后的关键几年中，对这个国家的稳定起到了巨大作用。然而，曼德拉的形象——他担任总统期间已经年迈，在许多方面掩饰了南非一些根深蒂固的问题，包括绝大多数南非黑人的极度贫困，许多城镇中的暴力猖獗——约翰内斯堡与内罗毕和拉各斯一起，跻身世界上最为暴力的城市之列，还有长期的艾滋病问题——对此，曼德拉的继任者塔博·姆贝基有时采取的是一种无益的立场。1994 年曾经是那样欢欣鼓舞，非国大注定是让大众失望了。一方面经历了最恶劣的白人殖民主义行为，另一方面经济和社会机会上的巨大不平等仍然留存，南非大多数人仍是处于极度贫困之中，这造成它的新领导人越来越频繁地被替换，在塔博·姆贝基的总统任职期(1999—2008)和雅各布·祖玛的总统任职期(2009—2018)，这种鸿沟越来越明显，腐败和无能的指责一直跟随着非国大。在国际上，南非在经济领域已被认为是“中等国家”，外界观察者习惯于强调南非在非洲整体中的“领导潜力”。然而，回到国内，非国大的合法性越来越受到考验和质疑。

广泛而言，有人提出了这样的问题：人权和民主在何种程度上可以视为“普世”的？在何种程度上它们代表着一种西方的发明，可将其添加到一种完全不同的文化和政治体系中？比如这一点就很具讽刺意味：殖民地国家未能给它们的非洲臣民留下任何民主遗赠，“发达”世界近些年来却悲伤于非洲缺少民主结构和不尊重人权。有些人认为，尽管非洲文化多种多样，但在西方作为人权支柱的个人主义事实上在非洲文化中是没有“传统”的，从
369 历史上讲，非洲那种大社群更为重要。对于伊斯兰教北非而言这可能是真的，至少在某种程度上是这样。伊斯兰教更强调集体权利而非个人权利，所以西方那种权利和自由的观念显然就与伊斯兰教社会的集体义务和责任相冲突。然而，这种说法如果用到撒哈拉沙漠以南，至少就是一种危险的一概而论。这里并没有单一的殖民地时代之前的“非洲政治文化”，与那些特征

为“公社主义”、责任感和普遍参与的政治体系相伴，也有着专制的权威和暴力权力的直接控制。而且，可以假定，在那些历史上人口稀少的区域，个人地位和“满意”在现存秩序中的重要性，意味着“人权”（广义而言）在非洲大部分地区其实是相当地有机生长的，超过了那些人多地少的地区。当然，也可以反过来看，人口密度低也意味着国家结构只能通过暴力独裁来发展。然而，有一点可以肯定：20 世纪后期和 21 世纪之初，千百万非洲人自己非常积极地接受了“人权”和民主化的个人主义的观念，这是后殖民地时代那些政府的失败所导致，至少部分是这样。不管是好是坏，多半是好坏兼有，他们已经通过一系列的新媒介和沟通技术与一个据说为“全球”的社会联系起来，这个社会已经敏锐地意识到了民主权利，政治抗议的动员变得更容易也更快捷。

所以，近来的发展意味着什么，对此一概而论是困难的。一方面，要将它们部分作为后殖民地时代的斗争来理解，而且是一个可以追溯到 19 世纪的持续政治变革过程的延伸，不管这个过程有时是如何与西方关于“进步”的观念相冲突。然而，在一种更为当代的意义上，一个看来可以适用于 20 世纪 90 年代和 21 世纪初非洲绝大部分地区的广阔主题，是非洲领导人中间更大的责任感，政府必须更有责任地运作，不能横行霸道，欺凌它们的人民，至少不能像过去那样。非洲人自己也有了更多的政治意识，尽管文盲和不幸的贫困仍然制约着他们，使他们不能充分参与政治进程，但较之以往任何时候，他们已经意识到了自己作为公民的权利，意识到了那些一直得不到的机会。

身体与头脑

有一点是不言自明的：教育是非洲近年来许多挑战的根源，是它未来克服这些挑战的关键所在。医疗卫生也是一个至关重要的问题。事实上，独立之后许多非洲政府都大量投资于教育，将此作为国家发展的一种途径，从 20 世纪 60 年代到 90 年代，小学入学率大幅度提升。还采取了一些协调行动来扩大女童的入学数量，至少是在小学阶段。[23]然而，各地的成功率却很 370
不相同，尤其是就文化水平而言。最近这些年中，又出现了基础设施老化、政府投入减少，教育质量下降的问题。地区不平衡的问题仍然存在，城镇地区，或者是那些靠近城镇的地方，还是比偏远乡村地区有优势。性别鸿沟还很大，乡村女童是全国人口中最不利的，女童文盲的比例比男童高得多。据说，撒哈拉以南非洲的成年人文盲率比世界上任何其他地区都要高。无疑，非洲从70年代就开始陷入的经济困境，在许多地方导致了国家教育资金的明显下降，中小学教育是这样，高等教育也是这样。大学学费一直上涨，但资助水平和基础设施却没有跟上。教学人员也是这样，日复一日地简单挣钱养家，使得非洲大学的学术研究产出急剧下滑，再没有60年代许多人看到的那种最初的繁荣了。抵消普遍衰退的一种方式就是90年代以后“私立”学校和大学的扩展，这在撒哈拉以南非洲的一些首都很明显，尽管它们是对那些早已富足的人有利。[24]撒哈拉沙漠以北，各国政府也对学校教育和大学投资很大，常常是要用强化伊斯兰教和阿拉伯人身份的课程来取代欧洲模式。然而在这些地方也有性别偏见，人们愿意以牺牲女儿作为代价来让儿子得到教育。经济压力在撒哈拉沙漠以南阻碍了政府在基础教育上的开销，而沙漠以北则影响到了从小学到大学的教育。文化水平在北非仍然很低，但伊斯兰教的学习传统提供了一种可行的选择，还有伊斯兰慈善团体开办的小学，以及在大学中发展起来的伊斯兰教育的分支。对于让北非新一代人政治化和激进化，鼓励他们去反对欧洲文化和所说的霸权，去反对那些被认为未能完成独立期待的后殖民地时代的政府，这些被证明是颇具效力的。的确，那些相对受过良好教育却失业的年轻人，是2011年至2012年北非各地爆发的起义中一个关键群体。

当然，教育更广泛地是一种政治武器，人口中哪怕有文化者的比例增加一点点，也意味着相当数量的人就可以阅读报刊，接触互联网——网络本身是更具有潜力的政治表达形式，参与到更为普遍的政治谈论中去。文化本身并非具备政治意识的前提，但它无疑能够推进高涨的政治渴望，让它更有力量，让人们更强有力地去挑战那些压迫政权。正是由于这个原因，女性——至少是精英阶层之外的女性，独立之后在获得政治力量和影响上就远逊于男性。一些运动和政府试图控制教育，它们打的旗号常常是讽刺性的“提高政治意识”，这通常意味着培育对某种意识形态世界观的支持，表明
371 统治阶层十分懂得知识乃至于学问的力量。乌干达马凯雷雷这样的大学，长期以来就是政治辩论和异议的温床，但经济困难和想要“活下去”的简单愿望，越来越侵蚀学生们参与政治抗议的热情——“发达”世界中也有类似的情况；然而，在诸如亚的斯亚贝巴的大学生中，政治热情仍很高涨，而埃塞俄比亚政府对此的反应也是一样，这都表明它们仍然具有的力量。政治激进主义也是大学毕业生普遍失业的一种产物，尤其是在北非。

社会和经济成长的另一个必备条件就是健康的民众，如同受过教育的民众一样。我们在本书一开始就谈到，非洲历史的确受到非常严酷的疾病环境的巨大制约。1800 年折磨着非洲人的那些毁灭性疾病，有许多在 21 世纪之初的今天仍在阻碍非洲的发展。比如，疟疾和昏睡症仍在流行，而艾滋病病毒和艾滋病又成为这个大陆上最新的痛苦，这个大陆还在与其他的全球性疾病斗争，比如霍乱和肺结核。事实上，正是在非洲绝大部分流行的疟疾，成为所有疾病中最令人头疼的，它虽然不致死，但却让人极度衰弱，名副其实地把乡村社群的生命血液吸干，这里的劳动力被毁灭了。昏睡症如同我们在前面内容中已经看到的那样，也有着相似的效应，尽管殖民地时代和直至 20 世纪 60 年代的一些防治项目把这个病控制住了，这些项目在一些地区取得了相当的成功。然而，到 90 年代，又有证据表明，由舌蝇在森林和林地传播的昏睡症，又重新推进了。如同疟疾一样，它对乡村社群造成了灾难，尤其是那些饲养家畜的地方。

这些疾病中有许多是非洲本土的，是各种环境的产物，比如热带气候中传播疟疾的蚊子无处不在。然而，这些疾病的持续流行则反映了独立后政府未能做到向自己的民众提供足够和持续的医疗保健。如同教育一样，用于医疗保健的预算也在缩减，设备设施都在恶化。医疗供给一直不平衡，缺乏受过训练的医务人员，或者说他们越来越多地离开非洲，到美国或欧洲寻找待遇较好的工作。绝大多数非洲政府仍然关注药品，而不是更普遍的公共卫生和预防疾病。“捐赠界”——常常通过非政府组织——可以在某种程度上提供帮助，一些外部机构——尤其是在世界卫生组织这样的支持下，以提供药品和专业技术在根除一些疾病上发挥着越来越大的作用。然而，疾病也是一贫如洗的产物，是营养不良、糟糕的卫生条件（尤其是在城镇）和饮用水污染的产物。比如，在非洲仍然非常流行的霍乱，就是脏水或食物污染的产物，它最经常地爆发于城镇的贫民窟区域。同样，经济上的失败也可以视为是那些已经在世界其他地方消失的疾病的根源。[25]

世界上艾滋病病毒和艾滋病病例超过三分之二在非洲，从 80 年代初期第一例病例确诊以来，非洲的感染者大约有 3 500 万。超过 1 500 万人死于艾滋病，其中相当多为儿童——300 万人左右。在可以看到的未来，艾滋病 372
孤儿还会增加，丧钟还会持续响起，尤其是在东非和南部非洲，这些地区受到这种病的最大影响。就人而言，就社会经济稳定而言，由艾滋病病毒和艾滋病造成的毁坏是显而易见的，而它流行的原因则有多个。贫困和迁移仍然是可以说明问题的因素，那些免疫系统因艾滋病病毒而削弱的人变得很容易染上肺结核，如同肺结核在一系列包括梅毒在内的性传播疾病中发生率也很高一样。然而，艾滋病传播的主要途径还是性活动，所以性行为就成为各国政府和相关的非政府组织要去控制艾滋病的主要目标。在这个背景下，一些国家在公众知晓以及最终的降低病毒感染率上取得了相当的成功，乌干达就是这样一个例子，塞内加尔也有一定的成功。一些非洲南部的国家如纳米比亚、津巴布韦、博茨瓦纳、斯威士兰和南非，在高感染率和/或感染率攀升上，已经超过了乌干达和塞内加尔这些国家。在南非，政府在处理这个问题上非常低效，这部分是因为不愿意承认艾滋病的规模；90 年代的肯尼亚也有着类似的迟缓。缺乏足够的药品来控制这种疾病，而让更多的人得到抗艾滋病毒的药物，这一直是一个有争议的问题，这会继续阻碍南非在可以看到的将来去采取行动。事实上，艾滋病病毒和艾滋病现在已是如此灾难性的，经过许多年后，它在非洲大片地区的真正影响只会变得更清楚。[26]

所以，人的寿命、公共卫生和医疗保健，与世界其他地方相比，非洲的这些全都落后。不过，也有一些重要的性别和地区上的差异。比起撒哈拉沙漠以南的绝大部分国家来，北非人就享有较好的医疗保健，南部非洲的人寿命较短，比不上西部、中部和东部非洲的人，这是因植根于 19 世纪和 20 世纪的一系列独特的严酷社会经济状态所致。由于社会角色的重压和贫穷，女性和儿童一直是非洲大陆上最易受疾病侵袭的，而乡村地区的医疗条件，又远远比不上城镇。不过，持续的行动会带来效果，尤其是当外部援助与本土政府项目一起合作时。基本药物的获得，尤其是免疫系统的建立，使得 60 年代以后撒哈拉以南非洲的婴儿死亡率大幅下降，几年中平均寿命也延长了。很明显，即使是公共健康中的小小投入——无论是本地层面还是国家层面，都会带来大的改观。

当代经济："增长"与"发展"的评估

21 世纪之初，经济挑战仍然是这个大陆最为紧迫的。在许多方面，非
373 洲当代经济问题都可以视为贯穿全书讨论的那些问题的延伸，其中包括非洲与外部世界的商业联系、可得到资源的管理与最大值化、去寻求控制自然。就这些方面而言，非洲在过去的 20 年中既有重大的变化，也表现出明显的持续性。最近 10 年左右，主要的描述集中于"非洲复兴"，这个描述基

本上以令人印象深刻的GDP年增长率为基础，以及采掘行业和基础设施上的外国投资，这些投资促进了GDP增长率。与此同时，对于一些人而言，“非洲复兴”之说，其实是对这个大陆资源“新瓜分”的好听解说而已。无疑，非洲是有着经济“开放”的，我们前面已经谈到。不过，“增长”与“发展”有着很大的不同，就发展而言，一届届非洲政府（以及它们的外部伙伴）已经奋斗了数十年。[27]

当然，从许多方面说，这些发展的前奏，是20世纪八九十年代的经济结构调整。[28]与当代新自由主义思路相一致，那些改革的核心目标包括处理低效而膨胀、没有生产力的国营经济的问题，让非洲的经济环境更有利于外国投资。换言之，政府在经济中的参与，要大幅度降下来，需要大规模的私有化。就中期而言，至少从某些标准来看这个思路是成功的，比如外来投资的大幅度增加，GDP开始大幅增长——尽管是从一个很低的基线开始的。从1980年到2000年，撒哈拉沙漠以南非洲的GDP增长率为年平均2.4%；21世纪的最初十数年中，增长率跃至5.7%。世界上增长最快的经济体，有一些就在非洲，其中包括安哥拉、尼日利亚、埃塞俄比亚、乍得、莫桑比克和卢旺达。这些令人印象深刻的增长，的确与快速的私有化相联，私有化吸引了来自相对较“新”的外部角色的贷款和投资，这主要是中国，也包括印度和海湾国家，它们在现代第一次开始挑战西方的经济霸权。中国对原材料似乎难以满足的欲望，尤其促进了非洲的增长。[29]非洲各地，基础设施快速发展，城市在生长，以新自由主义经济为基础，出现了一个新的城市中产阶级。

迄今为止，一切似乎都不错，然而，也有不少带来了问题。外来投资总是投向那些自然资源，最为明显的是石油（比如安哥拉、尼日利亚、加蓬），贵重金属和矿产（比如刚果和许多其他国家），铁（利比里亚、毛里塔尼亚），以及磷酸盐（多哥）。这股工业大潮从某些方面看是积极发展，因为大多数非洲国家在早期工业项目的最初失败之后，20世纪七八十年代都转而高度依赖自己的农业部门。在那个时候，只有几个国家拥有相对先进的工业基础设施，其中包括埃及、博茨瓦纳和南非。然而，再一次地，最为活跃的非洲经济围绕某些原材料而发展，既有它的经济意义，也有它的政治意味。比如，“石油依赖资本”(oilocracies)就越来越使得政治精英们能够运作外国投资浪潮，获益于此，让现任政权有资源来强化它们的政治基础，同时也支撑了相对奢华的生活方式。这导致了“国家资本主义”概念的出现，经济只是准 374
私有化，在根本上处于与掌权政党及其随从相关联的政治精英的控制之下。

在这种混合“开放—封闭”的经济体系中，唯一真正受益者就是那些人脉关系广泛者，这反过来又导致了腐败的蔓延，乌干达就是这种情况。与此同时，尽管有看得见的让非洲受益的基础设施建设，最为明显的是新的道路和港口设施，但如同19世纪后期的情况一样，这种经济繁荣很明显主要由榨取原材料所推动，最终是为了海外更为发达经济体的利益。所以，对于一些人来说，它就类似于对非洲的“新瓜分”，尽管这次没有任何道德动机，也很少有政治动机，因为非洲新的贸易伙伴，尤其是中国和卡塔尔，并未给自己的经济参与附加历史上那些西方伙伴曾附加过的政治条件。一方面，相对繁荣的中产阶级随处出现；另一方面，富有者与贫困者之间的鸿沟又在扩展，社会—经济上的不公平越来越明显。有一点要记住：结构调整，涉及大幅度减少保健和教育这些领域的政府开支。[30]

这种经济增长也要靠借贷来维持，而且还要看到，经济发展常常因巨大的外债负担而受到抑制，大多数非洲国家都承受着这种负担。债务危机源于独立后不久的那一时期，已成为非洲各地经济发展的巨大阻碍。它是一种累积的危机，开始时是20世纪60年代和70年代为一些运气不好的项目来借贷，然后非洲政府又借新债来还旧债。借贷的条件变得越来越不利，而出口货物的价格在独立后那些年中一直下降，这意味着非洲国家在持续的经济困难中缺乏增加收入的能力来支撑自己。1970年时，非洲总的债务——欠西方政府和银行的、欠世界银行和国际货币基金组织的——为90亿美元，到了1997年，这个数字跃升至3 210亿美元。欠款每年都在增加，高利率意味着巨额的债务本金不能偿还，再加上老的债务，导致非洲国家要把国民生产总值中一个越来越大的部分用于偿还债务利息，而不能用于国内支出。在一系列非常流行的游说活动中——其开始就是18世纪后期的废除奴隶贸易，现在又出现了越来越强烈的呼吁取消非洲债务，旨在让这个据称的黑暗大陆恢复活力或得到拯救。1996年，甚至世界银行和国际货币基金组织也提议，免除若干世界上最贫穷国家——它们主要是非洲国家——的债务(尽管不一定是完全取消)。2005年英国格伦伊格尔斯G8财长会议之后，宣布一些既符合“贫穷”又符合“负债”标准的国家将有资格获得债务免除，条件是它们要在反腐败和实施更深入的结构调整上显示出进展。在某种意义上，这是一个基本无意义的倡议，因为那些被注销债务的国家其实无论如何都偿还不了。不过，这仍然是债务免除方面的一个重要进展。[31]

随着2008年经济危机的到来，出现了借贷给低收入和中低收入国家的热潮，因为西方的放贷者想用借贷给发展中国家的较高利息，来应对国内的量化宽松和低利率。这样做的结果，就是非洲政府所欠债务大量增加，以及 375
债务与GDP的比例又升到了一个令人不安的程度，常常超过了GDP的40%。在本书写作之时，人们越来越担忧，许多非洲国家，哪怕是处于令人印象深刻的高增长率时期，都面对潜在的毁灭性债务危机。

当然，债务问题有自己的推动力，新的贷款和援助计划常常被要求能覆盖国内金融缺口。对于非洲政府而言，长期以来都需要西方援助以支付社会福利事业和基础设施的费用，这也使得捐助社会对原本是主权国家的经济战略、乃至于延伸到政治战略，有了前所未有的影响。当然，西方长期以来就使用贷款来达到政治目的。冷战时期，资金输入到那些被认为在全球反共产主义战斗中是西方盟友的非洲国家国库之中，这包括尼日利亚和扎伊尔—刚果的独裁政权，而实施种族隔离的南非也能得到西方支持者的金融支援。在最近20年左右的时间内，捐助社会也能够使用援助来塑造非洲国家的国内政策，如同我们前面讲到的，金钱是带着附加条件而来，以催促结构调整和自由化的形式而来。在非洲大陆各地，非政府组织正处于与贫困作战的前线，它们与被压迫和被边缘化者一道工作，在苦难地区提供紧急救援，通过技术培训和协助让各个社群获得力量。在许多地区，非政府组织成为"捐赠界"最有潜力、最显而易见的体现，在最近的20年中它们发展起来，从国际性的到小规模的团体都有，有专业性的，有研究性的，也有宗教性的。它们中许多的预算有相当大一部分来自西方政府或欧洲联盟。许多非政府组织事实上是草根阶层和本地组织，常常与外部的基金组织和技术组织合作。这里面一些较为人知的组织包括"牛津饥荒救济委员会"(Oxfam)、"拯救儿童"(Save the Children)、美国援外合作署(CARE)、基督教"救世军"(the Salvation Army)、"天主教救援服务"(Catholic Relief Services)和"世界展望"(World Vision)，红十字会和"无国界医生组织"(Médecins Sans Frontières)尤其参与了提供人道主义援助。就救援和援助而言，联合国本身可能起了最大的作用，尤其是通过联合国儿童基金会(关注儿童)和联合国难民事务高级专员办事处(关注难民)的活动来做。这些工作有许多是在战争地区或近来遭受冲突蹂躏的区域。不管我们对这些工作的长期效果做何评估——甚至是如何评估这些工作的道义和文化意味，但就目前而言，对于无数社群来说，它们就代表着生与死的区别。反过来，依据这样的实地经验，非政府组织又处于一种可以塑造政府政策和设定国内发展议程的位置上。它们近来的突显，至少部分是来自一种经济正统理论，这种理论要缩减政府层面的活动，非政府组织可以填补低效政府供给留下的空白，同时西方政府也看好这些志愿组织，想让它们的钱用得较为“有效”。[32]

非政府组织工作的功效乃至于它的公正，对此的争论还在持续。[33]对于有些人来说，它们在让民众获得力量和民众参与上的确带来了变化。比如，东非各地就有令人印象深刻的草根组织的工作。批评它们的人认为它们过
376 于夸张或轻信，对它们所说的深入扎根的持续变化表示怀疑。非政府组织也陷入了冲突政治之中——比如，美国对南部苏丹反叛者的粮食援助，就通过几个基督教非政府组织和美国国际开发署来分发，而其他一些非政府组织被视为在损害非洲政府本身，无意或有意地阻碍了非洲政府的行动能力。无疑，非洲国家有时与非政府组织关系紧张，最典型的是在厄立特里亚，厄立特里亚政府指责它们肆意挥霍，损害了国家主权，重复政府已经在做的工作。

而且，千百万非洲人仍然面对气候和环境的变化莫测，非政府组织在这个领域中做着它们最为至关重要的工作。民主可能是脆弱的，但更脆弱的是粮食供应和70年代以来这个大陆一些部分的气候。饥荒变成了一种周期性现象，变成了外部世界理解现代非洲的一种持久形象。到70年代，许多非洲国家变成了基本食物的纯进口国。比如，近年来撒哈拉沙漠以南非洲地区，出现了超过非西方世界其他地方的人口增长，然而它也是粮食生产增长最缓慢的。就饥荒原因而言，有三种大的解释。首先，气候显然很重要。干旱、洪灾或其他形式的反季节天气全都会影响到粮食的供应。比如，萨赫勒地带在70年代和80年代，降雨量就长期一直很低。除了这些自然现象之外，人类的作用也很关键。第二方面的解释就是关注人口过多，也就是人口理论最简单的古典形式：“人太多，没有足够的食物。”这种解释最密切地与19世纪初期的经济学家和人口统计学家托马斯·马尔萨斯相关。[34]这种理论近些年来受到了批评，但在一些环境圈中仍有重要性。环境学家们认为，在一个给定的区域，如果人太多的话，就会导致土地生产力的下降，比如70年代和80年代萨赫勒地带的饥荒，就是因为这里的人类社群超过了脆弱土地的承载能力。第三种解释更倾向于政治。它认为在粮食分配、价格和市场控制上的政治决策，是导致饥荒发生的因素，对饥荒的剧烈程度

有重大影响。这种解释关注“权利”与“获取”的观念，也就是人们拥有生产或购买粮食的权利与能力的不同。比如，权利就因社会地位不同而不同，也因地理位置不同而不同。许多次饥荒中，可以得到的实际粮食数量并没有什么减少，但在获取上却大大改变了。[35]

这些解释都可以应用于不同时候和不同地点的非洲。还有一点很清楚：在过去的30年中，地方或地区性的战争既是饥荒的原因也是它的结果。许多武装冲突的地区近些年来也遭受着旱灾或粮食短缺，这并不是巧合。批评者还找到了非洲政府的迟钝冷漠，以及被解说为在财富分配上的政治决策，以及城市为中心的政策，这排斥了应该给乡村地区的资源。其他的因素还包括缺乏足够的运输和通讯基础设施，只依赖经济作物以换取外汇，于是忽略了粮食作物，这二者至少可以部分作为殖民地的遗赠来理解。然而，
在殖民地时代，饥荒会引起当局的关注，因为饥荒形成了社会动荡的威胁， 377
饥荒也对殖民地政府的人道主义提出了道德拷问，饥荒也是要花钱的。所有这些都是要避免饥荒的很好理由，所以殖民地当局——无论在亚洲还是非洲，都要通过严格的中央计划和控制来管理经济，要管制粮食的流动，鼓励种植耐旱的“放心作物”。所有这些，再加上当局愿意也有能力在可能出现粮食短缺时进行干预以达到平衡，殖民地世界出现饥荒的概率就远低于它可能会有的，尽管也有例外，而这主要是在战争时期。[36]

然而，后殖民地时代非洲的饥荒也与其他因素有关。比如，在最近几十年中，人们的流动数量巨大。长期冲突导致人们被迫迁移，极大地削弱了许多地方的农业基础，而迫害和暴力导致了苏丹、埃塞俄比亚、刚果和莫桑比克民众的大批流动。规模大得惊人的难民营散布在那些不平静地区，它们中有一些已经变成永久性的了，这又给这些地区的经济恢复留下了麻烦。由于同样的原因，出现了人们从遭受蹂躏的乡村地区逃往城镇中心的恶性循环，城镇因移民而肿胀，而这些人离开自己家园又进一步加剧了乡村的衰退。同样，许多非洲国家的经济缺陷都与依赖出口相关联，出口物品的范围很小，其中绝大部分是农产品，它们很容易受气候变化和政治动荡的影响。狭窄的农业出口经济的这种“双重脆弱”，而且还要依赖“发达世界”的市场和经济决策，这就大大压缩了非洲国家的活动空间。粮食援助尽管属于短期，但也是解决这个问题的一种手段，而针对非洲经济的新政策却导致了多重意味的结果。津巴布韦是这方面的一个典型例证。在80年代的某几年中，津巴布韦政府储存粮食以对付饥荒，为这个国家提供了基本的粮食安

全，通过调整粮食供应也能控制本地市场上的粮食价格，基本上是要保持低粮价。然而，90年代初期的结构性调整——它得到了“发达国家”政府、世界银行和国际货币基金组织的支持，认为要结束所称的“第三世界”中所有限制市场力量的政策。津巴布韦的粮食储存，被认为是非洲的政府过于强大的一个例证，批评它人为地压抑了市场，使得农民的粮食得不到公平的价格，并且还认为津巴布韦政府把储存的粮食卖给开放的市场，可以获取有用的外汇，这传达出一种基本信念：外汇储备比粮食储存更好，如果有饥荒威胁，政府可以使用它的外汇在国际市场上买到所需粮食。所有这些在理论上都不错，但实际上却增加了津巴布韦面对饥荒的脆弱性，于是出现了90年代的情况，这个国家经历了粮食供应的持续危机。降雨量不足导致的粮食供应下降的程度，一开始还不清楚，直到人们开始从乡村涌向城镇来寻求粮食援助才显示出来。由于没有储存的粮食来投放市场，政府被迫进口粮
378 食，而这个过程需要时间。与此同时，随着情况的恶化，政府不得不请求援助机构进行紧急救援，而它们的反应并不总像期待的那样快。[37]

尽管如此，一些非洲国家还是采取措施来应对饥荒的威胁。埃塞俄比亚发展出一种早期警告体系，尼日尔在中国的支持下采取预防饥荒的措施，包括种植水稻这样的农作物，它们能够高产、储藏，在灾年分配。更多的强调常常放在本地化的基层生产上，比如近年的加纳和马拉维就是这方面的例子。

总体上说，从经济角度看，非洲是既令人兴奋又面对挑战的融合。近年的GDP增长令人印象深刻，但这并不一定意味着“发展”，对经济表现的测量也并非直截了当的。[38]总的来说，“增长”对那些同样类型的精英们——创办事业的冒险家们有利，无论他们是非洲现代历史上的政治人物、经济人物或军事人物，这就如同19世纪的情况一样。不过，广泛而言，贫困仍然普遍，大多数非洲国家面对的仍是一位经济学家所形容的“底层十亿”。[39]对于千百万非洲人来说，接受教育仍然是一种特权而非权利，合适的医疗保健仍然难以获得，能否得到资本要看出身。女性在各方面则是更处劣势。当然，处在结构调整之下，许多非洲人都做得很好，这个大陆的各个城市中正在出现一个中产阶级，但他们还是少数，尽管相当显眼。“增长”对许多原来的精英阶层——非洲现代史中那些创办事业的冒险者（无论政治、经济或军事的）——带来了好处，这就如同19世纪的情况一样。也与那个时代一样，这些后继者的分配与再投资问题现在也面临着挑战。增长怎样最好地转变为

发展，这方面的争论还在持续，但有希望的是，这些争论中的一个重要部分，将会是从历史角度更为成熟地对待非洲的经济轨迹。

注释：

① 比如，帕德里克·卡莫迪《对非洲的新瓜分》（剑桥，2011）。

② 这个问题上有一系列的看法，比如可参看 S.M.马欣达《非洲的民主与多党政治》，《现代非洲研究》34：4（1996）；C.蒙加《法属非洲的公民社会与民主化》，《现代非洲研究》33：3（1995）；C.扬《非洲后殖民地政府的终结？思考改变之中的非洲政治动力》，《非洲事务》103：410（2004）；J.-F.巴亚尔、S.埃利斯和 B.赫布《非洲国家的刑事定罪》（牛津，1999）。

③ 罗米欧·达拉里《与恶魔握手：人道在卢旺达的失败》（伦敦，2004）；琳达·莫尔文和保罗·威廉姆斯《不列颠尼亚放弃了规则：大国政府与 1994 年卢旺达种族灭绝》，《非洲事务》103：410（2004）。

④ 威廉·肖克罗斯《让我们脱离邪恶：一个冲突无穷尽的世界中的军阀与和平卫士》（伦敦，2000）。

⑤ D.沃尔曼《非洲与新的世界秩序》，《现代非洲研究》31：1（1993）。 379

⑥ 谢赫·安塔·迪奥普《朝向非洲复兴：非洲文化与发展论文集，1946—1960》（伦敦，1996）；华盛顿·A.J.奥库姆《非洲复兴：历史、意义与战略》（新泽西州特伦顿，2002）。

⑦ 肯·曼克豪斯《索马里与索马里兰：恐怖主义、政治伊斯兰教与国家崩溃》，收入罗特伯格所编《与恐怖主义作战》；肯·曼克豪斯《索马里的危机：5 个行动的悲剧》，《非洲事务》106：424（2007）。

⑧ 尼克·奇斯曼《非洲的民主：成功、失败与政治改革的奋斗》（剑桥，2015）。

⑨ 关于民主进步（或其反面）的情况，可参看莱昂纳多·A.维拉洛恩和彼得·冯杜普所编《非洲民主试验的命运：精英与制度》（布卢明顿和印第安纳波利斯，2005）。

⑩ 更为谨慎的分析，可参看肯尼思·古德《博茨瓦纳持久的精英民主》，《民主化》6：1（1999）。

⑪ 琳赛·惠特菲尔德《“为一个更好的加纳而改变”：政党竞争、制度化和加纳 2008 年选举的轮替》，《非洲事务》108：433（2009）。

⑫ 伍德沃德《非洲之角》，第 4 章和第 5 章。

⑬ A.奥马拉—乌图奈《为乌干达的民主而奋斗》，《现代非洲研究》30：3（1992）。

⑭ 玛丽·哈珀《把索马里弄糟了？一个支离破碎国家中的信念、战争与希望》（伦敦，2012）。

⑮ 关于 2007—2008 年事态的分析，可参看尼克·奇斯曼和丹·布兰奇所编《特刊：选举热：肯尼亚的危机》，《东非研究》2：2（2008）。

⑯ 约翰·伊利弗《奥巴桑乔、尼日利亚和世界》（伍德布里奇，2011）；也可参看 J.伊亨夫伯里《正在瓦解？军事与尼日利亚民主化的危机》，《现代非洲研究》34：2（1996）。

⑰ 西方媒体所称的这场“阿拉伯之春”，相关的文献在迅速增多，比如参看罗伯

特·F.沃思《狂怒秩序:骚乱中的中东,从解放广场到ISIS》(纽约,2016);马克·L.哈斯和戴维·W.莱施所编《阿拉伯之春:希望与暴动的真实》(纽约和伦敦,2018)。

⑱ 乔恩·阿宾克和托拜厄斯·海格曼所编《特刊:埃塞俄比亚的革命性民主,1991—2011》,《东非研究》5:4(2011)。

⑲ J.阿宾克《民主的挫败?埃塞俄比亚2005年选举危机及其后果》,《非洲事务》105:419(2006)。

⑳ 艾利·迈里·特里普《穆塞韦尼的乌干达:一个混合政权中的权力悖论》(科罗拉多州博尔德,2010);丽塔·亚伯拉罕森和杰拉尔德·巴莱比《乌干达的2016年选举:再也不用装了》,《非洲事务》115:461(2016)。

㉑ 菲利普·莱恩特金斯《卢旺达1994年之后的政治:"解放"和"民主化"都成了问题》,《第三世界季刊》27:6(2006)。

㉒ 盖姆·卡比里比《厄立特里亚:一个推迟的梦想》(伍德布里奇,2009)。

㉓ 就背景和情境而言,比如可参看世界银行《撒哈拉沙漠以南非洲的教育》(华盛顿,1988)。

㉔ 就乌干达背景中的讨论而言,参看巴哈茂德·曼达尼《市场中的学者:马凯雷雷大学的新自由派改革困境,1989—2005》(坎帕拉,2007)。

㉕ P.吉本《世界银行与非洲贫困,1973—1991》,《现代非洲研究》30:2(1992)。

㉖ T.巴奈特和P.布莱基《非洲的艾滋病》(伦敦,1992);J.伊利夫《非洲艾滋病流行史》(牛津,2006)。

380 ㉗ 伊恩·泰勒《非洲崛起?金砖国家——多样化依赖》(伍德布里奇,2014);卡莫迪《对非洲的新瓜分》。

㉘ 早期评价可参看T.M.肖《1990年代非洲政治经济中的改革主义、修正主义和激进主义》,《现代非洲研究》29:2(1991);J.B.里德尔《事情再次崩溃:撒哈拉沙漠以南非洲的结构调整项目》,《现代非洲研究》30:1(1992);D.普兰克《援助、债务和主权终结:莫桑比克和它的捐助者们》,《现代非洲研究》31:3(1993)。

㉙ 克里斯·奥尔登《中国在非洲》(纽约,2007);霍华德·W.弗伦奇《中国的第二大陆:一百万移民正怎样在非洲建造一个新帝国》(纽约,2014)。

㉚ 比如参看格雷厄姆·哈里森《新自由派非洲:全球社会工程的影响》(伦敦和纽约,2010)。

㉛ 特雷弗·W.帕费特和斯蒂芬·P.莱利《非洲债务危机》(伦敦,2010);马克·R.托马斯和马塞洛·M.吉加莱《非洲的债务与债务免除》,收入瑟雷斯迪·蒙加和贾斯廷·伊夫·林所编《牛津非洲与经济学指南》第2卷《政策与实践》(牛津,2015)。

㉜ 罗伯特·平克尼《非政府组织、非洲与全球秩序》(伦敦,2009);詹尼弗·N.布拉斯《盟友抑或对手:非政府组织与非洲国家》(剑桥,2016)。

㉝ 汉斯·霍尔门《表演者:非政府组织与非洲的援助行业》(科罗拉多州博尔德,2009)。

㉞ T.R.马尔萨斯《人口原理》(牛津,1993;1798第1版)。

㉟ 阿玛蒂亚·森《贫困与饥荒:关于权利与剥夺》(牛津,1981)。

㊱ 戴维·阿诺德《饥荒:社会危机与历史变化》(牛津,1988);J.德瑞泽和A.森所编

《饥饿政治经济学》，3卷本，（牛津，1990—1991）。

㊲ 在食物短缺问题上更为广泛的批评，参看亚历克斯·德·瓦尔《饥荒犯罪：政治与非洲的赈灾行业》（伦敦，1997）；也可参看迈克尔·洛夫契《非洲饥饿的政治和经济根源》，《现代非洲研究》13：4（1975）。

㊳ 莫滕·杰尔文《可怜的数字：我们怎样被非洲发展统计学误导，该怎么办》（伊萨卡和伦敦，2013）。

㊴ 科利尔《底层十亿：为什么那些最贫困国家正在衰落，能做什么》。

扩展阅读

（通史和各个地区、相关主题）

Abun-Nasr，J.(1971). *A History of the Maghrib*. Cambridge.

Ajayi，J.F.A. and Crowder，M.(eds.)(1985—7). *History of West Africa*，vol.2. Harlow.

Anderson，D.M. and Rathbone，R.(eds.)(2000). *Africa's Urban Past*. Oxford.

Austen，R.(1987). *African Economic History：Internal Development and External Dependency*. London.

Barber，K.(2006). *Africa's Hidden Histories：Everyday Literacy and Making the Self*. Bloomington & Indianapolis.

Bayart，J.-F.(1993). *The State in Africa*. London.

Birmingham，D. and Martin，P.(eds.)(1983). *History of Central Africa*，vol.2. London.

Boehmer，E.(ed.)(1998). *Empire Writing：An Anthology of Colonial Literature 1870—1918*. Oxford.

Chabal，P. and Daloz，J.-P.(1999). *Africa Works：Disorder as Political Instrument*. Oxford.

Clapham，C.(1996). *Africa and the International System：The Politics of State Survival*. Cambridge.

Clapham，C.(ed.)(1998). *African Guerrillas*. Oxford.

Clayton，A.(1999). *Frontiersmen：Warfare in Africa since 1950*. London.

Cooper，F.(2002). *Africa Since 1940：The Past of the Present*. Cambridge.

Curtin，P.D.(1964). *The Image of Africa：British Ideas and Action 1780—1850*，vol.2. Madison，WI.

Curtin，P.，Feierman，S.，Thompson，L.，and Vansina，J.(1978). *African History*. London and New York.

Davidson，B.(1992). *The Black Man's Burden：Africa and the Curse of the Nation-State*. London.

Decalo，S.(1990). *Coups and Army Rule in Africa：Motivations and Constraints*. New Haven，CT.

Ellis，S. and Ter Haar，G.(2004). *Worlds of Power：Religious Thought and Political Practice in Africa*. London.

Falola，T. and Jennings，C.(eds.)(2002). *Africanizing Knowledge：African Studies Across the Disciplines*. New Brunswick，NJ.

Fisher, A.G.B. and Fisher, H.J.(1970). *Slavery and Muslim Society in Africa: The Institution in Saharan and Sudanic Africa, and the Trans-Saharan Trade*. London.

Fleish, A. and Stephens, R.(eds.) (2016). *Doing Conceptual History in Africa*. New York & Oxford.

Freund, B.(2007). *The African City: A History*. Cambridge.

Gann, L.H. and Duignan, P.(eds.) (1969—75). *Colonialism in Africa, 1870—1960*, vol.1—2, 4—5. Cambridge and London.

Gifford, P. and Louis, W.R.(eds.) (1982). *The Transfer of Power in Africa: Decolonisation, 1940—1960*. London.

Goody, J.(1971). *Technology, Tradition and the State in Africa*. London.

Gray, R. and Birmingham, D.(eds.) (1970). *Pre-Colonial African Trade*. London.

Gutteridge, W.(1975). *Military Regimes in Africa*. London.

Hamilton, C., Mbenga, B.K., and Ross, R.(eds.) (2010). *The Cambridge History of South Africa: Vol 1, from Early Times to 1885*. Cambridge.

Hargreaves, J.D.(1996). *Decolonisation in Africa*. London.

Harlow, V. and Chilver, E.M.(eds.) (1965). *History of East Africa*, vol.II. Oxford.

Hastings, A.(1994). *The Church in Africa, 1450—1950*. Oxford.

Herbst, J.(2000). *States and Power in Africa: Comparative Lessons in Authority and Control*. Princeton, NJ.

Holland, R.F.(1985). *European Decolonization, 1918—1981: An Introductory Survey*. Basingstoke.

Hopkins, A.G.(1973). *An Economic History of West Africa*. Harlow.

Iliffe, J.(1983). *The Emergence of African Capitalism*. London.

Iliffe, J.(1987). *The African Poor: A History*. Cambridge.

Iliffe, J.(2007). *Africans: The History of a Continent*. Cambridge.

Isichei, E.(1997). *A History of African Societies to 1870*. Cambridge.

Ki-Zerbo, J., Mokhtar, G., Hrbek, I. et al. (1981—93). *UNESCO General History of Africa*, vol.8. London.

Kopytoff, I. (ed.) (1987). *The African Frontier: The Reproduction of Traditional African Societies*. Bloomington & Indianapolis.

Laroui, A.(1970). *The History of the Maghrib*. Princeton NJ.

Levtzion, N. and Pouwels, R.(eds.) (2000). *The History of Islam in Africa*. Oxford.

Lovejoy, P.(2012). *Transformations in Slavery: A History of Slavery in Africa*. Cambridge: 1st pub. 1983.

Low, D.A. and Smith, A.(eds.) (1976). *History of East Africa*, vol.3. Oxford.

Magali, M.(1984). *North Africa 1800—1900: A Survey from the Nile Valley to the Atlantic*. London and New York.

Manning, P.(1998). *Francophone Sub-Saharan Africa, 1880—1995*. Cambridge.

Munro, J.F.(1976). *Africa and the International Economy 1800—1960: An Introduction to the Economic History of Africa South of the Sahara*. London.

Nugent, P.(2004). *Africa since Independence: A Comparative History*. Basingstoke.

Oliver, R. and Fage, J.(1962). *A Short History of Africa*. London.

Oliver, R. and Fage, J.(eds.) (1975—86). *Cambridge History of Africa*, vol.8. Cambridge.

Oliver, R. and Mathew, G.(eds.) (1963). *History of East Africa*, vol.I. Oxford.

Parker, J. and Rathbone, R.(2007). *African History: A Very Short Introduction*. Oxford.

Parker, J. and Reid, R.J.(eds.) (2013). *The Oxford Handbook of Modern African History*. Oxford.

Peterson, D. and Macola, G.(eds.) (2009). *Recasting the Past: History Writing and Political Work in Modern Africa*. Athens OH.

Philips, J.E.(ed.) (2005). *Writing African History*. Rochester NY.

Ranger, T.O.(ed.) (1968). *Emerging Themes of African History*. Nairobi.

Reid, R.J.(2012). *Warfare in African History*. New York.

Reno, W.(2011). *Warfare in Independent Africa*. New York.

Robinson, D.(2004). *Muslim Societies in African History*. Cambridge.

Ross, R., Mager, A.K., andNasson, B.(eds.) (2011). *The Cambridge History of South Africa: Vol 2, 1885—1994*. Cambridge.

Taylor, I. and Williams, P.(2004). *Africa in International Politics: External Involvement on the Continent*. London & New York.

Thompson, L. and Wilson, M.(eds.) (1969—71). *The Oxford History of South Africa*, vol.2. Oxford.

Trimingham, J.S.(1980). *The Influence of Islam upon Africa*. London.

Valensi, L.(1977). *On the Eve of Colonialism: North Africa before the French Conquest*. London.

索　　引

注释的索引用页码、"n"和注释编号标明。

索引的页码为英文版原书页码,即本书边码。

图书在版编目(CIP)数据

非洲现代史:第三版/(英)理查德·雷德
(Reid, Richard J.)著;王毅译.—上海:上海人民
出版社,2021
(历史·文化经典译丛)
书名原文:A History of Modern Africa: 1800 to
the Present
ISBN 978-7-208-16860-2

Ⅰ.①非… Ⅱ.①理… ②王… Ⅲ.①非洲-现代史
Ⅳ.①K405

中国版本图书馆 CIP 数据核字(2020)第 245653 号

责任编辑 张晓玲 张晓婷
封面设计 小阳工作室

历史·文化经典译丛
非洲现代史(第三版)
[英]理查德·雷德 著
王 毅 译

出　　版 上海人民出版社
(200001 上海福建中路 193 号)
发　　行 上海人民出版社发行中心
印　　刷 常熟市新骅印刷有限公司
开　　本 720×1000 1/16
印　　张 31
插　　页 4
字　　数 480,000
版　　次 2021 年 2 月第 1 版
印　　次 2021 年 2 月第 1 次印刷
ISBN 978-7-208-16860-2/K·3028
定　　价 128.00 元